鬼谷子详析

GUIGUZIXIANGXI

敖奉君　编著

吉林文史出版社
JILIN WENSHI CHUBANSHE

图书在版编目（CIP）数据

鬼谷子详析 / 敖奉君编著 . — 长春：吉林文史出版社，2019.6 （2023.4 重印）

ISBN 978－7－5472－6205－4

Ⅰ.①鬼… Ⅱ.①敖… Ⅲ.①纵横家②《鬼谷子》—注释③《鬼谷子》—译文 Ⅳ.①B228

中国版本图书馆 CIP 数据核字（2019）第 102067 号

鬼谷子详析

编　　著：敖奉君
责任编辑：程明
封面设计：点滴空间
出版发行：吉林文史出版社有限责任公司
电　　话：0431－81629369　　邮编　130118
地　　址：长春市福祉大路出版集团 A 座
网　　址：www.jlws.com.cn
印　　刷：北京一鑫印务有限责任公司
开　　本：165mm×235mm 1/16
印　　张：20
印　　次：2019 年 6 月第 1 版　　2023 年 4 月第 2 次印刷
书　　号：ISBN 978－7－5472－6205－4
定　　价：68.00 元

前　言

　　中国人向来有追溯历史的传统，五千年博大精深的文化底蕴流淌在民族的血液里，根植在国人的心灵中。我们追记历史，其实就是关怀当下，就是想从遗风遗俗中窥见前人的智慧，寻求当下问题的解决之道。正因如此，那些名噪一时、开宗立派的代表人物才总是凝聚着后人探索的目光。因此，《鬼谷子》受到世人追捧，逐渐浮出水面。

　　鬼谷子，战国时期著名的思想家、谋略家、兵家，是纵横家的鼻祖，姓王名诩。常入云梦山采药修道，因隐居清溪之鬼谷，故自称鬼谷先生。他长于修身养性，精于心理揣摩，深明刚柔之势，通晓捭阖之术，独具通天之智，是先秦最神秘的历史人物。由于他的出现，历史上才有了纵横家的深谋，兵家的锐利，法家的霸道，儒家的刚柔并济，道家的待机而动。他的弟子有兵家孙膑、庞涓；纵横家苏秦、张仪等。

　　鬼谷子灵活运用古老的阴阳学说，解释并驾驭战国时期激烈的社会矛盾，制订出一整套了解社会并干预社会的计谋权术，构建了纵横游说之术的系统理论。这个理论培养了众多杰出的军事将领和游说之士，他们在历史舞台上演出了"合纵""连横"的一幕幕风云变幻的戏剧场面，操纵战国政治、军事斗争形势约百年之久。鬼谷子的纵横理论影响深远，不仅在中国古代哲学政治思想领域独树一帜，还被宗教家、军事家等从不同的角度解读和运用。

　　《鬼谷子》着重于实践的方法，具有极完整的领导统御、智谋策略体系，堪称"中国第一奇书"，它以谋略为主，兼通军事，也是我国历史上第一部在充分探索人的心理特征和心理活动规律的基础上，论述劝谏、建议、协商、谈判和一般交际技巧的书。它讲授了不少政治斗争权术，其中最重要的是取宠术、制君术、交友术和制人术。"智用于众人之所不能知，而能用于众人之所不能"，潜谋于无形，常胜于不争不费，此为《鬼谷子》之精髓所在。

　　对于这本书，古往今来，人们从不同的角度解读，著作车载斗量、浩如烟海。其中观点驳杂、引经据典、卷帙浩繁，今人阅读，十分不便。为了增强可读性和实用性，我们编辑了这本《鬼谷子详析》。全书分为《捭阖》《反应》《内楗》《抵巇》《飞箝》《忤合》《揣》七篇。前面四篇以权谋策略为主，后面三篇以言辩游说为重点。

　　本书对原作做了精当而晓畅的注释与翻译，每篇皆附有提要以解析、导读，并精选了古今中外颇具代表性的案例，涵盖管理、商场、职场、处世各个领域，逐篇阐释、解读，用精彩纷呈的故事呈现出鬼谷子的智慧谋略。高深精妙的权谋策略与处世智慧更是展露无遗，不仅妙趣横生，更能给读者以启发，让读者有所收获。融哲理性、故事性、实用性于一体，是各类读者参悟运用鬼谷子大智慧的首选读本。

　　在竞争日益激烈的当今社会，无论是竞争双方还是合作对象，无时无刻不在进行着较量，都在寻求制胜自强之道。一国的外交战术得益与否，关系国家之生死存亡；一个人的生意谈判与竞争策略是否得当，关系企业经营之成败得失；一个人在职场上的言谈举止，关系他的升迁去留；即便是在人们的日常生活中，一个人的言谈技巧运用如何，也关系此人处世为人之得体与否，甚至是此人的生死安危。在这样的时代背景下，《鬼谷子详析》融古通今，古为今用的现实意义显露无遗。

　　通读全书，古代政治、外交、军事中的诡秘术和投机术你都将一览无余。本书教你以纵横家的恢宏气势，百战群雄激辩的商海；给你以无上的信心，从容应对不利局势，消解尴尬局面；教你以缜密的逻辑，合理分析现实，积极应对人生；教你以广博的心胸，跳出世俗羁绊，喜迎拨云见日的光景。

目　录

捭阖第一

— 1 —

内楗第三

飞箝第五

忤合第六

揣篇第七

捭阖第一

【经典再现】

【提要】

捭阖是《鬼谷子》的开篇之作。捭为开启，阖为毕藏。捭阖之术，也就是开合有道、张弛有度。在本篇中，鬼谷子认为："捭""阖"是一对极其重要的哲学概念。捭阖之术是世间万物运转的根本，也是纵横家游说的重要说术言略。作为《鬼谷子》的第一篇，捭阖有着举足轻重的作用，因此也成为战国的谋士们游说诸侯、安身立命的重要法则。

《鬼谷子》说："捭之者，开也、言也、阳也；阖之者，闭也、谋也、阴也。阴阳其和，终始其义。"捭阖包含阴阳，进退，开闭，柔刚，大小，高低，贱贵多方面的含义，本篇关于捭阖之道的论述，有着辩证法的色彩，同时也讲究效果的艺术性。这种效果，主要靠捭阖来达到。

《鬼谷子》认为：捭阖之术是游说诸侯、操纵政治、为人处世的一个重要策略。捭阖之术是万物运行的关键。他还告诉人们：如何合理地驾驭语言，怎样掌握好说话的分寸和尺度，如何让人左右逢源、处惊不乱。想同意对方，先反驳对方，使对方激动后暴露实情，从而使我方能抓住其有理的地方而赞同他，抓住他无理的地方而反对他；欲取先予，欲同先异，欲捭先阖；捭阖主要由口来完成，话说得好，捭阖艺术运用得好，就能兵不血刃。

【原文】

（一）

粤若稽古^①，圣人之在天地间也^②，为众生之先^③，观阴阳之开阖以名命物^④，知存亡之门户^⑤。筹策万类之终始，达人心之理，见变化之朕焉^⑥，而守司其门户。故圣人之在天下也，自古及今，其道一也^⑦。变化无穷，各有所归^⑧。或阴或阳，或柔或刚，或开或闭，或弛或张。是故圣人一守司其门户，审

— 2 —

察其先后⑨，度权量能⑩，校其伎巧短长⑪。

【注释】

①粤：句首语气助词，表庄重。若：顺，沿着。此指上溯。稽：考也，考察。意为按着一定的规律考察历史。②圣人：《鬼谷子》中出现的"圣人"有两种含义，一种指古代的有所贡献、有所创见的大智大勇之人；另一种指当代精于纵横权术的游说辩士，与儒家所说的"圣人"有别。此句中的"圣人"是指前一种含义。③众生：万物生灵。此特指民众。先：先知先觉，能够预测事物发展动向，掌握事物发展规律的人。④命物：所谓"阳开以生物，阴阖以成物。生成既著，须立名以命之也"，即抓住事物本质，表述事物的名称和性质。⑤存亡之门户：指世上万事万物生成、发展灭亡的关键所在。⑥朕：征兆，迹象。即可以观测到的事物发展的征兆。⑦其道一也：即言自古至今，圣人的做法、目的都是一样的。⑧各有所归："变化无穷，然有条而不紊，故曰各有所归。"即言事物的发展变化都有一定规律可以遵循。⑨先后：此指事物的发展过程。⑩权：权变。此指事物可以变化、可让人施术变动其发展方向的成分。能：能力。此指事物保持自己的不变性、从而按自己的固定轨迹运行的能力。⑪伎巧：即技巧。伎，古通技，技巧，此指事物应变能力。

【译文】

我们看看上古时代的历史，可以知道古代那些大智大勇的圣者生活在人世间，之所以成为芸芸众生先知先觉的导师，是因为他们能观测世界上万事万物阴阳两类现象的变化，并能进一步了解事物存亡的关键因素，给它们立一个确定的名号，还能够洞晓万事万物的生成、发展、灭亡的关键所在。他们追溯世界上万事万物的历史过程，预测它们未来的结局，洞察世人的心理特征，观察世上事物、人事变化的征兆，从而把握事物发展变化的关键。所以，从古至今，处在天地间的圣智之人在社会上立身处世，遵循的规律都是一样的。由此可见，世间的事物虽然变化无穷、纷纭万端，但它们都有各自的变化规律：或以阴为主导，或以阳为主导；或以柔为特征，或以刚为特征；或以开放为特点，或以闭抑为特点；或松弛不固，或紧张难入。所以，圣智之人在处理世间事物时，总会发现事物的发展规律，把握住事物的关键，并考察事物的发展过程，研究事物的可变性和不变性，还要把握住事物应变能力的强弱，再比较技巧方面的长处和短处，有的放矢地处理问题。

【原文】

(二)

　　夫贤不肖、智愚、勇怯、仁义有差①，乃可捭，乃可阖，乃可进，乃可退，乃可贱，乃可贵，无为以牧之②。审定有无③与其实虚④，随其嗜欲以见其志意⑤。微排其所言而捭反之⑥，以求其实，贵得其指⑦。阖而捭之，以求其利。或开而示之⑧，或阖而闭之⑨。开而示之者，同其情也；阖而闭之者，异其诚也⑩。可与不可，审明其计谋，以原其同异⑪。

　　离合有守⑫，先从其志⑬。即欲捭之贵周⑭，即欲阖之贵密⑮。周密之贵微⑯，而与道相追⑰。捭之者，料其情也⑱；阖之者，结其诚也⑲。皆见其权衡轻重⑳，乃为之度数㉑，圣人因而为之虑。其不中权衡度数，圣人因而自为之虑㉒。故捭者，或捭而出之，或捭而内之㉓。阖者，或阖而取之，或阖而去之。

【注释】

　　①有差：有差别，各有不同。②无为：指无为之道。《鬼谷子》所说的"无为之道"与老庄的清静无为之道不同，它是指顺应自然之性而拨动之、因势而利导之的一种处世之道。牧：治理，处理。以牧：用来掌握。③有无：有无之数。此指世人的品质底细。④以：因，依据，凭着。⑤见："见"通"现"，发现。⑥微：暗中。排：排查。⑦指：同"旨"，意指旨意，主旨。⑧示：启示，启发。此指启发对方让他敞开思想。⑨闭：闭藏。此指使对方控制感情。⑩异：与"同其情"之"同"为互词。同其情，即考察对方感情上与我们的同异点。异其诚，即考察对方诚意如何。⑪原：追源，考察。⑫离合有守：认识有差距。离合，原指二人相离或相逢，此指认识差距。守，原指各据一方，此指有距离。⑬从：同"纵"，纵容，放纵。从，纵古今字。⑭贵：以……为贵，此处意为"首先要""关键是"。⑮密：与上句之"周"为互词，皆周密之意。⑯微：微暗，不露声色。⑰道：此指阴阳之道，即变动阴阳，因势利导而处理事物的方法。追：相随，相合。⑱料：考察，估量。⑲结："谓系束"。系束，即控制、掌握之意。⑳权衡轻重：此指处理事情的谋略与措施。权，秤锤。衡，秤。权衡可以称物，引申为处理事情的方法和措施。㉑度数：度量，准则。㉒自为之虑：此指自己另外谋划决策。㉓内：接纳，吸收。内，纳古今字。

【译文】

　　世人中有贤良的人，有不肖的人；有聪明的人，有愚蠢的人；有的人勇敢，有的人怯懦；有仁人君子，有苟且小人……总之，每个人之间是有差别的，人们的品行千差万别，素质千模百样。所以，要针对不同的人品素质，采取不同的应对措施。对某些人可以开导，对某些人可以压抑使其保持冷静；对某些人可以擢用，对某些人可以黜退；可以让某些人富贵，可以使某些人贫贱。总之一句话，要顺应人们的不同天性去分别对待他们，加以控制掌握。要起用一个人，首先要摸清他的品质如何，摸清他的真假虚实，考察他是否有真才实学。要投其所好，通过他的嗜欲愿望，去分析他的志向意图，并且要暗中观察他的言语，适当地贬抑他说的话，再加以发言责难，从而探查到他内心的真实世界和真实意图，以明了他的性格主流。即对他使用捭阖之术，来达到我们的目的；当切实把握住对方言行的实质后，可以稍作沉默让对方畅所欲言，从而探求他的利益所在，有时可以表示赞同，有时应该缄默表示异议。敞开言论是为了博取对方的信任，从而让对方对我们一吐衷肠。缄默表示异议是为了考察对方的诚意。考察什么可用，什么不可用，要查明他的谋略计划的优劣以及同我们的谋略计划的差距大小。若同我们的谋略计划距离较大，先纵容他，让他照自己的意志去办而我们要守住自己的意图。就是说，使用捭阖之术，离不开暗中谋划。当然，这种谋划要周密，考虑要周详。如果要综合归纳问题，最重要的是处世缜密，要合乎规律和道理，行事要微暗，要不露声色。这样做，就与阴阳之道暗合无隙了。对人使用捭阖之术，或开启引导他，估量出他的情怀；或压抑控制他，摸准他的诚心。还要知道他的谋略措施。掌握了这三件事，我们就可以区别对待了。如果他的品行可用，对我们真诚，并且没有二心，他的谋略措施得当，与我们距离较小，合乎我们的准则，我们就可以擢用他，帮他完善谋略措施；如果对方品行低劣，对我们不忠，而且谋略措施失当，与我们距离较大，不合我们的准则，我们便抛开他，自己另做谋划，重新决策。总之，对人使用捭阖之术时，或者开导他帮他完善决策，或启发他让他吐露决策以便被我们汲取；或抑制他以便于我们顺利起用他，或抑制他抛弃他不用。这就是捭阖之道。

【原文】

（三）

捭阖者，天地之道①。捭阖者，以变动阴阳，四时②开闭③，以化万物。纵横反出④，反覆反忤⑤，必由此矣。捭阖者，道之大化⑥，说之变也⑦，必豫审其变化⑧。吉凶大命系焉⑨。口者，心之门户也⑩。心者，神之主也⑪。志意、喜欲、思虑、智谋，皆由门户出入⑫。故关之以捭阖⑬，制之以出入⑭。捭之者，开也，言也，阳也。阖之者，闭也，默也，阴也。阴阳其和，终始其义⑮。故言长生、安乐、富贵、尊荣、显名、爱好、财利、得意、喜欲，为阳，曰始⑯。故言死亡、忧患、贫贱、苦辱、弃损、亡利、失意、有害、刑戮、诛罚，为阴，曰终⑰。诸言法阳之类者，皆曰始，言善以始其事⑱。诸言法阴之类者，皆曰终，言恶以终其谋⑲。捭阖之道，以阴阳试之⑳。故与阳言者依崇高㉑，与阴言者依卑小㉒。以下求小㉓，以高求大㉔。由此言之，无所不出㉕，无所不入㉖，无所不可。可以说人，可以说家㉗，可以说国㉘，可以说天下。

【注释】

①天地之道：即阴阳之道。天为阳，地为阴。②四时：春夏秋冬四季。此指自然秩序。③开闭：即捭阖。④纵横反出：即阴阳的具体表现。纵与横，反（返）与出，都是对立的事物，可用阴阳来区分。⑤反覆反忤：亦为阴阳的具体表现。⑥道之大化：阴阳之道的关键所在。⑦说之变：指游说中的某些变化。⑧豫：预先。豫、预古通。⑨吉凶：此指游说成功或失败。大命：此指游说目的。⑩心：指内心思想。⑪主：主使，主持。⑫出入：此指表现、表述。⑬关：此指控制。⑭制：制约。⑮阴阳其和，终始其义：终事始事的要义所在，是明了阴阳调和之理。⑯故言长生……曰始：始为乾，乾为阳。始即初始，出发点，引申为人生行动的目的所在。即言上述长生、安乐、富贵等事物都是人生所追求的东西。⑰故言死亡……曰终：终，穷也。穷急困窘，是人所不欲，是人生的忌讳。⑱善：此指善言。善言为阳。⑲恶：此指恶言。恶言为阴。⑳阴阳：此指阴言和阳言。㉑崇高：崇高之言，即上述阳言。㉒卑小：卑下之言，即上述阴言。㉓下：卑下的阴言。小：此指小人。㉔高：崇高的阳言。大：此指君子。㉕出：此指被策士、说客们启发。㉖人：此指听从游说策士的话。㉗家：原指大夫采邑。此指封有采邑的大夫。㉘国：此指据有一国的诸侯。

【译文】

捭阖之术，是万物运行的一条普遍法则，是各种事物运动、发展、变化的规律。"捭阖"就是变动阴阳，干扰自然顺序，就是用开闭之法去促使万事万物变化转化；事物的离返和复归，都是由于开合的变化而引起的。纵和横，返和出，反和覆，反与忤，都是事物阴阳的具体表现，都可以用阴阳来区别、说明它们。反过来讲，使用捭阖之术使事物转化，正是阴阳之道的关键所在，是大道的外化。游说过程中的一变一化，都出自捭阖之术，所以要预先审知捭阖之术的阴阳法则，这是游说能否成功，游说目的能否达到的关键。人嘴，是表达内心思想的机关。内心思想，又是由人的神气来主使的。志向与意愿，喜好与欲求，思念和焦虑，智慧和谋略，都是由嘴这个机关表露出来的。所以、应该用捭阖之术来调控人嘴，应该用开闭之法来调整人嘴。使用捭术，就是让对方开口，让对方说话，开启、言谈，属于阳刚，这就是阳道。使用阖术，就是让对方闭口，让对方沉默，闭合、缄默，属于阴柔，这就是阴道。懂得了阴道和阳道的交替使用，就能够懂得"终"和"始"的意义了。我们把长生、安乐、富贵、尊荣、显名、爱好、财利、得意、喜欲等归为阳类事物，把它们称作人生向往。我们把死亡、忧患、贫贱、苦辱、弃损、亡利、失意、有害、刑戮、诛罚等归为阴类事物，把它们称作人生忌讳。言说的内容凡事属于"阳道"的一派，可以叫作"人生向往型语言"，是说可以用这类美好的语言去说动对方进行某事，以谈论积极的因素、振奋人心的方面来开始游说鼓动的主题。那些效仿、涉及上述阴类事物的说辞，可以叫作"人生忌讳型语言"，是说可以用这类令人厌恶的语言和消极不利的因素去威胁对方中止他的阴谋。游说中运用捭阖之术时，关于开放和封闭的规律都要从阴阳两方面来试验，把握住对方的内心，以确定对方是喜欢阴言还是喜欢阳言。与处于阳势、内心积极的人论谈时以使用涉及上述阳类事物的崇高语言为主，从大处入手选择大道理来引导对方；与喜欢阴言的人论谈时以使用涉及上述阴类事物的卑下语言为主，从小处入手，用琐细卑微的内容，用具体细小的事例来引导对方。这样，我们用卑下的阴言去打动小人，用崇高的阳言去说服君子。因此，可以说，用捭阖之术去游说，就没有探测不到的真情，就没有不听从我们决策的人，就没有不能说服的人。用捭阖之术去游说，可以说动每个人，可以说动每个有封地的大夫，可以说动每个诸侯国的君主，可以说动天下的霸主。

【原文】

（四）

　　为小无内①，为大无外②。益损、去就、倍反，皆以阴阳御其事③。阳动而行，阴止而藏。阳动而出，阴隐而入。阳还终阴④，阴极反阳。以阳动者，德相生也⑤。以阴静者，形相成也⑥。以阳求阴⑦，包以德也⑧。以阴结阳⑨，施以力也⑩。阴阳相求⑪，由捭阖也。此天地阴阳之道，而说人之法也。为万事之先⑫，是谓圆方之门户⑬。

【注释】

　　①无：通"毋"，不要。②为小……无外：这两句表现了《鬼谷子》处理事

情时的辩证思想。③益损……御其事：所谓"以道相成曰益，以事相贼曰损，义乖曰去，志同曰就，去而遂绝曰倍，去而复来曰反。凡此不出阴阳之情，故曰皆以阴阳御其事"。④还：还返，再生。⑤德：内在本质，自身规律。⑥形：外在形态。⑦求：寻求，达到。⑧包：包容，规范。⑨结：连接，引申为辅加、辅助。⑩施以力：施以外力，由外去影响内。⑪相求：互相需求，相互辅助。⑫先：此指既定法则。⑬圆方：此指世上的有形事物和无形事件。圆，以喻无形。方，以喻有形。

【译文】

任何事情无论小至极点，还是大致无穷，捭阖之术都可以应用。从小处入手处理问题时，不要光盯着事情的内部，要进入无限微妙的境界；从大处着眼处理问题时，不要仅仅注意事情的外部，还要有辩证观点和全局眼光，进入无限广大的境界。事情的损害和补益，人的离去和接近，道的背离和归属等行为，都是在阴阳的变化中运行的。阳道以动为特征，故以进取为主要表现形式；阴道以静止为特征，故以闭藏为主要表现形式。阳动必然显现，阴止必然潜藏。阳道超过了极限就成为阴道，阴道超过了极限就变为阳道。用阳道去拨动事物，是为了让它按自身规律发展；用阴道去安定事物，是为了让它巩固自己的形态。用阳道去统括阴道，就要用内部规律去规范外在形态；用阴道去辅佐阳道，就要用外在形态去影响内在本质。阴阳相辅相成，互为其用，集中体现在捭阖之术上。这就是天地自然界以及人世社会中的阴阳之道，这就是游说人主的根本原则。捭阖阴阳之道，是万事万物的既定法则，是一切有形之物和无形之事的关键，是天地间解决万事万物的钥匙。

【为人处世】

三思而行——别让愤怒之火毁了自己

一个不会愤怒的人是庸人，一个只会愤怒的人是蠢人，一个能够控制自己情绪，做到尽量不发怒的人是聪明人。这样的聪明人懂得"捭阖"之道，是在关键时刻能够不断改变自己，调整自我状态的人。而蠢人则会在关键时刻暴露自己的弱点，给别人留下进攻的机会。

1809年1月，拿破仑从西班牙战事中抽出身来匆忙赶回巴黎。他的下属告诉他外交大臣塔里兰密谋造反。一抵达巴黎，他就立刻召集所有大臣开会。他坐立不安，含沙射影地点明塔里兰的密谋，但塔里兰没有丝毫反应，这时候，他无法控制自己的情绪，忽然逼近塔里兰说："有些大臣希望我死掉！"但塔里兰依然不动声色，只是满脸疑惑地看着他。拿破仑终于忍无可忍了，他对着塔里兰粗鲁地喊道："我赏赐你无数的财富，给你最高的荣誉，而你竟然如此伤害我，你这个忘恩负义的东西，你什么都不是，只不过是穿着丝袜的一只狗。"说完他转身离去了。其他大臣面面相觑，他们从来没有见过拿破仑如此失态。塔里兰依然一副泰然自若的样子，他慢慢地站起来，转过身对其他大臣说："真遗憾，各位绅士，如此伟大的人物竟然这样没礼貌。"

拿破仑的失态和塔里兰的镇静自若迅速在人们中间传播开来，拿破仑的威望降低了。伟大的皇帝在压力下失去理智，人们甚至感到他已经走下坡路了，如同塔里兰事后预言："这是结束的开端。"塔里兰激起了拿破仑的怒气，让他的情绪失控，这正是他的目的。人人都知道拿破仑是一个容易发怒的人，他已经失去了作为领导的权威，这影响了人民对他的支持。

拿破仑当然不是蠢人，但在这件事上他实在不够聪明。他没能控制好自己的情绪，让塔里兰抓住了自己的弱点。而塔里兰则是很好地运用了"捭阖"之道，面对拿破仑的指责，他假装糊涂，是"阖"。在拿破仑气急败坏而离去时，则把拿破仑的弱点公之于众，是"捭"。

然而，在这种情况下，拿破仑如果采用不同的做法，结果会大不一样。要是他首先能够思考一下，他们为什么会反对自己？再私下探听，从手下那里了解自己的缺陷，就可以试着争取他们回心转意支持自己，甚至干脆除掉他们，将他们下狱或处死，杀一儆百。所有这些策略中，最不应该的就是激烈的攻击和孩子气的愤怒。愤怒起不到威吓效果，只会暴露出自己的弱点，这种狂风暴雨式的爆发，往往是崩溃的前奏。

一个人的弱点总是在发脾气的过程中暴露出来，这是不懂得"阖"，不懂得隐藏，它往往成为崩溃的前兆。谋略和战斗力也会在愤怒的情绪中消散，因为你暴露了自己的弱点，自己的优势自然降低。所以，保持冷静至关重要。

保持冷静就是要懂得"捭阖"，该捭则捭，该阖则阖。愤怒容易让人失去理智，他们把一点儿小事看得像天一样大，过于认真让他们夸大了自身受到的伤害。他们以为愤怒可以让自己在别人眼中更具有权力，其实不是这样的。他们不仅不会被认为拥有权力，反而会暴露更多的缺点，会被认为缺乏理智，难成大气候。怒气还会让你失去别人对你的敬意，他们会认为你缺乏自制力而更加轻视你。抑制自己的愤怒并不能从根本上解决问题，你的能量会在这一过程中消耗殆尽，你的心理也会严重受挫。要想解决这一问题，最好的办法就是时刻保持冷静和宽容，适时闭藏。面对别人的愤怒不要多想，更不要被他们的愤怒感染，学会隐忍，降低姿态，就能让自己的心情轻松一些。

在东汉末年一场重要的战役期间，曹操的谋士发现有几位将领通敌，于是建议把他们处决。但曹操什么也没做，他知道，在战争的关键时刻处决这些将领只能扰乱军心，对自己不利。因此，他闭口不谈。与拿破仑相比，曹操冷静多了。

职场中，面对别人的情绪圈套，你应该保持头脑冷静，适时"捭阖"，这样才能够在权力的争夺战中取得主动权。如果愤怒的情绪已经产生，就应该学会控制和压抑，"守司其门户"，运用"捭阖术"，分析形势，找到恰当的时机解决问题。

闭在及时——识时务者为俊杰

《鬼谷子》曰："口者，心之门户也；心者，神之主也。志意、喜欲、思虑、智谋，此皆由门户出入，故关之以捭阖，制之以出入。"鬼谷子认为，口是心的门户，祸从口出病从口入。人在说话时应该掌握分寸，懂得"捭阖"之道。生活中，漂亮的说话艺术能及时化解矛盾，帮助自己摆脱尴尬的局面。

有些时候，因为我们自己的难堪，造成整个气氛的不和谐，这时，面对语言困境，就应当灵活应对，及时转换角度，巧说妙解，这样不但能给自己找个台阶，还能为生活增添某种乐趣。

有一对夫妻因小事争执不下，在家吵闹不休。正当妻子向丈夫怒吼时，有一位朋友来访，丈夫尴尬得无地自容。好在妻子也顾及丈夫的面子，看朋友到来连忙改口，但对丈夫来说，终究一时无法从窘境中摆脱。

朋友见状，笑着说："听你俩交流得挺热烈，我来得可真不是时候啊！"此话一出，其妻先红了脸，无语离去。丈夫马上调侃地对朋友说："打是亲骂是爱，我们刚才是在打情骂俏呢！别看她刚才那么凶，其实正表示她对我的关心，不信你问她。"这时他妻子从里屋出来也与朋友打哈哈，争吵便化为云烟。

丈夫的"打是亲骂是爱"巧妙地给自己找了一个台阶，化解了一时的尴尬，还增添了一些生活情趣。在谈话中，懂得"捭阖术"的人，应该把握分寸，"捭阖"有度，收放结合，这样，当我们需要撤出时，便可以为自己找个台阶。

俗话说："识时务者为俊杰。"当你给对方提建议而陷入困境时，切记不要死撑，应该分析其中的利害关系，及时转变思路跟方法。运用"捭阖"之道，充分发挥言语的作用，见机行事，巧妙地回环，用只言片语化解纷争，可谓是最好的策略。

1909年德皇威廉二世执政，他目空一切，发表了一篇荒诞绝伦的演说，他说德国是世界和平的主宰，只有使德国建立强大的陆海军才能稳定欧洲，并且维护英国的利益。他还声称自己是英国友人，他曾使英国不受俄法两国的压力在非洲获得胜利。

这篇演说在《每日新闻》上刊登，举世震惊，并把整个局势搅得越发混乱。世人都对这篇骄横狂妄的演说加以攻击评论，尤其是在英国最为激烈，连德国的政客亦不胜惊惶，德皇至此也后悔不该说那么露骨的话。为了保持自己的尊严，德皇就把责任推到总理大臣布洛克亲王身上，叫他来声明那篇演说是出自亲王的建议。

布洛克得知此事后就对德皇说："陛下，恐怕世人不会相信它是事实。"德皇闻之大怒，便说："你以为我是笨蛋，能犯你永不犯的错误？"布洛克立即发现自己的错误，于是连忙改正说："陛下，我说的话绝无这个意思，实际上陛下各方面的学识都远胜过我，我所懂的只是军事和外交上的一些粗浅知识，而陛下在这方面懂的比我多得多，并且精通一切自然科学。陛下每次谈及各种科学原理时，我都深感佩服，因为我完全是个外行，一点儿都不懂。"

德皇经过他这样一补充，心中的不快顿时全消，因为他相信布洛克没有鄙视之意，并且敬佩自己的才能，于是很高兴地握着布洛克的手说："我们继续互相合作，团结一致，如果有人说布洛克不好，我将对他的鼻子猛击一拳！"

在与德皇产生冲突的时候，布洛克及时住口，是"阖"，继而改变策略，投其所好，大发言论，不仅化险为夷，还为德皇铺好了退路，让他风风光光地退场。德皇也心知肚明自己的不足，故重新考虑了布洛克所说的话，顺水推舟了。

古人云："敌势全胜，我不能战，则必降、必和、必走。降则全败，和则半败，走则未败。未败者，胜之转机也。"意思是说，在我方处于不利地位时，有降、和、走三种可供选择的方式，只有主动地、有计划地撤出，才是最上策。谈话的时候，无论我们多么小心，也有失策的时候，何况在许多时候大家又都是有口无心。如果不懂"捭阖"，口无遮拦，该闭嘴时不闭嘴，就会造成更大的失误。这种情况下，如果一味地纠缠不休，就会越陷越深，无法挽回。适时"捭阖"，闭在及时，言于关键，或许会柳暗花明又一村。

权衡形势——曾国藩如此变通

善于捭阖的人，当自己的主张与别人产生分歧时，能够避免与他人发生正面冲突，更懂得灵活变通。这样，既能办好自己的事，又能处理好与别人的关系，可谓两全其美。

文学家萧伯纳说："明智的人使自己适应世界，而不明智的人坚持要世界适应自己。"从某种意义上讲，变通，就是寻求一种解决问题的方法。晚清大臣曾国藩就是一位善于变通又不失自己原则的人。

曾国藩是晚清最有实力的大臣。他一方面靠自己的忠心，消除了朝廷的顾忌，使其敢于向自己放权。另一方面，他尽可能地扩大自己的权势，即使朝廷对他有所顾忌，也不敢轻举妄动。但清朝毕竟是满族贵族的天下，为了防止曾国藩离心离德，朝廷在重用曾国藩、胡林翼等汉人的同时，也安插了钦差大臣僧格林沁等贵族钳制他们。对此，曾国藩心知肚明。为了消除朝廷的疑忌，太平天国刚刚被镇压下去，他就下令将湘军大部分裁撤。

同治三年（1864年），正当曾国藩分期分批裁撤湘军之际，僧格林沁及其马队被太平军在湖北牵着鼻子走，接连损兵折将。清政府万般无奈，命令曾国藩率军增援湖北。朝廷的这次调遣，对湘军非常不利，所以曾国藩的态度也十分消极。其一，攻陷天京（南京）以后，清政府咄咄逼人，大有卸磨杀驴之势，曾国藩不得不避其锋芒，自剪羽翼，以释清政府之忌，为此曾国藩也满腹愁怨。其二，僧格林沁骄横刚愎、不谙韬略，向来轻视湘军。此时，曾国藩正处在十分无奈的两难之中，他只好采取拖延之法。

曾国藩十分清楚，僧格林沁大军对起义军穷追不舍，失败是注定的，只是早晚的事。因此，曾国藩按兵不动，静坐江宁，观其成败。

果然，高楼寨（东高庄集）一战，僧格林沁全军覆没，这位皇亲国戚竟然被一个无名小辈杀死。起义军声势更加浩大，咄咄逼人。朝廷不得不再次请出曾国藩，命他督办直隶、河南、山东三省军务，三省八旗、绿营、地方文武官员均归其节制。两江总督由江苏巡抚李鸿章署理，为曾国藩指挥的湘军、淮军筹办粮饷。这本是曾国藩预料中的事，当接到再次让他披挂出征，以解清政府于倒悬的命令时，他却十分惆怅。在这瞬息万变的官场中，他很难预料此行的吉凶祸福。因此，他还是采用拖延之法。

当曾国藩接到"赴山东剿捻"的旨令时，他明白清政府的着眼点是在于解燃眉之急，确保京津安全。这是清政府的一厢情愿，此时曾国藩所面临的出征困难却很大。湘军经过裁减后，曾国藩北上围剿起义军就不得不仰仗淮军。曾国藩心里很清楚，淮军出自李鸿章门下，要像湘军一样，做到指挥上随心所欲，是很难的。另外，在匆忙之间难以将大队人马集结起来，而且军饷供应也不能迅速筹集。

曾国藩做事向来能未雨绸缪，对于清政府只顾解燃眉之急的做法，实在难以从命。况且，朝廷处处防范，自己若继续带兵出征，不知还将惹出多少麻烦。因此，他向朝政府推辞缓行。尽管他向清廷一一陈述了不能迅速启程的原因，但又无法忽视起义军步步北进而不顾。正在其左右为难之际，李鸿章派潘鼎新率鼎军十营包括开花炮一营从海上开赴天津，然后转道赴景州、德州，堵住起义军北上之路，以护卫京师，给曾国藩的准备和出征创造了条件。这样，经过二十几天的拖延后，曾国藩才于六月十八日登舟启行，北上围剿起义军。

通过拖延的办法，曾国藩赢得了应付事态的时机，也避免了与朝廷上司的直接冲突，能够在骑虎难下、进退维谷之际，促使或者等待事态朝有利于自己的方向发展，于万难之间做到了游刃有余。在人生路上，当自己的主张与别人产生分歧时，就应该及时捭阖，适时变通，更应该兼顾灵活性和原则性。把自己的事情放在第一位，在办好自己的事情的同时，更兼顾处理好与别人的关系。关系融洽了，就会事事顺心，一举两得。

开合自如——刘秀的"苦口婆心"

古人云："文武之道，一张一弛。"在用人方面，皇帝身上肩负的使命就不言而喻了。对于那些良臣名将，帮助自己打江山的功臣，不仅要重视，更要把握分寸，在放权的时候要懂得掌握火候，该放则放，该收还得收。

《鬼谷子》曰："粤若稽古，圣人之在天地间也，为众生之先。观阴阳之开阖以命物，知存亡之门户，筹策万类之终始，达人心之理，见变化之朕焉，而守司其门户。"意思是说："古代那些大智大勇的圣者生活在人世间，之所以能成为芸芸众生先知先觉的导师，是因为他们能够通过对世界上万事万物阴阳、分合变化的观测，揭示它们的本质属性而给它们立一个确定的名号，并洞晓其生成、发展、灭亡的关键，追溯事物发展的历史进程，预测其结局，还能洞察世人的心理变化规律，及时发现世上事物、人事的发展征兆，从而把握其关键所在。"

说到驭人方面，就是要懂得收放的分寸，要把握事态的关键。采用"捭阖阴阳术"，阴阳结合，才能将主动权稳固地把握于己身，达到事不躬亲也能运筹帷幄的效果。

刘秀当上东汉开国皇帝后，有一段时间很忧心。群臣见皇帝不开心，一时议论纷纷，不明所以。一日，刘秀的宠妃见他有忧，怯生生地进言说："陛下愁眉不展，妾深为焦虑，妾能为陛下分忧吗？"刘秀苦笑一声，惆怅道："朕忧心国事，你何能分忧？俗话说，治天下当用治天下匠，朕是忧心朝中功臣武将虽多，但治天下的文士太少了，这种状况不改变，怎么行呢？"

宠妃于是建议说："天下不乏文人大儒，陛下只要下诏察问、寻访，终有所获。"刘秀深以为然，于是派人多方访求，重礼征聘。不久，卓茂、伏湛等名儒就相继入朝，刘秀这才高兴起来。刘秀任命卓茂做太傅，封他为褒德侯，食二千户的租税。后来，又让卓茂的长子卓戎做了太中大夫，次子卓崇做了中郎，给事黄门。

伏湛是著名的儒生和西汉的旧臣，刘秀任命他为尚书，让他掌管制定朝廷的制度。卓茂和伏湛深感刘秀的大恩，他们曾对刘秀推辞说："我们不过是一介书生，对汉室的建立未立寸功，陛下这般重用我们，只怕功臣勋将不服，于陛下不利。为了朝廷的大计，陛下还是降低我们的官位为好，我们无论身任何职，都会为陛下誓死效命的。"刘秀让他们放心任事，但一些功臣对刘秀任用儒士不满，并上书给刘秀，开宗明义地表达了自己的反对之意。

刘秀于是把功臣召集到一处，耐心对他们说："事关国家大事，朕自有明断，非他人可以改变。在此，朕是不会人言亦言的。你们劳苦功高，但也要明白'功成身退'的道理，如一味地恃功自傲，不知满足，不仅于国不利，对你们也全无好处。何况人生在世，若能富贵无忧，当是大乐了，为什么总要贪恋权势呢？望你们三思。"

刘秀当皇帝的第二年，就开始逐渐对功臣封侯。侯爵地位尊崇，但刘秀很少授予他们实权。有实权的，刘秀也渐渐压制他们，进而夺去他们的权力。大将军邓禹被封为梁侯，他又担任了掌握朝政的大司徒一职。刘秀有一次对邓禹说："自古功臣多无善终的，朕不想这样。你智勇双全，当最知朕的苦心啊。"

邓禹深受触动，却一时未作任何表示。他私下对家人说："皇上对功臣是不放心啊，难得皇上能敞开心扉，皇上还是真心爱护我们的。"邓禹的家人让邓禹交出权力，邓禹却摇头说："皇上对我直言，当还有深意，皇上或是让我说服别人，免得让皇上为难。"

邓禹于是对不满的功臣一一劝解，让他们理解刘秀的苦衷。当功臣们情绪平复下来之后，邓禹再次觐见刘秀说："臣为众将之首，官位最显，臣自请陛下免去臣的大司徒之职，这样，他人就不会坐等观望了。"

刘秀嘉勉了邓禹，立刻让伏湛代替邓禹做了大司徒。其他功臣于是再无怨言，纷纷辞去官位。他们告退后，刘秀让他们养尊处优，极尽优待，避免了功臣干预朝政的事发生。

作为一个明智的皇帝，刘秀"一张一弛，开合有道"，不仅统领全局，更达到了治国安邦的目的。面临权力施放的问题，他懂得"阴阳结合"，用文官来约束武官，刚柔相济，把本来棘手的问题解决得完美绝伦。

刘秀是一个高明的统治者，他懂得将权力下放，懂得将具体工作交给下属去办，懂得自己应站在一个高度上统筹全局，但是又懂得收放结合，不事事躬亲。事不躬亲是使用人才，任人而治，而事必躬亲却是使用力气，任力而治。前者是使用人才，可逸四肢，全耳目，平心气，而百官以治；而后者则不然，敝生事端，劳手足，烦教诏，必然辛苦。

心思玲珑——叔孙通是个好员工

　　叔孙通一生先事秦而后辅汉，两代为官，都曾红极一时。最初，叔孙通因有文才而被秦朝朝廷征召；后来，秦朝灭亡，叔孙通又曾协助汉高祖制定汉朝的宫廷礼仪，成为西汉开国之初一个引人注目的角色。但人们对其评价历来褒贬不一，司马迁誉之因时而变，为大义而不拘小节，称其为"汉家儒宗"；司马光则责之制定礼乐只为逞一时之功，结果使古礼失传。是是非非，真相如何呢？这只能从真实的历史背景中去体察、去感悟。

　　叔孙通是秦二世时的儒士，被任命为待诏博士。陈胜、吴广揭竿而起，天下纷纷响应，秦二世听说后，也很是忧虑，便召集待诏博士和儒生询问方略。

　　秦二世问："由楚地来的戍卒攻占了城池，先生们认为该当如何？"三十多名博士和儒生异口同声地说："百姓造反，这是不能赦免的死罪，希望陛下赶快发兵讨伐。"二世听后，勃然大怒，脸上的神色都变了。

　　叔孙通上前说："如今天下合为一家，先帝毁掉郡、县的城墙，销天下的兵器，向天下表示不再用兵打仗了。况且上有圣明天子，下有完善的法律，人人尽职守法，四海安宁，哪里有人想造反呢？这不过是些偷鸡摸狗的小贼罢了，何足挂齿。"

　　二世转怒为喜，笑道："先生说得很对。"博士儒生们见此情状，脑筋灵活地很快来个急转弯，附和叔孙通，说起义者不过是盗贼。脑筋僵硬的便依然坚持说是百姓造反。于是秦二世便把说是造反的都关进监狱，赐给叔孙通二十匹帛，一件衣服。

　　当时那些人都骂叔孙通是"阿二世"，就是阿谀奉承秦二世的意思。叔孙通面对责问，只是说"不如此，几不脱虎口矣"。叔孙通讲完这些话就匆匆走了，因为他是个聪明人，知道秦二世这个政权已经没有希望了，没必要严肃对待。所以说点儿让主子开心的话，自己溜之大吉。

　　后来，秦朝败亡，叔孙通便带着儒生们逃出咸阳。他先是投奔项梁，项梁死后又侍奉楚怀王，后来又投奔刘邦。刘邦最讨厌儒生，所以见到儒生，便把他们的帽子摘下来，往里面便溺，以羞辱儒生。

叔孙通知道刘邦的脾性，便脱掉儒装，改穿短小贴身的衣服，刘邦很是高兴。叔孙通既不向刘邦宣讲儒家学说，更不向人推荐自己的学生，而是向刘邦推荐那些盗贼出身的壮士，刘邦更是高兴，拜叔孙通为博士，号稷嗣君。

叔孙通的学生们饱受冷落，都暗地里骂叔孙通："我们跟随先生多年了，如今不推荐我们做官，反倒天天推荐那些狡猾的盗贼，这是什么道理？"叔孙通听到后，便对学生们说："汉王正冒着刀林箭雨争夺天下，你们这些儒生能上阵杀敌吗？你们跟着我，我并没忘记你们。"

刘邦平定天下，跟随他一起打天下的都是没有知识的武夫，更不懂什么规矩，在朝堂上喝酒争功，醉了就大喊大叫，甚至拔剑砍殿上的柱子。刘邦看着乱糟糟的景象，也很头痛。

叔孙通猜到了刘邦的心思，知道时机已到，便对刘邦说："儒家虽不能争夺天下，却善于守成。臣愿招集鲁国的儒生，和臣的弟子们一起制定朝廷礼仪。"刘邦同意后，叔孙通便与鲁国的儒生和自己的学生一起，斟酌古代和秦朝的礼仪制度，因时制宜，制定了一套切实可行的礼仪制度。

从此，大臣们上朝，都严格遵循礼仪，稍有越轨便被一旁监视的御史拉下惩治，人人心中畏惧，朝中气象大为改观。刘邦看着驯服的臣民，慨叹道："我直到今日才知道天子的尊贵啊！"

他迁升叔孙通为太常，又赐金五百。叔孙通这时才提出："臣的学生们跟随臣多年了，又和臣一起制定礼仪，希望陛下给他们封官。"刘邦此时已从心里喜欢儒生了，便把叔孙通的学生们都封为郎官，叔孙通又把刘邦所赐的五百金都分给学生们，学生们这才明白叔孙通的用意，都高兴地说："叔孙通先生堪称圣人，懂得这个世界的事情和规律。"

《鬼谷子》有云："捭阖者，道之大化。说之变也，必豫审其变化。""志意、喜欲、思虑、智谋，此皆由门户出入，故关之以捭阖，制之以出入。"适用捭阖之术使事物转化，是阴阳之道的关键。灵活变通，把握那人的内心思想，也把握住事物的关键。人们用"圣人"来形容叔孙通可能有些过，但是叔孙通的确通晓权变之奥秘。叔孙通一人之身，能够适应秦二世之昏、项羽之威、刘邦之薄……在那样一个天下大乱、文人遭劫的年代，不只苟全性命，而且处处得意、荣通富贵，这一切都取决于他很好地把握住了"变与不变"的尺度。

所谓"变"，就是要在摸透君王的脾气、秉性、喜怒、好恶的基础上，不断地改变自己的言行与对策。叔孙通对秦二世是"瞒",对刘邦是"捧",这些手段都屡屡奏效。所谓的"不变"是阿谀奉承的媚态要始终如一。只有让侍奉的君王感到身心愉悦、通体舒服,才能为自己谋得名利,这就是叔孙通"代代红"的诀窍所在。

【管理谋略】

虚虚实实——郑国不确定的迷局

春秋时期，楚国的令尹（宰相）公子元，在他哥哥楚文王死了之后，非常想占有漂亮的嫂子文夫人。他用各种方法去讨好，文夫人却无动于衷。于是他想建立功业，显显自己的能耐，以此讨得文夫人的欢心。

公元前 666 年，公子元亲率兵车六百乘，浩浩荡荡攻打郑国。楚国大军一路连下几城，直逼郑国国都。郑国国力较弱，都城内更是兵力空虚，无法抵挡楚军的进犯。

郑国危在旦夕，群臣慌乱，有的主张纳款请和，有的主张拼死一战，有的主张固守待援。这几种主张都难解国之危难。上卿叔詹说："请和与决战都非上策。固守待援，倒是可取的方案。郑国和齐国订有盟约，而今有难，齐国会出兵相助。只是空谈固守，恐怕也难守住。公子元伐郑，实际上是想邀功图名讨好文夫人。他一定急于求成，又特别害怕失败。我有一计，可退楚军。"郑国按叔詹的计策，在城内做了安排，命令士兵全部埋伏起来，不让敌人看见一兵一卒，令店铺照常开门，百姓往来如常，不准露一丝慌乱之色，大开城门，放下吊桥，摆出完全不设防的样子。楚军先锋到达郑国都城城下，见此情景，心里起了怀疑：莫非城中有了埋伏，诱我中计？不敢妄动，等待公子元。公子元赶到城下，也觉得好生奇怪。他率众将到城外高地眺望，见城中确实空虚，但又隐隐约约看到了郑国的旌旗甲士。公子元认为其中有诈，不可贸然进攻，先进城探听虚实，于是按兵不动。

在郑楚两国的这场战争中，郑国叔詹的计谋之所以会奏效，是因为他很清楚公子元发兵的目的只不过是为了讨得美人欢心，争得一时的面子，这完全是出于一种逞能和虚荣的心理，并不是真的要一举歼灭郑国。所以他才建议采取这样的策略，"固守待援"同时以"空城计"迷惑敌人，一方面可以"固守待援"之盟军对公子元造成潜在威胁；另一方面利用一种不确定性让对方不敢轻易发兵。一举两得，实在是高明之策。

这时，齐国接到郑国的求援信，已联合鲁宋两国发兵救郑。公子元闻报，知道三国兵到，楚军定不能胜，好在也打了几个胜仗，还是赶快撤退为妙。这样至少可以保住自己既有的面子，否则硬打下去，可能会吃败仗，闹不好性命不保，那真是太不值得了，所以他下令全军即刻撤退。但是他害怕撤退时郑国军队会出城追击，于是让全军连夜撤走，人衔枚，马裹蹄，不出一点儿声响，所有营寨都不拆走，旌旗照旧飘扬。

第二天清晨，叔詹登城一望，说道："楚军已经撤走。"众人见敌营旌旗招展，不信已经撤军。叔詹说："如果营中有人，怎会有那样多的飞鸟盘旋上下呢？他也用空城计欺骗了我们，急忙撤兵了。"

郑国的空城计就是历史上最早的空城计。空城计的本义是"虚者虚之，疑中生疑"，意思就是说空虚的就让它空虚，让人在疑惑中更加产生疑惑。事实上，空城计是一种典型的心理战术。在己方无力守城的情况下，故意向敌人暴露我城内空虚，就是所谓"虚者虚之"。敌方产生怀疑，更会犹豫不前，就是所谓"疑中生疑"。敌人怕城内有埋伏，怕陷进埋伏圈内。但这是悬而又悬的"险策"。使用此计的关键，是要清楚地了解并掌握敌方将帅的心理状况和性格特征。

郑国明白了公子元的真实意图，利用公子元害怕失败的心理，巧布疑云，让对方在疑惑中不知道真假，一头雾水，从心理上抢占先机，把握住了胜利的关键。

正所谓"审定有无与其实虚，随其嗜欲以见其志意"。摸清虚实和真假，探明真情实意，就掌握了"捭阖"之术的精髓。世界不是透明的，对人而言，永远都存在着许多的不确定之处。正是这种难以避免的不确定性，让人们心感迷茫和疑惑，从而影响自己的策略和行为，这是人性本身趋利避害的本能反应，也恰恰证明了空城计的绝妙之处。

抓住要害——朱博打蛇打七寸

俗话说"打蛇打七寸"，这是因为"七寸"是蛇心脏所在的部位，找准这个位置，可以将蛇一招毙命。

汉代的朱博，出身于贫困家庭，青年时代，曾在县里当过亭长，交友广泛，刚直正义，后升迁为功曹、冀州刺史、琅玡太守，因其行事果断干练、才能过人而得到了属下与百姓的爱戴。同时，他也是个善于运用"捭阖"之道的人，虽然他是武将出身，但懂得巧妙地利用别人身上的"把柄"来实现自己的目的。

朱博在调任左冯翊地方官期间，长陵一带，有个大户人家出身的人，叫尚方禁。他年轻时曾强奸别人的妻子，被人用刀砍伤了面颊。如此恶棍，本应重重惩治，只因他大大地贿赂了官府的功曹，不但没有被革职查办，反倒被调升为守尉。

朱博上任后，有人向他告发了此事。朱博觉得真是岂有此理，就找了个借口，召见尚方禁。尚方禁见新任官员突然召见自己，不禁心中七上八下，但又不能躲避，只得硬着头皮来见朱博。朱博仔细看尚方禁的脸，果然发现有疤痕，于是让侍从退开，假装十分关心地询问尚方禁："你这脸上的伤痕是怎么搞的呀？"

尚方禁做贼心虚，知道朱博已经了解了他的情况，心想这下肯定完蛋了，就像小鸡啄米似的接连给朱博叩头，嘴里不停地说道："小人有罪，小人有罪。"

朱博见他也不隐瞒，便说："既然知道自己有罪，那就原原本本地给我讲来！"

尚方禁如实地讲了事情的经过，他头也不敢抬，只是一个劲地哀求道："请大人恕罪，小人今后再也不干那种伤天害理的事了。"

"哈哈哈……"朱博突然大笑道，"男子汉大丈夫，本是难免会发生这种事情的。本官想为你雪耻，给你个立功的机会，你会效力吗？"

尚方禁开始被朱博的笑声吓得身上直起鸡皮疙瘩，心想这下要倒大霉了。但听着听着，终于缓过气来，朱博刚说完，他便说道："小人万死不辞，一定为大人效劳。"

于是，朱博命令尚方禁不得向任何人泄露这次的谈话内容，要他有机会就记录其他官员的一些言论，及时向朱博报告。尚方禁俨然成了朱博的亲信、耳目。

自从被朱博宽释并重用之后，尚方禁对朱博的大恩大德铭记在心，干起事来特别卖命，工作成效也十分明显。不久，就破获了许多起盗窃、强奸等犯罪案，使地方治安情况大为改观。朱博于是提升他为连守县县令。

朱博掌握了这个曾经的恶棍的"把柄"，但没有落井下石，而是以此为契机，让他从一个恶棍，变成了一个为民办事的官员。

又过了相当长一段时间，朱博突然召见那个当年收受尚方禁贿赂的功曹，对他进行了严厉的训斥，并拿出纸和笔，要那位功曹把自己受贿的事全部写下来，不能有丝毫隐瞒。那功曹早已吓得像筛糠一般，只好提起笔，写下自己的斑斑劣迹。

"记住！如果有半句欺骗的话，当心你的脑袋搬家！"朱博又大吼了一声。

这一声可吓坏了那位功曹，他早已知道朱博办事，说到做到，是一位不好惹的上司，连忙说："小人一定依照大人指示，如实坦白。"

由于朱博早已从尚方禁那里知道了这位功曹贪污受贿的事，看了功曹写的交代材料，觉得大致不差，就对他说："你先回去好好反省反省，听候裁决。从今往后，一定要改过自新，不许再胡作非为！"说完就拔出刀来。

那功曹一见朱博拔刀，吓得两腿一软，又是打躬又是作揖，嘴里不住地喊："大人饶命！大人饶命！"只见朱博将刀晃了一下，一把抓起那位功曹写下的罪状材料，三两下将其削成纸屑，扔到纸篓里去了。

自此后，那位功曹终日如履薄冰、战战兢兢，工作起来尽心尽责，不敢有丝毫懈怠。

武将出身的朱博，身为一个文官，他没有舞刀弄枪，而是以"捭阖"之道去处理问题。对于曾经犯错的人不是"一棍子打死"，而是抓其要害，再施以宽恩，一张一弛，一捭一阖，收归"恶徒"为己所用，为自己的官路奠定根基。

现实中，击中对方"要害"便可让其"毙命"，这个道理非常简单。但某些情况下，我们并不需要将对方置之死地，运用"捭阖"之道，捭阖有度，一方面给对方留了条后路，更获得了自己的所需。所谓得己之利却不伤和气，为人所难却游刃有余。可见，捭阖之功效是利多弊少，成己之美的。

刚柔并济——曾国藩刚柔相济成大事

所谓："变化无穷，各有所归，或阴或阳，或柔或刚，或开或闭，或驰或张。"世间万物的变化，无穷无尽，纷纭万端。但是都有他们的规律，有的以阳为主，有的以阴为主，有的以柔为主，有的以刚为主。一张一弛，一刚一柔，刚柔相间，开闭相合，人生自会进退自如。

《曾国藩家书》中写道："立者，发奋自强，站得住也；达者，办事圆润，行得通也。"兵无常势，文无定法。而这种性格属于善变型，能因人、因势、因时而变，极尽中庸性格之精髓。

据说当年曾国藩平定太平军之后，声名远扬，进京面圣。北京人头攒动，所有人都想一睹这位盖世功臣的风采，许多精通相术之人也来凑热闹，趁机给这位湘军统帅相个面，看看究竟为何他能建此功勋。可是，令人失望的是曾国藩竟是一个其貌不扬的糟老头，更令相士们费解的是，曾国藩本应是奸臣短命之相，他们怎么也猜不透曾国藩为何会有这等位极人臣的际遇。

不管这个传说是真是假，有一点是可以肯定的，曾国藩在功高震主的关口选择了另一种策略，用一种方圆性格来成就自己的人生，从而保住了身家性命以及自己的地位。

其实曾国藩在与太平军作战的 12 年时间中，并非都是一帆风顺的，他也曾数次战败，两次欲投水自杀，还有一次因为害怕李秀成的大军袭击而数日悬刀在手，准备一旦兵败，即行自杀。他虽然忠心耿耿，还是屡遭疑忌。在第一次攻陷武汉之后，捷报传到北京，咸丰帝非常高兴，赞扬了曾国藩几句，但咸丰身边的近臣说："如此一个白面书生，竟能一呼百应，并不一定是国家之福。"咸丰听了，默然不语。

幸好曾国藩很清楚锋芒太露，定会遭人疑忌，便借回家守父丧之机，带着两个弟弟（也是湘军重要将领）回家，辞去一切军事职务。就这样赋闲家中一年，结果太平军进攻盛产稻米和布帛的浙江，清政府恐慌，不得不又请他出山，并委他兵部尚书头衔，从此有了军政实权。不久，慈禧太后掌握朝政大权，开始重用汉人，这为曾国藩掌握大权提供了一个重要的历史契机。

1862 年，曾国藩被授以两江总督节制四省军政的权力，巡抚提督以下均须听命，不久又赐予太子太保头衔，兼协办大学士。自此以后，曾国藩在清政府中有了举足轻重的地位。

曾国藩正是采取以退为进的策略，从而取得了清政府的信任，掌握大权。在进攻太平军胜利以后，他仍然小心翼翼。由于曾国藩的湘军抢劫吞没了很多太平军的财物，使得"金银如海、百货充盈"的太平天国之都天京人财一空，朝野官员议论纷纷，左宗棠等人还上书弹劾。曾国藩既不想也不能退出财物。因此在进京之后，怕功高震主而退出了一部分权力，怕湘军太多引起疑忌而裁减了 4 万湘军；怕清政府怀疑南京防务而建造旗兵营房，请旗兵驻防南京，并发全饷；并且盖贡院，提拔江南士人。

这几策一出，朝廷上下果然交口称誉，再加上他有大功，清政府也不再追究，这反而显示了他的恭谨态度，更加取得了清政府的信任。清政府又赏予太子太保头衔，赏双眼花翎，赐为一等侯爵，子孙相袭，代代不绝。至此，曾国藩荣宠一时。

作为一名汉人，曾国藩在清朝廷打拼出一片广阔天地，而朝廷自然会对他有所忌惮、防范，但曾国藩正是运用自己的方圆智慧与朝廷周旋，最终得以保全自己。

刚是一种威仪，一种自信；柔是一种收敛，一种风度。刚是一个人的骨头，是精神的内核；柔，是一种处世方法。刚，是曾国藩性格的本色，但他懂得适时放低姿态，因此才能在清末的官场游刃有余。曾国藩性格中的"柔"是锤炼出来的，"柔"的性格使他改变了自己的命运。

审时度势——楚霸王把握良机

善于把握事态发展变化的局势，抓住有利的时机，是成事的必要条件。在鬼谷子看来，圣人之所以为圣人，最根本的原因就是能够顺应时代发展的大趋势，顺势而为。

公元前 208 年，秦将章邯率军攻打赵国巨鹿。赵王歇向楚国求救。楚怀王任命宋义为上将军，项羽为次将军，率军去营救赵国。楚军到达安阳后，宋义畏缩不前，驻留此地长达 46 天之久。项羽劝说宋义立即攻秦救赵，被宋义拒绝了。当时天寒多雨，将士挨冻受饿，痛苦不堪。而宋义却大摆宴席，为自己的儿子到齐国做相送行。

乘宋义离开之际，项羽鼓动将士们说："我们奉命攻打秦军，救援赵国，现在却留在这里不能前进。这里遇到灾荒，将士只能吃个半饱，军中存粮也不多。上将军对此却丝毫不放在心上，只顾饮酒作乐，根本没想到要率军去赵国征粮，并与赵军合力抗秦，反而美其名曰'等待秦军疲惫之机再打'。如果强大的秦国攻击刚刚复国不久的赵国，必然能把赵国灭掉。赵国被灭掉之后，秦军只会更加强大，根本无机可乘。况且我军刚刚在定陶吃了大败仗，大王正坐卧不安，将全军交给上将军指挥。国家安危，就在此一举了。不料上将军却如此不爱惜将士，只顾徇私，这样的人怎么能做社稷之臣！"

项羽的话立刻在全军中引起共鸣。当宋义返回安阳时，项羽乘机将其杀死，然后号令全军，说道："宋义与齐国密谋反楚，楚王命令我将其杀死！"将士上下无不服从。消息传回国内，楚怀王只好正式任命项羽为上将军去营救赵国。此后，项羽破釜沉舟，九战九捷，歼灭了秦军主力，解除了巨鹿之围。

楚怀王是秦末农民起义军首领项梁听从谋士范增之计拥立的。楚怀王名为君王，实为傀儡。但他趁项梁战死后，在彭城（今江苏徐州）夺取项羽、吕臣的兵权，改用宋义为上将军，项羽当然心怀不满，伺机夺回兵权。而这时的形势，正是动手发动兵变的好时机：一方面宋义在紧急关头，徇私误国，违背军令，贻误战机，罪该问斩；另一方面，士兵在寒风冷雨中煎熬，而宋义却饮酒作乐，大摆宴席，士兵的反叛心理经项羽一鼓动就旺盛起来。于是，杀宋义、取兵权的主客观条件一应俱全，项羽审时度势，把握住了时机。项羽既杀了宋义，夺取了兵权，又歼灭了秦军，解除了巨鹿之围，可谓一箭双雕，两全其美。

《鬼谷子》认为："圣人之在天地间也，为众生之先，观阴阳之开阖以名命物，知存亡之门户。筹策万类之终始，达人心之理，见变化之朕焉，而守司其门户。"古代那些大智大勇的圣者生活在人世间，之所以成为芸芸众生先知先觉的导师，是因为他们能观测世界上万事万物阴阳两类现象的变化，并能进一步了解事物存亡的关键因素，给它们立一个确定的名号，还能够洞晓万事万物的生存、发展、灭亡的关键所在。顺应历史大势、民心向背，再加上领导的贤德，这就决定了战争的胜利。由此可见，分析并且顺应时代发展的大趋势，跟随时势发展的浪潮前进，是成功的基石。

【商战博弈】

周密贵微——许荣茂的成功哲学

20世纪70年代，在中国香港车水马龙的街头，一个来自福建的青年有时会驻足良久。他看着来来往往的人群和不时擦身而过的老爷车，有时也会对自己的未来陷入短暂的迷茫，只是这迷茫并没激起他内心多大波澜，他的表情依旧平和，看不出丁点儿痛苦的模样。

当时，像他一样在香港寻觅机会的青年千千万万，但绝大多数都消失了踪影，唯有他在若干年后绝地而起。这个原本平凡的年轻人没有什么秘诀，只是因为平和，这大概和他自小受从医父母的影响有关。

"中医讲究平和，不会为一些小事急躁。我觉得有一些人很聪明，但暴躁起来不考虑后果，这是做事业的大忌。"

说这句话的人是许荣茂，就是许多年前站在香港街头驻足观望，却表情如初的年轻人。或许正是这种心态，让他挺过了最初的难关。即使当时满大街都是电影大王邵逸夫的海报，他也没有觉得落差有多大。

什么事都是一个过程，就是在那时，许荣茂渐渐培养自己绵里藏针、不温不火的秉性。而真正让他在后来的房地产业翻云覆雨，神龙见首不见尾的，还是他敏锐的商业眼光和诡异的思维。

1989年，当几乎无人看好内地房地产业时，许荣茂却出巨资在家乡进行了一系列项目开发，专心做房地产。对此次商业行为，他做出的解释是自己并非贪图这一行业的暴利，而是出于对事业成就感的渴望。回家乡投资房地产之前，许荣茂做的是服装生意，但他直言做服装太累：员工多，业务量大，利润微薄，更关键的是，他只能给外国厂商做代工，没有自己的品牌，缺乏成就感。但房地产不同，"我们建设一幢幢雄伟壮丽的大厦，既能美化城市改善人们的生活，又能给自己带来事业成功的欣慰"。

认准了房地产，许荣茂就坚定地改行，这一改，就是20年。

在房地产这个井喷式行业，速度就是一切。几乎所有的开发商都争先恐后地拿地，风风火火地建设施工。许荣茂则有些不同，他擅长的是悄然布局，有神龙见首不见尾的意味。通常是，在人们普遍不看好的时候，许荣茂不知不觉间出现，一出手，又是令所有人惊呼赞叹的大交易。

他一向深居简出，几乎从来不接受媒体采访。无论身在何处，头发都梳得纹丝不乱，说话慢条斯理。而知道他故事的人都明白，眼前这个地产大佬沉稳内敛的形象背后，是掩藏多年的江湖沉浮史，是无数生死搏杀的积淀。而他从来不夸耀、不表露。

许多人说，在房地产界，许荣茂跟潘石屹、冯仑等人不同，许的崛起，更多的则是凭借自己严谨的思维和独特的眼光。

就在众人觉得许荣茂会大干一场的时候，他又出人意料地转战上海滩。此前，没有人知道他的真正意图是什么，他就像机警的猎豹一样，不断寻觅着潜在的目标。

当时，A股市场传来消息，上海万象集团亏损，股票一落千丈。许荣茂一反常态地进行资本运作，购入万象26.43%的股份，在A股借壳上市。他的这一举动令很多人咋舌。更令人想不到的是，刚刚入主万象的许荣茂竟将恒源祥等优势资源抽离。难道他收购万象股票的目的不在于此？

没过多久，许荣茂终于亮出了自己的答案。入主万象，实际上是看重了万象广场所在南京路的一块14万平方米的地段，这是上海最繁华的地区之一，许荣茂的手段不可谓不老谋深算。

几番动作过后，低调的福建商人已经在上海地产界搞得风生水起。在他眼中，只要是他看中的，就会努力把握。"讷于言而敏于行"是他的作风，只是许荣茂的"行"显得过于神秘和难以揣测，这可能就是他不断成功的原因。

许荣茂曾经对自己的人生进行过归纳，他说："人生就像一个舞台。一旦自己能扮演一个比较重要的角色，就应该认真把握。我这个人只要看到一个机会，都想尽量去抓住它。"

《鬼谷子》说："即欲捭之贵周，即欲阖之贵密。周密之贵微，而与道相追。"使用捭阖之术，离不开谋划。当然，这种谋划要周密，考虑要周详。如果要综合归纳问题，最重要的是处世缜密，要合乎规律和道理，行事要不露声色。

一个人想成大事，必须全方位地注意每一个角落，低调内敛，这是成大事的根本。

其实，每个人都是一个演员。不管最开始扮演穷人还是富人，生命中总有许多能改变命运的际遇，用严谨、犀利、独到的眼光去努力把握，生活和事业就会朝着自己希望的方向发展。只是，无论何时，都要秉持低调的性情，如许荣茂这般：低调、内敛、沉稳，绵里藏针，才能趋利避害，早日实现自己的夙愿。

见好就收——经商的灵丹妙药

《鬼谷子》曰："变化无穷，各有所归。或阴或阳，或柔或刚。"意思是"世间万物虽然变化无穷，纷纭万端，但皆有其自身的本质特征与发展规律。或归于阴，或归于阳；或以柔为特征，或以刚为特征"。因此，在商业运作中，面对变化无常的商海，就得阴阳结合，刚柔相济，才能应对自如。该投入的时候就要果断地投入，该撤出的时候就应义无反顾地撤出，懂得"捭阖"，懂得进退，敢于放弃的商人才能前进。

如果与对手相比，自己在资金、技术、知名度、人际关系等方面都处于劣势，该如何决断？硬拼还是暂时"撤退"？硬拼虽勇气可嘉，但很可能"以卵击石"，自取其辱。而暂时"撤退"虽有些"不光彩"，却是一种智慧，是一种避其锋芒，适时而"阖"的明智之举。俗话说，留得青山在，不怕没柴烧。以退为进，"阖"而"捭"之，以求其利。

同样，市场饱和又没有发展前景，坚守并不能显示你的明智，只能说明你的愚昧和缺乏明晰判断力。另起炉灶才会有新的发展。

善用"捭阖"之道，在利益面前还要懂得"权衡轻重""见好就收"。

广东人李素在 2000 年 3 月发现了一个赚钱的商机：生产 IP 拨号器。这是个新生事物，整个机器成本 50 多块钱，但在当时的市场价却高达 1000 多元。而且 IP (Internet protocol) 拨号器技术原理很简单，类似于电话机原理，只不过多了块控制芯片。看准了机会的李素马上行动，买来了数万元的生产调试设备，招聘了一批技术人员，日夜兼程地设计、生产、调试，并在最短的时间内推向市场，大赚了一笔。就在别人以为他会立即扩大生产规模时，他却戛然而止。卖掉了设备，辞退了技术人员，转租了厂房。

李素为什么这样？原因很简单，他清醒地认识到 IP 拨号器是利润超高的产品，竞争对手肯定会纷纷跟进，而且其中很多都是实力雄厚的电话生产厂商和大通信公司。他们一旦介入，自己的产品就毫无优势可言。与其到时被别人打败，不如自己先撤退，所以他明智地选择了"见好就收"。

李素的见好就收虽然让他失去了继续赚钱的大好良机，却也使他避免了潜在的损失，不失为一种明智之举。小商人有小智慧，大商人亦有大能力。在这方面，做得更出色的是李嘉诚。

李嘉诚有句座右铭："好的时候不要看得太好，坏的时候不要看得太坏。"这是他多年以来"见好就收"策略的最佳注解，也是李嘉诚做生意的最高境界，即"拿得起，放得下"。李嘉诚正是善于把握"见好就收"，才使他在商场上立于不败之地。

李嘉诚靠生产塑胶花掘得第一桶金，成为"塑胶花大王"。然而物极必反，阴阳也会互变。早在他开发塑胶花之前，就预见到塑胶花终究会跟不上社会发展的快节奏，只能风行于一时。人类崇尚自然，而塑胶花无论如何不能取代有生命的鲜花。作为塑胶业的"大哥大"，长江公司虽然拥有稳固的大客户，但是当时整个行业都在走下坡路，最后的萎靡已是改变不了的事实，这给李嘉诚敲响了警钟。

1972年，塑胶企业达3359家。李嘉诚从海外杂志了解到，欧洲北美的塑胶花已被扫地出门。国际塑胶花市场正转移向南美等中等发达国家。香港也出现过几次塑胶花积压。对此，李嘉诚早有心理准备，他深知长江在塑胶业的地位和信誉是无价之宝，所以采取一种无为而治的态度，让其自由发展，而将主要精力和心血投注于缔造以地产为龙头的商业帝国。

该投入的时候就要果断地投入，该撤出的时候就应义无反顾地撤出，敢于放弃的商人才能前进。商人应该对自己从事的行业前景有清醒的认识。做生意往往会受客观因素的影响，这就要求商人能够明察善断。

该"捭"的时候就要主动进攻，趁势前行，该"阖"的时候则要闭藏自己，见好就收。像李嘉诚这样，他最早进入塑胶花领域，赚了一大笔钱后，审时度势、急流勇退、占尽先机。

保持低调——不要表现得比上级优秀

为人处世是一门大的学问。实施捭阖术，一定要观阴阳变化，分清局势。特别是在上司面前，该阳的时候你可以大胆表现，但是该阴的时候一定要懂得低调。甚至是表现得愚蠢一点儿，笨拙一点儿。适当的时候让上司高你一筹，胜过你完成艰难的任务。

一般来说，伟大的人都喜欢有点儿愚钝的人。任何上司都有获得威信的需要，不希望下属在能力上超过并取代自己。因此，在人事调动时，如果某个优秀、有实力的人被指派到自己手下，上司就会忧心忡忡，因为他担心某一天对方会抢了自己的权位。相反，若是派一位平庸无奇的人到自己手下，他便高枕无忧了。

因而，聪明的人总会想方设法掩饰自己的实力，以假装的愚笨来反衬上司的高明，力图以此获得上司的青睐与赏识。当上司阐述某种观点后，他会装出恍然大悟的样子，说自己太笨没有上司反应快，并且带头叫好；当他对某项工作有了好的办法后，不是直接阐发意见，而是在私下里或用暗示等办法及时告知上司，同时，再抛出与之相左的甚至很"愚蠢"的意见。久而久之，尽管在同事中形象不佳，上司却倍加欣赏，对其情有独钟。

在更多的时候，上司更愿意并提拔那些忠诚可靠但表现可能并不是那么出众的下属，因为这更有利于他的事业。同样的道理，如果上司使用了不忠诚的下属，这位下属总是同自己对着干，或者"身在曹营心在汉"，那么这位下属的能力发挥得越充分，可能对上司的利益损害越大。聪明的上司不愿意引狼入室，更不愿意搬起石头砸自己的脚。

小王在某钢厂宣传处工作，有一天处长突然叫他整理一个劳动模范的先进事迹。据知情人士透露，其实这是一次考试，这将关系小王是否还能继续在机关待下去。本来对这样简单的材料，他并不感到为难，但因为关系前途所以反而有了无形的压力，便不得不格外用心。他花了一个通宵，写好后反复推敲，又抄得工工整整。第二天一上班，就把它送到了处长的桌子上。

处长当然高兴，快吗，字又写得遒劲、悦目，而且在内容、结构上也没有什么可挑剔的。可是，处长越往后看，笑容越收紧了。末了，他把文稿退回，让小王再认真修改，满脸的严肃，真叫人搞不清什么地方出了差错。小王思忖半天，把改过的稿子送给处长转身刚要走，处长像突然想起了什么似的说："对了，对了，那个'副厂长'的'副'字不能写成'付'，改过来，改过来就行了。"处长脸上马上缓和了下来。

就这么简单！处长又恢复了先前高兴的样子，一个劲地夸道："写得快，不错。"考试自然过关。

显然，从这件事中，我们可以得到这样的启示：处理上司交办的事情，一定要尽可能地争取时间快速完成，而不要过分纠缠于办事的细节和技巧。因为如果你把事情处理得过于圆满而让人挑不出一点儿毛病的话，那就显示不出上司比你高明的地方。否则，当上司的就会感到有"功高盖主"的危险。所以，善于处世的人，常常故意在明显的地方留一点儿瑕疵，让人一眼就看见他"连这么简单的都搞错了"。这样一来，尽管你出人头地，木秀于林，别人也不会对你敬而远之，当他发现"原来你也有错"的时候，反而会缩短与你之间的距离。

其实，适当地把自己放得低一点儿，就等于把别人抬高了许多。当被人抬举的时候，谁还有放置不下的敌意呢？就像那位处长，当发现自己属下的一个错别字的时候，他不是立即又多云转晴了吗？要知道，只有当他对别人谆谆以教的时候，他的自尊与威信才能很恰当地表现出来，这个时候，他的虚荣心才能得到满足。而那时，你的位子和前途才有保证。上司交办一件事，你办得无可挑剔，似乎显得比上司还高明。你的上司就会感到自身的地位岌岌可危，你的同事们可能会认为你爱表现、逞能。置身于这样的氛围，你会觉得轻松吗？

如果换一种做法，对于上司交办的事，你三下五除二就处理完毕，你的上司会首先对你旺盛的精力感到吃惊，效率高吗。因为快，你虽然完成了任务但不一定完美，这时上司会指点一二，从而显示他高你一筹。这就好比把主席台的中心位置给上司留着，单等着他做"最高指示"。你完成工作，他赢得高兴，何乐而不为呢？

【职场之道】

阴阳调和——办公室中遇强示弱，遇弱示强

人不太容易去改变自己条件的强或弱，但可以以示强或示弱的方式，为自己争取有利的位置。

"遇强则示弱"，是说如果你碰到的是个有实力的强者，而且他的实力明显高过你，那么你不必为了面子或意气而与他争强，因为一旦硬碰硬，固然也有可能摧折对方，但毁了自己的可能性也很高，因此不妨把自己的形象弱化，好化解对方的戒心。以强欺弱，胜利了也不光彩，大部分的强者是不做的。但也有一些富于侵略性格的"强者"有欺负"弱者"的习惯。因此，示弱也有让对方摸不清你虚实，降低对方攻击有效性的作用。

一旦他攻击失效，他便有可能收手，而你便获得了时间以反转态势，他再也不敢随便动你。至于要不要反击，你要慎重考虑，因为反击时你也会有损伤，其中利害要加以评估，生存才是主要目的。

"遇弱则示强"是说如果你碰到的是实力较你弱的对手，那么就要显露你比他"强"的一面，这并不是为了让他来顺从你，或满足自己的虚荣心或优越感，而是因为弱者普遍有一种心态，不甘愿一直做弱者。因此，他会在周围寻找对手，证明自己也是一个"强者"，你若在弱者面前也示弱，弱者就会把你当作对手，而且还给自己增添不必要的麻烦。"示强"则可使弱者望而生畏，知难而退，所以，这里的"示强"是防卫性的，而不是侵略性的，假如变成侵略性的也必为你带来损失，若判断错误，碰上一个"遇强示弱"的对手，那不是适得其反吗？

要知道办公室里没有绝对的强与弱，只有相对的强与弱，也没有永远的强与弱，只有一时的强与弱。因此，强者与弱者，最好维持一种平衡、均势，国与国之间不易做到这点，而人与人之间却不难做到，只要你愿意，也不论你是弱者或强者，"遇强示弱，遇弱示强"只是其中一个权宜之计。

在办公室中，当你和你的对手在无形的空间中互相敌视对方，甚至都有无形的愤怒闪现的时候，以硬碰硬，直来直往，并不是什么好办法，也不会帮助你什么，你应该采取一定的策略。

如果你遇上了强硬的对手，要视情况而采取更强硬的态度，战胜对手；如果遇上了软弱的对手，也不要盛气凌人，应温文尔雅、平心静气，使对方乐于接受你的意见。

交谈中造成一方软弱的原因有多种；或因弱小无力；或因地位低微；或因其秉性懦弱、缺乏意志等。和这种软弱的对手交流时，如果采用强硬态度，对方就会避而不谈，你便无法达到目的。另外，你的优越感及言辞上轻微的傲慢，都有可能刺激到对方的自尊心，使对方产生不安乃至抗拒的心理。结果增加了取得一致意见的难度。相反，如果采用温和的态度，故意和对方扯平地位，主动、诚恳地体谅对方的苦衷，设法和对方培养起相当的感情。这时，对方不但不会对你产生戒备之心，问题更能迎刃而解。

强和弱跟《鬼谷子》说的阴和阳是一个道理。"益损、去就、倍反，皆以阴阳御其事。阳动而行，阴止而藏。阳动而出，阴隐而入"。就是说要运用阴阳的变化来实行损害和补益，离去和接近，背叛和归附。阳则前进，阴则隐蔽。该阳则阳，该阴则阴。阴阳结合，适时捭阖，定能无所不出，无所不入。

有一个古代传说，讲的是一种叫"泥鱼"的动物。每当天旱，池塘中的水逐渐干涸时，其他鱼类都因失去水而丧失了生命。但是，泥鱼依然悠闲自得，它找到一处足以容身的泥地，把整个身体钻进泥中不动，这就是它采取的"阖"的战术。由于它躲藏在泥中动也不动，处于一种类似休眠的状态。所以，可以待在泥中半年、一年之久而不死。

等到天下了雨，池塘中又积满了水，泥鱼便慢慢从泥中钻出来，重新活跃于池塘中。其他死去的鱼类尸体成了它最好的食物。它便能很快地繁殖，成为池塘的占有者和统治者。

职场上要使自己立于不败之地，也应该具备像泥鱼这样适应天道的能力。也就是适应外界情形的变化，适应不同对手的情况，"捭阖"有度，灵活地动用恰当的言辞来征服对方，赢得胜利。

张弛有度——不被长处蒙蔽双眼

《捭阖第一》说："审定有无与其实虚，随其嗜欲以见其志意。"指出：审定对方才干的有无和思想的虚实，可以先观察他的嗜好和欲望，从中便可看出他的志向和意志。每个人都有别人不能及的优势和长处，只有清楚地知道能提升自己的长处和优势，才能让你的能力成倍地增加，才能把这种优势发挥到极致。

一个青年到巴黎找工作，期望父亲的朋友能帮助自己找一份谋生的工作。父亲的朋友问："你数学精通吗？"青年羞涩地摇头。

"历史、地理怎么样？"青年还是不好意思地摇头。

"那法律呢？"青年窘困地垂下头。"会计怎么样？"父亲的朋友接连地发问，青年都只能摇头告诉对方——自己似乎从来就一无所长，连丝毫的优点也找不到。

"那你先把自己的住址写下来，我总得帮你找一份事做。"青年羞涩地写下自己的住址，急忙转身要走，却被父亲的朋友一把拉住了："年轻人，你的名字写得很漂亮嘛，这就是你的优点啊，你不该只满足找一份糊口的工作。"

把名字写好也算一个优点？青年在对方眼里看到了肯定的答案。哦，我能把名字写得叫人称赞，那我就能把字写漂亮，能把字写漂亮，我就能把文章写得好看……受到鼓励的青年，一点点地放大着自己的优点，兴奋得脚步立刻轻松起来。数年后，青年果然写出了具有世界影响力的经典作品。他就是法国 18 世纪家喻户晓的著名作家大仲马。

发掘自己的长处，利用自己所有的优势，追求真正属于自己的道路。这是捭阖术的关键，这是获取事业成功的捷径。运用"捭阖术"，挖掘自己的优点，放大它，你的生活和工作就会大为不同。许多人本来可以做大事、立大业，但实际上却做着小事，过着平庸的生活，原因就在于他们没有去挖掘自己的长处或者没有将自己的优势放大。

在一个风光秀丽的小镇上，来了三个旅行者。他们同时住进一家旅店，都打算第二天一早出去游玩。次日清晨，三人一同出门。一个旅客带了一把伞，一个拿了一根拐杖，第三个则两手空空，什么也没拿。一天很快就过去了，傍晚的时候下了一场大雨，当天色已经黑透的时候，三人陆续回来了。

旅店的其他旅客感觉很奇怪：带着雨伞的人淋湿了衣服；拿拐杖的人身上沾了不少泥，看起来摔倒过；而空手者却什么事都没有，浑身上下干干净净。

前两人也很奇怪，问第三个人这是为什么。

第三个旅行者没有回答，而是问拿伞的人："你为什么只是淋湿而没有摔跤呢？"

"下雨的时候，我依仗着手中有伞，就大胆地在雨中走，可风雨太大，衣服还是湿了不少。泥泞难行的地方，因为没有拐杖，走起来小心翼翼，就没有摔跤。"

再问拿拐杖者，他说："下雨时，因为没有伞，我就拣能躲开有雨的地方走或停下来休息。泥泞难行的地方我便用拐杖拄着行走，反而跌了跤。"

空手的旅行者哈哈大笑，说："下雨时我拣能躲雨的地方走，路不好时我细心走，所以我没有淋着也没有摔跤。你们有凭借的优势，就不够仔细小心，以为有优势就没问题，所以反而有伞的淋湿了，有拐杖的摔了跤。"

懂得"捭阖术"的人，不仅要看到自己的优势，还应该把优势发挥到位，避免在熟路上栽跟头。三个旅行者都有各自的优势，只是他们用的地方不同，以至于产生了不一样的结果。只有时刻保持着清醒和理智，你的雨伞才会为你遮风挡雨，你的拐杖才能让你走得更稳。善于"捭阖"的人，能够清晰地知晓自己的优势，并把这种优势应用在关键的地方，才能时时提高长处的效率。

在人生的坐标系里，一个人如果站错了位置——用他的短处而不是长处来谋生的话，他可能会在永远的卑微和失意中沉沦。同时，在职场的风雨中，人们有时也会犯那两个旅行者一样的毛病。长处是我们身上宝贵的资源，它能让我们在某一领域或某一方面超越别人。可是如果以为有了优势就可以高枕无忧，甚至被自己的长处蒙住了双眼，结果只会是被别人赶上，长处反而变成了约束自身的短处。只有合理地利用自己的优势，你的职场路才有可能一帆风顺。

灵活变通——吴士宏适者生存

周围环境的改变并不可怕，可怕的是观念不改变，不能预见未来。因此，你必须善于运用自己的头脑，随着环境的变化而变化，这样才能跟上时代，成为适应时代需求的人。生活中，困境、问题并不可怕，只要心在转，头脑在转，则遍地都是金子，处处皆有出路。人要过河怎么办？人不是鱼，但人却善于变通，主动找方法，于是便有了船。人要与野兽搏斗怎么办？人没有钢牙利齿，但人却善于变通，主动找方法，于是便有了刀和剑……可以毫不夸张地说，一切成功者之所以成功，就在于他们善于动脑，主动寻求突破。吴士宏就是这方面的代表人物。

吴士宏从一个"毫无生气甚至满足不了温饱的护士职业"（吴士宏语），先后当上 IBM 华南区的总经理，微软（中国）有限公司总经理，TCL 集团常务董事、副总裁，靠的就是一种主动晋升、绝不安于现状的精神。

外表温文、满脸笑容的吴士宏曾经是北京一家医院的普通护士。用吴士宏自己的话说，那时的她除了自卑地活着，一无所有。她自学成人高考英语专科，在她还差一年毕业时，她在报纸上看到 IBM 公司在招聘，于是她通过外企服务公司准备前去应聘，在此前外企服务公司向 IBM 推荐过好多人都没有被聘用，吴士宏虽然没有高学历，也没有外企工作的资历，但她有一个信念，那就是"绝不允许别人把我拦在门外"，结果她被聘用了。

据她回忆，1985 年，为了改变自己的生活，她凭着一台收音机，花了一年半时间学完了许国璋英语三年的课程。正好此时 IBM 公司招聘员工，于是吴士宏来到了五星级标准的长城饭店，鼓足勇气，走进了世界最大的信息产业公司 IBM 公司的北京办事处。

IBM 公司的面试十分严格，但吴士宏却顺利通过了筛选。到了面试即将结束的时候，主考官问她会不会打字，她条件反射地说："会！"

"那么你一分钟能打多少字？"

"您的要求是多少？"

主考官说了一个标准，吴士宏马上承诺说可以。因为她环视四周，发觉考场里没有一台打字机。果然，主考官说下次录取时再加试打字。

实际上，吴士宏从未摸过打字机。面试结束后，吴士宏飞也似的跑回去，向亲友借了 170 元买了一台打字机，没日没夜地敲打了一星期，双手疲乏得连吃饭都拿不住筷子，竟奇迹般地敲出了专业打字员的水平。以后好几个月她才还清了这笔对她来说不小的债务，而 IBM 公司却一直没有考她的打字水平。

吴士宏就这样成了这家世界著名企业的一名普通员工。

靠着这种不断进取的精神，吴士宏顺利地迈入了 IBM 公司的大门。进入 IBM 公司的吴士宏不甘心只做一名普通的员工。因此，她每天比别人多花 6 个小时用于工作和学习。于是，在同一批聘用者中，吴士宏第一个做了业务代表。接着，同样的付出又使她成为本土的第一批经理，然后又成为第一批去美国本部从事战略研究的人。最后，吴士宏又第一个成为 IBM 华南区的总经理。这就是多付出的回报。

1998 年 2 月 18 日，吴士宏被任命为微软（中国）有限公司总经理，全权负责包括香港在内的微软中国区业务。据说为争取她加盟微软，国际"猎头公司"

和微软公司做了长达半年之久的艰苦努力。吴士宏在微软仅仅用 7 个月的时间就完成了全年销售额的 130%。

在中国信息产业界，吴士宏创下了几项第一：她是第一个成为跨国信息产业公司中国区总经理的内地人；她是唯一一个在如此高位上的女性；她是唯一一个只有初中文化和成人高考英语大专文凭的总经理。在中国经理人中，吴士宏被尊为"打工皇后"。正是这种不安于现状、主动晋升的进取精神，成就了吴士宏事业上的辉煌。

社会形势瞬息万变，每天都在演绎着"优胜劣汰，适者生存"的剧目。吴士宏正是运用"捭阖"之道，才过五关斩六将，最终脱颖而出。她应聘的时候，面对"打字拷问"，顺势"捭"之，得到机会后则不断努力，尽力"阖"之。在这里，蕴含了吴士宏善于洞察考官心态的智谋，"会不会"只是一个衡量标准，能否快速适应变化，担当胜任才是最关键的因素。吴士宏的成功，向我们展示了一条生存的黄金法则，那就是穷则思变变则通。在今天这个日新月异的时代，别人变化快，你变化慢，你就会落后；别人都在变化，你仍保守于过去的成绩不知改进，你就会被淘汰。

行事周密——不打无准备之仗

拿破仑·希尔说过，一个善于准备的人，是离成功最近的人；一个缺乏准备人，一定是一个差错不断的人，纵然其有超然的能力、千载难逢的机会，也不能保证获得长久的成功。没有准备的行动会让一切陷入无序，最终面临失败的局面。

古罗马学者塞涅卡也说："要想利用风驰电掣的机会，不仅要做好物质上的准备，更重要的是要做好精神上的准备。"可见，准备至关重要，但人们总是忽视它。即便有人认识到了它的重要性，也很少能长久地关注它。于是，"效率低下，差错不断"就成了人们身上与失败相关联的标签。可以说，"每一次差错皆因准备不足，每一项成功皆因准备充分"，这句话就是对准备的最好注解。

薛文与陈亮都是刚进公司的销售助理，两个年轻人跃跃欲试，工作都很积极卖力，但成绩却有天壤之别。

有一次，薛文预约的一个客户按时来到公司，此时的薛文正对一大堆客户资料进行分类。看到已经到来的客户，他才想起这个早已预约好的业务。薛文满怀歉意地请客户来到洽谈室，发现文件、资料以及产品的说明书都还没有准备好，只得匆忙跑去复印。等一切准备就绪时，客户已经很不耐烦了。好不容易，薛文开始向客户介绍产品性能了，却又发现产品说明书复印错了。就这样，客户马上转身离开了。薛文的懊恼可想而知，经理没有过多地批评他，只是告诉他，第二天陈亮也有一个业务，让他去看看。

第二天，陈亮按照预约时间，笑容可掬地在洽谈室门前等待客户的到来。客户到来之后，对这种被重视的感觉很是满意。紧接着开始进入正题，只见陈亮不慌不忙地拿出产品资料、使用说明、文本合同，有条不紊地向客户介绍产品，还把近期公司举行的优惠活动详细地告诉给了客户，站在客户的角度提出了一些非常有益的建议。

最后，陈亮对客户说："听说贵公司最近又要在西雅图开设一个分公司，我想，贵公司在短期内一定还要引进我们公司的设备。如果您愿意的话，可以在这次订货中一起购置所需设备。这样，不仅可以因数量多而有更多的优惠，而且可以省去一些不必要的装运费用，你看怎么样？"客户显然动心了，当下将最初要订100万美元的货物增加到了200万美元。

薛文在一旁看得目瞪口呆，怎么也想不到会这么顺利。不久，陈亮因为一直把每项工作都做得相当圆满，便被提升为部门经理，并得到了公司的嘉奖，薛文仍然原地踏步。

薛文与陈亮的例子证明了一个问题：充分的准备可以成就一个人，而不充分的准备则可能毁掉一个人。也许你正准备扬帆远航，锋芒初露；也许你经历重重，继往开来；还可能你对未来充满期待……在一切的行动开始之前，但请先问自己一个问题："我准备好了吗？"

凡事预则立，不预则废。《鬼谷子》说："变化无穷，各有所归。或阴或阳，或柔或刚，或开或闭，或弛或张。是故圣人一守司其门户，审察其所先后，度权量能，校其伎巧短长。"陈亮的成功就在于它对"捭阖"之道的充分运用。他不仅能把握关键，懂得阴阳，懂得抓住对方的利益要害，更能及时准备，"临阵以待"，加上动之以情，诱之以利，示之以物，最终深深地抓住了客户。

人生亦是这样，事前的准备往往决定了事后的成败。为了得到一个最令你满意的结果，必须在行动之前，把所有导致既定结果的方法和途径考虑进来，并为之做好充分的准备。即便一个人具有超强的能力、千载难逢的机会，一旦缺乏准备就不能保证成功的获得。

多一分准备，就能少一些失败的风险，多一份成功的保障。所谓准备主要是指为成功而长期进行的坚韧、扎实的知识储备和辛勤努力的劳动，以及在机遇来临时的全力拼搏和冲刺。有人曾这样说过，事业成功的三大要素是天赋、勤奋和机遇。可见，机遇固然重要，但离不开天赋和勤奋，离不开充分的准备。

察言观色——见机行事

在充满竞争的人生旅途中，如果遇到比较强硬的对手，就要敢于采取"捭"的战略，主动进攻，以势压人；如果遇到比较弱小的对手，也要善于采取"阖"的战略，隐藏自己，以德服人。总而言之，对付比自己实力弱小的人应采取和平手段；对付比自己实力强硬的人则应采取高压手段。如果能做到这一点，在处世过程中必然能始终处于主动地位，该进则进，该退则退，从而纵横驰骋，立于不败之地。

一个善于察言观色的人，一定善解人意，机灵乖巧，能了解对方在想什么？需要什么？什么事情都逃不过他的眼睛。这是一种天赋，有些人天生就比较敏感，能很轻易地看出别人的情绪反应。拥有这种知己知彼的能力，做起事情来就容易百战百胜。所以这是一种沟通上的优势，有了这种优势，沟通时就轻松多了。

通过观察，可以洞察先机，知道对方的想法，就算觉察对方有不同的意见，心里也有数，可以在心里有所准备，事先化解；也可以别人的反应，妥善安排自己的进退应对，依照对方的反应，适时给予鼓励赞美，把话说在适当的时机，刚好说进对方的心坎里；发现对方不悦，临时停车，避免沟通恶化，见风转舵随机应变，事情就不会搞砸了；随时留心对方的脸色，适可而止地指责，让对方有个台阶下。这样的沟通，还能不顺畅吗？

虽说察言观色是一种天赋，但也是可以学习的，怎么学呢？

第一，和别人说话的时候，要慢半拍，仔细看看对方的表情，判断一下自己的这句话会引起什么反应。

第二，看电影或电视剧的时候，不要只关心"后来的结局怎样啦？"观察一下每个不同角色演员的表情，由这些表情去捉摸代表什么情绪反应。

第三，观察周边人的面部和肢体反应。例如我最喜欢去菜市场了，在小贩和客人之间，可以观察出不同的心理状况。

虽然工作能力是职场上不容忽视的工具，但适当的说话技巧却能让你更有可能在职场里出类拔萃，以下的办公室常用句型，不但能帮你化危机为转机，更可以让你成为上司眼中的得力助手。

1. 传递坏消息时

句型："我们似乎碰到一些状况……"你刚刚才得知，一件非常重要的工作出了问题，此时，你应该以不带情绪起伏的声调，从容不迫地说出本句型，千万别慌慌张张，也别使用"问题"或"麻烦"等字眼，要让上司觉得事情并非无法解决。

2. 上司传唤时

句型："我马上处理。"冷静、迅速地做出这样的回答，会令上司直觉地认为你是有效率听话的好部属。

3. 表现出团队精神时

句型："莎拉的主意真不错！"莎拉想出了一个连上司都赞赏的绝妙点子，趁着上司听到的时刻说出本句型，做一个不忌妒同事的部属，会让上司觉得你本性善良、富有团队精神，因而另眼看待。

4. 说服同事帮忙时

句型："这个工作没有你不行啦！"有件棘手的工作，你无法独立完成，适时使用本句型，让对这方面工作最拿手的同事助你一臂之力。

5. 闪避你不知道的事时

句型："让我再认真地想一想，三点以前给你答复好吗？"当上司问了你某个与业务有关的问题，而你不知该如何作答时，千万不可以说"不知道"，可利用本句型暂渡危机，不过事后可要做足功课，按时交出你的答复。

把这些句型掌握得炉火纯青，并能随时变通，达到"见人说人话，见鬼说鬼话"的境界，必定能弥补先天的缺失。

反应第二

【经典再现】

【提要】

《反应第二》是《鬼谷子》的第二篇。"反应"是一种回环反复的思考方式。反是反复试探，应是回应。反应是指投石问路以观回应，然后再行对策之术。因此，反应之术则更具有针对性，内容阐述也更加具体。

反应是有意识地刺探对方情况的谋略。"听其言，观其行"是反应术的基本技巧，说话、办事要听话外之音，察不言之言。鬼谷子认为：反应可以静听，可以反诘，也可以己推人。若想知道别人的真实想法，通过某种言辞或行动，使对方开口讲话，先用语言试探，投石问路。然后从其言行中判断出他的真意；如有不清楚之处，再回过头来探求，反复求证，将对方引向自己的言说目的。

同时，鬼谷子还要求：运用反应术者，应全面、辩证、历史地看问题，并要善于把握讲话的技巧。在论辩、游说时，要"反之、复之"从而把握对方的真实意图。以便更好地掌控局势，从而达到自己的目的。

【原文】

（一）

古之大化者①，乃与无形俱生②。反以观往③，覆以验来④；反以知古，覆以知今；反以知彼，覆以知己。动静虚实之理⑤，不合于今，反古而求之。事有反而得覆者⑥，圣人之意也，不可不察。

【注释】

①大化：天地万物的造化。②无形："道也。"此指自然界和人世社会的基本规律。③往：历史。④来：未来之事。⑤动静：代指世间的一切事件。虚实：代指世界上一切物质。⑥事有反而得覆者：意指世上一切事理都可以反复推求。

【译文】

　　古代以大道教化众生的圣人，之所以能与无形共生共存，是自然界物化的规律。大道无处不在，一以贯之。我们可用大道去了解历史，从而获得历史的经验教训，以面对、解决当前所遇到的情况。用大道也可以去推求未来。我们可以用大道去了解世界上这类、那类一切事物，观察旁人，不仅可以洞察了解对方，而且可以知道自己为人处世的得失，观人而观己，认识自我。如果人的言行举止、思想常常出现不合常理的反常现象，就能根据周围的情况以及以往的经验进行推究，才能把握它。世上万事万物的道理，在今天找不到比证的，都可以从历史中获取。大道一体，古今一致，任何事物都可以反复地比证考察，这就是圣人的本意，我们不可以不去仔细研究。

【原文】

（二）

　　人言者，动也；己默者，静也。因其言①，听其辞。言有不合者②，反而求之③，其应必出④。言有象⑤，事有比⑥，其有象比，以观其次⑦。象者象其事⑧，比者比其辞也。以无形求有声⑨。若钓语合事，得人实也⑩。其犹张置网而取兽也⑪。多张其会而司之⑫，道合其事⑬，彼自出之，此钓人之网也。常持其网驱之。

【注释】

　　①因：循，顺着。②不合：前后矛盾。③反：反问，反诘。④应：应声。出：露出（真情）。⑤象：形象。此指言辞中涉及的事物形象。⑥比：并列，类比。此指同类事物。⑦次：后，后边。此指言辞背后隐藏的意图。⑧此句与下句，疑后人注文误入正文者。⑨无形：即上边所说的静，"…己默"。⑩钓语：在交谈时引诱出对方的话头。⑪置：即捕兔子的网。⑫多张其会而司之：会指兽常出没的地方。司，即伺。⑬道：此指我们发出的反诘辞。

【译文】

　　就动静原理而论，别人在侃侃而谈，是处于动态的；我们静默听辞，是处于静态的。别人动我们静，别人说我们听，正是以静制动。根据别人说的话就可以了解他言辞中所包含的主张和心意。若发现了他言辞中前后矛盾或不合情理的地方，马上反问他，使对方的矛盾谬误出现，从而逼使他在应声回答中再度思量，露出真情。只要我们静观静听，就可以体味出他言辞中包容的事物形象，就可以了解他谈的事物中涉及的其他同类事物，我们就可以通过这些事物形象和同类事物去考察它们背后所隐藏的谈话者的意图。象，这里是指言辞中事物的外在形貌。比，这里是指言语可以用打比喻作修辞，从而可以借助逻辑修辞等"无形"的技巧方法来阐明具体的事理。我们就这样用静默去探求别人言辞中的隐含意图，就好像用饵钓鱼一样，用静默和反诘去钓别人的言辞，通过钓得的言辞去判断他的决策，以掌握对方真情。又像多张网等待猎兽那样，多设一些网在他们经常出没的地方来让它们自投罗网。多用反诘语言去多方试探，一旦试探对了路，钓语与对方的心事相符，对方心底的真实感受和思想就会自然流露出来，这就是网人真情的网啊！应常用这样的钓人方法去掌握别人。

【原文】

（三）

其不言无比，乃为之变①。以象动之②，以报其心③，见其情，随而牧之④。己反往，彼覆来⑤，言有象比，因而定基⑥。重之袭之⑦，反之覆之，万事不失其辞。圣人所诱愚智，事皆不疑⑧。故善反听者⑨，乃变鬼神以得其情⑩。其变当也⑪，而牧之审也。牧之不审，得情不明，得情不明，定基不审。变象比，必有反辞，以还听之⑫。欲闻其声反默⑬，欲张反敛，欲高反下，欲取反与⑭。欲开情者⑮，象而比之，以牧其辞。同声相呼，实理同归⑯。或因此，或因彼，或以事上⑰，或以牧下⑱。此听真伪、知同异、得其情诈也。动作言默，与此出入。喜怒由此，以见其式⑲。皆以先定⑳为之法则。以反求覆，观其所托㉑，故用此者。己欲平静㉒，以听其辞，察其事，论万物，别雄雌。虽非其事，见微知类㉓。若探人而居其内㉔，量其能射其意㉕，符应不失㉖，如螣蛇之所指㉗，若羿之引矢㉘。

【注释】

①其不言……为之变：如果对方若不接我们的话茬，不回答我们的反问时，就要改换办法。②象：设象，我们做出某种表象。③报：即应和。④牧：即考察、察知。⑤己反往，彼覆来：指我们设象，对方应和，这样反复多次。⑥定基：此指掌握对方意向的主流。⑦袭：重复。⑧圣人……不疑：尹知章曰："圣人诱愚则闭藏，以知其诚；诱智则拨动，以尽其情，咸得其实，故事皆不疑也。"（尹知章《鬼谷子注》）⑨反听：指发出信息去引诱对方，从反馈回的信息

44

中测得对方真情。⑩变鬼神：鬼神善变。变鬼神，言多般变化。⑪当：即上所言"道合其事"，手法的变换碰准了对方心意。⑫反辞：反诘语。还听：即反听。按：这里讲的是一种揣情中的"反引法"。⑬默：沉默。⑭与：给予。按：这里讲的方法，表现了作者的辩证观点。⑮开情：让对方吐露情怀。⑯同声……同归：与对方心里产生共鸣，使他引我们为知己，从而吐露真实情况。⑰事上：此指从谈话开始处考察对方意图。⑱牧下：此指从谈话结尾处入手审察对方意图。⑲式：样式。⑳先定：既定准则。㉑托：此指寄托在言辞中的真情。㉒欲：要。㉓虽非……知类：尹知章曰："谓所言之事，虽非时要，然观此可以知微，故曰见微知类。"（尹知章《鬼谷子注》）㉔内：内心。㉕射：猜测。㉖符应：某种事物产生和某种现象发生，必然引起另一种事物产生和另一种现象发生，古代称作符应。㉗腾蛇之所指：腾蛇，传说中一种能兴云作雾的神蛇，六朝术士用青龙、白虎、朱雀、玄武、腾蛇、勾陈六神以占算，谓腾蛇所指，祸福不差。㉘若羿之引矢：羿，是古代传说中的善射者。

【译文】

如果对方若不接我们的话茬，不回答我们的反问时，就要改换办法。我们做出某些表象用形象的手段去打动他，迎合他的心意，使他透露真情，我们随之掌握他的意图。通过设象、使对方应和这样多次反复，我们终于掌握住对方言辞中的事物表象和同类事物，就可以因此而抓住对方意向的主流。这样多次重复，双方你来我往不断地交谈下去，在说话中就有了比较和譬喻。因此，就能确定说服对方的基本策略和基本观点了。继而反复地推敲琢磨、反复地试探、诘问、观察、重复验证以使表达的语言准确无误，任何事情都可以从对方言辞里侦知。圣智之士用这种方法去对付智者、愚者，任何真情都可以测得而无疑惑。所以，自古那些发挥主观能动性去主动探查对方的人，以及那些从反面听取别人的言论，变换着手法去侦探对方的情怀，从而刺探到对方的实情。他们随机应变得当，对对手的控制也很周密。如果控制不周密，得到的情况就不明了，心里的底数就不实。就不能明知对方的主导意图。这种情况下，我们就必须变换手法使对方言辞中的象、比信息改变，要会说反话，以便观察对方的反应。变换着言辞去反诘他，让他回答，然后收集反馈回的信息。

另外，还可使用"反引法"，就是说，我们想要听到对方讲话，自己反而用沉默来逗引他；想让对方张口讲，自己反而闭口不语；想让对方情绪高涨以夸夸其谈，自己反而低沉；想从对方那儿得到点儿什么，自己就先给予他点儿什么。

又可用"正引法":想要让对方吐露情怀,就自己先设表象去引动他,设法让他讲话,让他对我们随声应和,引为知己而开情吐意。我们或者顺着他的这番话去探测他,或者顺着他的那番话去探测他;或者从他的话端顺势考察,或者从他的话尾逆推考察。

所有这些,都是辨别真话假话,分析性质同异,分辨真相假相的方法。对方的动作、言语、口气,都可以用这个方法去考察;对方的一喜一怒,都可以用这些方法去发掘原因。这些方法,都是探测别人的既定准则,是考察别人的依据。要在反复探求中,去观察对方言辞中寄托着的真情,就要用这些准则和依据。

总之,我们要平心静气地去听别人的言辞,去细心地考察其言辞中涉及的事件,去考辨其他一切事物,去辨别事物性质,分析事理,议论万物,辨别真伪。运用此法,即使从对方言辞中的次要事件里,也可通过其中的细微征兆,探索出其中隐含的真情实意。运用这些方法去探测别人就好像钻到他心中探测一样,可以准确地估计出他的能力,可以准确地猜测出他的本意。这种估计和猜测必然像"符应现象"那样不失其意,就好比是螣蛇所指祸福不差、后羿张弓射箭一样准确无误,必定能从对方言辞中探出真情实意。

【原文】

(四)

故知之始己,自知而后知人也。其相知也①,若比目之鱼②;其见形也③,若光之与影④。其察言也不失,若磁石之取针⑤,如舌之取燔骨⑥。其与人也微⑦,其见情也疾⑧,如阴与阳⑨,如圆与方⑩。未见形,圆以道之⑪;既见形,方以事之⑫。进退左右⑬,以是司之。己不先定,牧人不正⑭。事用不巧⑮,是谓忘情失道⑯;己先审定以牧人⑰,策而无形容⑱,莫见其门⑲,是谓天神⑳。

【注释】

①相知:此指了解别人。②比目之鱼:古人谓比目鱼相并而行。③见:出现。见、现古今字。④光之与影:光一亮,影便出现。⑤磁石之取针:即磁与铁相吸。起源于先秦。⑥燔骨:烤烂的骨头肉。燔,烧,烤。⑦微:微少。⑧疾:迅速。⑨阴与阳:阴与阳无处不在。⑩圆与方:无规矩不能成圆方。⑪圆:此指圆活的方法。⑫方:此指一定的规矩。⑬进退左右:代指我们的一切行动,所做的一切事情。⑭牧:考察。⑮事用不巧:指忘记了上边说的"圆以道之"。

⑯忘情：不合实际情况。失道：抓不住本质。⑰审：此指审察别人的准则。⑱策：决策，计划。⑲门：门径，要害。⑳天神：天神无形无容，难测难知。

【译文】

所以，了解别人的最好的方法是从了解自己开始，人是有共性的，了解了自己，就可以了解别人了。若能这样做，我们了解别人，就像比目鱼相并而行那样一丝不差；我们掌握别人的言辞，就像声音与回响那样随声而得；他自己现出形意，就像光和影子那样，光一亮影子就出现。用这种方法去探查别人的言辞，就会不失毫厘地掌握到他的真意，就像磁石吸铁针那样，又像舌头舔取烤熟的骨肉那样，轻易地一察即得。与人交谈时，自己首先掌握好分寸，察言观色又不显山露水，迅速敏捷地扑捉到对方的内心起伏，情感变化。若我们用此法去探查人，那么我们发出很少的信息量，对方马上就会很快地向我们敞开情怀。这种探查人的方法，就像阴与阳无处不在那样，无事、无人不可用，又像画圆画方要有规和矩那样有一定的规则。即当对方形迹未显时，我们要用圆通灵活的手法去引导他；当对方形迹已显时，我们又用直率陈言、坦承对待、开诚公布、方正处之。无论是向前，还是退后，无论是向左还是向右，达成何种目的，任何行动都可以用这种规则去掌握。这样，我们必须预先制订一些考察人的准则，审定自己是否有成见，我们就不能正确地去衡量他人。但是，我们在使用此法时又不可忘记了它那圆活的一面，否则就会不合实情，丧失真谛。总之，我们运用这种方法，按照预先制订的考察别人的准则去考察他的决策、计划，就会无形无容，让对方摸不透，抓不着，而觉得我们像天神那般难测难知。

【为人处世】

行事机巧——苏秦智激张仪

苏秦和张仪都是鬼谷子的学生，他们从鬼谷子那里学成后，便各自去游说诸侯，希望实现自己的远大抱负。

张仪先到楚国去，结果不仅没有游说成功，反而被楚相手下的人诬陷，说他偷了楚相的玉璧。他们把他捆起来痛打了一顿，然后驱逐出国。

张仪回到魏国后，妻子责怪他不该去游说，以致遭此侮辱。

他却伸出舌头问妻子自己的舌头是否还在，把妻子惹得笑了起来，告诉他舌头还在。张仪说："只要我的舌头还在，这就够了！"

张仪这段坎坷的经历，最为人称道的就是他的这句话"舌在也，足矣"。其实，人生在世，很少一帆风顺的，关键是遇到困难和挫折之后，你是否还能保持最初的信心和勇气，张仪的表现就是一个很好的榜样。也正因为他的这种信心不失，才为将来的东山再起留下了希望的种子。

那时，苏秦经历一番磨难后已在赵国站稳了脚跟，正致力于联合纵向的六个诸侯国共同抗秦。为了实现这个目标，苏秦希望有一个合适的人到秦国去掌握大权。想来想去，他想到了自己的同学张仪。于是便派人到魏国去找到张仪，并叫这人怂恿张仪到赵国去求见苏秦、以便得到高升。

张仪正在家里闷闷不乐，听了来人的鼓吹后，心想也是，既然同窗好友已在赵国执掌大权，自己何不去拜访拜访？说不定可以有所作为呢？

于是张仪便到赵国去拜见苏秦。殊不知苏秦命令手下人既不引见，又不许放他走了，就这样拖了好些天才接见他。接见时，苏秦只让他坐在堂下，到吃饭时竟然赏给他仆人们吃的东西。张仪又羞又怒，正想发作，苏秦却先斥责他说："以你的才能，却让自己落得这样困辱。我难道不可以推荐你而使你富贵吗？只是你不值得让我推荐罢了！"说完便叫人赶张仪出去。

张仪完全没想到过去的同窗好友竟然如此翻脸不认人，恨得咬牙切齿，发誓要找一个强大的能够战胜赵国的国家去立住脚，然后来报这奇耻大辱。

这个最强大的国家当然就是秦国了。

张仪一离开苏秦，苏秦马上就找来一个心腹，对他说："张仪是当今天下难得的人才，就连我恐怕也不如他。我之所以羞辱他，是以此来激发他的心志，使他一怒之下到秦国去争取掌握大权，而不是沉溺于一些小的利益上。现在你赶快去设法接近他，与他一起到秦国去，尽全力支持他接近秦王，掌握秦国的大权。事成之后再告诉他我的用意，这样，他就会设法让秦国不做对我们赵国不利的事。"

苏秦又向赵王报告了自己的计谋，请赵王拨出许多金银财宝以供暗中支持张仪使用。

苏秦派去的人与张仪同住在一个旅馆里，慢慢接近他，尽全力支持他，二人结拜为生死之交。张仪得到帮助，又竭尽自己的全力，终于得到秦惠王的信任，被拜为客卿，大权在握。这时，苏秦派去的人向他告辞回国，他坚决不许，说是正要报恩，岂可离去。苏秦派去的人这才向他说明原委，尤其说明了苏秦羞辱他的用意。张仪听后才恍然大悟，不禁感叹说："唉！我已在苏君的计中却还一点儿也没察觉，我不如苏君是很明显的了啊！请你为我谢谢苏君。有苏君在，我怎么敢奢谈攻赵呢？有苏君在，我又凭什么去攻赵呢？"

人常说，"树怕剥皮，人怕激气"。激将法就是用言语或者行为等刺激手段，让人心生怒气，从而按照挑逗人的意愿行事。"激将"的对象最好是性情暴躁、自尊心极强之人，对于那些老于世故之人则不易奏效。

俗话说：一石激起千乘浪。苏秦激将请张仪的成功，首先是清楚张仪是自尊心极强、一心要建功立业之人。加之当时张仪之落魄的处境，与苏秦之得意相比较，苏秦的傲慢和羞辱最容易刺激到张仪敏感而强烈的自尊心，从而使他奋而离去，奋发图强，终于成就了一番伟业。作为鬼谷子的优秀的学生，苏秦把鬼谷子的"投石激浪"之术发挥得恰到好处。因为他的投石激浪，张仪怒火中烧，一气之下弃赵国而去。也正因此，张仪才有了后来的成就，成了战国首屈一指的辩士和说客。

请君入瓮——来俊臣的恶招

"以其人之道，还治其人之身"。意思就是说，用那个人对付别人的办法返回来对付那个人自己。这种慕容家的传世武功，不单是一种简单的招式，它还是一种非常有用的处世之道和解局之道。

来俊臣是唐朝武则天时期著名的酷吏，曾任司仆少卿、侍御史、左台御史中丞等职，因告密而得到武则天的信任，成为武则天权力斗争中的爪牙。他利用请君入瓮之局还治周兴，可谓是局道中的一大经典。

武则天登基后，决心除掉那些反对她的唐朝宗室和大臣。可是反对她的人都躲在暗处，要如何知晓呢？于是，她在都门设立了"铜匦"，下令任何人都可以告密，不论大小官吏，普通百姓，只要发现有人谋反，都可以将告密信扔进"铜匦"之中，由专人取出，由她直接阅读，以此来诛杀行为不轨或对她不服的大臣。地方官吏遇到有人告密，不许自己查问，一定要替告密的人备好车马，供给上等伙食，派人护送到宫中，由她亲自召见。如果密奏确凿，告密之人马上即可封官；如经调查，与事实不符，也不追究责任。这样一来，告密的人越来越多，逐渐形成了诬告之风。

一个将军名叫索元礼，因告密而得了个官职，他是一个极其残忍的家伙，不管有没有证据，先用刑罚逼犯人供出同谋。犯人受不住酷刑，便会胡乱编一些假口供，从而，株连越来越广，案情越办越大，升官至推事一职。有些官吏看到索元礼得到赏识和重用，便纷纷效仿，其中最残酷的是周兴和来俊臣这两个酷吏。他们每人手下养了几百个流氓，专门负责告密之事。每次只要想陷害一个人，就会派人同时在几个地方告密，并且捏造证据，混淆视听。两人因此而平步青云。其中，又以周兴最为机敏狡诈，故而很快便升任了刑部侍郎一职。他在审问犯人时，手段非常凶残，还专门制造出了一系列别出心裁的刑具，当时的人便以"牛头阿婆"作为他的别号。

周兴因为害人太多，而激起了民愤。一天，武则天接到一封告密信，说他与人串通谋反。武则天听后，大吃一惊，即刻下密旨，命来俊臣逮捕和审讯此案。来俊臣深知周兴是办案的老手，要让他招供绝不是一件容易的事。于是他布下了一个局，请周兴到自己家里来饮酒，好让他自己招供。

席间，来俊臣不断地恭维周兴，称他是唐朝第一办案高手。之后，便十分诚恳地向他请教："最近抓了一批犯人，种种刑具都已用过，可他们还是不肯招供，您看该怎么办呢?"正被来俊臣夸得飘飘然的周兴，不假思索地说："这还不好办。我最近就想出一个好办法：取一口大瓮，用炭火在它的四周烘烤，然后把不肯招认的囚犯放进瓮中，慢慢地烧烤，看他招不招!"

来俊臣听了，乐得拍手称妙，当即便命人搬来一只大瓮，并在四周架起了炭火。炭火熊熊地烧着，烤得整个厅堂的人禁不住流汗。周兴不明所以地问："难道你要在这里审讯罪犯?"来俊臣站起身，拉长了脸说："现有皇上密旨，有人告发周兄谋反，请您入瓮吧!"

这样一来，效果比预料的还要好，周兴跪在地上，不住地磕头求饶，很快便把来俊臣所需要的口供详详细细地交代清楚了。来俊臣根据他的口供，定了死罪，随后便上报了武则天。

武则天念及周兴为她立下的汗马功劳，而且也不相信周兴是真的谋反，便赦免了他的死罪，下令将他流放到岭南。但因周兴干的坏事太多，结下了许多的仇家，在半路上，就被人暗杀了。

来俊臣本来也是一个酷吏，他非常了解周兴的办案风格和特点，知道用自己的方法未必可以解决武则天交给自己的任务，所以设了一个非常巧妙的局，让周兴自己布个局，然后再将他置于这个局之中。这可谓是"以其人之道，还治其人之身"的经典代表。

《鬼谷子》说过："其言无比，乃为之变。以象动之，以报其心，见其情，随而牧之。"说的就是运用不同的方法去探究对方的意图，再采取措施。来俊臣则是把这种方法进行了反向延伸和应用，以周兴自己的伎俩来拷问他的罪状，以其之道还治其身，上演了一场精彩的"请君入瓮"好戏。

卑鄙的人最害怕的就是遇见比他还卑鄙的人，无赖的人最害怕的就是遇见比他还无赖的人，就像乌龟怕铁锤，因为铁锤比龟壳硬。面对对手，我们首先要看清楚他是一个什么样的角色，了解对手的特点和习性，然后，以比他更高一个级别的方式来面对他，这便是胜过对手的好方法之一。

欲张反敛——孟昶智斗朝中权臣

为了捉住敌人，首先要放纵敌人，有时，"退一步是为了进十步"，处理问题既需要果断，也要善于忍耐，以等待最适宜的时机。说的就是"将欲取之，必先与之"的道理，就是说遇到强大的对手，如果不能一招制胜，就要假装屈服，暗中积蓄力量，然后趁其不备，一举成功。

　　五代时期，有一个小国，史称后蜀，乃十国之一，其开创者为高祖孟知祥。高祖死后，其子孟昶继位，便是蜀后主。后来，蜀国被赵匡胤所建立的宋朝所灭，孟昶也成为亡国之君。但是蜀地富庶，境内很少发生战争，社会经济有所发展，却与孟氏父子的治理有着莫大的关系。

　　孟昶17岁继位，他在接受群臣朝拜之后，正准备退朝，突然有人高叫："陛下，我是托孤之臣，为保国泰民安，臣提出要掌管六军，请陛下恩准！"

　　孟昶定睛一看，原来是李仁罕。他稍一思索，便答道："朕准你掌管六军。还望你不负朕望，多为朝廷出力！"

　　退朝后，孟昶想：这老臣李仁罕多年来在朝中目无法纪，横行霸道，贪赃枉法，霸占民田，私建屋宇……今天，又要掌管六军，看来他是欺我年幼刚刚即位，在朝中立足未稳，想趁机揽权。有朝一日，他必有夺权之举，看来此人不可留！可他在朝多年，亲信多、势力大，弄不好后果不堪设想！怎么办呢？对，欲擒故纵，然后再突然袭击！

　　不久，孟昶又加拜李仁罕为中书令。李仁罕更加骄横无比，逢人便夸耀："我是托孤之臣。圣上不仅让我掌管了六军，还加拜我为中书令，还打算过些天封我为公呢！"

　　李仁罕的私欲更重，言行也更加放肆，孟昶感到他对自己的威胁越来越大。

　　两个月过去了，李仁罕焦急地等待孟昶封他为公。一天，孟昶传旨召他入宫。李仁罕高兴坏了："准是要封我为公了！"他趾高气扬地入了宫。

　　"李仁罕听旨——"

　　"臣在。"

　　"朕今日赐你死！"

　　李仁罕一愣，马上大叫："臣有何罪？"

　　"你图谋不轨，在禁军将领中宣称禁军只能听从你的指挥，其他无论何人的命令都不能听，你把朕置于何地位？你动用府库之银建私宅，你还……"

　　李仁罕当时就傻了，连声高叫："陛下饶命，陛下饶命啊！"

　　"拉出去，斩！"

　　就这样，孟昶欲擒故纵，终于将李仁罕除掉，巩固了自己的帝位。后来，他勤于政事，拓展疆土，发展生产，境内日渐富饶，百姓生活安宁。

　　孟昶曾经得意地对群臣说："自古以蜀地为锦城，今日观之，真锦城也。"

　　孟昶以暂时的屈服，后给敌人以致命的一击，正是一种"欲取反与"的谋略。《鬼谷子》写道："欲闻其声反默；欲张反敛，欲高反下，欲取反与。欲开情者，象而比之，以牧其辞。"这就是所谓的"反引法"。鬼谷子这句话体现出卓越的变通思想，也是以屈求伸的策略，即为了捉住敌人，首先要放纵敌人。"退一步是计策，进一步才是目的"。处理问题既需要果断，也要善于忍耐，这样才能等待最适宜的时机。

投饵诱人——给人面子谋求美差

对于不同的情况，鬼谷子提出了不同的应对计谋。生性贪婪的人，以财货为诱饵；放荡好淫的人，以美色为诱饵；贪功图名的人，以权力为诱饵。投其所好巧下诱饵，就能诱其上钩，品尝到甘美果实。至于果实的大小与好坏，便要看你的用心和本事。

一位农民讲述了他的见闻。一次，他正在大院中干活儿，发现从院墙里钻出一只狐狸，在离农民较远的地方停下来，然后搔首弄姿，不停地在原地打转，开始"跳舞"。农民知道这只狐狸要来偷鸡，它看到了自己，按理说应该马上逃窜，此时却跳起舞来。看着狐狸摇头摆尾的样子，农民乐得不得了，专心地瞅着它的表演。这时，鸡棚里传来骚乱的声音，农民一回头，才看到一只狐狸叼着只鸡逃出鸡棚，迅速地消失在柴垛之后。等到农民回过头来，发现那只跳舞的狐狸也不见了，才知道自己被狐狸所骗。跳舞的狐狸只不过是诱饵，吸引自己的心神，给另一只狐狸偷鸡的机会。

狐狸懂得利用人爱看热闹的天性，实施诱惑之计，吊起农民赏玩的胃口，再令其伙伴偷得食物，此种"攻心"之计，叫人佩服。狐狸为了生存而不得不采取诱敌之术，虽然我们不必为了生存而"偷鸡摸狗"，使出卑劣手段，但是在为人处世的时候，如果光明大道走不通，适当地学会作饵，也不失为一个成事的好办法。

商场上有句格言叫"无利不起早"。虽然有失偏颇，但诱饵有时确实能产生神奇的效果。只要抓住对方的心理，洞察对方内心的想法和需求，而后讨好他，或者在某件事上给予对方一点儿好处，投下一个诱饵，对方就会从心理上贴近、跟从你，这时你就可以牵制对方的思想，为己所用了。

诱饵的好处如此之多，如何"投饵"便是又一种能耐了。正所谓"姜太公钓鱼，愿者上钩"，饵中带"钩"，让对方浑然不觉，贪饵中钩，这样便可制住对方。而此时的"饵"便发挥了很重要的作用。另外，不是随便一个饵便能投其所好，我们一定要深入了解对方，知道对方喜欢什么，有什么样的习惯和性情。一旦掌握了对方喜欢的口味，必能招招必中，每每有"鱼"。

以退为进——武则天温顺退让

对于武则天，世人只知其为争权心性残忍之一面。殊不知在男权当道的封建社会，一个弱女子要想拥有至高的权位，那真是比登天还难。在这一历程中，要历尽多少艰难和挫折，要经受多少痛苦与失败，似乎只有武则天本人才能真正地体会。

武则天14岁时，已是艳名远播，她被唐太宗李世民召入宫中，封为才人，唐太宗十分宠爱她，称她为"媚娘"。

不久，人们盛传唐朝将遭受"女祸"之乱，且公开言及这个女人姓武。宫中观测天象的大臣面谏唐太宗说："帝星晦暗，女主环伺。这个女人看来已在宫中，陛下为了确保江山永固，应当查出此人，以绝后患。"

唐太宗心有震动，但并未深信，他对言事的大臣说："此事非同小可，不能随便乱说。若有偏差，朕岂不遭人指责？"这个说法越来越盛，许多大臣纷纷上奏，有的竟出语尖刻道："天象已显，此是上天示警，陛下怎能视而不见呢？此事关系大唐江山存亡，纵使牵扯无辜，也是无可奈何之事，陛下绝不可掉以轻心，遗下大患。"

见群臣如此郑重其事，唐太宗也重视起来，不敢怠慢。他命人暗中把姓武之人逐一检点，不惜找借口或逐或废，一时搞得人心惶惶，武姓之人更是人人自危。武则天陪伴唐太宗左右，很会讨唐太宗的欢心。有人上奏唐太宗说："武媚娘虽是年少性纯，但她终究是大嫌，陛下应当立即下决心，把她废除，宫中才可得保平安。"

唐太宗对他人的劝谏只是一笑，对武则天说道："你娇媚单纯，若说你为女祸之主，谁会相信呢？"

武则天撒娇道："陛下英明，自然会保全妾身了。妾永远忠于陛下，天日可表。"话虽这样说，但武则天暗感凶险，她处处讨好唐太宗，又私下和太子李治偷情，作为以后的依靠。

唐太宗将死之时，有的大臣重提旧事，进谏说："女祸之事，不可不防。如今武媚娘年纪渐长，陛下百年之后，她贵为陛下的旧人，他人就难以治御了。"唐太宗为了子孙后代着想，也慎重起来，他开始打算除去这块心病了。

一日，唐太宗对武则天说："朕之病甚重，料不久于人世了。你在朕身边多时，朕实不忍心弃你而去。朕死之后，你将如何自处呢？"武则天听出了唐太宗的话外之音，她为了保全性命，这时机智答道："妾深受大恩，本该一死报答。不过圣上虽染疾患，但终有望痊愈，请让妾削发为尼，长斋拜佛，到尼姑庵去日日拜祝圣上长寿，求取上天赐福。"

唐太宗本想处死武则天，这时听她出家为尼，遂动了不忍之心。他自忖武则天当了尼姑，也就不能为患了。唐太宗答应了武则天的请求，和武则天相好的太子李治却痛惜不已，他私下对武则天埋怨说："你我海誓山盟，难道你都忘了吗？父皇时日无多，我们不久就可长相厮守，你为何把这一切都轻轻放弃了呢？"

武则天垂泪道："皇上对我疑心没有去除，我若不抛弃一切，自请归入佛门，那就必死无疑了。我虽然舍不得眼前的荣华，可不这样做，命都不保，又拿什么来谈将来呢？只要太子对我仍有情意，我总会有出头之日啊！"李治敬佩武则天的才智，他含泪点头，发誓说："我若辜负了你，天地不容。"

武则天此番深情与机智打动了太子李治，因而李治在即位之后不久，就不顾朝中有违伦常等指责将武则天从感业寺迎回宫，并且宠爱无比，最后将其立为皇后。武则天从此开始干预朝政，走上了一代女皇之路。

人生中无端的陷害无处不在，没有人能够永远躲避。在陷害面前，如果无法解脱，就应该舍弃既得的利益而保住自己的根本了。这是明智者的聪明抉择，也是以退求进的处世之法。精明的武则天深谙此道，她是在察觉危机的同时，就率先想好了退路，同时又借助与太子李治的感情，为自己将来的卷土重来奠定了基础。最终，她坐上了皇帝的宝座，更开了中国历史上女性当皇帝的先河。

钓人之语——触龙巧说赵太后

触龙，也叫触詟。战国时赵国大臣。官左师。赵孝成王新立，太后掌权，秦急攻赵。赵求救于齐。齐欲以太后所爱少子长安君为质，太后不肯。在这种危机情形下，触龙进谏。最后太后为其所动，即遣长安君到齐为质。到底触龙是如何劝解盛怒中的太后，送子入齐的呢？这其中不仅仅有说话的技巧，也有丰富的做人哲学。

公元前265年，赵国的赵孝成王继位不久，秦国便发兵前来进攻。赵国求救于齐国。齐国提出必须以赵太后的小儿子长安君做人质，才肯发兵相救。但是赵太后舍不得小儿子，坚决不允。赵国危急，群臣纷纷进谏。赵太后依旧坚决地说："从今日起，有谁再提用长安君做人质，我就往他脸上吐唾沫！"大臣们便不敢再多说什么。

有一天，左师触龙要面见赵太后，赵太后知道触龙一定是为了劝谏此事而来，于是她便摆开了吐唾沫的架势。不想触龙慢条斯理地走上前，见了太后，关心地说："老臣的脚有毛病，行走不便。因此，好久未能来见您，我担心太后的玉体，今天特地来看望。最近您过得如何？饭量没有减少吧？"

太后答道："我每天都吃粥。"

触龙又说："我近来食欲不振，但我每天坚持散步，饭量才有所增加，身体才渐渐好转。"赵太后听触龙不提人质的事，怒气渐渐消了。两人于是亲切、融洽地聊了起来。

聊着聊着，触龙向赵太后请求道："我的小儿子叫舒祺，最不成才，可是我偏偏最疼爱这个小儿子，恳求太后允许他到宫中当一名卫士。"

"你的小儿子多大了？"赵太后问。

"十五岁了。虽然年纪轻些，但我希望趁我没死的时候把他托付给您……"

赵太后惊讶地问："你们男人也疼爱自己的小儿子？"

触龙说："恐怕比你们女人还更甚呢！"他接着把话题引申一步："臣听说太后疼爱女儿燕后比疼爱小儿子长安君还要厉害呢！您送别燕后的时候，握住她的脚后跟哭泣，实在叫人感到哀痛。她走了以后，您常为她祷告，希望她子孙世代做燕国的王侯……"

"正是这样呢！"赵太后心里欢喜，脸上露出了笑容，"疼爱孩子就要为他们作长远打算吗！"

这时候，触龙态度庄重地提醒赵太后说："太后对长安君可没有做长远打算呀！您想一想，赵国建立以来，君主的子孙封侯的，他们的继承人还有存在的吗？是国君的子孙都不成才吗？不是！只是因为他们地位高贵而没有功劳，俸禄丰厚而没有政绩。所以是站不稳脚跟的。现在太后使长安君的地位很尊贵，分给他肥沃的土地，用不完的财宝……然而这些都不如早点儿叫他为赵国建立功劳，不然的话，有朝一日您百年之后，长安君凭什么在赵国稳固自己的地位呢？为此老臣才说太后没有替长安君做长远打算，对他的疼爱也不如燕后……"

"我真是一时糊涂呀……"赵太后老泪横流，泣不成声："你说的才是真正疼爱孩子呀，我委托你去准备吧，早一点儿把长安君送到齐国去，请求援军要紧啊……"

"感人心者，莫先乎情"，触龙之所以能够说动赵太后，主要是能够"以情动人"。就像《鬼谷子》所说的"其钓语合事，得人实也。其犹张置网而取兽也。多张其会而司之"，最初见面，闭口不谈人质一事，而是问候太后饮食起居，这番嘘寒问暖让太后的心里稍微舒坦了些。联想那时赵太后的心情可以说是灰暗之极、沮丧之极，而一些大臣却于情不顾，进行强谏，更令人失望。作为一名忠心的老大臣，此刻触龙的问候，是关心君主，这实属常情，但此刻也能给赵太后些许的安慰。

其次，触龙现身说法，以自己疼爱少子的例子来说明，父子人伦，关怀有加，实是常理。"贫家有子贫亦娇，骨肉恩重哪能抛"，借此表示对太后母子情深的理解和体谅。这让赵太后面露喜色。这便为下面的"位尊而无功，奉厚而无劳""近者祸及身，远者及其子孙"的说理奠定了良好的基础。

正是在这一番动之以情，晓之以理的谈话中，赵太后接受了触龙的建议，终于答应送长安君到齐国去做人质一事。触龙"冒天下之大不韪"的做法最终显赫一时，不仅表明了他的胆气，更显示出了他的智慧。

【管理谋略】

欲取先与——康熙帝放长线钓大鱼

有时，"退一步是为了进两步"，处理问题既需要果断，也要善于忍耐，等待最适宜的时机。一代明君康熙除去鳌拜的故事，再次说明了进退潜规则的好处。

根据祖宗的惯例，康熙满 14 岁那年举行了亲政大典。可是亲政后的康熙帝，仍然没有实权，鳌拜继续大权独揽。皇帝与权臣之间的矛盾，终于在如何对待苏克萨哈的问题上公开化了。

苏克萨哈是顺治皇帝临终时指定的四位顾命大臣之一，一向为鳌拜所妒忌。在一次朝会上，鳌拜对康熙帝说："苏克萨哈心怀不轨，蓄意篡权，我已下令将他抓了起来。请皇上同意将苏克萨哈立即正法。"

此时康熙尽管对鳌拜的做法不满，可自知实力太差，远不是鳌拜的对手，所以只好忍痛。虽然表面上一个要杀，一个不准杀，谁也不肯让步，但实际上还是鳌拜势力更大。鳌拜一气之下，袖子一扬，扬长而去。满朝文武，人人惶恐，没人敢吱声。鳌拜一回到家，马上传令绞杀苏克萨哈，同时诛杀了他的一家人。康熙听到苏克萨哈被处死的消息后，气得两眼冒火，决心除掉这个欺君擅权的鳌拜。但是，康熙心里清楚：鳌拜羽翼丰满，并且掌握着朝廷的军政大权，亲信党羽遍及朝廷内外；鳌拜本人也身高力大，武艺高强，平时行动总是戒备森严。康熙帝深知要除掉鳌拜绝非易事，弄不好，激起兵变，那么，他这皇帝的位子也就别想再坐了。

经过一夜的冥思苦想，康熙帝最后定下了除去鳌拜的计策。

第二天，鳌拜上朝时，康熙帝不露声色，也不再提苏克萨哈的事情，仿佛根本就没有发生过昨天那场争执。

鳌拜心里却暗自得意：皇上到底是个小孩，你一厉害，他就软下来了。他哪里知道，这是康熙帝高明的地方，先忍一步为的是最终的胜利。

没过几天，康熙帝给鳌拜晋爵位，又加封号，又给鳌拜的儿子加官晋爵，鳌拜心里美滋滋的。

康熙一面故作软弱无能，稳住鳌拜，一面挑选了十几个机灵的小太监，在宫内舞刀弄棒，练习角力摔跤。康熙帝自己也加入摔跤队伍与小太监们对阵取乐。消息传到宫外，大家认为只不过是小皇帝变着法子闹着玩罢了。鳌拜进宫奏事，见一伙小太监们练习摔跤，康熙在一旁忘情地呐喊、助威，也认为是小皇帝瞎折腾，闹着好玩。

小小年纪就能如此机智，沉默忍耐，康熙确实有过人之处。康熙这样才使得自己掌握了主动权，所以从表面上看，朝中大事一切照旧，鳌拜还是那样为所欲为，康熙对鳌拜还是那样信赖，鳌拜渐渐放松了戒备。练习拳棒和摔跤的小太监们，技艺逐渐纯熟。康熙见时机已到，决定向鳌拜下手。

一天，康熙派人通知鳌拜，说是有要事商量，请他立即进宫。鳌拜直奔宫中，康熙此时正和小太监们摔跤玩哩。鳌拜上前，正要与康熙打招呼，十几个小太监打打闹闹地挨近了鳌拜身边。说时迟，那时快，大家一拥而上，拉胳膊扯腿地将毫无防备的鳌拜翻倒在地。等鳌拜反应过来，感到大事不妙想要挣扎反抗时，十几个小太监已牢牢地将他制伏在地，哪里肯让他脱身。他们拿来准备好的绳索，将鳌拜捆了个结结实实。

康熙正言厉色地对躺在地上动弹不得的鳌拜说："你欺凌幼主，图谋不轨，飞扬跋扈，滥杀无辜。今日下场是你罪有应得。你鳌拜罪行累累，罄竹难书，待我查清你的罪行，一定严惩，绝不宽待。"

鳌拜自知难逃一死，紧紧闭着双眼，一句话也不说，只能像待宰的羔羊那样。

《鬼谷子》说："欲闻其声反默，欲张反敛，欲高反下，欲取反与。欲开情者，象而比之，以牧其辞。"我们想听别人讲话，就用沉默来逗引他，想让对方张口讲话，自己反而闭口不谈，想让对方情绪高涨而夸夸其谈，自己反而低沉。想从别人那儿得到什么，就先给予他点儿什么。这正像老子的"将欲歙之，必固张之；将欲弱之，必固强之；将欲废之，必固兴之；将欲夺之，必固与之"。老子这句话体现出卓越的辩证思想。为了捉住敌人，事先要放纵敌人。这是一种放长线钓大鱼的计谋。

这个历史故事给我们展示了进退规则中暗含的玄机。故事中的康熙皇帝少年时期便明白了进退潜规则，给我们的启示就更大了。退有时是为了更好地进，特别是当我们的力量还处在弱势的地位时，更应该多一些隐忍，等待机会成熟之时才大显身手，达到极佳的效果。

养精蓄锐——陈平 "后发制人"

善于反应的人，不仅要审时度势，更应该懂得适可而止，及时退步。后退一步是屈服，不是怯懦，更不是认输。后退是一种暂时的妥协，是一种自我调整，更是一种智慧。选择后退，是为下次的进攻赢得缓冲的时间。

汉惠帝六年（公元前185年），相国曹参去世。陈平升任左丞相，安国侯王陵做了右丞相，位在陈平之上。王陵、陈平并相的第二年，汉惠帝死，太子刘恭即位。少帝刘恭还是个婴儿，不能处理政事，吕太后名正言顺地替他临朝，主持朝政。

吕太后为了巩固自己的统治，打算封自己娘家侄儿为诸侯王，首先征询右丞相王陵的意见。王陵性情耿直，直截了当地说："高帝（刘邦的庙号）在世时，杀白马和大臣们立下盟约，非刘氏而王，天下共击之。现在立姓吕的人为王，违背高帝的盟约。"

吕后听了很不高兴，转而询问左丞相陈平的看法。陈平说："高帝平定天下，分封刘姓子弟为王，现在太后临朝，分封吕姓子弟为王也没什么不可以。"吕后点了点头，十分高兴。

散朝以后，王陵责备陈平为奉承太后愧对高帝。听了王陵的责备，陈平一点儿也没生气，而是真诚地劝了王陵一番。陈平看得很清楚，在当时的情况下，根本不可能阻止吕后封诸吕为王，只有保住自己的官职，才能和诸吕进行长期的斗争。因此，眼前不宜触怒吕后，暂且迎合她，以后再伺机而动，方为上策。事实证明，陈平采取的斗争策略是高明的。吕后恨直言进谏的王陵不顺从她的旨意，假意提拔王陵做少帝的老师，实际上夺去了他的相权。

王陵被罢相之后，吕后提升陈平为右丞相，同时任命自己的亲信辟阳侯审食其为左丞相。陈平知道，吕后狡诈阴毒，生性多疑，栋梁干臣如果锋芒毕露，就会因为震主之威而遭到疑忌，导致不测之祸，必须韬光养晦，使吕后放松对自己的警觉，才能保住自己的地位。吕后的妹妹吕嬃恨陈平当初替刘邦谋划擒拿她的丈夫樊哙，多次在吕后面前进谗言："陈平做丞相不理政事，每天老是喝酒，和妇女游乐。"吕后听人报告陈平的行为，喜在心头，认为陈平贪图享受，不过是个酒色之徒。一次，她竟然当着吕媭的面，和陈平套交情说："俗话说，妇女和小孩子的话，万万不可听信。您和我是什么关系，用不着怕吕媭的谗言。"陈平将计就计，假意顺从吕后。吕后封诸吕为王，陈平无不从命。他费尽心机固守相位，暗中保护刘氏子弟，等待时机恢复刘氏政权。

公元前180年，吕后一死，陈平就和太尉周勃合谋，诛灭吕氏家族，拥立代王为孝文皇帝，恢复了刘氏天下。

太史公司马迁在《史记》中称赞陈平为贤相，在吕后乱政时，得善始善终保其官禄者，全仗陈平的善于肆应，智谋多端。汉家王朝也在风雨飘摇中稳固，最后成长为一棵参天大树。

《鬼谷子》讲："欲闻其声反默，欲张反敛，欲高反下，欲取反与。"实质上就是强调"后发制人"。"后发制人"并不等于到最后才爆发，它强调的是审时度势，待时而出，伺机而动。在自己不具备与对手冲突的能力的时候，应充分、客观地分析自己和竞争对手的优势和劣势，根据事物的发展变化规律，积极地想办法改变自己的不利局势，使自己的力量不断壮大，并想办法削弱对方的实力，最后，选择一个最佳时机，制订合理的策略，战胜对手。

后发制人要的是远见，有的时候忍气吞声，忍辱负重也是必需的。压力面前后退一步，可为自己赢得生存和发展的机会。千万不可为了一时意气盲目向前，那样既于事无补，又让自己反受其害。

先声夺人——诸葛亮说吴侯

千百年来，诸葛亮在人们的心中已经成为智慧的化身，其传奇性故事一直为世人所传诵。诸葛亮娴熟韬略、多谋善断、长于巧思、善于论辩。连吴抗曹的成功很大程度上就是得力于诸葛亮那精妙绝伦的口才。

曹操统一北方后，开始率领大军南征，刘备势单力薄，无力反击，大有坐以待毙之势。以刘备的力量，绝对无法与曹操的势力相抗衡，解决的办法只有一个，就是与江东的孙权联手。此时，诸葛亮自愿出使到江东做说客，他并不是像一般人那样低声下气地求孙权，却采用"反客为主"的方法，表现出一副强硬的态度，硬是激发了孙权的自尊心。

当时，东吴孙权自恃拥有江东全土和十万精兵，又有长江天堑作为天然屏障，大有坐观江北各路诸侯恶斗的态势。他断定诸葛亮此来是做说客，采取了一种居高临下的姿态等待着诸葛亮的哀求。

不想诸葛亮见到孙权，开门见山地说道："现在正值天下大乱之际，将军你举兵江东，我主刘备募兵汉南，同时和曹操争夺天下。但是，曹操几乎将天下完全平定了，现在正进军荆州，名震天下，各路英雄尽被其所网罗，因而造成我主刘备今日之败退，将军你是否也要权衡自己的力量，以处置目前的情势？如果贵国的军势足以与曹军相抗衡，则应尽快与曹军断交才好。"诸葛亮只字不提联吴抗曹的请求，他知道孙权绝不会轻易投降，屈居曹操之下。孙权听完诸葛亮一席话，虽然不高兴，但不露声色，反问道："照你的说法，刘备为何不向曹操投降呢？"

诸葛亮针对孙权的质问，答道："你知道齐王田横的故事吗？他忠义可嘉，为了不服侍二主，在汉高帝招降时不愿称臣而自我了断，更何况我主刘皇叔乃堂堂汉室之后。钦慕刘皇叔之英迈资质，而投到他旗下的优秀人才不计其数，不论事成或不成，都只能说是天意，怎可向曹贼投降？"

虽然孙权决定和刘备联手，但面对着曹操八十万大军的势力，心里还存在不少疑惑——诸葛亮看出这一点，进一步采用分析事实的方法说服孙权。

"曹操大军长途远征，这是兵家大忌。他为追赶我军，轻骑兵一整夜急行三百余里，已是'强弩之末'。且曹军多系北方人，不习水性，不惯水战。再则荆州新失，城中百姓为曹操所胁，绝不会心悦诚服。现在假如将军的精兵能和我们并肩作战，定能打败曹军。曹军北退，自然形成三分天下的局面，这是难得的机会。"

于是，孙权遂同意诸葛亮提出的孙刘联手抗曹的主张，这才有后来举世闻名的赤壁之战。诸葛亮真不愧为求人高手。

"诸葛亮说吴侯"一直是《三国演义》中让读者津津乐道的一个话题，面对东吴君主的刁难，诸葛亮的机智和敏锐让人敬佩，更让人为之折服。身在东吴，他毫不畏惧，把自己的才智在孙权面前发挥得淋漓尽致。

正所谓："未见形，圆以道之；既见形，方以事之。"当对方的形迹未显时，就用圆通灵活的手法去引导他，当对方的形迹已经显露，就用一定的法则去衡量他。先声夺人，彰显出威力，别人亦会叹服。诸葛亮博古通今，自然知道鬼谷子的这一智慧结晶。

如果你居于弱势地位，可以效仿诸葛亮的做法，可以摆出一种居高临下的姿态，先在气势上压倒对方，进而说明形势、言明厉害，就有可能让对方屈从和改变主意，从而可以反客为主，占据主动权。这就是诸葛亮先声夺人、反客为主的高明之处。

以静制动——司马懿的伪和平

"虚心量敌休妄应，刻意求和戒急攻"，夺权之道与对弈之道相同。正如鬼谷先生所说，要成大事，就要懂得隐藏自身实力，懂得韬光养晦，以静制动。待对方放松警惕的时候，再寻找时机，快速出击，就能一击制胜。司马懿不仅是这方面的人才，更是高手。

司马懿是三国时期出类拔萃的人物，政治家、军事家，在其孙司马炎称帝之后，还被追尊为"晋宣帝"。街亭一战中，诸葛亮的"空城计"让他自动退后三十里；在五丈原，他以守为攻，活活耗死了诸葛亮。他有属于自己的策略，曹操对他另眼相看；曹丕视他为朝廷的支柱，并嘱咐他辅佐新君曹睿；曹睿死时，又让他辅佐曹芳。他在适当的时候，总是韬光养晦，制造出和平的假象，让对手在不知不觉间松懈下来，等时机一到，他必定起而攻之，一举成功。

魏明帝去世之前，把托孤的重任交给了司马懿和大将军曹爽。继任的齐王曹芳当时年仅 8 岁，司马懿和曹爽各自统领精兵三千人，轮流在殿中值守，实际上就是司马懿和曹爽共同执掌政权。

曹爽是曹操的侄孙，乃是宗室皇族，但论资历、论声望、论经验、论才干，曹爽都远不如司马懿。起初，曹爽还对司马懿以长辈相待，遇事经常请教，不敢独断专行。但在他身边有许多的门客，其中的何晏、丁谧、毕轨等人整天为他出谋划策，向他进言，怂恿他排斥司马懿，以便独揽大权。渐渐地，曹爽开始胆大妄为起来。

不久，曹爽便让新君下诏，提升司马懿为太傅。太傅是皇帝的老师，虽然地位尊贵，但没有实权。从太尉到太傅，这一明升暗降的做法，实际上是剥夺了司马懿的实权。与此同时，曹爽还将朝中的大权全都交给了自己的心腹，完全将司马懿挤出了权力圈之外，曹爽则完全独揽了军政大权，一时之间，权倾朝野。

司马懿早就看穿了曹爽的居心，但他知道自己此刻处于不利地位，曹爽身为宗室，是功臣曹真之后；而自己是外姓，是曹氏政权猜疑防范的对象，不可以采取过激的行动。因此，他做出了暂时的退让。他以退为进，干脆把政权拱手让给了曹爽，并上书新君，以年老体弱为由，请求告老养病。

司马懿的这一招后退之策，是针对当时的局势所做的最明智的决定。他一面在家"养病"，一面积蓄实力，等待时机，以图东山再起。

曹爽及其同党对于司马懿并不放心。这年冬天，曹爽的心腹河南尹李胜调任荆州刺史，曹爽命他以辞行为由，去打探司马懿的动静。司马懿得知李胜要来，便假装病重，出来见李胜的时候，走路有气无力，必须要有婢女在旁搀扶；婢女伺候他穿衣服的时候，他哆哆嗦嗦拿不稳，掉在了地上；婢女喂他喝粥，他用嘴去接，全都洒到了衣服上。

李胜说："听说明公的旧病复发了，但是没想到这么严重啊！"

司马懿上气不接下气地说："我年老病重，离死不远了。你到并州去任职，并州靠近胡地，你可千万要小心啊！恐怕我们没有机会再见了，我的儿子司马师和司马昭就拜托你照顾了。"

李胜纠正说："我是回本州——荆州，而不是并州。"

司马懿假装糊涂："哦，你刚从并州来啊！"

李胜只能大声又说了一次，司马懿这一次才假装明白了的样子，说："你看我年纪大了，耳朵也听不清了。你调回家乡荆州，可是建功立业的好机会啊！"

司马懿的表演非常精彩，李胜回去之后，将所见所闻详细地向曹爽说明，并说："司马公已经神志不清，只剩下一具躯壳了，没有什么好担心的。"曹爽听了之后，信以为真，认为从此以后就可以高枕无忧了。之后，曹爽等人不再防备司马懿，肆无忌惮地寻欢作乐、纵情声色，很快，声誉就一落千丈了。

此时，司马懿在成功地迷惑了曹爽之后，紧锣密鼓地进行着自己的下一步棋。他暗中豢养死士三千人，安排在城中各处。又暗中联络不满曹爽行径的大臣，并得到了他们的支持。一切准备就绪，等待的就只是一个合适的机会了。

嘉平元年（249年）正月初六，魏帝曹芳按照惯例率宗室及朝中文武大臣，到洛阳城外十里的高平陵祭祀魏明帝，已经丧失警惕的曹爽等人全部随行。

久"病"卧床的司马懿见时机已到，上书太后，请求废除曹爽等人。接着假传太后旨意，关闭城门，父子三人紧急调集军队，很快便接管了曹爽等人手中的武装力量；占领了武器库，占据了洛水浮桥，切断了曹爽等人的归路。

一切准备就绪，司马懿并没有直接发动政变，而是走了一步"合法"的棋，以证明自己师出有名。他上书魏帝曹芳，列举曹爽等人的罪状，要求罢免曹爽等人的兵权。曹爽扣住了奏章，不敢拿给魏帝曹芳看，还把曹芳留在了伊水之南，并征发士兵修建防御工事。司马懿派人劝说曹爽，只要交出兵权，仍可保留其爵位，并以洛水为誓，绝不食言。

司马懿起兵之时，曾经以太后的名义征召曹爽的智囊桓范，但被拒绝了。其后，桓范用计逃出城，投奔曹爽去了。司马懿听说了，担心地说："智囊跑到曹爽那边去了，怎么办？"蒋济笑着说："桓范虽然很聪明，但是曹爽优柔寡断，一定不会采用他的计策的。"

果然不出蒋济所料，桓范劝曹爽把魏帝带到许昌去，调动各地的军队，同司马懿一决雌雄。曹爽一直犹豫不决，桓范劝了整整一晚，说得口干舌燥了，曹爽等人仍然没有做决定。拂晓时分，曹爽好像拿定了主意，把刀往地上一扔，说："司马懿无非是想夺去我的权力而已，只要我交出兵权，就可以以侯爵的身份回家了，而且还会是一个富翁。"桓范一听，不禁悲从中来，哭着说："你的父亲曹子丹是何等的聪明，怎么会生出你这么个儿子，像猪狗一样笨。我们这些人都会因为你而被灭族的啊！"

曹爽把司马懿的奏章呈给魏帝，主动交出兵权后，便随着魏帝回到了京城。他一回府，司马懿就派兵将其府第团团围住，并派人监视他的一举一动。与此同时，司马懿正在全力搜集曹爽的罪状。

不久，司马懿便以谋反的罪名杀掉了曹爽、何晏、丁谧、毕轨、桓范等人。此后，曹魏的军政大权全部落入司马懿的手中，为其窃取曹魏的天下做好了准备。

司马懿在这一次争夺权力的对弈中，在自身处于弱势的时候，以退为进、收敛锋芒。才得以保全自己，不被对手踢出局外，为自己赢得了安排棋局的时机。待时机成熟，便出其不意，将对手彻底消灭，最终扭转乾坤，成为最后的赢家。

欲擒故纵——郑庄公反攻共叔段

《左传》中讲述了春秋时期郑庄公和他的弟弟共叔段的故事。郑庄公的母亲姜氏生有两个儿子，老大就是庄公，老二叫共叔段。姜氏对共叔段特别偏爱，几次请求郑武公立共叔段为世子，武公都以共叔段是次子为由没有同意。武公死后，长子寤生继位，是为郑庄公。姜氏见扶植共叔段的计划失败，转而请求庄公将京邑封给共叔段，庄公不好推辞，只好答应了。

郑国大夫知道后，立即面见庄公说："分封的都城，它的周围超过300丈的，就会对国家有害。按照先王的制度规定，国内大城不能超过国都的1/3，中城不能超过国都的1/5，小城不能超过国都的1/9。现在将京邑封给共叔段，不合法度。这样下去恐怕您将控制不住他。"

庄公答道："母亲喜欢这样，我怎么能让她不高兴呢？"大夫又说："姜氏哪里有满足的时候！不如早想办法处置，不要使她滋长蔓延，蔓延了就很难解决，就像蔓草不能除得干净一样。"庄公沉吟了一会儿，说："多行不义必自毙。你姑且等着吧！"

其实，郑庄公心里早已有了对付共叔段的方略。但是，他知道自己现在力量还不够强大，加上共叔段又有母后的支持，要除掉共叔段还比较困难，最好的办法就是先让他尽力表演，等到其罪恶昭著后，再进行讨伐，到时候就能一举除掉他。

如庄公所料，共叔段到了京邑后，将城进一步扩大，还逐渐把郑国的西部和北部的一些地方据为己有。公子吕见此情形，十分着急，对庄公说："国家不能使人民有两个君主统治的情况出现，您要怎么办？请早下决心。要把国家传给共叔段，那么就让我奉他为君，如果不传给他，就请除掉他。不要使人民产生二心。"庄公回答说："你不用担心，也不用除他，他将要遭受祸端的。"

此后，共叔段又将他的地盘向东北扩展到与卫国接壤。此时，子封又来见庄公，说："应该除掉共叔段了，让他再扩大土地，就要得到民心了。"庄公都说："他多行不义，人民不会拥护他。土地虽然扩大了，但一定会崩溃的。"

共叔段见庄公屡屡退让，以为庄公怕他，更加有恃无恐。他集合民众，修缮城墙，收集粮草，修整装备武器，编组战车，并与母亲姜氏约定日期作为内应，企图偷袭郑国都城，篡位夺权。庄公对共叔段的一举一动早已看在眼里，并暗地防备。当他得知共叔段与姜氏约定的行动日期后，就命大将子封率领二百乘兵车提前进攻京邑，历数共叔段的叛君罪行，京邑的人民也起来响应，反攻共叔段，共叔段弃城而逃，后畏罪自杀。他的母亲姜氏也因无颜见庄公而离开宫廷。

郑庄公一开始对共叔段的举动假装视而不见，其实是考虑到共叔段毕竟是自己的弟弟，如果一开始就对共叔段大加讨伐，别人会说他不讲亲情，在道义上他会失分。所以他先让共叔段坏下去，让大家都看清楚了是非曲直，才顺理成章地出兵。

庄公运用了避其锋芒，诱其深入的策略。等到共叔段阴谋尽显的时候，集合军队给以致命一击，既赢得了民心，又轻松地除掉了王位竞争对手。既巩固了自己的权位，又不失道义，实乃高明之举。

这就是"欲擒故纵"。打击敌人的时候应当诱敌深入，避其锋芒，甚至假装糊涂。假装糊涂，骄纵对手，让对手放松警惕，自己再暗自布局，在关键时候给予对手致命一击，就能达到事半功倍的效果。也就是我们现在所说的"将欲擒之，先予纵之"的谋略，即"欲擒故纵"。"擒"，是目的，"纵"，是方法。欲擒故纵，就是开始的时候故意先放开对手，使对手放松戒备，丧失警惕，斗志松懈，待其弱点充分暴露，再伺机而动，歼灭敌人，就能赢得光明的战争结局。郑庄公放任弟弟共叔段扩势充军，等到时机成熟再一网打尽，正是对"欲擒故纵"的充分运用。

欲取先骄——吕蒙的"迷魂汤"

赤壁之战后，刘备占领了荆州，又夺取了巴蜀，最终形成了魏、蜀、吴三足鼎立的局面。当时大将关羽留守荆州，时时有吞并东吴的野心，又自恃武艺高强、兵强马壮，连连向北边的曹操发动进攻。这完全破坏了刘备当年东联东吴，北拒曹操的战略。

于是，吕蒙便上书孙权说："我们应该先夺荆州地盘，再派征虏将军孙皎守卫南郡，潘璋守住白帝城，蒋钦率领游兵万人，巡行长江中下游，哪里有敌人就在哪里出击。我再带兵北上占据襄阳，那时就完全控制了长江，声势就更大了，这样就用不着怕他曹操和关羽了。"

孙权则认为，关羽把守荆州，士气很盛，攻打曹操的徐州更为有利。吕蒙分析道："现在曹操刚从汉中回军，无暇东顾。徐州境内的守兵不足挂齿，一去就可以攻克。但那里的地形是个四通八达的平原，易攻难守。你今天取得徐州，但要用七八万人马守卫它。反而自讨苦吃，还不如乘机夺取关羽的地盘。"

孙权觉得他的话有道理，便接受了他的建议，下令夺取荆州。为了夺取荆州，孙权首先派使者去向关羽提出要结亲，娶关羽的女儿为儿媳，他料定关羽不会答应。果然，关羽对此不以为然，一口回绝。他认为自己兵多将勇，凭自己的实力大可以抗抵孙权，北伐曹操。

很快，关羽便带兵攻打曹操的樊城，但又怕东吴乘虚而入，夺他的荆州，所以留下重兵把守各个要塞，并在三十里或五十里的高地之上置烽火台，直到他的前线营地，便于联络。

吕蒙见关羽防守严密，为了麻痹关羽，解除他的后顾之忧，便上书孙权说："关羽兵伐樊城，留下重兵把守要塞，是害怕我夺他的后方地盘。我想以生病为由，分一部分士兵回建业。关羽只害怕我，听说我走了，一定会撤出防守的兵力，全力增援作战部队。这样我们就可以乘他们毫无准备时突然进袭，那么南郡就可以攻下，关羽插翅难飞。"

孙权虽觉有理，反问他："那谁代替你呢？"

吕蒙说："陆逊才智广博，有学有识，他可以承担这个重任。而且他并不出名，关羽一定不会重视他。这样，我们就有机可乘了。"

孙权假装让他回去治病，派陆逊接替吕蒙的职务。陆逊上任后，立即写信给关羽，一方面吹捧关羽；另一方面表白自己的年轻无能，借以麻痹关羽。这一计谋让关羽骄傲无比，自觉声势夺人。他根本就没有把陆逊放在眼里，也完全相信吕蒙是回去治病了，因而把兵力都调去增援樊城。这样一来，就造成关羽的后方兵力空虚，防守脆弱。陆逊马上把这个情况报告给孙权，孙权便派佯病的吕蒙马上出兵。

由于关羽有烽火台相互联络，吕蒙认为出兵必须十分隐秘，不能让关羽得到消息，以防关羽军队回撤，自己无功而返。他最后想了一个方法，把自己的精兵全部安排在大船中扮作商人的样子，让士兵穿着白衣，扮成老百姓摇橹，日夜不停地赶到了目的地。对这一切，还在樊城酣战的关羽毫不知情。而这时，吕蒙的白衣战士已突然来到了关羽的要塞，在他们还来不及抵抗的时候就占领了关羽设置的烽火台，驻军和探子也全部给抓起来了。

吕蒙的大军又直奔南郡，当时守公安的将领傅士仁和守江陵的南郡太守糜芳全部投降。吕蒙占领了荆州后，对关羽及其将士的家属一律加以抚慰，并禁止军中士兵到各家各户中去抢劫财物。吕蒙这样收买人心，在一定程度上瓦解了关羽部队的军心。在关羽得到消息后，回撤荆州时，半路上不少士兵都纷纷逃了回去。

关羽回来后，与吕蒙交战几次，都未能取胜，深感自己孤立无援，已到了绝境，就向麦城逃跑。在西奔漳乡时，士兵都抛弃了关羽，不再跟他而投降孙权。关羽只有十余骑亲兵跟随。孙权派朱然、潘璋截断了关羽的去路，关羽父子都被抓住，最后被杀。

在敌强我弱或者实力相当的时候，为了提高制胜的把握，减少不必要的损失，在探得对方的意图时，利用自己实力的优势，一举打败对手。这就是所谓的"欲张反敛，欲取反与"。吕蒙正是运用了鬼谷子的反应之术，面对强大的关羽，吕蒙没有正面跟他交战，而是猛灌"迷魂汤"，使一时气盛的关羽越来越骄傲，逐渐放松了警惕。最后，吕蒙"欲取先骄"，暗度陈仓，智取荆州，致使关羽"大意失荆州"，出其不意地除掉大敌。

知己知人——盐商巧骗郑板桥

"乌纱掷去不为官，囊橐萧萧两袖寒"。这两句诗据说是郑板桥被罢官，为前来送行的潍县百姓赠画留念时所题。那时的郑板桥做县令长达12年之久，一向清廉。临行前，他只雇了三头毛驴，一头自己骑，一头让人骑着前边领路，一头驮行李。前来送行的百姓见了都很感动，依依不舍。郑板桥因此作画留念。从此，郑板桥回乡以画竹为生度过了他贫寒而很有气节的一生。

对于这位奇人异士，民间流传着许多的传说，其中"郑板桥上当"的故事颇有意思。

清代的郑板桥才华横溢，以三绝"诗书画"闻名于世，是当时著名的"扬州八怪"的主要代表。在当时就有许多的文人雅士以得到他的字画为荣，一些权贵与富商更是不惜千金以希望求得他字画。但是郑板桥一生清高孤傲、蔑视权贵，向来不为他们作字画，正因为如此，郑板桥的字画更是显得弥足珍贵。

不过，郑板桥有一个癖好，就是特别爱吃狗肉，只要有人送他狗肉，他都一律收下，从不拒绝。而且，狗肉下肚后又特别有情绪，要挥毫泼墨，画一幅画给那送肉的人做回报。

当时扬州有一个盐商，很是喜爱郑板桥的画，虽辗转购得几幅，却没有上款，所以总觉得不很光彩。于是，他总想得到一幅郑板桥题款的画。

一天，郑板桥出门散步，走了好远，忽然听见前面传来琴声，便循声而去。在一片竹林之中，有一个大的院落，他便推门进去了。他看见一个白发老者在弹琴，更有一股狗肉的香味扑鼻而来。他大喜过望，便上前打招呼："您也爱吃狗肉吗?"老者听出他喜欢吃狗肉，便说："百味中只有狗肉最佳，你既然也喜欢，请尝一块。"

　　两人没通姓名，就进屋吃起狗肉来。郑板桥见屋里四壁皆白，连一幅画也没有，便问："为什么不挂幅字画？"老者说："不是不想挂，是因为没有好的。听说这里有一位郑板桥，很有名气，可惜老夫未能见过他的书画，不知是否真好？"

　　郑板桥笑着说："我就是郑板桥，为您作几幅书画如何？"老者高兴地说："太好了！"说着拿出纸张笔墨。

　　郑板桥一一挥毫而就。老者说："贱字'昌荣'，可为落款。"他一听，是那个盐商的字，便问："这不是那个盐商的字吗，您为何叫这个字？"老者答道："老夫取这个字的时候，那个盐商还没出世呢！同字又何妨？清者自清，浊者自浊，各走各的路。"郑板桥于是不再追问，落款而去。

　　第二天，那个盐商大宴宾客，郑板桥也在被请之列。他见四壁所挂书画正是昨天为老者所作，才知那老者是盐商所派。心下大呼上当，却悔之晚矣。

　　原来盐商苦于无计得到郑板桥亲笔题写的字画，于是想到了让人摸清了郑板桥的饮食起居、兴趣爱好以及出门散步之地，并重金聘请了一位老秀才，耐心地等待郑板桥上钩，终于是"苦心人"天不负，没想到郑板桥还真的上当了。

　　"故知之始己，自知而后知人也"。这样我们掌握别人的言辞，就像声音与回响那样随声而得。盐商老板正是真正体味了《鬼谷子》的反应之术，"若磁石之取针，如舌之取燔骨。其与人也微，其见情也疾"，用这种方法探查别人的言辞，就会不失厘毫地掌握他的真意。

　　仔细想想，郑板桥的上当从人性本身来说，在所难免。首先，口舌之欲乃人之天性，爱吃狗肉的这一嗜好给了他人可以下诱饵的一个绝妙机会；其次，竹林所遇老者气质非凡、谈吐文雅，加之琴声悠扬，自然很容易让郑板桥这个文人雅士心生悦之、愿意接近，这样才可能为他挥毫泼墨提供可能。其实，无论是何人，只要能够摸透性情，投其所好，很多时候就会达到自己的目的。而对本人来说，在别人对自己知己知彼的情况下，则是防不胜防，就算机敏、聪慧之如郑板桥都难以避免，我们这些平常人就更要谨之慎之了。

弱而示强——李世民智解雁门之围

隋炀帝时，北方的突厥族始毕可汗的力量日益强大起来。主管少数民族事务的大臣裴矩建议隋炀帝嫁一位公主给始毕可汗的弟弟叱吉，把叱吉立为南面可汗，这样来分化削弱始毕可汗的势力。隋炀帝同意了，殊不知叱吉本人却不敢接受。这事被始毕可汗知道后非常怨恨。后来，裴矩又把始毕可汗手下最得力的大臣史蜀胡悉诱骗到马邑杀死了。这就更加激发了始毕可汗的反隋之心。

大业十一年（615 年）八月，隋炀帝出巡北方边塞，始毕可汗认为时机已到，率领数十万人叛乱，把隋炀帝包围在雁门。"天下九塞，雁门为首"。在秦赵长城数百里长的一个个关门当中，雁门首屈一指，历来为兵家必争之地。"坚屏依句注，固垒托雁门"的说法，为众兵家所赞同。雁门关，犹如一道天然的屏障，将北来的冷风寒土，拒之于外，也使寒漠中生存的突厥，冷却了些许南侵的热血。雁门共有 41 城，其中 39 城都已被突厥攻破了，只剩下雁门城和崞县。隋炀帝被围在雁门城，城中共有军民 15 万人，粮食只够支持20。突厥兵攻城非常勇猛，箭都射到隋炀帝的面前了。隋炀帝又惊又怕，抱着小儿子大哭起来，眼睛都哭肿了。左卫大将军宇文述建议隋炀帝带几千精兵冲出去突围。其他大臣不同意，认为这样太冒险，不如请炀帝亲自抚慰官兵，激励士气，坚守待援。隋炀帝同意了后一种看法，一方面深入军中鼓励官兵努力奋战，凡守城有功的人一律升官赏财；另一方面把诏书绑在木头上抛入汾水之中，让它顺水漂流，招募救兵前来救驾。

当时，李渊任山西河东慰抚大使，儿子李世民年方 16 岁，于河中拾得诏书，便决心应诏前去救驾。

李世民找到屯卫将军云定兴，对云定兴说："始毕可汗之所以敢把皇上包围起来，是因为他认为中原一时之间不可能有救驾的援兵。而我们现在与突厥的兵力相比，也的确显得太单薄，要是对起阵来，敌众我寡，我们不但救不了驾，反而要被他们吃掉。所以，我们只有虚张声势，在军中多多增加旗号和鼓角，把部队的行列拉得长长的，白天军旗挥舞，几十里不断，夜晚也鼓角相应。这样来布以疑兵，使突厥认为我们援救的大军已至，必然会望风而逃。"

云定兴采纳了李世民的谋略，把军旗和鼓角弄得多多的，把队伍拉得长长的，白天军旗飘扬，夜晚鼓角相闻。队伍刚到崞县，被突厥的侦察兵发现了。他们看到前后几十里不断的旗鼓，果然飞报始毕可汗，说隋帝的救援大军正向这边进发，前锋已至崞县。始毕可汗大惊，知道中原大军是不好惹的，立即下令全军撤退。

就这样，16岁的李世民以虚张声势之计解了隋炀帝的雁门之围。所谓"己先审定以牧人，策而无形容，莫见其门，是谓天神"。让对方摸不透、抓不着，而觉得我们像天神那般难测难知。虚张声势是一种故意制造强大声势以吓唬人的策略。其关键在于虚而实之，弱而示强。李世民年纪轻轻，却机智灵活，让人禁不住敬佩和赞叹。两军对峙，他冷静睿智的分析局势，有利地剖析利害，把握战机，出奇制胜，解除了雁门之围，政治军事才能初显锋芒。这也为他以后的发展奠定了很好的基础，他最终成了万人之上的一国之君。

知己知彼——赵广汉该出手时再出手

所谓知己知彼，方能百战不殆。

西汉宣帝时，赵广汉为京兆尹，当首都长安的父母官。

赵广汉刚上任时，趋炎附势之辈争相拜访他，赵广汉却一个也不见。他命人传话说："我职责重大，若与你们私下交结来往，他日恐有流言传出，于你于我都不利。我办事向来不徇私情，在我这谁也得不到半点儿好处和关照，你们又何苦呢？"

赵广汉拒绝献媚拉拢，却与下属、百姓打成一片，毫无官架子，有时兴致一来，甚至与他们谈个通宵达旦。

在与他人的交谈过程中，赵广汉渐渐总结出了探知实情的方法——"钩距法"。这种方法讲究调查，注重对比推算，结果往往十分准确。赵广汉曾对人说："我想知道马的价格，用'钩距法'行事，我先问狗的价格，再问羊价、牛价，最后才问马价。这样层层验证，一番比较计算后，我就知道马价是高是低了，一般不会有什么大的差错。"

赵广汉的好友对他的"钩距法"不感兴趣，一次对他说："我们在朝为官，自然不屑和商贩讨价还价，你钻研这种学问，又有什么用处呢？"

赵广汉推心置腹地说："做官的人若不熟悉民情，洞察一切，又何能造福一方、保一方平安呢？'钩距法'不仅可以用来了解市场行情，用于政务，它也可以让我知己知彼，对症下药。如果我偏听偏信，真不知要有多少错案发生，而真正的害群之马就要逃脱惩罚了。"

赵广汉上任时，长安的治安形势一度混乱，百姓受害的事时有发生，官匪勾结十分猖獗。面对严峻的状况，赵广汉召集心腹属下说："我上任伊始，并不熟悉此中内情，想打击犯罪，也不知从何下手。何况情况不明，乱下重手只会引起混乱，我想让你们暗中侦察，把盗贼的踪迹摸清。"心腹属下面有难色，他们说："盗贼行踪诡秘，出入不定，在此用力难出成效。从前官员都是有事打压，无事清闲，大人何必自讨苦吃呢？"

赵广汉脸上肃穆，他郑重道："盗贼不绝，根源乃在我们不晓其根底，从前官员不尽职所致。我志在剿除盗贼，自然不能和从前官员一样无为了，这是我的命令，违者必惩！"

赵广汉命人暗中详查，表面上却故作轻松，没有更深的戒备，盗贼们以为赵广汉碌碌无为，于是放下心来，放胆胡为。一时之间，盗贼蜂拥而出，长安形势更坏。

朝中大臣上疏指责赵广汉失职，无比愤怒地说："京城盗贼横行，京兆尹赵广汉却放纵不管，不知他是何居心。赵广汉定与盗贼勾结，望陛下彻底肃查。"

汉宣帝也怒气冲冲地质问赵广汉说："朕深居宫中，都听说了宫外盗贼横行之事，你有何交代吗？"

赵广汉叩头不止，连声说："陛下不要担心，请让臣把话说完。"

他镇定一下，说："京城重地，盗贼必须彻底剿灭，这是臣决心要做到的事。无奈贼情不明，轻举妄动便会打草惊蛇，这也是臣最担心的。臣故意装作不闻不问，只是想让盗贼悉数暴露，以便臣的属下全然摸清盗贼的状况，查清他们肇事的根源，以及那些和他们勾结的差吏收取了多少贿赂。只有将这些情况都搞得明明白白，才能一网打尽他们，让他们无法抵赖。陛下放心，臣已广布人手，侦知此事，用不了多长时间，便是盗贼的末日了。"

汉宣帝听罢，不再责怪赵广汉，他不无担心地说："朕暂且相信你一次，你还是好好把握时机吧。"

不久，已经全然掌握贼情的赵广汉四面出击，每击必中，长安盗贼被肃之一空了。

《鬼谷子》中有："故知之始己，自知而后知人也。其相知也，若比目之鱼；其见形也，若光之与影。其察言也不失，若磁石之取针；如舌之取燔骨。"了解自己，也要了解别人。我们了解别人就像比目鱼可以相并而行那样一丝不差，我们还在那给我别人的言辞，就像声音与回响那样随声而得。这样，就可以掌握到别人的真意，轻易地获取别人的信息。

把对手的底细摸透，了如指掌，始终是战胜对手的一个重要前提。一个人的实际状况是不会轻易显现的，这需要耐心细致的调查和取证才能搞清，在此不下大功夫是不行的，没有捷径可走。没有底牌可打的对手是最脆弱的，在他们的要害处轻轻一击，也就致命了。清楚他们的虚实，便会掌握他们的动态，抢在他们之前出手，被动的就不会是自己。

【商战博弈】

先退后进——托马斯"回马一枪"获大利

商业活动中经常会碰到许多棘手的问题。有时在交谈中，会陷入一时的困境，如果能采取"以退为进"的战术，表面退缩，再找准机会给以有力的反击，或许就能获得更好的机会，赢得更大的发展空间。

这就像拉弓射箭一样，先把手往后拉，目的是为了让箭射出时更有力。以退为进是一种智谋，把进退看透的人，明白短暂的退让是前进的序曲，适当的退是为了更好地进。这与鬼谷子的"反应"不谋而合。

"反应术"主要是运用于处理人际关系和社会事务方面。从处理事务的步骤来看，善于"反应"，适时退却，是为了更好地进攻。现实中我们常会见到这样的事，双方争斗，各不相让，最后小事变为大事，大事转为祸事，这些往往导致问题不能解决，反而落得个两败俱伤的结果。其实，如果采取较为温和的处理方法，遇强而"让"，先退一步，使自己处于比较有利的地位，再因势利导，待机而"发"，便可以以退为进，成功达到自己的目的了。将反应术运用到商业中，往往会有意想不到的效果。

英国的皮鞋商托马斯有一次受印度尼西亚一位皮鞋制造商的委托，到巴黎去开辟市场。此前，他已经对有关情况进行了了解。他认为这种鞋质量上乘、款式别致，一定会受到法国消费者的欢迎，在巴黎市场上走俏。因此，他愉快地接受了任务。

一到巴黎，他就立即去见皮鞋销售商奥斯卡丽有限公司的总裁密特斯朗先生。他深知密特斯朗先生是个商场老手，城府极深。为了争取最大的利润，同时又不得罪密特斯朗先生，他决定采取装憨卖傻、先退后进的办法。

果然，密特斯朗先生极难对付，一开始洽谈就拼命杀价，在订立契约的时候，又把价钱杀到了最低。等到交货的时候，他又趁机第三次杀价，并要求分期付款。面对密特斯朗的步步进逼，托马斯却大智若愚。他先是一步一步地退让，满足密特斯朗的要求，无形中麻痹了这位总裁的思想，使他误认为托马斯是刚"上道"的"愣头青"，放松了警惕。契约签订后，货物运来的时候，密特斯朗依旧把托马斯当作毛头小子，再次杀价。

谁知托马斯一反常态，坚决地说了个"不"字，并提出按先前的契约规定，他有理由向密特斯朗索赔。这突如其来的进攻，令密特斯朗先生措手不及，一下子就陷入被动局面。直到这时，密特斯朗才知道自己小看了这个小子，中了他的圈套，但此时已无力回天，密特斯朗不得不按托马斯的新报价接受了这批货物。由于这些皮鞋物美价廉，而且质量上乘，正如托马斯所料，很快就风行法国。加上托马斯的推波助澜，进一步在欧洲市场站稳了脚跟。托马斯这一战获得了巨大的回报，为自己的事业打下了坚实的基础。

托马斯面对狡猾的密特斯朗先生，没有正面跟他讨价还价，而是表现出甘受欺压的样子，避其锋芒。等到密特斯朗先生锋芒毕露，黔驴技穷时，突然出击，打败了对方。

在竞争中消灭所有的竞争对手，最大限度地占有市场，始终是商人的不懈追求，然而采用何种策略才能在保全自己的情况下击败对手呢？从托马斯的案例中，我们便能窥探出一些端倪——以退为进。处于劣势时采取消极防御即"阖"的策略，等到对手狂风暴雨过后，再全力进攻，给对方回马一枪，杀得他缴械投降为止。

善用反应术，以退为进，无疑是一条商业谈判的妙计。"退一步海阔天空"，富人们正是在这种原则的指导下，以退为进，到达财富的巅峰。

虚张声势——山下龟三郎以小充大

与人交往不是说任何时候都老老实实的才好，办事要具体问题具体分析。如果你自己没有任何资本，就只有采用"无中生有"的办法，但是，如果你并不是一无所有，你就可以"以小充大"了。换句话说，在与他人打交道时，尤其是经商、谈判或求人办事，可以把仅有的"资本"集中在一个点上，让对方只看到你强大的一面，从你这个侧面的强大，对你的整体实力产生错觉。想办成某件事，而自身力量又不够的人，运用这种方法如果得当，确实能够赢得最多。

20世纪30年代，福松商会在日本神户地区开张，年少得志的松永左卫门，担任商会经理。开张不久，神户最出名的西村豪华饭店的一个侍者给经理一封信，是一位叫山下龟三郎的先生让送来的，松永打开信，上面写道："鄙人是横滨的煤炭商，承蒙福泽桃介（松永父亲老友，借了巨资给松永作商会的开办费）先生的部下秋原介绍，欣闻您在神户经营煤炭，请多关照。为表敬意，今晚鄙人在西村饭店聊备薄宴，恭候大驾，不胜荣幸。"

当晚，松永一踏进西村饭店，就受到热情款待，山下龟三郎对他毕恭毕敬，使得松永不免有些飘飘然了。

酒宴进行中，山下龟三郎提出了自己的恳求："我有个朋友在横滨地区有一家相当大的煤炭零售店，信誉很好。如果松永先生愿意信任我，让我为您效劳将贵商会的煤炭卖给这个朋友，他一定乐于接受。贵商会也会从中得到不少利益。我只收取一点儿佣金就行了。不知先生意下如何？"

松永听完之后，心里就慢慢盘算起来。没等他开口，山下龟三郎就把女招待叫来，从怀里掏出一大沓大面额钞票，随手抽出几张给女招待，请她帮忙买些神户的特产瓦形煎饼来。并当着松永的面，十分阔绰地抽出一张作为小费。

松永看那一大沓钞票，暗暗吃惊。心想：这位山下先生来头不小啊！稍作思考，便对山下龟三郎说："山下先生，我可以考虑接受你的请求。"经过简单的谈判后，松永便与山下龟三郎签下了合同。

丰盛的晚宴后，松永一离开，山下龟三郎便马上搭上末班车回横滨去了，西村饭店那样高的消费，哪是山下龟三郎所能住得起的？山下龟三朗的那一大沓钞票，其实只是他以横滨那不景气的煤炭店做抵押，临时向银行借来的；介绍信则是在了解了福泽、秋原与松永的关系后，借口向福松商会购买煤炭，请秋原写的。然后，山下龟三郎又利用豪华气派的西村饭店做舞台，成功地上演了一出财大气粗的"大腕"好戏。从此以后，山下龟三郎就直接从福松商会得到煤炭，转手卖给别人，利润滚滚而来。

业务介绍信、饭店里设宴谈生意、给招待员小费，是日本商界中司空见惯的。故事中，山下龟三郎就是利用这些极为平常的小事，大方的出手显示自己拥有雄厚的实力。而年轻的松永，被山下龟三郎诚恳恭敬的热情招待和慷慨大方所迷惑，果真把山下龟三郎当成气派的大款对待了，并与其签下了合同。聪明的山下龟三郎给松永提供的资料可谓有真有假、亦是亦非，他利用这些虚虚实实的情况而赢得松永的信任，从而达到自己的目的。

在商业经营过程中，虚张声势经常能够迷惑对手的判断力，突破对手的心理防线，使他不自觉地相信你虚拟的事实，从而占据交易的先机，取得良好的经营效益。对于实力不强的人来说，虚张声势还有助于迅速发展自己的事业，做到以弱胜强。这也顺应了鬼谷子所说的"以无形求有声，钓其语合事，得人实也"。"以无形求有声"正是山下龟三郎的手段，也是他赢得机会的铺路石。不过在应用的时候一定要掌握好分寸，切忌搬起石头砸了自己的脚，到时你丧失的不仅是商机，甚至会失去信誉。

常言道："与臭棋篓子下棋，只会越下越臭。"在人类社会里，谁都愿意与强者打交道、合作，当你实力不够强大的时候，就可以考虑通过运用虚张声势的手段来为自己赢得强大的实力，进而为自己开拓一条成功的大道。

乃静听声——日本人与美国人的较量

反应术的一种重要方法叫作"乃静听法"，说的就是自己先要保持沉默，静下心来认真听取别人的言语，从中仔细体察对方的真正意图，就像张网捕鱼一样静心捕捉别人的言辞与意志。了解了别人的意图，就可以运用自己的主观能动性针锋相向了。

运用"乃静听法"，就应该学会装糊涂。装糊涂是一门高超的处世艺术，装糊涂，宗旨就是要掩藏真实意图；要求则要逼真，使旁观者深信不疑；目的就是明确对方的真实意图。

日本某公司与美国某公司进行一次重大技术协作谈判。谈判伊始，美方首席代表便拿着各种技术数据、谈判项目、开销费用等一大堆材料，滔滔不绝地发表本公司的意见，完全没有顾及日本公司代表的反应。实际上，日本公司代表一言不发，只是在仔细地听、认真地记。

美方讲了几个小时之后，终于开始想起要征询一下日本公司代表的意见。不料，日本公司的代表似乎已被美方咄咄逼人的气势所慑服，显得迷迷糊糊，混沌无知，日方代表只会反反复复地说"我们不明白""我们没做好准备""我们事先也未搞技术数据""请给我们一些时间回去准备一下"。第一轮谈判就在这不明不白中结束了。

几个月以后，第二轮谈判开始。日本公司似乎因认为上次谈判团不称职，所以予以全部更换。新的谈判团来到美国，美方只得重述第一轮谈判的内容。不料结果竟与第一轮谈判一模一样，由于日方对谈判项目"准备不足"，日本公司又以再研究为名,毫无成效地结束了谈判。

经过两轮谈判后,日本公司又如法炮制了第三轮谈判。在第三轮谈判不明不白地结束时,美国公司的上司不禁大为恼火,认为日本人在这个项目上没有诚意,轻视本公司的技术和基础,于是下了最后通牒:如果半年后日本公司依然如此,两公司间的协定将被迫取消。随后,美国公司解散了谈判团,封闭了所有资料,坐等半年以后的最终谈判。

万万没有料到的是,仅仅过了8天,日本公司即派出由前几批谈判团的首要人物组成的谈判团队飞抵美国。美国公司在惊愕之中只好仓促上阵,匆忙将原来的谈判成员从各地找回来,再一次坐到谈判桌前。这次谈判,日本人一反常态,他们带来了大量可靠的资料、数据,对技术、合作分配、人员、物品一切有关事项甚至所有细节,都做了相当精细的策划,并将精美的协议书拟定稿交给美方代表签字。

美国人马上傻了眼,一时又找不出任何漏洞,最后只得勉强签字。不用说,由日本人拟定的协议对日方公司极为有利。在美日的谈判较量中,日本人巧装糊涂,以韬光养晦的谋略获得了最终的胜利。其实作为一种谋略,"糊涂"不仅能在商场上取得出奇制胜的效果,也能在关键时刻让人逢凶化吉,转危为安。

装糊涂,无疑是反应术的得力工具。装糊涂,除了演技之外,还需要自信。自信自己会成功,自信自己确实能愚人耳目以假乱真,自信自己演技出神入化,炉火纯青。这样,演起戏来才能面不改色,心不跳,沉着冷静,应付自如。假装糊涂,就能捕捉到对方的信息,进而发挥自己的主观能动性,掌控局势,掌握主动,最终实现自己的目的。

随机应变——以小窥大的生意经

商业活动中的一些金点子往往是从别人的信息里面发现的。《鬼谷子》曰:"反以观往,覆以验来;反以知古,覆以知今;反以知彼,覆以知己。"说的就是,反观以往,可查验未来;反观古代,可洞察今天;反观他人,可了解自己。用今天的话来说,用一句名言便能概括其要义,即"以铜为镜,可以正衣冠;以人为镜,可以明得失;以史为鉴,可以知兴替。"

从别人的信息里窥探出商机,不仅仅是一种眼光,更是一种随机应变的能力。而那些看到商机并能把握商机的人,其成就就不言而喻了。

全球知名企业亚马逊的创始人贝索斯30岁时已是某金融公司的副总裁。然而当贝索斯偶然看到"网络用户一年中猛增 23 倍"这样一条信息后，出人意料地告别了华尔街转向创办网上商务，开创了自己的一片天地。

在网络上先卖什么东西好？这是贝索斯转行后最关心的问题。贝索斯列出了 20 多种商品，然后逐项淘汰，最后只剩图书和音乐制品，他选定先卖图书。贝索斯在分析过程中发现传统出版业有一个根本矛盾：出版商和发行零售商的业务目标相互冲突。

出版商需要预先确定某部图书的印数，但图书上市之前，谁也无法准确预知该书的市场需求量。为了鼓励零售商多订货，出版商一般允许零售商卖不完就退回，零售商既然毫无风险，而往往超量定购。

贝索斯一针见血地指出："出版商承担了所有的风险，却由零售商来预测市场需求量！"贝索斯所看到的，其实就是经济活动中无法彻底根除的一种弊病——市场需求与生产之间的脱节。他自信，运用互联网，省略掉商品流通一系列中间环节，顾客直接向生产者下订单，就可以真正做到以销定产。

4 年之后，贝索斯创办的"亚马逊"的市值已经超过 400 亿美元，拥有 450 万长期顾客，每月的营业额数亿美元，杰夫·贝索斯也成为全球年轻的超级大富豪。

"动作言默，与此出入，喜怒由此，以见其式。皆以先定为之法则"。在做出一个决策之前，要确定基本法则，进行调查研究。这种调查越详细、越周密越好，可以为决策提供第一手资料，才能做到"有的放矢"。

当当网成功的背后是一部艰难的创业史。当当的女掌门人俞渝是个非常要强的人，她说这跟在华尔街的五年打拼有关："海归都被资本家修理过，会变韧，而且学习能力很强。海归中有一种亚文化，就是没有他们不能干的事，没有他们不能去的地方。"这句话说起来很简单，做起来却不容易。

如今，网上购物已经和我们出门逛街一样平常，甚至比出门逛街还要方便快捷。然而，1996 年，互联网方兴未艾。俞渝凭借自己在融资方面的实践经验，将自己的梦想推销给了风险投资，她希望在国内创办一个像亚马逊那样的网上书店。俞渝说："当时，我们的目标是中国互联网上的网民数达到 300 万，就开始推出我们的网络图书发行计划。"这个时机让她一等就是三年。1999 年 11 月，由美国 IDG（International Data Group 美国国际数据集团）公司、卢森堡剑桥集团、日本软银集团和中国科文公司共同投资，当当网上书店终于开张了。

网络行业刚开始兴起时，拿到风险投资和上市似乎就是全部。因此，网络经济又叫"眼球经济"，大家都在比着"烧钱"。其实，当当的钱也没少烧，但是俞渝明白得比较快，这还得归功于亚马逊。一次，俞渝读亚马逊报表的时候，发现亚马逊对于销售额、费用做得相当细致，这使得俞渝悟出了网络经济的精髓。传统的经济模式的变革必将在网络中获得更多的东西。"如果你是一个传统的生产型企业，互联网络对你的影响改变你过去靠传真和电话收集、沟通信息的方式，产品销售也可以在一个更加开放的广域的订单处理系统上完成。互联网必将改变传统的业务流程、信息流程、决策过程。同样互联网需要现实的传统的支撑"。

目前，面向全世界中文读者，当当可以提供20多万种的中文图书，占中国市场图书品种的90％，并开创自己独特的分类方式，给网上购书者带来极大方便。而且，当当除了图书产品外，还经营音像、CD（Compact Disk 光盘）、游戏、软件、上网卡等商品。

成功没有那么简单，作为女性，她在发展事业的过程中遇到了比男性更多的阻力与困难：尤其是在2001年、2002年，所谓互联网神话破灭的时候，她感觉到了巨大的压力和孤独感。她的父母都不知道她在干吗，去招募员工时，还需要跟人家解释为什么要成立当当，有理没处说。但幸运的是，那时候业务基本没有受影响，一直在增长。2001年，由于对网上直销失去信心，有超过半数的职业经理人离开当当；2003年，因为与股东在管理层持股比例方面的分歧，俞渝夫妇也曾面临留下还是离开的抉择。"在创业之初，我们一点儿经验都没有，犯了很多非常低级的错误，但是这些错误换来了非常有价值的经验，而这些经验对以后的经营管理都非常有意义"。

在经历了这些艰难之后，俞渝带领当当在2003年基本达到了盈亏平衡，2004年的销售额已经与北京西单图书大厦不相上下，占整个网上零售份额的40％。在此基础上，当当保持了200％的增长速度。2005年初，当当网进军百货市场，走多元化的路线，除了图书、音像外，还经营家居、化妆品、数码、饰品、箱包、户外休闲等商品；2006年，当当网C2C（Comsumer to consumer个人与个人之间的电子商务）业务正式上线；2007年，当当网依然维持着200％～300％的增长速度。

不过，俞渝不满足于现有的成绩，她还要扩大当当的经营规模："像家乐福、沃尔玛等连锁超市是以不停开店来扩大规模，但这些传统商店每一平方米的销售额是有限的。而当当已经建成一个完善的网络销售平台，能够永无止境地添加新的商品，每一笔新投入都将带来更为丰厚的回报。这是传统商店所无法比拟的。"

俞渝不仅看到了商机，更能够不断求变、求精。最终建立起当当这一网络知名品牌。所以做生意一定要学会随机应变，这样才能把架子搭得更大一些，更有规模，而顾客也会有更多的选择，团队也有更大的空间，而且竞争门槛可以更高。当当正是凭借着这样的经营之道，才一路上过关斩将，奠定了自己的优势和地位。

出奇制胜——小创意成就大梦想

一个优秀的公司经营者必须有"超越常规"的思考方法，要懂得"见形而谋""见微知类"。从客观环境中寻找发财的契机，才能产生不同凡响的创意，把公司办得有声有色。

千百年来，人们用开水在茶壶中泡茶，用茶杯等茶具饮茶，或是品尝，或是礼仪，或是寓情于茶。而易拉罐茶饮料则是提供凉茶水，作用是解渴、促进消化，满足人体的种种需求。将凉茶水装罐出售是违反常识的，它抛开了茶文化的重要内涵，取其"解渴、促进消化"的功能。将乌龙茶开发成罐装饮料的成功创意，却产生了经营上"出奇制胜"的效果，这实在是一个不错的创意。在公司经营上，这种看似违反常规的行为，实则是一种不错的经营之道。

伊藤园发展成茶叶流通业第一大公司后，本庄正则投资建设了茶叶加工厂，把公司的业务从销售扩大到加工。1977 年，伊藤园开始试销中国乌龙茶。1978年 9 月，走俏日本歌坛的某歌星在答电视记者问"用什么方法美容"时说："什么美容都没有用，只是每天喝五六杯乌龙茶。"由此，乌龙茶开始畅销起来，伊藤园与中国的乌龙茶贸易因此而迅速扩大。这也是本庄正则与乌龙茶结下财缘的开端。

乌龙茶的畅销，更主要的是借助了日本当时的社会经济背景。经过 20 世纪六七十年代的高速发展到 70 年代末，多数日本人已过上了"丰衣足食"的生活，一些媒体还说日本进入了"饱和时代"，而味道清淡的乌龙茶，最适合于过着酒足饭饱生活的日本人饮用。本庄正则更是大力宣传乌龙茶益于健康的效用，火上浇油。第一次乌龙茶热持续了两三年，乌龙茶的销售达到了巅峰，但从1981 年起出现了降温倾向。

在 20 世纪 70 年代初绿茶风靡日本时，本庄正则就萌生了开发罐装绿茶的创意，但当时的技术人员遭遇到了"不喝隔夜茶"这一拦路虎，因为茶水长时期放置会发生氧化、变色现象，不再适宜饮用。因此，罐装乌龙茶的创意暂时不可能实现。要使罐装乌龙茶具有商机，必须攻克茶水氧化的难关，从创意的角度上讲，这也是主攻方向。

于是，本庄正则投资聘请科研人员研究防止茶水氧化的课题。时隔一年，防止氧化的难题已经解决了，本庄正则当机立断修改原来开发罐装绿茶的计划，改为开发罐装乌龙茶。在讨论这项计划时，12名公司董事中10名表示反对，因为把凉茶水装罐出售是违反常识的。然而长期销售茶叶的经验告诉本庄正则，每到盛夏季节，茶叶销量就要剧减，而各种清凉饮料的销量则猛增。他坚信，如果在夏季推出易拉罐乌龙茶清凉饮料，一定会大有市场。在本庄正则的坚持下，伊藤园开发的易拉罐乌龙茶清凉饮料于1982年夏季首次上市，大受消费者欢迎。乌龙茶此时再现高潮，而且经久不衰直到今天。

此后不久，本庄正则又推出罐装绿茶、罐装红茶和大大小小各种规格的袋装、玻璃瓶装和塑料瓶装的乌龙茶饮料。1991年，乌龙茶清凉饮料的销售额达2000亿日元，绿茶和红茶饮料的销售额也达1700多亿日元。

一旦"探入其内"，一个小小的创意就会带来奇迹，产生巨大的变化。本庄正则正是用变化的眼光看问题，根据具体的情势做出相应的变化。不断挑战自我，不断更新名目，推陈出新，用各种方法改进乌龙茶。甚至违反常规，制订出"罐装凉茶"的"荒唐点子"，虽遭到董事会一致反对，却得到了意想不到的效果，不仅开拓出新市场，更开辟了一片自己的天地。让大家瞠目结舌，无话可说。

以逸待劳——生意的"试金石"

商战中，如能有效地运用"以近待远、以逸待劳、以饱待饥"等军事策略，即使后发，也可以克敌制胜。

所谓"以近代远，以逸待劳，以饱待饥，此治力者也"。也就是说，双方交战时，不一定要用进攻的方法才能将对方置于困难的局面，只要做好充分的准备工作，养精蓄锐，等疲劳的敌人来犯时，给予敌人迎头痛击，同样能达到制胜的目的。待机而动，以不变应万变，以静制动往往能在竞争中占据优势。

"以逸待劳"是现代商场中经常遇到的一计。你不需要直接采取进攻的行动，只要积极防御，以盈养亏，以亏促盈，待竞争对手出现漏洞时，再出其不意，攻其不备，就很容易在竞争中取胜。

市场变幻莫测，行业间摩擦此起彼伏，机会稍纵即逝，在这个时刻充满着竞争、风险的环境中，任何一个公司哪怕是稳坐"庄家"的"老大哥"都不可能一直独占鳌头。可能今天你还是一支"绩优股"，明天或许将会变成一支不折不扣的"垃圾股"。

既然我们不可能在竞争中永远胜利，就要学会攻守兼备，适时转移或者让步。当时不利己时，退回来休养生息，不和对手硬碰硬，等待时机，瞅准机会再推翻对手。在和对手进行斗智斗勇的过程中，要等待时机，耐得住各种各样的诱惑和小恩小惠，保持良好的自我状态，才能取得自己真正的需求。

英国友尼利福公司的经营之道就是以退为进，以静制动。他们有一个基本的信条，即"不拘束于体面，而以相互利益为前提"。只要最终能赢得利益，即使暂时妥协、退让或不够体面也没有关系。因为，在一些特殊情况下，只有甘愿妥协、退步，才能赢得时机，发展自己。退一步，有可能会获得进两步的空间和机会，结果还是自身获益。所以，在这一信条的引领下，英国友尼利福公司在企业经营和生意谈判中常常采用退让策略。

非洲东海岸是一块非常适合栽培食用油原料落花生的地方，那里不仅土壤肥沃，温度和气候也恰到好处，落花生每年的产量都很高。友尼利福公司看好这一点，所以在那里设有大规模的友那蒂特非洲子公司。这里是友尼利福公司的一块宝地，也是其主要财源之一。然而，第二次世界大战结束后，随着非洲民族独立运动的兴起和发展。友尼利福这些肥沃的落花生栽培地一块块地被非洲国家没收，这使得该公司面临极大的危机。

怎么办呢？跟非洲政府和人民抗争到底，还是妥协退让？面对这种形势，公司内部经过长时间的激烈讨论之后，经理柯尔对非洲子公司发出了指令：

第一，非洲各地所有友那蒂特公司系统的首席经理人员迅速起用非洲人；

第二，取消黑人与白人的工资差异，实行同工同酬；

第三，在尼日利亚设立经营干部养成所，培养非洲人干部；

第四，采取互相受益的政策，以逐步寻求生存之道；

第五，不可拘束体面问题，应以创造最大利益为要务。

不仅如此，柯尔在与加纳政府的交涉中，为了进一步获得对方的信任，还主动将自己的栽培地提供给加纳政府，从而获得了加纳政府的好感。"舍不得孩子，套不住狼。"果然，不久，加纳政府为了报答他，指定友尼利福公司为加纳政府食用油原料买卖的代理人，使得柯尔在加纳独占专利权。同样，在同几内亚政府的交涉中，柯尔使用了同样的"伎俩"，表示愿意自行撤走公司。他的这种坦诚的态度又赢得了几内亚政府的信任，因而允许柯尔的公司留在几内亚。于是，柯尔在同其他几个国家的交涉中，也都坚持采用退让政策。结果，柯尔的公司不仅没有退下来，反而站稳了脚跟，公司就这样平安地渡过了难关。

做生意要像做人那样有进有退，有所为，有所不为。必要的退让可以换来更大的利益，一味咄咄逼人只会使你陷入死胡同。学会"以逸待劳""以静制动"，才能更好地后发制人，克敌制胜。但是，退让策略的运用，既要适时，又要得体，一定要充分掌握对方的心理活动，再"对症下药"地安排策略，这样才能取得成功。

以逸待劳，此计强调使敌方处于困难局面，不一定只用进攻之法。关键在于掌握主动权，待机而动，以不变应万变，以静对动，积极调动敌人，创造战机，不让敌人调动自己。所以，不可把以逸待劳的"待"字理解为消极被动的等待。

【职场之道】

见机行事——职场生存的保护伞

相同的事情，别人做得很顺利，到你做的时候一定不要照搬，因为可能事情已经发生变化了。

事物都是处在不断地变化和发展之中，如果凡事都照搬教条，而不知随机应变，具体情况具体分析，那就难免失策。形势瞬息万变，波谲云诡，所以必须从实际出发，相机行事，照搬教条只能使人自食恶果。在付诸实践时也应灵活机动，切忌僵化不变，形而上学。

有这样一个历史故事：战国时期，有施氏和孟氏两家邻居。施家有两个儿子，一个儿子学文，一个儿子学武。学文的儿子去游说鲁国的国君，阐明了以仁道治国的道理，鲁国国君重用了他。那个学武的儿子去了楚国，那时楚国正好与邻邦作战，楚王见他武艺高强，有勇有谋，就提升他为军官。施家因两个儿子显贵，满门荣耀。

施氏的邻居孟氏也有两个儿子长大成人了。这两个儿子也是一个学文，一个学武。孟氏看见施氏的两个儿子都成才，就向施氏讨教，施氏向他说明了两个儿子的经历。孟氏记在心里。孟氏回家以后，也向两个儿子传授机宜。于是，他那个学文的儿子就去了秦国，秦王当时正准备吞并各诸侯，对文道一点儿也听不进去，认为这是阻碍他的大业，就将这人砍掉了一只脚，逐出秦国。他学武的儿子到了赵国，赵国早已因为连年征战，民困国乏，厌烦了战争，这个儿子的尚武精神引起了赵王的厌烦，砍掉了他的一只胳膊，也逐出了赵国。

孟氏之子与邻居的儿子条件一样，却形成两种结果，这是为什么呢？

施氏后来听说了之后，说道："大凡能把握时机的就能昌盛，而断送时机的就会灭亡。你的儿子们跟我的儿子们学问一样，但建立的功业大不相同。原因是他们错过了时机，并非他们在方法上有何错误。况且天下的道理并非永远是对的，天下的事情也非永远是错的。以前所用，今天或许就会被抛弃；今天被抛弃的，也许以后还会派上用场，这种用与不用，并无绝对的客观标准。一个人必须能够见机行事，懂得权衡变化，因为处世并无固定法则，这些都取决于智慧。假如智慧不足，即使拥有孔丘那么渊博的学问，拥有姜尚那么精湛的战术，也难免会遭遇挫折。"而孟家兄弟正是不懂变化之道而遭此惨事的。

现实生活中，见机行事是一种自我选择和把握，但是缺乏正确的认识而盲目行动，也会得不偿失。

有一位刚毕业的大学生，刚开始的工作很不错，许多人都羡慕不已。但是这个年轻人总是不满现状，觉得自己应该在更好的位置发展。因此，他常常跳槽。一开始，凭借自己的高文凭，受到了很多公司的青睐。哪里有招聘他就去哪里，只要看得上眼。他从来不曾审视自己的现状，对于跳槽乐此不疲。还以此骄傲不已。

可是到后来，他发现一个严重的问题。虽然自己在公司的待遇什么的都不错，但是晋升机会从来轮不到自己。而且很多公司连面试的机会都不给他。最后居然被辞退了。

这位年轻人怎么都想不通。后来他的经理把原因告诉了他。原来，用人单位一方面很在意学历，那是对寒窗苦读学子的肯定和鼓励。但是，一个四处跳槽的人，吃的全是自己的老本，而且没有工作责任感，企业对这样的人根本不会重用。

用变化的眼光看问题本没有错，但是还得分场合。如果缺少了正确的认识，就算很好的机会也会被自己弄丢。所以，一定要面对现实，求变化的同时更要审视自我，以发展为前提。只有发展变化的选择，才是致胜的关键。

冷静分析——职场里适时认输

面对纷争复杂的社会，常常会有自己难以招架的时候。这时候，自己往往处于弱处，处于不利地位。所以，你最好的选择就是认输，甚至"投降"。认输不是彻底失败，而是一种防御，是一种对自我实力的保存。

《鬼谷子》曰："其与人也微，其见情也疾，如阴与阳，如圆与方。未见形，圆以道之；既见形，方以事之。进退左右，以是司之。"意思是"通过言语等方式刺激对方时，要做得微妙隐蔽，不被人察觉；捕捉对手的信息则要十分迅速，以防止延迟误事。这就如同阴阳、方圆之间的转化，应用随心，变化自如。在未弄清情况的时候，应该用防御性的策略来引导，以化解对方的进攻；弄清对方的情况以后，就应用进攻性的准则去应对对方，以求战胜对方。无论是进是退，是左是右，都可以用方圆之道来控制"。

反观鬼谷子的这段话，我们就清楚地知道圆方之道的重要性。而身处职场，仅仅懂得自知还不够，面对不利的局面，还应该学会"见形而事"，适时而忍，灵活反应。用方圆之道，进退有度，就能积蓄实力，争取到更好的机会。更能弊害求利，自我保全。

美国有一位拳王说过，任何拳手都不可能打败所有的对手，好的拳手知道在恰当的回合认输。因为，及早认输，下次还有赢的机会，如果逞能，让对手把你打死了，或把你拖垮了，你不是连输的机会也没有了吗？

拳击是光明磊落的竞技，在人生的长河中，竞争却是纷繁芜杂的，其中不乏乱箭和暗器。面对不讲竞争规则的阴损小人，遇到怀着"谁也别想比我好"病态心理的嫉妒小人，你斗得越勇，只会陷得越深。与其让生命的价值在乱斗中无端地折损，不如以退为进，适时认输，离开是非圈，用自己保存下来的实力，去寻找真正的竞技场。

没有人能获得永恒的胜利，妄图做"常胜将军"的人不可避免地要重重碰壁，因为他们不会保存实力，不肯低下头。但是他们没有悟到，低头也是一种高贵的姿态，是明智者对情势的正确估计和对自身的理智反省。先学会低头，才有可能昂首迎接胜利的时刻。只有身体先低下头，灵魂才能最终昂起胜利的头。

当我们明白自己不是对手时，就应该认输。这是一种策略，更是一种反应的技巧。生活中常有竞争和角逐，但深知自己"斗"不过对手，还一味地跟人家"斗"，这又有何益呢？"斗"得愈起劲，只会使自己输得更惨。把握分寸，懂得方圆之道，急流勇退，避开锋芒，就能赢得发展的主动权。我们还可以赢得时间，冷静下来去认识差距，虚心向对手学习，从而有可能真正打败对手。

某公司两个职员常常较劲，他们的业绩都数一数二，但是他们都不服气，都想做第一。后来，一个职员突然转变了方向，他不跟对手争这儿争那儿了。他反而甘拜下风，虚心向对方请教，学习多方的技巧和方法。对方得了第一也就没那么好斗了，可是没过多久，这位甘拜下风的职员却遥遥领先，跟自己的对手拉开了距离，成了名副其实的第一名。

当我们知道自己不可能做到时，就应该做出正确明智的反应，学会认输。

要知道，并不是所有的困难和挫折都可以逾越，并不是所有的机遇和好运我们都可以把握。在明知无力回天，败局已定时，我们应该认输。选择认输，不去坚持下完一盘根本下不赢的臭棋，而是弃之一边，将使我们及早从"死胡同"里走出来，避免付出更惨重的代价。

所以，当你处于弱势地位的时候，不要为了所谓的荣誉而争斗，而要选择低头，选择认输。要根据具体情况，把握好分寸，做到未见形圆以道之，既见形方以事之。方"与人也微，见情也疾"，才能积蓄力量，东山再起，卷土重来。

换路思维——机遇无处不在

身处职场中的年轻人，常常面对困难就畏首畏尾，缺少变通。对于领导安排的工作，有的人遇到困难就选择退缩，无功而返。而那些懂得变通，能够随机应变的人，往往能脱颖而出。

两个青年同时到一家企业面试。两个人的表现都很出色，但是公司只能录取一个人。老板说："这样吧，我给你俩一个任务，你们试着把我们这次生产的皮鞋推销给赤道附近一个岛上的居民，然后给我你们的答案。

两个青年都去了那个岛屿，他们发现海岛相当封闭，岛上的人与大陆没有来往，他们祖祖辈辈靠捕鱼为生。他们还发现岛上的人衣着简朴，几乎全是赤脚，只有那些在礁石上采拾海蛎子的人为了避免礁石硌脚，才在脚上绑上海藻。

两个青年一上海岛，立即引起了当地人的注意。他们注视着陌生的客人，议论纷纷。最让岛上人感到惊奇的就是客人脚上穿的鞋子。岛上人不知道鞋子为何物，便把它叫作脚套。

他们从心里感到纳闷：把一个"脚套"套在脚上，不难受吗？

一个青年看到这种状况，心里凉了半截。他想，这里的人没有穿鞋的习惯，怎么可能建立鞋市场？他二话没说，立即乘船离开了海岛，返回了公司。他给老板说："那里没有人穿鞋，根本不可能建立起鞋市场。"

另一青年态度相反，他看到这种状况心花怒放，他觉得这里是极好的市场，因为没有人穿鞋，所以鞋的销售潜力一定很大。他留在岛上，与岛上的人交上朋友。他在岛上住了很多天，挨家挨户做宣传，告诉岛上人穿鞋的好处，并亲自示范，努力改变岛上人赤脚的习惯。同时，他还把带去的样品送给了部分居民。这些居民穿上鞋后感到松软舒适，走在路上再也不用担心扎脚了。这些首次穿上了鞋的人也向同伴们宣传穿鞋的好处。这位有心的青年还了解到，岛上居民由于长年不穿鞋的缘故，与普通人的脚型有一些区别，他还了解了他们生产和生活的特点，然后向老板写了一份详细的报告。公司根据这份报告，制作了一大批适合岛上人穿的鞋，这些鞋很快便销售一空。不久，公司又制作了第二批、第三批……

同样面对赤脚的岛民，一个青年认为没有市场，另一个却认为有大市场。两者的不同之处就在于后者能随机应变，从"不穿鞋"的现实中看到潜在市场，并懂得"不穿鞋"可以转化为"爱穿鞋"。

他通过与当地人交朋友，进而了解他们身上的弱点，进而挖掘，把穿鞋的好处公之于众，使之转变成赚钱的机会，并获得了成功。这样的员工，想不得到老板的提升都难。在困难面前，首先就能够积极想办法解决，跳出固定思维，以动制静，问题就迎刃而解了。

面对同一种市场，不同的人会看到不同的前景，这需要敏锐的洞察力和独特的思维方式，以捕捉那些没有被发觉的市场，有时候没有市场往往意味着市场空白，这也正是大展拳脚的好时机。一些人做生意总挑热门、焦点，觉得只有这样才能挖到黄金。毋庸置疑，能够引起大多数人的关注，本身就说明了它的吸引力和无限商机。但是换个思路，在"冷门"里创富，也能挖别人挖不到的金子。

随机应变，随时调整策略，就能将冷门做大。实际上，冷门生意最好做也最赚钱。只要有市场，就有赚钱的机遇。冷门之所以被定义为冷，是因为很多人先入为主：别人说它冷，我也觉得冷，很多赚钱的机遇就这样悄悄溜走。

职场中充满了竞争和未知的挑战，只有那些会细心观察身边的每一个领域的员工，才能在不断变化的环境中找到机会，不断成长。运用反应术，分析形势，跳出冷门的局限，从"冷"处着手，就能做出正确的判断，挖到更大的宝藏。

诱导之道——语言的"妙方"

语言交流是一种微妙的艺术，恰当地用柔和的方式进行诱导，对方很容易乖乖地跟着你的话题走。

在日常会话中，我们总是会碰到这样的交谈者，他们喜欢把自己要说的意思反反复复地说明，详尽得让人几乎厌烦。遇到这种情况，你是任凭对方继续无休止地发挥，还是粗暴无礼地打断他的话？这两种方法都不是很好，你应当以柔和的方式诱导他进入你的话题，如："简洁一点儿说，你应该这样表述……"

叫对方的意思跟着你的话题走，这种行为称为"诱导"。

诱导是会话双方的一种意识交流，假如会话双方意见相悖且相互攻击，肯定无法促成"心意的相互交流"，说不定还会使说话者产生消极情绪。因此，当除你之外的其他听众由于说话者过于啰唆的语言，使之失去了对谈话内容的兴趣，或是由于谈话内容抽象，使听者无法了解说话者的本意时，你就应该积极地参与会话，将说话者的意思诱导到自己理想的本意中来。

我们来看一位推销员是如何诱导顾客跟着他的意思走的。

推销员：请问你需要多大吨位的？

顾客：很难说，大概两吨吧！

推销员：有时候多，有时候少，对吗？

顾客：是这样。

推销员：究竟要哪种型号的卡车，一方面要看你运什么货，一方面要看在什么路上行驶，你说对吗？

顾客：对，不过……

推销员：假如你在丘陵地区行驶，而且你们那里冬季较长，这时汽车的机器和车身所承受压力是不是比正常情况下要大些？

顾客：是这样的。

推销员：你们冬天出车的次数比夏天多吧？

顾客：可不是，多多了，夏天生意不行。

推销员：有时候货物太多，又在冬天的丘陵地区行驶，汽车是否经常处于超负荷状态呢？

顾客：对，那是事实。

推销员：从长远的眼光看，是什么因素决定买车型号时，是否留有余地？

顾客：你的意思是……

推销员：从长远的眼光看，是什么因素决定买一辆车值不值呢？

顾客：当然要看车的使用寿命。

推销员：一辆车总是满负荷，另一辆车从不超载，你觉得哪一辆寿命更长些呢？

顾客：当然是马力大、载重多的一辆。

推销员：所以，我建议你买一辆载重4吨的卡车可能更划得来。

顾客表示赞同。

这位推销员就是在平淡无奇的谈话中，设法让顾客跟着他的思想走，达到成功推销的目的。

诱导别人的一个绝妙方法就是从一开始你就要对方回答"是"，而千万不要让他说出"不"来，因为假如一开始双方就彼此不合，那他会产生成见，这样你就算再说上千言万语，而且是句句属实，但是别人早已留下了不好的印象，再要使他改变过来，是不大容易的。所以，与人交往先得迎合对方的心理，使对方觉得这次交谈是商讨，而不是争辩。

道理何在呢？因为每个人都坚持他的人格尊严，他开头用了"不"字，即使后来他知道这"不"字是用错了，但为了自尊，他所说的每句话，他都会坚持到底，所以我们要绝对避免对方一开头就说"不"字。

从心理学的角度来说，当一个人对某件事说出了"不"字，无论在心理上还是生理上，比他往常说其他字要来得紧张，他全身组织——分泌腺、神经和肌肉——都聚集起来，成为一种抗拒的状态，整个神经组织都准备拒绝接受。反过来看，一个人说"是"的时候，没有收缩作用的产生，反而放开，准备接受，所以在开头我们获得"是"的反应越多，才能越容易得到对方对我们最终提议的认同。

所谓"诱导之道"，其实就是要把别人往自己要表达的方向引导。《鬼谷子》讲："反以知彼，覆以知己。"我们了解世界上这类、那类一切事物，观察旁人，不仅可以洞察了解对方，而且可以知道自己为人处世的得失，观人而观己，认识自我如果人的言行举止、思想常常出现不合常理的反常现象，就能根据周围的情况以及以往的经验进行推究，才能把握它。所以，抓住别人的选择意向，有策略的进行沟通，从他口中得知他的意向，这样才能成功地达到自己的目的。调查显示，有些诱导性的问题，人们对它们的回答 99.9％是肯定的。所以，在职场中，不管是为人还是办事，你让某人越多地对你说"是"，这个人就越可能习惯性地顺从你的要求。

内揵第三

【经典再现】

【提要】

君臣素有"远而亲，近而疏"的奇妙关系，策士臣子们想要表达自己的思想谋略，就必须与君主拉拢关系。鬼谷子的"内楗术"，不仅是取宠之法，更是制君之术。"内楗术"是策士臣子们取宠见用，驾驭君主的不二法门。

《鬼谷子》说："内者，进说辞也；楗者，楗所谋也。""内"，即入内，又通"纳"，就是进谏游说之辞。"楗"，即纳谏，就是坚持谋略。"内"侧重于言辞技巧，"楗"则侧重于游说的效果。"内"与"楗"相辅相成，不可分离。

"内楗术"应遵循"得其情，乃制其事"的原则，策士游说君主，首先，要得到君主的欢心，策士游说君主的目的，是为了让君主听从自己的建议，从而解决君主的难题，以此实现自己的抱负。取信君主，鬼谷子认为，揣度君主的心意，出谋划策时应该顺应君主心意，投其所好，迎合君心，是游说成功的先决。

其次，策士们达到自己的目的后，进一步运用权术谋略去驾驭君主，代君主决策。鬼谷子还告诉我们，遇见可以凭依的君主，可以帮他整理朝政，治理民众，谋划那些合乎君主心意的决策；若遇到不可凭依的君主，就用权谋之术应付他，再设法离去。这样就可以避免变政治情况影响进退自如。

【原文】

（一）

君臣上下之事，有远而亲，近而疏，就之不用①，去之反求。日进前而不御②，遥闻声而相思。事皆有内楗③，素结本始④。或结以道德，或结以党友⑤，或结以财货，或结以采色⑥。用其意⑦，欲入则入⑧，欲出则出；欲亲则亲，欲疏则疏；欲就则就，欲去则去，欲求则求⑩，欲思则思⑪。若蚨母之从其子也⑫，出无间⑬，入无朕⑭，独往独来，莫之能止。内者⑮，进说辞；楗者，楗所谋也。

欲说者，务隐度⑯；计事者，务循顺⑰。阴虑可否⑱，明言得失⑲，以御其志⑳。方来应时㉑，以合其谋㉒。详思来楗㉓，往应时当也㉔。夫内有不合者㉕，不可施行也。乃揣切时宜㉖，从便所为㉗，以变求其变㉘。以求内者，若管取楗㉙。言往者㉚，先顺辞也㉛；说来者㉜，以变言也㉝。善变者，审知地势㉞，乃通于天㉟；以化四时㊱，使鬼神㊲；合于阴阳，而牧人民㊳。见其谋事㊴，知其志意。事有不合者㊵，有所未知也㊶。合而不结者㊷，阳亲而阴疏㊸。事有不合者，圣人不为谋也㊹。

故远而亲者，有阴德也㊺；近而疏者，志不合也。就而不用者，策不得也㊻；去而反求者，事中来也㊼。日进前而不御者，施不合也㊽；遥闻声而相思者，合于谋㊾以待决事也。故曰："不见其类而为之者㊿，见逆；不得其情而说之者，见非。"

【注释】

①就：靠近，凑上去。②御：指君主信用。③内楗：此指内心联结。④素结本始：即本始于素结，本源于平时的交结。⑤党友：结党联友。⑥采色：指容色，阿谀奉迎之态。⑦用其意：指迎合君主心意。⑧入：入政，参与政事。⑨出：指出世，不参与政事。⑩求：使动用法，使求，让君主诏求。⑪思：使动用法，使思，让君主思念。⑫蚨母：即青蚨。古代巫术以为青蚨之母与子的血可以相互吸引，用母血和子血涂在铜钱上，两铜钱也可以互相吸引。⑬间：间隙。⑭朕：形迹。⑮内：即被君主接纳。⑯隐度：暗中揣度。⑰循顺：沿着，顺从。⑱阴虑：暗中考虑。⑲明言：公开讲。⑳御其志：指迎合君主心意。㉑方来应时：谓以道术来进，必应时宜，以合会君谋也。㉒其：君主。㉓来楗：前来进举的计谋。楗，举也。此指进献谋略。㉔往应时当：既迎合君意又合形势。㉕内：此指决策内的某部分。㉖切：切摩，切磋。㉗从便所为：指便利实施。㉘其：指我们的决策。㉙内：此处同"纳"。㉚管：钥匙。楗：通楗，锁。㉛言往者：讲历史。㉜顺辞：顺从君主心意的言辞。㉝说来者：讨论未来。㉞变言：有变通余地的话。㉟地势：指地理形势。㊱通于天：指明于天道。㊲化四时：指改变自然顺序。㊳使鬼神：掌握变化。神鬼善变。㊳人民：疑当做"人心"，指君主心意。㊴谋事：指处理事务。㊵事有不合：决策不合君心。㊶知：了解、掌握。㊷结：两心相结。此指认可、执行我们的决策。㊸阳：此指表面。阴：此指内心。㊹谋：此指谋划、计划。㊺德：通得，得君心。㊻得：此指得君心。㊼事中来：这种情况是由决策引起的。㊽施：措施，此指解决问

题的决策。(50)合于谋：计谋相合。(51)不见……为之：指不被君主宠信却代为决策。见逆：被排斥。

【译文】

君臣上下间之间的关系中，有的距离很远反而关系密切，有的距离很近却关系疏远；有的留在身边反而得不到起用，有的离开了反而被诏求；有的天天活动在君主面前却不得信用，有的被君主远远听到名声便朝思暮想。这些都表明了人与人之间的关系以及上下相交的事情是与内心相知的因素有关，本源于平素中的交结。凡是事物的内部都有交结，君臣交结，有的以道德交结，有的以党友交结，有的以财物交结，有的以容色交结。只要摸准了君主心意，善于迎合其意，想入政就能入政，想出世就能出世；想亲近君主就能亲近，想疏远就能疏远；想靠近君主就能靠近，想离开就离开；想让君主诏求就能得到诏求，想让君主思念就能让君主思念。就像青蚨母子之血涂钱可以相互招引一样，可以把君主吸引得无间无隙，就可以在宫廷中独往独来，没有谁能够阻止我们。这就是内楗。所谓“内”，就是利用说辞以取得君主的接纳、宠信；所谓“楗”，就是独擅为君主决策的大权。为达此目的，想去游说君主时就必须暗中揣度君主心意，事之可否，心之合否，时之便否；出谋划策时也必须顺应君主意愿。暗中考虑我们的决策是否符合时宜，公开讲清此决策的得失优劣，以迎合君心。就是说，我们的决策必须选择适当的时机，使计谋与对方的心意易于契合。必须让君主觉得我们进献的决策既合形势又合他意。否则，若其中有不合君意之处，这决策就难以付诸实践。若出现这种情况，就要重新揣摩形势需要，以便利君主实施为出发点，去改变决策。让君主接受经过这样变更后的决策，就像用钥匙开锁那样，极易打开对方的心锁。另外，要注意，同君主谈历史事件时，要用“烦辞”，即充分肯定君主所作所为；但讨论未来事件时，却要用“变言”，即讲些有变通余地的话。运用自如地改变决策的人，必须审知地理形势，明于天道，又有改变固有顺序、善于应变的能力，并能合于阴阳变化规律，从而再去考察君主心意，观察他需要处理的事务，掌握他的意愿志向。就是说，若我们的决策不合君意，那是因为君主的某种心意、某些情况我们还没有掌握起来；若表面上同意我们的决策但实际上并不施行，是因为君主表面上同我们亲近了但实际上却疏远得很；若决策不合君意，圣智之人也难以将决策付诸实践。由此而论，身远反而关系亲密，是因为能暗中迎合君主心意；身近反而关系疏远，是因为与君主意气不合；凑近前去得不到进用，是因为决策不得君心；离去的反被诏求，是因为智谋合乎君意；天天活动在君前却不被信用，是因为计谋、规划不合君心；被君主远远听到名声而朝思暮想，是因为计谋与君主暗合，君主等待他前来磋商大事。所以说，没有得到君主宠信就进献计策，必被斥退；不了解君主心意就去游说，必定不能实现目的。

【原文】

（二）

得其情，乃制其术①。此用可出可入②，可楗可开③。故圣人立事④，以此先知而楗万物⑤。由夫道德、仁义、礼乐、忠信、计谋⑥，先取《诗》《书》⑦，混说损益⑧，议论去就⑨。欲合者用内⑩，欲去者用外⑪，外内者必明道数⑫，揣策来事⑬，见疑决之⑭。策而无失计⑮，立功建德⑯。治名入产业⑰，曰：楗而内合⑱。上暗不治，下乱不寤⑲，楗而反之⑳。内自得而外不留㉑，说而飞之㉒。若命自来，已迎而御之㉓。若欲去之，因危与之㉔。环转因化㉕，莫知所为，退为大仪㉖。

【注释】

①术：此指君主决策。②此用："此用"即"用此"。③开：此指与君主脱离关系，与"楗"相对而言。④立事：谋事，决策。⑤先知：先了解情况，先掌握信息。⑥由：循顺。⑦《诗》：《诗经》，当时称《诗三百》。《书》：《尚书》。⑧混说：此指笼统地说。⑨议论：此指内心盘算。⑩内：指上边论述的向君主取宠的方法。⑪外：指不向君主苟合取宠。⑫道数：道理。⑬策：通测。⑭决：决策。⑮策：此指对付君主的计策。⑯建德：此指立基业。⑰治名入产业：治名，代指整顿朝纲。入产业，代指治理民众。⑱内合：与君意相合。⑲上暗……不寤：君主在位不理朝政、奸臣当道不治民众。⑳捷而反之：指我们举荐的计谋必不合君心。㉑内自得而外不留：自视甚高、听不进外人意见。㉒飞：飞扬，赞扬。㉓御之：指控制君主。㉔危：读为诡。诡即诡计，权变之术。㉕环转因化：指依据不同类型的君主、根据不同的政治情况变换我们的方法去应付。㉖仪：法。秘诀。

【译文】

要掌握好君主的心意、决策等情况，从而推知对方的心意和主张，然后才能控制他的行动措施。只要了解情况，依据实际确定方法，去推行自己的主张，我们就可以入政、出世自由，就可以事君或离去随意了。所以，圣智之士谋事决策，都是凭着先掌握信息而控制万物，进而顺合道德、仁义、礼乐、忠信、计谋的种种规范。对于君主的决策，我们可以先取《诗经》《尚书》中的教诲为之论证，笼统地说些添添减减的修改意见，再综合利弊得失，同时在内心里衡量一下此决策与我方决策的差距大小，以决定离去还是留下。要想留下，就必须争取君主宠信，想要离去就不用管这个。无论取宠还是不取宠，都必须明晓取宠术和制君术，必须具备预测能力和决疑能力。只有我们在这些方面没有失误，我们才能成功地站住脚，从而建立功业和积累德政。若遇到可以凭依的明主，我们就帮他整顿朝政，治理民众，然后谋划些合君主心意的有成效的决策。这种叫作内部安宁，团结一致。若碰上君主在位不理朝政、奸臣当道不治民众的情况，我们谋划的决策就不可能适合当权者的口味。若遇到自视甚高、听不进外人意见的刚愎自用的暴君，那我们要先奉迎他，为他歌功颂德，博取他的欢心后再逐步说动他。在这种情况下，我们若被君主诏用，就先迎合他的心意而后设法逐步掌握他；若觉得某位君主不堪凭依而想离他而去时，就用权谋之术应付他再设法离去。要依据我们面临的政治情况来决定我们的策略，变换我们的手法，让外人摸不透，难知情，这就是保全自我、进退自如的大法则了。

【为人处世】

全身而退——毕再遇金蝉脱壳

在面对危机时，要谋取全身而退之道，而金蝉脱壳的计谋就是退而自保的最佳选择。在这个计谋中，设局一定要巧妙，一定要把假象造出逼真的效果，使敌人被假象迷惑，从而做出错误的判断，为自己顺利转移赢得充足的时间。

金蝉脱壳其本意是，寒蝉在蜕变时，本体脱离皮壳而走，只留下蝉蜕还挂在枝头。此计用于军事，是指通过伪装摆脱敌人，从而撤退或转移，以实现我方的战略目标的谋略。宋朝大将毕再遇就是用这一方法保存了自己的实力。

公元 1206 年 5 月，两淮大地阴雨连绵，在一片泥泞中，10 万宋朝正规军在金军铁骑的追击中，如潮水般狼狈而逃。在这漫山遍野的大溃散中，唯有一支军队，军容严整，气势如虎，于惊涛骇浪中溯游而上，一杆大旗在血雨腥风中猎猎作响。旗上书"毕将军"三个大字，旗下将领短小精悍，披头散发，戴铁兜鍪、鬼面具，胯下黑色宝马神骏异常，麾下勇士无不以一当百，在战场上挥洒"虽千万人吾往矣"的英雄气概。这位勇冠三军的将领就是南宋名将毕再遇。

毕再遇的父亲毕进为岳飞部将。他以父荫入侍卫马军司，"以拳力闻"，曾经受到宋孝宗召见，被赐战袍。虎父无犬子，他也是南宋抗金名将，且在战场上足智多谋，经常布奇局，使奇计击退敌人。

宋朝开禧年间，金兵屡犯中原。毕再遇率兵与金军对垒，虽打了几次胜仗，但久战不决。金兵又调集数万精锐骑兵，要与宋军决战。而此时的宋军只有几千人马，如果与金军决战，必败无疑。毕再遇为了保存实力，准备暂时撤退。

那时金军已经兵临城下，如果知道宋军撤退，肯定会追击，那样，宋军损失一定惨重。毕再遇苦苦思索如何巧妙地转移部队。这时，只听帐外马蹄声响，毕再遇受到启发，计上心来，于是秘密安排起来。首先他传令军中，备下三天干粮，士兵们自带身上。营帐、旗帜一律不动。又传令手下找来几只活羊，将它们后腿吊起，前腿放在更鼓上，缚好。

夜深之后，毕再遇命令兵士们悄悄撤退，不许发出半点儿响动，不准点火。就这样，一队队宋军在夜幕的掩护下，向南悄然撤退。

此时，金兵主帅想要一举消灭毕再遇的军队，于是传令附近兵马速来增援。大军一到，准备稍事休整，便发起攻击。但他知道毕再遇很有智谋，必定会在形势不利的情况下寻路撤退。于是，派出多路哨兵，盯住宋营，一旦有宋军撤退的迹象，马上回报。

哨兵们接到命令，一个个都找好位置，向宋营窥探。只见那夜的宋军和以前一样，入夜后即灭灯入睡，旗帜依旧，并不时传来"咚咚"的更鼓声。原来，毕再遇退兵前，已让手下人放开羊前腿。羊被吊疼了，便四蹄挣扎，前腿蹬得更鼓"冬冬"直响。蹬一阵子，羊累了，便停下来。过一会儿，羊又开始挣扎，更鼓就又响起来。远远听了，就像有人在打更。

就这样，更鼓响了一夜，天明时金人远望宋营旗帜仍在，故而哨兵们也没人去报告。等到天色大亮时，金兵主帅传令手下，吃饱饭后全线攻击，务必一举歼灭宋军，活捉毕再遇。而后，他上了高坡，向宋营瞭望，以做具体部署。这时他才发现宋营了无声息，情况十分反常，金兵主帅忙令哨兵们贴近观察，才知道宋军已悄然撤走，只留下了一座空营。

毕再遇用"金蝉脱壳"之计，"悬羊击鼓"迷惑了敌军，在夜幕的掩护下安全转移了自己的部队。用兵之法常常是虚虚实实，兵无常势，变化无穷，因此在面对危机时，要谋取全身而退之道，而金蝉脱壳的计谋就是退而自保的最佳选择。在这个计谋中，设局一定要巧妙，一定要把假象造出逼真的效果，使敌人被假象迷惑，从而做出错误的判断，为自己顺利转移赢得充足的时间。

正如《鬼谷子》所说："若欲去之，因危与之。环转因化，莫知所为，退为大仪。"做什么事情都应该像圆环一样旋转自如。根据客观情况见机而行，使别人不易觉察到自己的行为。这就是保全自我，进退自如的大法则了。当然，使用这一计谋意在稳住对方，绝不是惊慌失措、消极逃跑，而是保留形式，抽走内容，稳住对方，使自己脱离险境，达到己方战略目标。己方常常可用巧妙分兵转移的机会出击另一部分敌人。

以屈求伸——石勒计除"拦路虎"

都说要做铁骨铮铮男儿汉，不可轻易向他人低头。但是在人生路上，如果我们做事缺少柔韧性，不会适当地弯曲，就很容易中途受阻，甚至与成功无缘。其实弯曲只是一种手段，适当屈服是为了有朝一日更好地伸展。

"以屈求伸"是《内楗第三》篇的一种谋略，这也是一种以退为进的策略。运用这一计谋，一般是在施计方暂时力量薄弱、时机不成熟的情况下，不得不采取的即先忍受屈辱，委于对方，以这种暂时的屈辱，使对方放弃原先的打算，而使己方避凶化吉，蒙混过关，赢得时间。然后再依计行事，逐渐壮大自己的势力，等待时机，进而制伏对方，消除祸患。石勒就灵活地运用了这一计谋。

石勒是十六国时期后赵的开国君主。他是从奴隶到皇帝的第一人，上党武乡（今山西榆社北）人，羯族。西晋羯族的来源，一说是附属于匈奴随之入塞的羌渠部后裔；一说来自中亚的石国（今乌兹别克塔什干一带）。羯人高鼻深目多，信奉袄教。石勒父祖都是羯人部落的小帅。

石勒年轻时被卖为奴，后来聚众为盗，最后投奔刘渊。刘渊称汉帝后，石勒便成为他手下一名得力的战将。石勒有胆略，善骑射。他在与晋军争战的过程中，不断壮大了自己的实力。刘渊对他十分重视，任他为安东大将军，给他很多特权。晋永嘉六年（312年），他身边的谋臣张宾见他东征西战，流寇一般，劝他在襄国和邯郸间择一根据地，消灭群雄，称王称霸。石勒听取了张宾的建议，率兵占据了襄国。

当时，晋大司马、尚书令王浚是石勒开创王业最大的拦路虎。永嘉七年（313年），石勒决定铲除王浚这个障碍，于是与部下商议策略，张宾又进计道："王浚表面上是晋臣，其实有篡位之心。此时，他肯定想招揽各路勇士，以图谋天下。将军如要成就大业，就得先卑身事人，向他俯首称臣。取得他的信任后，再设法除掉他。"石勒认为此法甚是，于是派门客王子春等携带奇珍异宝，献给王浚，并进表劝其称天子。

王浚也非酒囊饭袋之辈，开始时他并不相信，因为石勒独据赵国旧都，与自己成鼎峙之势，岂肯甘心臣服于自己。王子春则装作很坦诚的样子解释道，自古以来确实有成为名臣的胡人，却没有成为帝王的胡人；石勒不是不想称帝，只是担心他一称帝会招致天怒人怨。所以他才想拥戴"州乡贵望，四海所宗"的王浚称帝，而他愿效犬马之劳。王浚听他说得合情合理，就相信了石勒，封王子春为列侯，并派使者带着特产回报石勒。

在王浚的使者没到襄国时，恰好镇守范阳的王浚的司马游统背叛王浚去投降石勒。他暗中派人和石勒联络，石勒立即杀掉来人，把首级送给王浚，以表自己的诚心。所以王浚更加不疑有他了。王浚使者到达襄国时，石勒已经事先叫人收起了锐兵精甲，"虚府羸师以示之"。石勒恭恭敬敬地跪拜，接下了王浚的信函；对王浚赏赐的东西也虔诚地供着。

接着石勒又派董肇去幽州，上书给王浚，请求亲自去幽州面谒，劝其称帝。王浚的使者返回幽州后，也报告说石勒兵微将弱但忠贞不贰。王浚听后大喜，以为在自己称帝的路上又得了一员忠诚的猛将。

且说石勒见王浚上了圈套，心中暗自高兴，准备动手除掉他。为了稳妥，石勒又向王子春询问幽州的形势，王子春说道："幽州自去年闹水灾以来，出现了饥馑。王浚库存粮食极多，却不拿出来赈灾救荒。他实行严刑苛赋，卒税徭役繁多，而且残杀忠良，排斥谏臣。百姓难以忍受，纷纷外出避难。他的盟友鲜卑、乌丸均怀异心，身边的奸佞田矫等又贪婪横暴，群臣心情压抑，士卒疲弱不堪。他本人却还在大兴土木，修建台阁。幽州城内又屡生谣言，闻者莫不寒心，而他仍旧扬扬自得，毫不戒惧。这些情况正说明王浚的死期到了。"石勒听了，拍着几案笑道："王浚被擒，指日可待！"

建兴二年（314年），一支精锐的轻骑兵日夜兼程，奔袭幽州，这就是石勒的军队。石军行至易水时，王浚诸将闻讯，请求出兵阻截，王浚却发怒道："石勒来幽州，是想拥立我为天子，谁敢声言攻击他，就格杀勿论。"说完，命人准备筵席，以款待石勒。天亮时，石勒兵临蓟城门下，叫开城门后，石勒唯恐城中有伏兵，便先把数千头牛羊赶在前面开道，说是送给王浚的见面礼，实际上是用这些牛羊堵塞各条街巷，使王浚纵有伏兵也无法出击。王浚这才感到大事不妙，可惜为时已晚。王浚最后被斩首。

就这样，石勒以巧计扫除了通往帝位道路上的一大障碍。

都说要做铁骨铮铮男儿汉，不可轻易向他人低头。但是在人生路上，如果我们做事缺少柔韧性，不会适当地弯曲，就很容易中途受阻，甚至与成功无缘。因此，做人要懂得屈伸之道。人在遇到不测风云时，能站则站，站不起来就得见机振作。要能屈能伸，不可撞到头破血流，再难有东山再起之日。只有能屈能伸，人生之路才会越走越宽。

遇事当学石勒，屈伸有时，刚柔并济，以屈求伸。

弃一保全——汉景帝削藩弃"棋子"

鬼谷子的"内楗术"旨在从内心寻找突破口，找到突破口就能言说自己的策略，进一步有所行动。而人生就如一盘棋，这棋局更是有它的突破口。找准了这个点，就能掌握局势。刘邦分封藩王时，将吴楚分封给他哥哥刘仲的儿子，也就是他的侄子刘濞，称吴王。到景帝即位时，各个藩王的实力都有所增强，特别是吴王所属之地更是鱼米之乡，非常富庶。景帝担心藩王造反，于是找御史大夫晁错商量，晁错是坚决的削藩派。因此，他强烈要求景帝削藩。

景帝心中非常赞同晁错的看法，他也想加强中央集权，巩固自己的统治，但是在削藩这个问题上，景帝真正能依赖的是汉初功臣子弟，而不是这位平民出身的晁错。其实对于晁错，景帝也只是爱其才而已，因为晁错为人虽然严峻刚正，但又苛刻严酷。在汉文帝的时候，他凭借自己的辩才，得到当时还是太子的景帝的宠幸。那时，他已经多次上书，述说削减诸侯势力以及修改法令的事。但是几十次上书，文帝都没有采纳，尽管如此，汉文帝仍然认为他有奇才，提升他为中大夫。当时太子也非常称赞晁错，只是诸位功臣却不喜欢他。

晁错的这种个性使得他与功臣们发生冲突，从而使得赏识他的太子也只是把他当成身边的谋士，而不是真正能倚仗之人。但是，晁错却懵懂不知，以为自己真是景帝的心腹。因此，食君之禄，便真心担君之忧。他三番五次提出削藩，这正合了景帝的心意，景帝决定借晁错之口，将削藩的政策落实，这样既可以达到自己的目的，又不会使自己直接在各个藩王之间落下口实。

当时，朝廷讨论削吴国封地的消息传到吴国，刘濞就策划发动叛乱。他先是联络楚、赵诸国，相约一起反叛。景帝三年（前154年）正月，吴王刘濞首先在都城广陵（今江苏扬州市）起兵叛乱，并向各诸侯王国发出了宣言书，以"清君侧"为名，攻击晁错"侵夺诸侯封地，专以劾治污辱诸侯为事，不以诸侯人君之礼对待刘氏骨肉，所以要举兵诛之"等。同月，胶西王带头杀了朝廷派到王国的官吏；接着胶东王、菑川王、济南王、楚王、赵王也都先后起兵，共同向西进攻。这就是历史上著名的"吴楚七国之乱"。

七国叛乱的消息传到朝廷，景帝立即在军事上做了部署：太尉周亚夫率领三十六将军为主力，进攻吴楚军；郦寄攻赵军；栾布攻齐诸军；拜窦婴为大将军，屯兵荥阳，监视齐赵方向，作为后援。

吴楚等七国联兵反叛，以诛晁错为名，使晁错的处境十分危险。当此之时，晁错又向景帝提出建议，让景帝御驾亲征，而自己留守京城长安，这使得景帝很是不悦。同时，晁错又要追究袁盎预知吴王刘濞阴谋反叛之罪。袁盎是当时汉朝一位名臣，他曾经任过吴国相，与晁错向来有隙，听到晁错向景帝要求处置自己，甚是惶恐，于是进宫见景帝。

当时，景帝正与晁错商议调拨军粮的事。景帝召见袁盎时，晁错也在座。袁盎示意景帝屏退左右，然后陈述厉害，希望景帝杀掉晁错。他对景帝说："吴楚所发书信，说是晁错擅自抓住诸侯过错，削夺封地。因此，以反为名，要杀晁错，恢复原来封地就罢兵。当今之计，只有斩晁错，派使者宣布赦免吴楚七国，恢复被削夺的封地，就可以不流血而统统罢兵。"袁盎这番话，完全重复了吴王刘濞叛乱宣言中的"清君侧"的策略，但景帝没有识破。景帝沉默了好久，然后说："且看真实情况如何，假如真像你所说的那样，为了对得起天下，我不会爱惜某一个人。"这实际上是同意袁盎的主张，准备以牺牲晁错的性命来乞求吴楚等国退兵了。于是，景帝就封袁盎为太常，要他秘密整治行装，出使吴国。

就这样，景帝诛杀了穿着朝服，没有一点儿心理准备的晁错。这一招使得七国所谓"清君侧"的叛乱失去了理由，也安抚了素来憎恨晁错的大臣们。只可惜，袁盎并没有使刘濞改变夺权的野心，但刘濞也失去了冠冕堂皇的理由，成了赤裸裸的造反，于是皇帝与大臣们同心同德，最后功臣周勃的儿子周亚夫终于平定了"七国之乱"。

在汉景帝弃子救棋局的过程中，也许晁错死的很是冤枉，景帝的这一着也过于残忍，但这使得大臣们更加忠心地去平叛，也使得国家回到正轨，于国家大义而言，舍弃这一子应该是很值得的。

所谓"得其情，乃制其术"。对于这一子的舍弃，正是事情的突破口。高手对弈，都懂得弃子，舍弃一颗棋子，以取得全局的胜利，确实是局中高招。人生如棋局，棋盘上的厮杀如此，人生的战场上又何尝不是这样。因此，在做局时，千万不要忽视弃子的作用，有时舍弃一颗无关紧要的棋子，便可能牵一发而动全身，盘活整个棋局。

大智若愚——石琚的处世良方

苏轼在《贺欧阳少师致仕启》中说："力辞于未及之年，退托以不能而止，大勇若怯，大智若愚。"有大勇，却装出怯懦的样子，聪敏，却装出很愚拙的样子，如此可以保全自己的人格，同时也可不做随波逐流之事，这就是大智若愚。

守得"大愚"，急流勇退，方为明智之举。

中国古代的道家和儒家都主张"大智若愚"，而且要"守愚"。因为要守，就不是真愚，而是真智慧。大智若愚的人给人的印象是虚怀若谷，宽厚敦和，不露锋芒，甚至有点儿木讷。

孔子年轻气盛之时，曾受教于老子。老子对孔子说："良贾深藏若虚，君子盛德容貌若愚。"即善于做生意的商人，总是隐藏其宝货，不叫人轻易看见；真正的君子，品德高尚，容貌却显得愚笨拙劣。因此，老子警告世人："不自见，故明；不自是，故彰；不自伐，故有功；不自矜，故长。""企者不立，跨者不行。自见者不明，自是者不彰，自伐者无功，自矜者不长。"老子是第一个推崇"愚"的含义的人——宽容、简朴、知足的最高理想。这种处世态度包括了愚者的智慧、隐者的利益、柔弱者的力量和真正熟识世故者的简朴。事实证明，这也是人们优游于各种场合的法宝，石琚的事迹就是一例。

金熙宗时期，石琚任邢台县令时，官场腐败，贪污成风，独石琚洁身自好，他还常告诫别人不要见利忘义。

石琚曾经规劝邢台守吏说："一个人到了见利不见害的地步，他就要大祸临头了。你敛财无度，不计利害，你自以为计，在我看来却是愚蠢至极。回头是岸，我实不忍见到你东窗事发的那一天。"邢台守吏拒不认错，私下竟反咬一口，向朝廷上书诬陷他贪赃枉法。结果，邢台守吏终因贪污受到严惩，其他违法官吏也一一治罪。石琚因清廉无私，虽多受诬陷却平安无事。

石琚官职屡屡升迁，有人便私下向他讨教升官的秘诀，他说："我不想升迁，凡事凭良心无私，这个人人都能做到，只是他们不屑做罢了。人们过分相信智慧之说，却轻视不用智慧的功效，这就是所谓的偏见吧。"

金世宗时，世宗任命石琚为参知政事，不料石琚却百般推辞。金世宗十分惊异，私下对他说："如此高位，人人朝思暮想，你却不思谢恩，这是何故？"

石琚以才德不堪作答，金世宗仍不改初衷。其亲朋好友力劝石琚道："这是天大的喜事，只有傻子才会避之再三。你一生聪明过人，怎会这样愚钝呢？万一惹恼了皇上，我们家族都要受到牵连，天下人更会笑你不识好歹。"石琚长叹说："俗话说，身不由己，看来我是不能坚持己见了。"

石琚无奈接受了朝廷的任命，私下却对妻子忧虑地说："树大招风，位高多难，我是担心无妄之灾啊。"他的妻子不以为然，说道："你不贪不占，正义无私，皇上又宠信于你，你还怕什么呢？"石琚苦笑道："身处高位，便是众矢之的，无端被害者比比皆是，岂是有罪与无罪那么简单？再说皇上的宠信也是多变的，看不透这一点，就是不智啊。"

任太子少师之时，石琚曾奏请皇上让太子熟习政事，嫉恨他的人便就此事攻击他别有用心，想借此赢取太子的恩宠。金世宗听后十分生气，后细心观察，才认定石琚不是这样的人。后来，金世宗把别人诬陷他的话对石琚说了，石琚所受的震撼十分强烈，他趁此坚辞太子少师之位，再不敢轻易进言。

大定十八年（1178年），石琚升任右丞相，前来贺喜的人络绎不绝。石琚表面上接受祝贺，私下却决心辞官归居。他开导不解的家人故旧说："我一生勤勉，所幸得此高位，这都是皇上的恩典，心愿已足。人生在世，祸在当止不止，贪心恋权。"

他一次又一次地上书辞官，金世宗见挽留不住，只好答应了他的请求。世人对此事议论纷纷，金世宗感叹说："石琚大智若愚，这样的大才天下再无第二个人了，凡夫俗子怎知他的心意呢？"

《鬼谷子》说："得其情，乃制其术。此用可出可入，可揵可开。故圣人立事，以此先知而揵万物。"这就告诫我们，一定要掌握好君主的心意、决策等情况。运用这些方法，就可以掌握和控制君王的行动措施。我们就可以入政、出世自由，就可以事君或随意离去了。

李贽曾说："盖众川合流，务欲以成其大；土石并砌，务以实其坚。是故大智若愚焉耳。"百川合流，而成其大；土石并砌，以实其坚，这才是大智若愚。守得"大愚"，就能更好地把握对方的心思，才能制订出相应的对策和谋略。进而表达己见，为自己寻得立锥之地。石琚就是这样的人，有大智慧却不大肆张扬，身居高位却能独善其身，难怪金世宗称他为"天下第一"。

留有余地——管仲的"狡兔"人生

凡事不可做绝，"留有余地"实际上是给自己留条后路。看问题不能只看到眼前顺利的局面，看不到可能造成的不利后果而一厢情愿地去处理问题，要做到"有备无患""防患于未然"。

为人处事时，千万不要把事情做绝，要时时给自己留有余地，这个道理不言自明。但是要做到进可攻、退可守，就要接受另一个理念：脚踏两只船。这似乎有违道德，但关键还是看你怎么踏，如管仲的这一脚，就成就了他的千古名声。

管仲与鲍叔牙以及召忽三人关系很好，决心在事业上互相合作。他们曾经合作做过生意，但他们更想合作治理齐国。

当时齐王有两个儿子，一个叫纠，一个叫小白。召忽认为公子纠是长子，一定能继承王位。因此，对管仲和鲍叔牙说："对齐国来说，我们三人就像大鼎的三条腿，缺一不可。既然公子小白不能继承王位，那干脆我们三人一同辅佐公子纠吧。"

管仲说："这样等于吊死在一棵树上。万一公子纠没继位，我们三人不是都完了。国中的百姓都不喜欢公子纠的母亲和公子纠本人，公子小白自幼丧母，人们必定可怜他，究竟谁继承王位还很难说。不如由一个人侍奉公子小白，将来统治齐国的肯定是这两个人中的一个，这样，不管哪一个当了齐王，我们当中都有功臣，可以相互照顾，进退有路，左右逢源。"于是他们决定由鲍叔牙去辅佐公子小白，由管仲和召忽辅佐公子纠。

齐襄公在位时（前697～前686），荒淫无道，随意杀人，人人自危，纷逃国外。公子纠由管仲、召忽二人辅佐逃往鲁国；公子小白则由鲍叔牙辅佐逃往莒国。就在公元前686年，齐国内乱，襄公被杀，国内无君，于是逃往国外的公子纠和小白都率兵回国争夺王位。

结果两方在路上偶遇，管仲一箭射中小白身上的铜制衣带钩，小白则趁势诈死，骗过了管仲，麻痹了鲁军，兼程直入临淄，赖高傒等重臣的拥戴，得立为国君，是为齐桓公。这时，鲁庄公方率鲁军护送公子纠行至乾时（今临淄区西境）地方，齐桓公亲自率军迎战，大败鲁军，并尽夺鲁国汶阳之地。

鲍叔牙这时还惦记着自己的朋友，生怕鲁国因向齐国谢罪而杀害管仲，便暗地送信给鲁国说："管仲是齐国国君的死仇，齐国国君必要亲手杀死他。"鲁国新败，只得囚送管仲回齐国。小白做了国君，便是后来的齐桓公，他对那一箭之仇念念不忘，日夜想杀管仲。

鲍叔牙拜见桓公便贺喜。桓公很是不解，问他喜从何来，鲍叔牙说："管仲乃天下奇才，齐国得到他，岂不可贺！"桓公切齿道："我恨不得食其肉，寝其皮，焉能用他！"

叔牙正色劝说道："难得的是臣下忠于其主啊，如果你重用了管仲，以他的加倍忠心和才能，可以替你射得天下，岂射钩可比呢？"

桓公听后点头称是，说："好吧，我暂且听你的话，先不杀他。"

一日，齐桓公欲拜鲍叔牙为相，鲍叔牙诚恳地辞谢说："主公如果只想管理好齐国，有高傒和我就够了。如想建树王霸天下的不世功业，那非用管仲不可！"

桓公沉吟说："那我得先试探一下他的学问再说。"

叔牙摇摇头，进言说："非常的人，必须以非常的礼节相待才行，如果天下的人知道主公尊贤礼士，不计私怨，会有更多的人来齐国效忠尽智的！"

齐桓公恍然大喜，即命人择定吉日良辰，用"郊迎"的大礼，亲自迎接管仲并同车进城。结果桓公与管仲一连谈论三日三夜，句句投机，当即拜管仲为相国，且尊称为"仲父"，对其言听计从，专任不疑。后来在管仲的辅佐下，齐桓公成为春秋一代霸主。

正像鬼谷子讲的"环转因化，莫知所为，退为大仪"。正因为管仲事先想到了退路，所以鲍叔牙可以在齐桓公面前说情，使齐桓公不但没杀管仲，反而让管仲当了宰相。因此，凡事不可做绝，凡事都应该留条后路。看问题也不能重一时之利，不可一叶障目而不见森林。只有全面把握了局势，分清厉害关系以及有可能造成的不利局面，才能及早防范，避免危害。

因势利导——诸葛亮用关羽，智放曹操

卓越的领导者们能从全局态势的变化出发，选择适于担当重任的人才，从而使自己取得决定全局胜利的主动权。

古人常说"兵无常势，水无常形"，这就要求领导者能够审时度势，即审察时机，忖度形势。对于领导者来说，在用人上应该不拘一格，最重要的是能够依势择人，根据不同的形势，选用不同的将才，这样往往能达到事半功倍的效果。《三国演义》中诸葛亮权衡利弊用关羽就是其中的一个典型。

孙刘联合于赤壁破曹之后，曹操取道从华容道逃走，走不多远，忽然在马上扬鞭大笑。众将领问道："丞相为何大笑？"曹操回答说："人家都说周瑜、诸葛亮足智多谋，依我看之，到底还是无能之辈。若在此处设下伏兵，我们就得束手就擒。"

曹操的话还没说完，只听见一声炮响，两边有五百名校刀手已经一字排开，为首的大将正是关云长，跨着赤兔马，提着青龙刀，正好截住了去路。曹军一见顿时魂飞魄散，面面相觑。曹操眉头一皱，说道："既然如此，只好决一死战了！"众将领们却说："即使我们不胆怯，可是马力已乏，又怎么能再战呢？"程昱想了想，说道："我素来知道云长傲上而不辱下，欺强却不凌弱；恩怨分明，信义素著。丞相曾经对他有恩，现在只要您亲自说出来，就一定可以逃脱此难。"

曹操采纳了程昱的计策，骑马向前，向着关羽施了一礼，然后说道："将军别来无恙！"

关羽也还了个礼，回答道："关某奉军师的命令，在这里已经等候丞相多时了。"曹操说："曹操兵败势危，到了这里已经没有别的路了，希望将军能够顾念昔日之情。"关羽答道："昔日关某虽蒙丞相厚恩，但是已经斩了颜良，杀了文丑，解了白马之围，报答了您的恩情。今日之事，又怎敢以私废公呢？"曹操说："你还能记得五关斩将之时的情景吗？大丈夫当以信义为重。将军深明《春秋》，难道不知道庾公之斯追子濯孺子之事乎？"

关羽是个义重如山的人，想起往日曹操的许多恩义以及后来五关斩将之事，怎么能不动心？又见曹军惶惶，皆欲垂泪，心中就更是不忍。于是勒回马头，对众军说："四散摆开。"这分明就是放曹操一马的意思。曹操看见关羽掉转马头，便和众将一齐策马疾驰。等关羽再转回身来的时候，曹操已经和众将领冲过去了。放走曹操后，关羽大喝一声，吓得剩余的曹军都下了马，跪在地上大哭，关羽又不忍了。正在犹豫的时候，张辽骑马到了。关羽见了张辽，又动了念旧之情，最后只得长叹一声，全部放了过去。后人有诗曰："曹瞒兵败走华容，正与关公狭路逢。只为当初恩义重，放开金锁走蛟龙。"

诸葛亮料定曹操大败之后必定会从华容道逃走。因此，派谁去担当此路守将要任就显得很重要。诸葛亮为什么最终选定了关羽而不是张飞，难道他这一次是用人失误了吗？事实并非如此。从大局上考虑，诸葛亮认为此时若把曹操杀掉，局势将会更加混乱，变得难以收拾，不利于"三分天下"战略方针的实现，于是就产生了"捉而放之"的战略意图，但是又不能明言。诸葛亮深知关羽乃是"忠义"之士，于是派他去守关，这样就收到了"一箭双雕"之效——既把曹操堵住了，给予他必要的教训，同时又把他放了，使得关羽不负恩怨分明、忠心仁义之名。若换上张飞，就有可能坏了大事。诸葛亮选择关羽正是依势择人，并借此创造了决定未来全局战略的时势。

《鬼谷子·内楗第三》中讲道："欲说者，务隐度；计事者，务循顺。"也就是要顺从事物发展的趋势，铺设台阶，加以引导，使之达成目标。卓越的领导者们都将主导思想放在依靠、运用、把握和创造有利于自己取胜的形势上，而不是去苛求手下将吏。因此，能从全局态势的变化出发，选择适于担当重任的人才，从而使自己取得决定全局胜利的主动权。因此，作为领导者也应该不仅看中招揽人才，更要善于对人才因势利导，能够依势择人。

抓住弱点——陈平反间除范增

范增是项羽手下最重要的谋士，被项羽尊称为"亚父"；刘邦曾言"项羽有一范增而不能用，此其所以为我擒也"；但如此一位"智士"最终"一事无成空背疽"。这其中除了为暗主谟、明珠暗投之外，是否还有什么蹊跷，导致了范增一生事业成空、忧劳而亡呢？

公元前203年，楚汉战争到了最激烈的时刻。刘邦被项羽围困在荥阳城内达一年之久，并被断绝了外援和粮草通道。

刘邦向项羽求和，项羽不许，刘邦十分忧虑。这时，陈平献计，让刘邦从仓库中拨出四万斤黄金，买通楚军的一些将领，让这些人散布谣言说："在项王的部下里，范亚父和钟离昧的功劳最大，但不能裂土称王。他们已经和汉王约定好了。共同消灭项羽，分占项羽的国土。"这些话传到霸王的耳朵里，使他起了疑心，果然对钟离昧产生了怀疑，以后有重大的事情也就不再跟钟离昧商量了。他甚至怀疑范增私通汉王，对他很不客气。

金钱对人总有着难以抗拒的诱惑力，所以这一步陈平抓住了人性的贪婪，采用重金贿赂间谍以散布谣言，果然起到了离间项羽和他的部下钟离昧、范增的目的。

为了彻底孤立项羽，陈平还要把范增除掉。为此不惜设计嫁祸于范增。有一天，项羽派使者到刘邦营中，陈平让侍者准备好十分精致的餐具，端进使者房间。使者刚一进屋，就被请到上座，陈平再三问起范增的起居近况，大赞范增，并附耳低声问："亚父范增有什么吩咐？"使者不解地问道："我们是霸王派来的，不是亚父派来的。"陈平一听，故作吃惊地说："我们以为是亚父派来的人呢！"便叫几名小卒撤去上等酒席，随后把使者领至另一间简陋客房，改用粗茶淡饭招待。陈平则满脸不高兴，拂袖而去。使者没想到会受此羞辱，大为气愤。

回到楚营后，使者把情形一五一十地都告诉了项羽。项羽本是一个猜疑心很重的人，听后便对范增更加怀疑，也更确信范增可能私通汉王了。这时，范增向项羽建议应该加紧攻城，但是项羽却一反常态，拒不听从。过了几天，范增也知道了外面说他私通汉王的谣言，并且感到项羽已不再信任自己了，于是他就对项羽说："天下大事已基本定了，希望大王自己好好地干。我年岁大了，身体又不好，请大王准我回家养老吧！"

项羽十分薄情，竟然毫无挽留之意，同意了他的请求，还派人护送他回家乡。范增一路走，一路叹气，吃不下，睡不着，伤心不已。他已经 75 岁了，怎么受得了这么大的委屈？到彭城的时候，气得背上生了一个毒瘤，就此一病不起，呜呼哀哉了。项羽手下唯一的谋臣，竟被陈平略施小计就除掉了。

陈平的小计就是"反间计"。反间计就是"疑中生疑"，也就是说在疑阵中再布疑阵，使对手内部自生矛盾，我方就可万无一失。说得更通俗一些，就是巧妙地利用敌人的间谍反过来为我所用。唐代杜牧解释反间计特别清楚，他说："敌有间来窥我，我必先知之，或厚赂诱之，反为我所用；或佯为不觉，示以伪情而纵之，则敌人之间，反为我用也。"

《内楗第三》篇讲："必得其情，乃制其术。"要掌握好君主的心意、决策等情况，从而推知对方的心意和主张，然后才能控制他的行动措施。陈平就是向项羽之使者"示以伪情"，借助他们的话达到离间项羽和范增的目的。世人总喜欢"眼见为实"，对于眼前真实发生的一切还少有人想到是一场"假戏"，误以为真，也就意味着上当了。

此外，反间计的成功还要借助一点，就是对方的猜忌心。陈平之所以会使用反间计以离间项羽和范增，不能忽略的一个因素就是陈平深知项羽之本性，狂傲自大、猜忌心重，最容易中反间之计。难怪有人在诗中评价项羽道："容心绝少忌心多，背楚疑增自倒戈。"仔细看来，陈平的每一步谋划无不是深谙人性之弱点，所以才能出奇制胜。

擒贼擒王——征服鸡群的规则

俗语常说"偷鸡摸狗"，最早就是从狐狸开始的。狐狸在偷鸡时，如果遇到了狗在看家门，会主动诱惑狗追他，然后让狗落入自己所铺设的陷阱，而此时它同伴就会趁机捉到鸡，逃之夭夭。打击一个群体，首先要把群体中最强者除掉，方予自己可乘之机，这就是所谓的"擒贼先擒王"了。

要征服整个羊群，必须先打击领头羊，而羊群一旦失去核心点，便会茫然不知所措，四处奔逃。狐狸除掉了看门狗，鸡则任它予取予求，正是运用这个道理。

唐代诗人杜甫《前出塞》中有云："挽弓当挽强，用箭当用长，射人先射马，擒贼先擒王。"民间有"打蛇要打七寸"的说法，都是一个意思。"打蛇打七寸""打蛇打三寸"，都是说打蛇要命中要害。蛇的三寸，是蛇的脊椎骨上最脆弱、最容易打断的地方，使它的神经中枢和身体其他部分的通道被破坏；而蛇的七寸，是其心脏所在，所以必死无疑。而这种打击事物关键之策略，也是三十六计其中一计。世间无论任何事物，只要失去了核心，都将四分五裂。对准核心人物，将他击垮，这是控制整个局面的一个最重要的法则。

教皇卜尼法斯八世便是利用这种方法来维护统治的，他手段强硬，为人机敏。上任后不久欧洲强权纷纷妥协，德意志和奥地利甚至割让领土以求生存。在这种大势所归的情景下，意大利最富饶的地区多斯加尼却拒不臣服，这让他感到恼火。

多斯加尼最强大的城市是佛罗伦萨。如果卜尼法斯八世能够征服佛罗伦萨，就能够让多斯加尼臣服。佛罗伦萨的一部分富裕市民希望城市独立，不愿意受制于教皇，成立了"白党"；另一部分没落户，希望借助教皇的势力翻身，成立了"黑党"。两派长期争斗，但丁热烈主张独立自由。因此，成为白党的中坚。

1300年，但丁成为城市6名执政官中的一员，掌控了实际权力。他用感人肺腑的语言揭露教皇的阴谋，号召人民组织起来抵抗教皇，在教皇的强权下竭力维持着佛罗伦萨的独立。第二年，教皇亲自请法国国王的弟弟亲王查理·德·瓦卢斯协助他维持欧洲的秩序。查理的军队让佛罗伦萨人紧张不安，佛罗伦萨的妥协派推选但丁作为代表前去罗马求和。万般无奈之下，但丁去了罗马。

教皇温和地对城市代表团说："在我面前跪下来，我告诉你们，说真的，我没有别的意思，只是想要促进和平。"最后教皇指名要但丁留下，其他人都回去了。查理用钱贿赂某些官员瓦解了白党，黑党巩固了权力。这个时候教皇才放势单力薄的但丁离开。黑党宣布：只要但丁踏入佛罗伦萨一步，就要将他处以极刑。但丁被放逐了。他所热爱的国家，被教皇控制了。最后但丁于1321年客死他乡，在意大利东北部腊万纳去世。

蛇无头不走，鸟无头不飞。没有但丁的白党，就等于失去了核心支柱。所以教皇将矛头指向了但丁，打击了白党之中的"王者"，其他人自然不足为虑，多斯加尼被迫臣服。试想如果教皇以强取豪夺的方式硬侵占多斯加尼，必然会引起他的国民反弹，人们奋起抗击。这样即使教皇得到了多斯加尼，这个国家也必定变成一片废墟，再也不是他心中理想的梦幻国度。所以教皇选择以软禁但丁的方式，叫多斯加尼不战而亡，的确是一个高明的计策。因此，我们在做事情的时候，要学会看事物的关键之处，认清控制整个事件的核心处，然后对其发动全面而迅捷的攻击，便能令其整体迅速折服。

鬼谷子在《捭阖第一》篇讲："是故圣人一守司其门户，审察其先后，度权量能，校其伎巧短长。"圣智之人在处理世间事物时，都会根据事物的规律来考察其发展变化的关键，进行各方面的比较参考。有了全面而深刻的认识，才会扬长避短，就虚避实，正确而恰当地处理好问题。可见，看事物的关键之处，就是要认清控制整个事件的核心点。这样才能在整体上进行把控，才能做出迅速而有效的决策。

【管理谋略】

投其所好——安禄山谄媚

"渔阳鼙鼓动地来，惊破霓裳羽衣曲"。《长恨歌》中的这两句诗就是指的"安史之乱"，而这场导致唐朝由盛转衰的叛乱的发起人就是安禄山。从一个身世凄凉的外族人，他是如何一步步赢得了李氏帝王之恩宠，煽动起一场惊天动地的叛乱的呢？

安禄山骁勇过人，又熟谙山川形势，故每次出击，都能以少胜多，擒获不少敌人，后因功擢为偏将。其后更是"所向披靡"，深受张守珪喜欢，被收为养子，并以军功加员外左骑卫将军，充衙前讨击使。

从此之后，安禄山"百计谀媚"，又多出金钱贿赂其手下人，以结私恩。尤其对于那些过往的使者，安禄山暗中都加以贿赂，使者回朝后一再称赞他，他逐渐受到了玄宗的青睐。天宝元年（742年），分平卢为节度，遂以安禄山为平卢节度使，兼柳城太守、押两蕃、渤海、黑水四府经略使。

其实，安禄山的平步青云除了其骁勇善战之外，最主要的还是与他善于阿谀奉承、溜须拍马是分不开的。他总喜欢在玄宗的面前做出一副愚憨、笃忠的样子，使得玄宗对他百般信赖、毫无防备。

天宝二载（743年）正月，安禄山入朝，玄宗倍加宠待，"谒见无时"。为了讨得玄宗的欢心，他谎奏说：去年七月，营州境内出现了害虫，蚕食禾苗，臣焚香祝天说："臣若操心不正，事君不忠，愿使虫食臣心；若不负神祇，愿使虫散。"忽然来了一大群红头黑鸟，霎时把虫吃得精光。安禄山讲得绘声绘色，煞有介事，玄宗以为他对己忠诚无二，于翌年三月，命安禄山代替裴宽兼任范阳节度使。礼部尚书席建侯为河北黜陟使，大概也受了贿赂，在玄宗面前大力称道安禄山公正无私，裴宽与宰相李林甫也随声附和。三人又都是玄宗所信任的人，"由是禄山之宠益固不摇矣"。在安禄山离京还范阳时，玄宗特命中书门下三品以下正员外郎长官、诸司侍郎、御史中丞等群官于鸿胪寺亭子为他饯行，给以殊遇。

天宝六载（747年），安禄山入朝。曾因内宴承欢时，上奏玄宗说："臣蕃戎贱臣，受主宠荣过甚，臣无异才为陛下用，愿以此身为陛下死。"玄宗命杨铦、杨锜、杨贵妃与禄山以兄弟相称，而禄山见贵妃宠冠六宫，与她搞好关系对自己十分有利，尽管他比杨贵妃大18岁，却甘心做她的养子。从此，安禄山侍奉杨贵妃如母，因而得以随意出入禁宫，有时与贵妃对面而食，有时在宫中通宵达旦，外面流传着不少丑闻。安禄山媚事杨贵妃，对太子却另眼相看。

一次，玄宗命太子会见安禄山，他见了太子却不肯下拜，左右感到奇怪，问他为何不拜，他说："臣蕃人，不识朝仪，不知太子是何官？"玄宗解释说：太子是储君，朕百岁后要传位于太子。禄山说，"臣愚，比者只知陛下，不知太子，臣今当万死。"左右令他下拜，他这才下拜。玄宗深感安禄山之"朴诚"，对其赞不绝口。

安禄山每次入见时，常常先拜贵妃，后拜玄宗，玄宗感到奇怪，问他为何先拜贵妃，他回答说："胡人先母而后父。"安禄山身体特别肥胖，腹垂过膝，自称腹重为三百斤。他每次走路，由左右抬挽其身才能迈步。他乘驿马入朝，每驿中专筑一台为他换马用，称为"大夫换马台"，不然，驿马往往要累死。驿站还专门为他选用骏马，凡驮得五石土袋的马才能使用。鞍前特装一小鞍，以承其腹。玄宗见他如此肥胖，问他的肚子里有什么，他诙谐地回答说："更无余物，正有赤心耳！"逗得玄宗哈哈大笑。尽管他身体肥胖蠢笨，但是在玄宗面前跳起胡旋舞来，却旋转自如，"其疾如风"。

安禄山表面上装得呆头呆脑，实则内心狡黠异常。他命部将刘骆谷常驻京师，专以窥测朝廷内情，一有动静则飞马报讯，故范阳虽距京师有数千里之遥，但安禄山对朝廷的情况却了如指掌。或有应上的笺表，骆谷也代作上通。他每年除献俘以外，所献杂畜、奇禽、异兽等珍玩之物相望于道，"郡县疲于递运"，安禄山却以之博得玄宗的恩宠。

事实上，安禄山招兵买马，极力扩军备战，其不臣之迹自然难以掩饰。这时朝中有不少大臣都曾奏告玄宗，说安禄山有"反状"，但玄宗却不以为然。并将这一切视为对安禄山的妒忌和诽谤，不仅不防备安禄山，而且还予以同情和爱惜，不断施以恩宠，予以重兵，终于导致了后来安史之乱的爆发。

《鬼谷子》中说："事皆有内楗，素结本始。"其实，安禄山能够快速起家，既与安禄山本人性情阴险狡诈、善于逢场作戏，外表却给人一种憨直、诚朴的印象有关；又与玄宗的好大喜功，偏听偏信直接相关。他摸准了君主的心意，善于迎合其意，就把君主吸引得无间无隙。谁又能料得到呢，唐朝廷一手捧上来的宠儿，竟然会造成大唐帝国由盛而衰、由兴而亡的势态。这其中有太多复杂而又微妙的人性值得人仔细揣摩和深思。

清净自守——赵德昭拒位

公元 979 年初，宋太宗御驾亲征北汉，北汉皇帝刘继元走投无路，只好投降。面对这巨大的胜利，宋太宗心花怒放，难以自持，他不顾兵疲财缺的现状，主张乘胜伐辽，收回被辽占据的燕云十六州。

宋朝大将潘美反对此议，他对宋太宗恳切地说："我军大胜，此刻也不能志得意满，轻敌冒进。眼下尚需稳定形势，巩固胜果，士卒也需休整。"

宋太宗不待出语，总侍卫崔翰却越众而出，大声说："此乃天赐良机，岂可轻易放弃呢？陛下进兵之举甚合民心，必群起响应。我军又是得胜之师，其势难当，当无坚不摧，伐辽必有胜算。"

宋太宗本求胜心切，又听崔翰这样讲，便不再犹豫了，宋军遂大举北进。宋军快到高梁河时，遭到辽军的伏击，损失惨重，宋太宗也不知去向。

当时，宋太祖赵匡胤的长子、武功郡王赵德昭也随宋太宗亲征。他手下的将领猜测宋太宗不是被杀，就是被俘，于是私下商议立赵德昭为帝。众将讨论过后，齐聚赵德昭的帐中，为首者当面劝赵德昭说："皇上失踪，想必已经蒙难。如今军心不稳，大敌当前，大王如不当机立断，承继大统，恐怕变乱不止。恭请大王迅速登上帝位，号召天下。"

赵德昭面对众将拥立，一时心动。他努力使自己镇静下来，没有轻言可否。

想当初，宋太祖赵匡胤去世时，他没有把皇位传给自己的儿子赵德昭，却遵循母亲的遗命，让弟弟赵光义做了皇帝。这个事实曾让赵德昭心中郁闷，落落寡合。赵德昭的一位亲信劝他不可这样，这位亲信出口说："事已至此，大王纵有千般怨言，也无力回天了。大王现在的举动，皇上必定极为关注，皇上怎会容忍一个心怀不满的臣子呢？再说，大王当不上皇帝也未必就是坏事，只要大王参透荣辱，顺天应命，也不会感到做个逍遥亲王有什么不快。"

赵德昭不乏聪明，他一下领悟了亲信的真意，不觉为自己先前的失误暗自叫险。自此，他天天纵歌饮酒，对宋太宗又是极其恭敬，宋太宗对他并不怀疑，君臣相安无事，相处得十分融洽。

今日面对此变，赵德昭虽口里没有说什么，心里却是千回百转。他思忖这件事关系太大，万不可因贪求帝位而犯下致命之祸。他又想太宗虽是失踪，终究不能肯定他已蒙难，如果自己轻率即位，太宗又没死，太宗自是不能放过他了，如此自己连性命都将不保。

此时，让人蠢蠢欲动的"帝位"在赵德昭心中成了一块烫手的山芋，他越想越怕，他先前的窃喜之情一扫而光。他决定以静制动，慎重行事，于是他故作生气之状开口说："皇上生死未明，大敌在侧，你们不思报国杀敌，却在这儿胡言乱语，动摇军心，这是忠臣所为吗？我是皇上臣子，誓死效忠皇上，岂能受你们唆使，干下这大逆不道之事？你们真是昏了头了！"

众将本想赵德昭定然接受，自己也可有拥立之功，飞黄腾达，等到赵德昭出言训斥，他们都瞠目结舌，不知如何应对。他们虽自称有罪，但心中怅然若失，面有不快之色。

见此情形，赵德昭为了安抚众将，不令他们疏远自己，他又低声说："你们的好意我心领了，可荣辱之事，岂可盲动？再说赵氏江山谁做皇帝都是一样，我岂能趁皇上危难而行其私呢？倘若皇上真的遭遇不幸，为了宋室江山，我还是不会令各位失望的。"

众将气消，皆服其义。第二天早上，宋太宗竟被杨业父子救回，安然无恙，众将又深服赵德昭慎重之行了。

人生在世，无人不求名与利。但是，这名利的背后往往隐藏着巨大的祸端，尤其是至尊的皇位，无不是人梦寐以求之物。《内楗第三》云："外内者必明道数。揣策来事，见疑决之。策而无失计，立功建德，治名入产业，曰：揵而内合。"无论取宠还是不取宠，明晓取宠术和制君术，要具备预测能力和决疑能力。这样才能在政治上站稳脚，干出一番大事业。

在宋太宗失踪、生死未卜的情况下，赵德昭面对皇位的极大诱惑，怎么能不心动呢？但是，他也想到了这件事的玄妙，如果宋太宗真的是死了，他就可以顺水推舟，坐上九五之尊的龙椅；但是如果宋太宗活着回来呢，那么他的轻举妄动无异于引火自焚，这事情的关键就在于宋太宗现在的情况是生死未明，这一不确定性最终让赵德昭打消了铤而走险的念头，宁可安分守己，也比犯下篡位之大罪，人头落地来得好啊。所以，他的这种宠辱不惊的态度实在是一种最安稳的自保之策。

心明眼快——毛遂 "秀" 出自己

历代名人的实践表明，是否善于自我推荐，结果是大不相同的。

毛遂在平原君门下已经三年了，一直默默无闻，总得不到施展才能的机会。

一次，碰上秦国大举进攻赵国，秦军将赵国都城邯郸团团围住，情况十分危急，赵王只好派平原君赶紧出使楚国，向楚国求救。平原君到楚国去之前，召集他所有的门客商议，决定从这千余名门客中挑选出 20 名能文善武、足智多谋的人随同前往。他挑来挑去最终只有 19 人合乎条件，还差一人却怎么挑也总觉得不满意。

这时，只见毛遂主动站了出来说："我愿随平原君前往楚国，哪怕是凑个数！"

平原君一看，是平常不曾注意的毛遂，不大以为然，只是婉转地说："你到我门下已经三年了，从未听到有人在我面前称赞过你，可见你并无什么过人之处。一个有才能的人在世上，就好像锥子装在口袋里，锥子尖很快就会穿破口袋钻出来，人们很快就能发现他。而你一直未能出头露面显示你的本事，我怎么能够带上没有本事的人同我去楚国行使如此重大的使命呢？"

毛遂并不生气，他心平气和地据理力争道："您说的并不全对。我之所以没有像锥子从口袋里钻出锥尖，是因为我从来就没有像锥子一样被放进您的口袋里呀。如果您早就将我这把锥子放进口袋，我敢说，那不仅是锥尖子钻出口袋的问题，我会连整个锥子都像麦穗子一样全部露出来。"

平原君觉得毛遂说得很有道理且气度不凡，便答应毛遂作为自己的随从，连夜赶往楚国。

到达楚国，已是早晨。平原君立即拜见楚王，跟他商讨出兵救赵的事情。

这次商谈很不顺利，从早上一直谈到了中午，还没有一丝进展。面对这种情况，随同前往的 20 个人中有 19 个只知道干着急，在台下直跺脚、摇头、埋怨。唯有毛遂，眼看时间不等人，机会不可错过，只见他一手提剑，大踏步跨到台上，面对盛气凌人的楚王，毛遂毫不胆怯。他两眼逼视着楚王，慷慨陈词，申明大义，他从赵楚两国的关系谈到这次救援赵国的意义，对楚王晓之以理、动之以情。他的凛然正气使楚王惊叹佩服，他对两国利害关系的分析深深打动了楚王的心。通过毛遂的劝说，楚王终于被说服了，当天下午便与平原君缔结盟约。很快，楚王派军队支援赵国，赵国于是解围。

事后，平原君深感愧疚地说："毛遂原来真是个了不起的人啊！他的三寸不烂之舌，真抵得过百万大军呀！可是以前我竟没发现他。若不是毛先生挺身而出，我可要埋没一个人才呢！"

《鬼谷子》说："内者，进说辞；楗者，楗所谋也。"所谓"内"，就是利用说辞以取得君主的接纳、宠信；所谓"楗"，就是独擅为君主决策的大权。想去游说君主时就必须揣测君主心意，出谋划策时也要顺从君主意愿。公开讲清楚此决策的得失优劣，以迎合君主心意。这样才能更好地展示自己，把自己推到众人之前。

官场里的争夺往往是激烈而残酷的，没有人会平白无故受到赏识，想要跻身于栋梁之列，就得充分展示自己的聪明才智。想要显示出自己人生的价值，就必须主动地出击。在自我推荐时，还应揣摩形势需要，以便从实际出发，把握形势所需，这样才能更好地握紧时机。

急流勇退——范蠡功成名就

争天下时，务求得人，礼爵有加；一旦政权在握，转而大肆屠戮功臣，诛灭异己。在中国的历史舞台上，统治者与开国功臣之间常常玩起"兔死狗烹"的游戏，懂得了游戏规则，才能占据博弈中的主动权。

越王勾践卧薪尝胆，灭吴复国，这其中起了关键作用的是他的两大功臣：一个是范蠡，一个是文种。当勾践被围会稽山上，弹尽粮绝之时，是文种提出以乞和求降之计来保存性命，使勾践得以生还；当勾践被拘往吴国，是文种留在越国，救死抚孤，耕战自备，奋发图存。当勾践从吴国归来之后，是文种提出了破灭吴国的七种办法：一是以金银相贿赂，讨好其君臣；二是花高价购买吴国粮食，使其仓储空虚；三是赠送美女，去迷惑吴王夫差的心志；四是派遣能工巧匠去帮助吴国修建宫殿，以消耗其财富；五是拉拢吴国的奸臣，以破坏他们的计谋；六是故意推崇吴国的忠臣，使吴王疑心而加以杀害，来削弱吴国的辅佐力量；七是自己要积财练兵，等待时机反攻。

勾践打败了吴国，称霸一时。就在欢庆胜利的时刻，范蠡急流勇退，隐姓埋名，弃政经商去了。

他出逃之后，曾给文种送来一封信说："狡兔死，走狗烹；飞鸟尽，良弓藏；敌国破，谋臣亡。越王可与共患难，不可与共欢乐，你如果不赶快离开，将有大祸临头。"

　　文种以为范蠡太多心了，不过，从此以后他也不大过问国事了，终日称病在家。可是，勾践并没有放过他。于是，他借探病为名，来见文种，问他道："先生曾以灭吴的七种手段指教过我，我只采用了其中的三种，便将吴国灭了，剩下四种，你打算再怎么去使用呀？"

　　文种说："我看不出它们还有什么用处。"

　　勾践说："请先生带着这四种手段，到九泉之下去辅佐我的先人吧！"说罢起身登车而去，留下了一把名为"屡镂"的利剑。

　　文种明白，勾践容不下他了，便自刎而死。

　　"兔死狗烹"不只反映了历代功臣的悲剧命运，也揭示了最高掌权者的性格特征。不过勾践这个人杀功臣的手腕不大高明，他直率地表达了他对文种高明智谋的畏惧，而不像后代许多屠杀功臣的掌权者们，还要给受害者扣上"造反""通敌"之类的大帽子。因此，他被后代视为忘恩负义的典型。其实，他比那些后来者要仁慈得多，他没有动用酷刑、凌迟之类的残忍手段，只留下一把宝剑，由文种自行就死，而且他也罪止文种一人，而没有大肆株连。所以，知晓"兔死狗烹"的游戏规则，不与人共富贵才能全身而退。

　　鬼谷子在《内楗第三》说："若欲去之，因危与之。环转因化，莫知所为，退为大仪。"做什么事情都应该像圆环一样旋转自如。根据客观情况见机而行，使别人不易觉察到自己的行为。这就是保全自我，进退自如的大法则了。要想成为一个成功的人，一定要练就强大的韧性和足够的弹性，这样可以最大限度地保护自己。在机会来临时，可以以最大的能量来挥洒自己的智慧和才干，赢得别人的敬重。在危机时，能够根据客观情况见机行事，这样可以更好地保全自己，进退自如。

　　鸟尽弓藏。对于一些掌权者来说，有能力的人是他们的工具，用完了就不再希望他们与自己来分享胜利果实，只可共患难不可共富贵。因此，要吸取兔死狗烹的教训，适时功成身退。

进用退居——李世民避开阻力

　　鲁莽不是美德，"傻大胆"更不是英雄。人性社会也有自己的生物链，一个人若蔑视一切，觉得"老子天下第一"，那么失败于他是肯定的了。

　　深海中有一种鱼叫马嘉鱼，外形非常漂亮，他们平时生活于深海中，春夏之前溯流产卵，随着海潮浮到浅水面。渔人捕捉马嘉鱼的方法很简单：用一张十寸见方、孔目粗疏的竹帘，下端系上铁坠，放入水中，由两只小艇拖着，拦截鱼群。马嘉鱼的"个性"很强，不爱转弯，即使触入罗网中也不会停止，所以一只只前仆后继钻入帘孔中，帘孔随之紧缩。孔愈紧，马嘉鱼愈被激怒，瞪起明眸，张开脊鳍，更加拼命往前冲，终于被牢牢卡死，为渔人所获。马嘉鱼的悲哀就在于它不懂生存的进退之道。常有人抱怨人生路越走越窄，看不到成功的希望，却仍然习惯在老路上一直走下去，不思改变。为人处世要灵活，千万不要"一根筋"，认准一条道走到底，最终碰得头破血流。退一步也许有一片更为广阔的天地。

唐高祖李渊建立唐王朝后，太子李建成和齐王李元吉勾结，多次迫害有功的秦王李世民，兄弟间一场生死拼杀在所难免。

李世民身边的文臣武将都十分着急，生怕秦王心存仁念，坐失良机。李世民把他的心腹将领尉迟敬德等人找来，对他们说："我们安排未妥，事无头绪之时，又怎能草率行事呢？事若不密，为人察觉，只怕我们先得人头落地了。还望各位详加筹划，切勿泄露。"

李世民边忍边动，加紧布置。由于他表面从容，处处示弱，李建成、李元吉果真上当，暗中得意。他们按部就班，一步步地实施整倒李世民的计划，心想：天长日久，不愁大事不成。

不久，有报说突厥兵犯境，李建成便保举李元吉为帅，带兵迎敌。齐王请求李渊把秦王李世民的兵马交归他指挥，李渊答应了他的要求。李世民和他的文臣武将一眼便看穿了他们的阴谋，李世民见群情激奋，便故作痛苦地安抚众人说：皇上既然同意，看来我只能坐以待毙了。这是天意，我又能怎么样呢？"

众人见此，信以为真，不禁泣泪；有的还要告辞而去，以示抗议。只有几个知情者以目示意，不露声色。

这时又有人进来密告李世民，说太子与齐王早已设下计谋，只等李世民等人给齐王出征送行时，便密伏勇士，趁机杀掉李世民，然后太子登位，封齐王为太弟。

众人听此言，皆发怒大喝，情绪更为激动。李世民见火候已到，这才长叹一声，对众人说："我是被逼至此，各位都是明证。事已至此，只有先发制人，我们才能铲除强敌，保全性命。"

李世民分派伏兵于玄武门。第二天，李建成、李元吉上朝由此经过，伏兵齐出，他们二人猝不及防，李建成被李世民射死，李元吉被尉迟敬德砍杀。李世民除掉了与之竞争的对手，终于坐上了皇帝的位置。

李世民不愧是一代明君，他知道以他的力量很难随便就击败两位兄弟，于是以退为进，不动声色诱两个兄弟上当，也诱群臣上当，终于在玄武门除掉李元吉和李建成，实现了自己的帝王愿望。

了解自己的优势和弱点，针对这些优势、弱点制订进攻策略，这也是成功的法则。正如《鬼谷子·内揵第三》所说："内自得而外不留，说而飞之。若命自来，己迎而御之。若欲去之，因危与之。环转因化，莫知所为，退为大仪。"要依据我们面临的政治情况来决定我们的策略，变换我们的手法，让人琢磨不透，也难以知情，不明白我们的打算和想法。这就是进用和退居的根本原则。如果不知深浅、盲目前行，最终只能一败涂地。李世民聪敏睿智，不仅清楚地知道自己的虚实强弱，更懂得见机行事，扬长避短，最终成就了自己的大业。

择时而动——王猛慧眼识明主

诸葛亮在刘备"三顾茅庐"后才出山。这不仅仅是因为他的才高望众，更是出于对时机的把握。他是看准了时机，认清了形势才踏出门的。良臣在选择投靠对象的时候，不仅仅是一项简单的选择题，更是一种智慧和机敏。只有把握了恰当的时机，找对了主子，才能发挥自己的聪明才智，大展宏图。

晋朝时的奇人王猛年轻时，曾经路过后赵的都城，徐统见了他以后，认为他是一个了不起的人物，于是便召他为功曹，可王猛不仅不答应徐统的征召，反而逃到西岳华山隐居起来。因为他认为凭自己的才能不应该仅仅做个功曹。所以他暂时隐居，看看社会风云的变化，等候时机的到来。

公元354年，东晋的大将军桓温带兵北伐，击败了苻健的军队，把部队驻扎在灞上，王猛身穿麻短衣，径直到桓温的大营求见。桓温请他谈谈对当时社会局势的看法。王猛在大庭广众之下，一边把手伸到衣襟里去捉虱子，一边纵谈天下大事，滔滔不绝，旁若无人。

桓温见此情景，心中暗暗称奇。他问王猛："我遵照皇帝的命令，率领10万精兵来讨伐逆贼，为百姓除害，可是，关中豪杰却没有人到我这里来效劳，这是什么缘故呢？"王猛回答："您不远千里来讨伐敌寇，长安城近在眼前，而您却不渡过灞水把它拿下来，大家摸不透您的心思所以不来。"王猛的话说中了桓温的心思。

桓温更觉得面前这位穷书生非同凡响，就想请王猛辅佐他。王猛却拒绝了桓温的邀请，继续隐居华山。

王猛这次拜见桓温，本来是想出山显露才华，干一番事业的，但最后还是打消了这个念头。因为他在考察桓温和分析东晋的形势之后，认为桓温不忠于朝廷，怀有篡权野心，未必能够成功，自己在桓温那里很难有所作为。

桓温退走的第二年，前秦苻健去世。继位的是暴君苻生。他昏庸残暴，杀人如麻。苻健的侄儿苻坚想除掉这个暴君，于是广招贤才，以壮大自己的实力。他听说王猛后，就请王猛出山。苻坚与王猛一见面就像知心老朋友一样，他们谈论天下大事，双方意见不谋而合。苻坚觉得自己遇到王猛好像三国时刘备遇到了诸葛亮；王猛觉得眼前的苻坚才是值得自己一生效力的对象，于是他留在苻坚的身边出谋划策。

公元357年，苻坚一举消灭了暴君苻生，自己做了前秦的君主，而王猛成了中书侍郎，掌管国家机密，参与朝廷大事。之后王猛又做了前秦的尚书左仆射辅国将军、司隶校尉，为苻坚治理天下，干出一番轰轰烈烈的大事业，成为中国封建社会杰出的政治家之一。

《鬼谷子》讲："欲说者，务隐度；计事者，务循顺。"想去游说君主时就必须暗中揣度君主心意，事之可否，心之合否，时之便否；出谋划策时也必须顺应君主意愿。也就是要顺从事物发展的趋势，铺设台阶，顺着事物的发展方向加以引导。在遇到困难时机，要善于隐藏自己，等待时机，宜退则退，到机会来临时，在伺机而出，必定会有一番作为。

【商战博弈】

得情行事——信任是成功的前提

一个成功的商务谈判应当使双方都觉得自己的时间和精力没有白费，因此就这个意义来说，签订一项合同或协议，是标志谈判结束并取得某种成果的必不可少的内容。但是，日本人在做生意时却喜欢随机应变，不愿意签订内容详尽而有束缚力的协议或合同。

在日本商人看来，做生意不存在要什么协议。因为，他们认为，客观条件和外部环境乃至本身的许多具体情况随时都会发生变化，协议或合同也应根据这种变化适时做出修改。另一方面，在日本，很多生意都是靠彼此间的信任和善意来进行的。他们欣赏建立在真诚、亲善基础上的商业交往。在他们看来，如果缺乏这一基础，那么一切都无从谈起。

对日本商人而言，口头的承诺就是一种"合同"。虽然自从和西方接触以后，日本人采纳了西方的许多法律条文，在商业交往中，也越来越多地使用文字合同。但是，就本意来说，日本人并不喜欢合同，他们始终认为，如果没有互相的信任和坦诚，那么仅有一张合同是无济于事的。

由于日本人喜欢相信人而不相信契约，所以对与日本人进行生意往来的人来说，认识到这一点相当重要。

日本商人不喜欢就合同的条文进行讨价还价。他们重视的是弄清对方是否诚实可靠。如果能够获得日本商人的充分信任，那么对方将会感到，摆在他们面前的合同，理应是公平和平等的，所以不必过分拘泥于细节。日本商人对合同细节很少进行争论，在商业项目的谈判中，他们虽然有时也拖延时间，但他们并不是通过谈判合同的细节来保证双方都不会受任何意外事件的影响，他们是在获得一个相互信任的过程，信任一旦建立后，双方都要重视长期保持这一关系。

在日本商人的眼中，这种信任常常意味着对方会放弃那些可以从其他买主或供应商处获得的近期利润，愿意在对方遇到压力或暂时困难时灵活掌握合同条件，并且相互支持。合同上的字不等于刻在石头上的字那样难以更改，如果就详细的事项同对方达成了协议，那么在他们看来，关键是对协议如何理解，而不是合同上是如何规定的。合同不是"圣经"，只要需要，随时都可以进行修改。因此，在合同的结尾处，他们一般都有可做出修改的类似规定。

一般来说，日本人对待协议、合同的态度与他们对待法律和律师的态度有直接关系。欧美人大多都有严格而较明确的法律观念，在进行商业谈判时，他们经常请律师参加或向他们进行咨询，以避免违反法律或给对方以可乘之机。在他们看来，商业谈判就是使用机敏的策略夺取胜利的过程，有了律师可以促使对方接受对自己有利的条款。但是，在日本商人看来，带律师参加商业谈判是一种不信任对方的不友好行为，所以他们在谈判中不请律师，即使在发生争端时也很少向他们进行咨询。

日本人并非不讲法律，在日本公司内，一般都有法律助理，他们虽然"没有执业证明"，但对涉及本公司的法律问题往往比"有证"律师更精通。

据统计，全日本的律师约为15万名，按人口比例计算，比许多西方国家少得多，其原因之一，就是日本人一般在发生争端时不轻易诉诸法律，同时，日本政府也积极鼓励人们不使用法律程序处理和解决纠纷。

总之，日本商人重视建立在真诚、亲善基础上的信任、理解，并由此形成了默认的松散协议。这种协议可以给他们留有余地，以便根据形势和具体情况的需要，改变双边关系的性质。虽然这类协议并非全然没有约束力，但它的约束力在某种程度上取决于"相互理解"、友好亲善和双方间的坦诚相见。因此，与日本商人打交道，应该注重"心心相通"，而不是形式为主。

《内楗第三》说："用其意，欲入则入，欲出则出。"就是说只要把握住了对方的心思，就能都取得主动，进退自如。所以，与日本商人合作，合同不是重点，建立信任关系才是最好的选择。

实际上，不仅是日本商人，在各种复杂多变的经济形势下，信任都被视为业务关系的基础。对于商人来说，协议与合同仅是一种形式，重要的是信任和理解，信任和理解胜于白纸黑字，甚至胜于法律。真正建立起了良好的信任关系，做到了"得其情"，便能"可入可出，可揵可开"，就能充分表明自己的观点，实现密切的合作，获得想要的结果。

先舍后得——"恩惠"的糖衣炮弹

《内楗第三》提到"远而亲者，有阴德也；近而疏者，志不合也"。这就告诉我们，恩德与感情的亲疏有很大的关系。那些给人恩惠的人，让别人记住了自己的好，即使身处万里，也有人惦记。在你有困难的时候，自然会得到别人的帮助。因为人都有互惠心理，你给过他恩惠，他就会想着回报你。

懂得互惠法则的企业，时刻想着客户利益，时刻想着降低顾客成本，增加客户利益，客户得到恩惠后，也会想着这个企业。因此，只有真正为客户着想的企业才能够在争夺客户资源的战争中取得胜利。

20世纪30年代美国经济大萧条期间，许多企业关门倒闭。供大于求的局面使得许多公司实行"跳楼大甩卖"，但依然无济于事。

其中有一位美国人的公司也遇到了同样的问题，他想寻求客户的帮助，帮他出谋划策，他精心准备了一封封诚挚的信，考虑到为客户节约钱，他在每一封信中都附上了一个贴上邮票的信封。就这么一个小细节感动了每一位客户，也为他的企业在那场经济大萧条期间立住脚起了关键性的作用。

与此类似的还有美国两大零售商之间的较量：沃尔玛与凯玛特。原来凯玛特是美国第一大零售商，但被沃尔玛后来居上，最后由于失去市场只好申请破产。沃尔玛一跃成为全球第一大零售商，问及其中成功的奥秘，沃尔玛创始人山姆总是说："为客户节约一分钱。"

也许是出身穷苦的原因，沃尔玛公司的总裁山姆从小就知道，用自己的双手赚取每一分钱是多么的艰辛，而且也体会到，节省一分钱也就是赚取一分钱。他和他的父母对钱的态度在这一点上是一致的，那就是节省可以节省的每一分钱。

当有人问到，现在人们的经济水平普遍提高了，谁还在乎那几分几毛钱呢？况且沃尔玛公司已取得如此大的成就，拥有了庞大的客户群体及雄厚的经济实力，为什么还要那么精打细算呢？山姆回答道："我们的存在是为客户提供价值，这意味着除了提供优质服务之外，我们还必须为他们省钱。如果沃尔玛愚蠢地浪费掉一分钱，那都是出自我们客户的钱包。每当我们为客户节约了一分钱时，那就是使我们自己在竞争中领先了一步——这是我们永远打算做的事情。"

除了帮助客户省钱外，还可以帮客户做事。一位销售员去见一位客户，解说过程很短，因为对方说，他那位有钱的农夫叔叔有紧急事情要办，而且他对储蓄险没兴趣。事实上，销售员把文件拿出来之前，客户就已经往外走了。

销售员走回停在庭院里的车旁，见到客户提到的那位叔叔正躺在地上修理引擎。销售员走过去，告诉那位先生修理引擎是他最拿手的，然后立刻脱掉夹克，卷起袖口，花了一下午的时间修好了引擎。销售员再度受邀回屋里，而女主人则留他吃晚餐。当他准备离开时，主人请他第二天再来谈储蓄险的事。第二天，这位销售员做成了一笔大交易。

许多和客户打交道的人都犯过一个致命的错误，那就是认为和客户之间只有生意，没有其他个人情感。商家需要把客户当作一个可亲的老朋友，当朋友需要帮助时，怎能袖手旁观？请别担心这种付出，因为最终商家总会得到更多的丰厚回报。

多一点儿真诚，学会给予别人恩惠，总会有意外的收获。一旦打动了对方的心，有舍便会有得。致力于努力降低顾客成本，增加客户利益的人，能从根本上打动对方的心，给予对方真诚的付出，就能收获对方的信任，也就为后面的交易打下了基础。这就是恩惠的好处，就是"得其情"的益处。

蓄势而发——"店小二"的华丽转身

2007年12月20日，由国美集团副总裁牟贵先领衔的新大中管理团队高调亮相，就此，北京家电连锁市场"三足鼎立"的时代彻底结束，"（国）美苏（宁）争霸"时代终于来临。

此前，苏宁突然宣布在大中收购战中铩羽而归，持续了数月之久的收购计划就此终结；而国美则半路杀出，短短三天时间取代苏宁拿下了大中。

大多数人认为，在这场"囚徒"式的博弈中，国美完胜苏宁，迅速占领了北京家电市场。但是当苏宁正为错失的时机懊恼时，国美也在因未卜的前途惴惴不安，唯有张大中稳拿36亿元的现金，并一次性纳税5.6亿，成为国内个税状元。

在这场家电行业三巨头的争霸中，张大中才是最后的赢家。

很多人不能理解张大中为何会卖掉自己一手创办的企业，大中电器的某些员工甚至抱怨张大中"已经老了"，但张大中对此十分坦然。他从来都不认为一个人必须穷尽一生心力去守护一个企业，即使它凝聚着自己二十年来的心血，因为在市场面前，出于情感的执着并不能解决问题，市场是残酷的，不会因为个人的不舍而转向。

对于张大中来说，卖掉大中电器他自然也十分不舍，但必须有所舍弃才能有所收获，就如同做一篇文章时，必须先画下一个句号才能开始描写下一段情节。他仔细地分析了大中的现状与市场的发展，他清楚地意识到大中电器非卖不可。

一方面张大中认为家电连锁行业已经进入了整合期，区域性家电连锁的前景令人担忧；另一方面 2002 年到 2004 年大中电器像坐着加速前进的火车一样扩大着企业的规模，人才储备的不足与管理体制的不完善导致各种弊端相继暴露；而独子拒绝接手大中电器的管理成为促使张大中将一手经营起来的企业卖掉的第三个原因。所以，错过了进入资本市场和全国布局的好时机之后，张大中早早地就决定了退出家电连锁行业，但是这个退出必须风风光光才行，他耐心地等待着时机。

直到 2007 年底，在与苏宁、国美的拉锯战中，张大中把拥有 2 亿元固定资产的大中电器卖到了 36 亿元，而与之周旋的家电业大佬们，比他年轻的业内精英没有一个是等闲之辈，但他们谁也没能从张大中身上得到一分好处。

58 岁的张大中再一次为自己的事业画上了圆满的句号。

张大中从来都不是一个满足于现实的人。在他的创业历程中，他多次转身，甚至"知难而退"，但没有人会因此嘲笑过他的"不执着"，因为正是他的善于变通才成就了他今日的事业。

其实，张大中的事业就是从"放弃"起步的。他之所以能够坦然地舍弃为之付出心血的企业，正是得益于他最初"下海"时的经历。

那是 1980 年，改革开放不过是刚刚起步，张大中就成了最早的弄潮儿之一。张大中创业的启动资金只有 500 元，他"下海"之后的第一份工作是为人刷煤气灶，他第一天出工是在北京市甘家口国家经贸委的住宅楼里。

张大中顶着烈日，背着一个军绿色的破包在巷子里走来走去。如果不是因为他举着一个写着"刷煤气灶"的牌子，人们很难分辨出这个衣衫整洁的年轻人是个刷煤气灶的小贩。

张大中非常忐忑，他的正式身份是一家供销社的电工，所以这种工作让他有几分羞涩和不自然。楼上一位大妈从开着的窗户里朝他招了招手："小伙子，上来吧，我们家有煤气灶需要刷。"于是，张大中咧了咧嘴笑了，爬楼奔向他的第一笔生意。

张大中的军绿色背包里放着他的工具：抹布、清漆、烧碱、银粉以及其他一堆瓶瓶罐罐。他擦干净灶台，又用清漆和银粉重新粉刷了一遍。焕然一新的灶台在 8 月正午的阳光照射下闪着光，张大中额头的汗珠断了线一般地滴落。大妈给张大中倒了水，道了谢，然而付了工钱——八毛钱。

拿到钱的一刻，张大中既兴奋又沮丧。这是他 500 元启动资金生的第一笔财，可这第一笔财竟然这么少！张大中忙了一天，为 10 户居民刷了煤气灶，挣了 8 块钱，不计人力，只减去所用的烧碱、银粉等原料的成本，他只赚得一块多钱的利润。

张大中甚至有点儿想哭，不仅因为疲惫，更重要的是，"你坐在那里一眼就能看到自己 50 岁后的样子，掐指一算就能算出自己一辈子的工资，那简直让人感到绝望"。所以，那成了张大中第一次也是最后一次从事家政服务业。

刷煤气灶小贩身份只持续了一天，张大中就坚定地告别了那种走街串巷的生活。他认为，在某些情况下，人不能过于固执地相信"集腋成裘，聚沙成塔"的古训，因为如果从中看不到任何希望，那么坚持又有什么意义呢？

张大中善于画句号，但这些句号都不是篇末的那一个，他更善于在句号之后续写新的段落，续写新的辉煌。放弃了刷煤气灶的工作，张大中并没有停下脚步。1980 年冬，他在自家厨房里做出了 60 台落地灯，这成为张大中经商盈利的起点。

这 60 盏台灯让张大中狠赚了一笔，也促使他在当年年底向供销社的领导递交了辞职信。他的辞职信写得就像他的为人一样：直爽理性，干脆利落。他写道："由于这份工作不符合本人理想，我决定辞职，请供销社领导予以批准。"虽然领导们极力挽留，但张大中最后还是选择了辞职，因为他相信这个句号之后转折的情节会更加精彩。

就像他自己设想的一样，这之后张大中的事业可谓一帆风顺。他制作过音响放大器，成立了"张记电器加工铺"，销售过电子原配件，成立了玉泉路音响城，后来以此为基础开了第一家大中音响城，也就是大中电器的前身。

短短二十几年，张大中从制造业转到零售业，从小门店实现大连锁。"我觉得，做人做生意一定得比别人都多看半步，别人没有想要去做生意时，我已经开始尝试，当看到刷煤气灶不行时，我又能立即画上句号。"所以，告别刷煤气灶小贩身份 27 年之后，张大中再一次不作留恋地为自己的生意画上了句号，只是这一次，500 元起家的张大中已经拥有了亿万元的身价，需要处理的资产的价值远远地超过了当年需要处理的抹布、烧碱、清漆的价钱，再大的军绿色书包也无法装下他用大中电器换来的 36 亿现金。

所谓"善变者，审知地势，乃通于天，以化四时"。运用自如地改变决策的人，必须审知地理形势，明于天道，又有改变固有顺序、善于应变的能力，所以，当事业发展到一定阶段的时候，实际上也是朝另一个方向转化的征兆，我们必须懂得如何自处，如何面对。进步时便思考退路，在事业顺利，蒸蒸日上时，应该有抽身的准备。

古人说，五十知天命，六十耳顺。"耳顺"的大意是从他人的话语中已经能判断对方的意思，达到这个层次，一个人的修行可谓已臻化境。这位从刷煤气灶起家直至身价几十亿的财富巨头，在他的耳顺之年做了这件令其他人瞠目结舌的事情：给大中电器插上稻草，在国美与苏宁的博弈中获利，套现 36 亿元人民币，注册大中投资有限公司，带走大中电器 20 多人的核心团队，进军风险投资业。其他人大概无法理解张大中的想法，但他自己十分清楚：这只不过是他人生的另一个转机而已。

很多人认为执着是成功人士必备的品质，但是在商场中，执着并非一剂包治百病的良药。与其在某个行业越来越小的圈子里与对手厮杀，甚至被后来居上的年轻人不断赶超，不如做一个二次创业者，看准自己的优势，蓄金而发，以退为进。

退为大仪——李宁择机"退位"

《内楗第三》曰："若命自来，己迎而御之。若欲去之，因危与之。环转因化，莫知所为，退为大仪。"意思是说："我们若被君主诏用，就先迎合他的心意而后设法逐步掌握他；若觉得某位君主不堪凭依而想离他而去时，就用权谋之术应付他再设法离去。要依据我们面临的政治情况来决定我们的策略，变换我们的手法，让外人摸不透，难知情，这就是进用和退居的根本原则。"

进需要勇气，退需要智慧。知道出击，更重要的是知道什么时候该放弃。李宁在管理李宁公司时便遵循着这一原则。

品牌初创阶段，李宁利用自己的名人效应成功地将体育理念带入品牌当中，迅速地打开了产品的知名度，提升了企业的形象。对于广大消费者来说，李宁就是李宁品牌的形象代言人，其产品具有两重内涵：一是李宁个人所代表的体育精神；二是李宁身上折射出的时代光辉。这一天然优势曾经让无数企业羡慕不已，但是随着时间推移，这种做法的弊端也开始逐渐暴露出来。

须知，一个明星的影响力终究有限，尤其难以持续多年。就像那些早前得宠，渐渐被君主冷落的策士和臣子一样。随着李宁日益淡出体坛，更多地参与到企业的经营管理活动中时，他头顶上的明星光环逐渐淡化，品牌的号召力也因此变弱。

为了李宁公司的长久发展，李宁最好的选择莫过于"退为大仪"，李宁需要不断让出舞台。李宁更懂得"环转因化"，不仅把领导权让了出来，就连品牌宣传和形象设计都在不断地淡化自己的个人色彩。这项决定得到了李宁公司管理层的一致认可：公司要减少对李宁个人魅力的依赖，努力打造李宁品牌。

从2002年开始，李宁公司决定"雪藏"李宁。李宁公司一改往日做法，开始招贤纳士，聘请一些热门的明星做形象代言人。中国体操队的领军人物李小双，效力于英超埃弗顿俱乐部的李铁，在NBA叱咤风云的姚明，先后成为李宁公司的签约对象。

李宁公司在营销战略上不断寻找新方式。在李宁公司发展最初的几年，李宁凭借自己的名人效应，吸收并利用了不少政府资源，迅速提升了产品的知名度，打开了产品的销路。无论是早期进行企业的宣传公关，还是后来获得亚运会的赞助权，李宁长期得到不少政府机关的支持。

李宁由台前转入幕后，推动李宁品牌走上了发展的正轨。从台前转到幕后，李宁并没感到多大的失落，相反，他觉得这对公司来说，是一种好现象，是公司逐渐融入现代市场的一种表现。李宁说："如果说到'李宁'，我希望大家还知道这是一位世界冠军的名字；如果说到'李宁'牌，我希望大家知道这是一个有技术的、有经营理念的、有体育文化的、有成熟商品的品牌。"

在接受媒体采访时，李宁说自己就是一个喜欢自由的人，责任要负，但更喜欢追求爱好。更重要的是，李宁公司如果想要做成国际大品牌，甚至是百年老店，也必须要求他如此做。"我觉得公司不是一天两天的事。假如是赚钱，可能是一天两天的事，做事业不见得这么轻易，不能选择来选择去，只能是找到一个大方向，不断有人加入，不断有人做贡献，不断有人出来，不给大家造成负担，事业就会继续向前走……今天我们想做一个能与中国冠军相配的体育品牌，讲良心话，还早。我们看看今天叫得响的品牌：耐克很年轻，也有几十年了，而且这几十年是在商业最发达、人才最聚集、体育用品消费市场最大的环境里发展起来的。阿迪达斯一百年。这么多品牌没有一个是在落后的发展中国家出来的，没有一个是用十几二十年就能在世界上喊一喊的。假如它已经发展了一百年，其中七十年都是自己在那儿哼哧哼哧做的。所以我们要做的事，说一句严厉的话，是要用生命来做的。不是哪一个人的生命，应该是整个企业的生命。所以要保持企业的生命力、活力，就要有人不断进取，有人不断出来，包括我自己，不会在这里做领导太长久"。

　　从以自己名字命名这个公司，到亲自打理李宁公司，再到逐渐淡出公司，李宁最后选择了放手，让李宁公司沿着现代市场的规律去发展。不仅是因为"环转因化"，更是为了让企业获得更好的发展。李宁就像一个谋士，自己的策略把李宁公司推向了一个高度，但是当意识到自己的思想"落后"了，他选择了"退为大仪"，这或许就是他的过人之处吧。

【职场之道】

用晦如明——藏锋入鞘

在工作中，往往有许多人掌握不好热忱和刻意表现之间的界线。不少人总把一腔热忱的行为演绎得看上去是故意装出来的，这些人学会的是表现自己，而不是真正的热忱。真正的热忱绝不会让同事以为你是在刻意表现自己，也不会让同事产生反感。

在需要关心的时候关心同事，在工作上该出力的时候全力以赴，才是聪明的表现。而不失时机甚至抓住一切机会刻意表现出自己"关心别人""是领导的好下属""雄心勃勃"，则会让人觉得虚假而不愿与之接近。

有人说："自我表现是人类天性中最主要的因素。"人类喜欢表现自己就像鸟类喜欢炫耀美丽羽毛一样正常。但刻意的过度自我表现就会使热忱变得虚伪，自然变得做作，最终的效果还不如不表现。

很多人在其谈话中不论是否以自己为主题，总有凸显自己的表现。这种人虽说可能被人高估为"具有辩才"，但也可能被认为是"口无遮拦显得轻浮"，或经常想要"引人注目"等，暴露出其自我显示欲的否定面，常使别人产生排斥感和不快情绪。

据说丘吉尔虽然平日爱用夸张的词汇来自我表现，但是在关键时刻他却会用英语说："我们应该在沙滩上奋战，应该在田野、街巷里奋战，应该在机场、山冈上奋战——我们，绝不感激投降。"请注意，他说的是"我们"，而非"我"。这才是真正正确的表现方式。后者给人以距离感，前者则使人觉得较亲切。"我们"代表着"你也参加的意味"，往往使人产生一种"参与感"，还会在不知不觉中把意见相异的人划为同一立场，并按照自己的意图影响他人。善于自我表现的人从来杜绝说话带"嗯""哦""啊"等停顿的语气词，这些语气词可能被人感觉对开诚布公还有犹豫，也可能让人觉得是一种敷衍、傲慢的习气，而使人反感。

真正的展示教养与才华的自我表现绝对无可厚非，只有刻意地自我表现才是最愚蠢的。卡耐基曾指出，如果我们只是要在别人面前表现自己，使别人对我们感兴趣的话，我们将永远不会有许多真实而诚挚的朋友。

在办公室里，同事之间本来就处在一种隐性的心照不宣的竞争关系之下，如果一味刻意表现自己，不仅得不到同事的好感，反而会引起大家的排斥和敌意。不恰当表现的另一个误区就是经常在同事面前显示自己的优越性。日常工作中不难发现这样的同事，其人虽然思路敏捷，口若悬河，但一说话就令人感到狂妄，使得别人很难接受他的任何观点和建议。这种人多数都是因为太爱表现自己，总想让别人知道自己很有能力，处处想显示自己的优越感，从而能获得他人的敬佩和认可，结果却是失掉了在同事中的威信。

在同事之间的交往上，相互之间应该是平等和互惠的，正所谓"投之以桃，报之以李"。而那些妄自尊大，高看自己，小看别人，过分自负的人总会引起别人的反感，最终会在交往中使自己走到孤立无援的地步，别人都敬而远之，甚至厌而远之。

职场中，人人都希望出人头地，希望得到别人的肯定性评价。这也合乎鬼谷子说的"英雄一旦找到了用武之地，就应该积极进取，建功立业"的观点。但是表现自我的同时，也不能不顾别人的形象和尊严。如果某位同事的谈话过分地显示出高人一等的优越感，这无形之中是对他人自尊和自信的一种挑战与轻视，排斥心理，乃至敌意也就不自觉地产生了。所以，与同事相处，能做到"楗而内合"才是最高的境界。

服从条件——下属的"美德"

服从是一种美德，一名称职的员工必须以服从为第一要义，没有服从观念，就不可能把自己的工作做好。每一位员工都必须服从上司的安排，就如同每一个军人都必须服从上司的指挥一样。大到一个国家、军队，小到一个企业、部门，其成败很大程度上就取决于是否完美地贯彻了服从的观念。

"糟了，糟了！"通用公司采购部的经理理查德放下电话，就叫嚷了起来："那家便宜的东西，根本不合规格，还是迈克尔的货好。"他狠狠地捶了一下桌子："可是，我怎么那么糊涂，还发电子邮件把迈克尔臭骂一顿，还骂他是骗子，这下麻烦了！"

"是啊！"秘书詹妮小姐转身站起来说："我那时候不是说吗，要您先冷静冷静，再写信，您不听啊！"

理查德说："都怪我在气头上，以为迈克尔一定骗了我，要不然别人怎么那么便宜。"

理查德来回踱着步子，突然指了指电话说："把迈克尔的电话告诉我，我打过去向他道个歉！"

詹妮一笑，走到理查德桌前说："不用了，经理。告诉您，那封信我根本没发。"

"没发？"理查德惊奇地停下脚步，问道。

"对！"詹妮笑吟吟地说。

理查德坐了下来，如释重负，停了半晌，又突然抬头问："可是，我当时不是叫你立刻发出的吗？"

"是啊，但我猜到您会后悔，所以就压了下来！"詹妮转过身，歪着头笑笑。

"压了三个礼拜？"

"对！您没想到吧？"

"我是没想到。"

理查德低下头去，翻记事本："可是，我叫你发，你怎么能压？那么最近发南美的那几封信，你也压了？"

"那倒没压。"詹妮的脸更有光彩了，"我知道什么该发，什么不该发！"

"是你做主，还是我做主？"没想到理查德居然霍地站起来，沉声问道。

詹妮呆住了，眼眶一下湿了，颤抖着问道："我，我做错了吗？"

"你做错了！"理查德斩钉截铁地说。

詹妮被记了一个小过，但没有公开，除了理查德，公司里没有任何人知道。真是好心没好报！一肚子委屈的詹妮，再也不愿意伺候这位是非不分的上司了。她跑到总经理的办公室诉苦，希望调到总经理的部门。

"不急，不急！"总经理笑笑："我会处理"。

隔两天，是做了处理，詹妮一大早就接到一份解雇通知。

下级服从上级，是上下级开展工作，保持正常工作关系的首要条件，是融洽相处的一种默契，也是老板观察和评价自己下属的一个尺度。在一些公司里，像詹尼这样纪律观念不强、服从意识差的人，只是自作聪明而已。一个团队，如果下属不能无条件地服从上司的命令，那么在达到共同目标时，就可能产生障碍。巴顿将军在他的战争回忆录《我所知道的战争》中曾写道这样一个细节：

"我要提拔人时常常把所有的候选人排到一起，给他们提一个我想要他们解决的问题。我说：'伙计们，我要在仓库后面挖一条战壕，8英尺长，3英尺宽，6英寸深。'我就告诉他们那么多。我有一个有窗户或有大节孔的仓库。候选人正在检查工具时，我走进仓库，通过窗户或节孔观察他们。我看到伙计们把锹和镐都放到仓库后面的地上。他们休息几分钟后开始议论我为什么要他们挖这么浅的战壕。他们有的说6英寸深还不够当火炮掩体。其他人争论说，这样的战壕太热或太冷。如果伙计们是军官，他们会抱怨他们不该干挖战壕这么普通的体力劳动。最后，有个伙计对别人下使命：'让我们把战壕挖好后离开这里吧。那个老东西想用战壕干什么都没关系。'"

最后，巴顿写道："那个伙计得到了提拔。我必须挑选不找任何借口地完成任务的人。"

《鬼谷子》曰："内者，进说辞；揵者，揵所谋也。"说的就是要想向君主进献谋策就应该先采纳君主的意见。换句话说就是要无条件无从，只有做好了分内之事，才有资本表达自己的见解。

在面对领导的命令时要明确一点，只要是必须做的事情，就要坚决地执行。在很多员工的理念中，服从就是"对的就服从，不对的就不服从"。其实服从是无条件的，凡是老板的指令，作为员工第一时间就应该按指令去行动。你不能以你使用的判断标准作为最终标准，而应以上司的判断为判断标准。

内揵有道——升迁要牵心

"内揵术"讲述的是臣子如何向国君进谏献策，重点就在于处理人际关系的方式方法。身处职场，要想干大事者，除具有自身能力，还要懂得"内揵"，懂得如何取信于上司。

小李是名牌大学外语系毕业的，进公司已近两年，工作能力和业绩有目共睹，是部门公认的"业务尖子"。每次部门会议或者年终聚会中，都会得到各级领导的称赞，什么"小李年轻有为""有思想、有魄力"之类的溢美之词收了一大箩筐，小李也颇为得意。然而在两次大的人事变动中，他眼看着两个业务不如自己的同事都被提升了，一起进入单位的一个大学生也有了重点培养的动静，唯有自己，还是原地踏步。尽管小李的薪水因为与业务挂钩而遥遥领先于其他同事，但职位上的波澜不兴却让他在朋友圈中很没面子。

　　每次找到部门经理，经理总是先将他大大夸奖一番，然后以一句"金子在哪里都会发光的，以后还有机会"的话来打发他。偶尔问得多了，经理就会嗫嚅几句"不能光顾个人"之类的话，全然一副欲言又止的样子，搞得大大咧咧的小李摸不着头脑。

　　"为什么提升的不是我？"小李还在苦恼。让我们看一下业务尖子小李是怎样败给了同事"热心肠"的。一个叫"热心肠"的人是小李的同事，他为人热情开朗，特爱帮人忙，不管谁有点儿什么事情，只要向他求助，他总是乐于热心帮助。他简直是小品《有事您说话》里的主人公。有时候遇到同事业务中出现了问题，明明不是他自己分内的工作，他也会主动帮忙，甚至承担责任。

　　小李对"热心肠"的习惯一直不以为然，他的观点是"不在其位，不谋其政""自己的事情自己做"，他觉得工作就应该各司其职，像"热心肠"这样盲目热心是会打乱公司运作程序的。毫无疑问，公司里业绩最好的肯定不是"热心肠"，他脑子直，主意少，但公司中人缘最好的一定是他。这次人事变动，他被调到总经理办公室协助管理全公司上下的员工关系，一下子成了老总身边的人，前途可以说是一片光明。

　　不管你承认不承认，我们每个人在一生中都会有足够的机遇，关键是我们有没有敏锐的眼光和拥有迎接机遇的有效方法。这里所谓"有效方法"，其中最重要的就是迎合"伯乐"的眼光。这在求职时是尤其需要注意的一个方面。

　　许多应征求职的青年，见了面试官就滔滔不绝地诉说自己的学历、经历、特长等。然而，10个应征者中会有9个同样说这些话，人家对哪一位也不会给予特别的注意。大学毕业一年的王康看到了一则广告，一家公司需要招聘特殊才能和经验的员工，就去应征。他在去应试之前，先搜集了公司经理的有关资料。

　　正好面试官就是经理本人，王康见了他就说："我很愿意在这里工作，我觉得能为你做事，是最大的光荣，因为你是一位发展大事业的成功人物。我知道你18年前创办公司的时候，只有一张桌子、一位职员和一部电话机。你经过坚毅筹划，努力奋斗，才能有今日这样大的事业，你这种精神令我佩服，值得后生效仿。"

　　所有成功的人，差不多都乐于回忆当年奋斗的经过，尤其愿意向年轻人讲授某个成功的活动。这位经理也不例外。所有来应聘的人，大都是毛遂自荐，但王康一下就抓住经理的心理。因此，经理就很高兴地讲述他最初创业时，仅有15000元的资本，这种小本经营处处受到别人讥笑。但他毫不气馁，艰苦奋斗，每天工作12小时到16小时之久，经过长期奋斗才有今日成就。经理不断地谈论他自己的成功历史，王康始终洗耳恭听，间以点头来表示钦佩。最后经理很简单地问了王康一些经历，便对副经理说："这就是我们所需要的人。"王康后来留在经理的身边，成了他得力的助手。

所谓"揣切时宜，从便所为，以求其变"。在与上司相处的过程中，做到投其所好，找到与之相同的兴趣，这样就能在一定程度上拉近双方的心理距离，也为走进对方的生活提供了可能，为双方的交流提供了媒介和信道。

投其所好，善于迎合是一门高深的职场处世艺术。只要你仔细观察，便不难发现，现实生活中，上司说你行，你就行，不行也行的现象太多，人们必须学会如何钻进上司心眼里，才能避免"说不行，就不行，行也不行"的难堪局面。

"君臣上下之事，有远而亲，近而疏"，其原因就在于君臣之间的关系。"一流人才最注重人缘"，建立起了良好的关系，才能达到"近亲"的效果。

越权建议——吃力不讨好的"苦果"

常言道："端别人的饭碗，就得受别人的管。"员工自老板那里领取薪水，员工就得尊重老板的权威性，这都是最正常不过的事情。反之，这个员工就和老板之间无缘可续了。

郭立被分配到了一家贸易公司。他能力很强，也很上进，工作十分努力，但一直干了几年，他还是没有得到提升的机会，当时与他一起进公司的人有的都做了主管，可他还是一个最底线的员工。其实，同事们都知晓其中的原因，只是他老是想不清楚，私底下总抱怨这个公司埋没了他这个人才，这个公司没什么前途等。

有一次，他的主管正和公司老板一起检查工作，当走到他的办公室时，他觉得机会到了，来个"越级建议"，说不定会有意想不到的收获呢，于是他突然站起来，对自己的主管说："主管，我想提个意见，我发现咱们部门的管理比较混乱，有时连一些客户的订单都找不到。"当时主管的脸像铁锅底一样黑，但又没说什么，就陪着经理走了。最后，郭立不但没有得到提升，反而被炒了鱿鱼。

郭立之所以被辞退，根本原因便在于他没有看透老板毕竟是老板、员工毕竟是员工的问题，老板与员工之间的壁垒虽然并非坚不可摧，但是确实存在的事实。职场中，老板和部属之间存在身份和地位的等级之分，界线的分明是不容逾越的。有些领导自尊心特别强，或者本身不自信，这样的领导不喜欢擅自做主的下属。下级要区分哪些事情是应该请示领导的，哪些是不请示领导就可以自己去做的。一些小的、看起来无意的越俎代庖的建议，有时会为自己造成极大的职业障碍。

某公司因为没有安装空调，每当夏季酷热难当时，待在办公室里不一会儿就汗流浃背，闷热难忍。于是，一位富正义感的新进职员写了封信给总经理，希望公司能添购冷气设备，但因为不了解老总的脾气如何，便没有署名。

几天过后，总经理就为每个办公室安装空调，同事们对总经理的善解人意十分感谢，该职员在心中更是窃喜自己遇上一个肯听谏言的好老板。几天后，该职员再次匿名上书给总经理，反映公司的洗手间应该检修更换，特别是水管太陈旧，也应该换新的。总经理接到信后，心里暗自想着："这个家伙到底是谁？三番两次投书，牢骚那么多，要是聚众闹事，那还了得。看来此人不除，终是祸端！"

于是，总经理暗自调查职员的笔迹，想找出写信者，同时也积极整修了洗手间，更换了水管。部属们暗自议论："总经理怎么突然发起善心来了，以前是一毛不拔、严格又吝啬得要命的铁公鸡，而现在怎么这么大手笔，到底发生了什么事？"

总经理的心腹将员工们的议论传到他的耳里，他觉得这些善举笼络了人心，匿名者的功劳不少，就淡化了炒他鱿鱼的念头。偏偏就在此时，匿名写信的职员以为老板真的是能广纳意见的好老板，在一次闲聊时道出事情原委。不幸的是，就在他向同事们夸耀自己的功劳时，恰巧被总经理听见，虽然他决定不动声色，心里却恨得牙痒痒的，一度淡化的惩处之心又强烈了起来。

于是，总经理召集员工们开了一次会议，要求大家对公司和他本人提出意见。该职员不知是计，便侃侃而谈，将平日里同事们的意见如：奖金太少、加班时间太长、老板太过专制等当众提了出来。这位职员本以为老板这次要对他"加官晋爵"，殊不知，老板意在杀鸡儆猴，这位职员获得的当然是一张辞退通知书。

那位职员之所以被开除，同郭立之犯的是同样错误，即越俎代庖。这位职员总是提一些与自身工作无关的建议，使得老板烦不胜烦，最终辞退了他。老板有很多种，遇上明智的老板，你的建议被采纳也就罢了，要是遇上度量小的老板，越权建议，可要多多留神些。你的主管比你的优势更多，无论他使出哪一招，都能让你这个当下属的招架不住，坐立难安。如果你想越级打小报告，除非你证据明显，而且主管错误严重，否则也不会有太大的效果。因为他毕竟是你的老板提升上去的。若是你像上面故事中的职员一样，直接给总经理挑公司的刺，只能让你下岗更快。

所以，要想避免以上越俎代庖的事情，员工应该注意以下两点：

首先，要分清哪些事情是领导要亲自拍板的，哪些是可以自己放手的。下级和领导所认同的重要的事情并不完全相同，你要在日常工作中注意观察，多积累经验，了解上司的脾气。分清楚什么是重要的或者不重要的。

其次，注意程序流程。分派任务的是谁，就应当让谁负责。上下级之间的工作程序应该严格执行。

再次，领导有明确回答时，当做主时就做主；没有交代的事情不要瞎做主。

领导是你的职场命运的关键人物，把握好和领导之间的距离，掌握好职权之内的事，有的放矢，才能得到领导的青睐。

抵巇第四

【经典再现】

【提要】

"抵巇术"具体讨论的是游说之士的从政原则与处世态度。抵，本义是击、接触，可引申为处理、利用。"巇"，原为险峻、险恶之意，后引申为缝隙、矛盾、漏洞等意。抵巇，就是针对社会所出现的裂缝（即各种矛盾与问题）而采取不同的手段。

《鬼谷子》曰："自天地之合离、终始，必有巇隙。"这里体现出一种朴素的唯物主义态度。"巇"是一种必然的存在。万事万物都会有裂缝、矛盾或漏洞，而裂缝的出现是有征兆的，圣智之士，则能知兆联于初萌，塞缝隙于始见，及时"抵巇"。"抵巇术"分两种，一种是消除隐患的"抵"己之"巇"，一种是乘人之隙的"抵"人之"巇"。对己之"巇"，应修补纠正；对人之"巇"，应洞察利用。

抵巇的基础是了解，是观察，是推理。事有自然，物有合离。世界的本质是运动的，变化的，发展的，所以在运动、变化、发展的过程中必然产生巇隙。运用"抵巇术"，应顺应事物的发展变化规律，着眼全局。若世道还可挽救，就采取措施查补漏洞，"抵而塞之"；若世道不可挽救，就循其漏洞，乘隙而击，"抵而得之"。只有根据不同的情况采取不同的办法，才可以掌握住天地间的神妙变化。

【原文】

（一）

物有自然，事有合离①。有近而不可见②，有远而可知。近而不可见者，不察其辞也③，远而可知者，反往以验来也④。

【注释】

①合离：此指分合规律。②见：察知。③辞：通异，异点，此指事物、事件本身的特点。④反往以验来：社会事件的历史考察法。反往，考察事件的历史成因、历史过程。验来，以历史过程比证今天的发展，以掌握其规律。

【译文】

世间事物都有自己本身的存在规律，事情都有它们自然聚合分离循环往复的道理。但对这些属性和规律，有的近在身边却难以看透，有的远在天边却了若指掌。近在身边难以看透，那是由于不察对方虚实的缘故；远在天边却了若指掌，是因为对它的历史和现状做了深入研究，用经验来推论将来的缘故。

【原文】

（二）

巇者，罅也①。罅者，涧也②。涧者，成大隙也。巇始有朕③，可抵而塞④，可抵而却，可抵而息，可抵而匿，可抵而得⑤。此谓抵巇之理也。事之危也⑥，圣人知之，独保其用⑦，因化说事⑧，通达计谋，以识细微⑨。经起秋毫之末⑩，挥之于太山之本⑪。

【注释】

①罅（xià 下）：缝隙，指小缝。②涧：此指中缝。③朕：通"朕"，兆迹，迹象。④抵：挡，引申为治理。⑤可抵而却……而得：微缝刚刚出现兆迹时，可以治理它，堵塞它，控制住它的发展，甚至可以让它恢复原状。⑥危：危险的征兆。⑦保：恃，凭借。⑧说事：此指议论此事，思量此事。⑨细微：此指产生罅隙的微暗原因。⑩秋毫：秋日羊毫，以喻细微。⑪太山：即泰山，以喻大而坚固的物体。

【译文】

所谓"巇"就是"隙"，微隙不管，就会发展成小缝；小缝不治，就会发展成中缝；中缝不堵，就会发展成大缝，而使器物破毁。微缝刚刚出现兆迹时，可以治理它，堵塞它，控制住它的发展，甚至可以让它恢复原状。这就是抵巇之术堵塞缝隙的一条基本原理。依此可见，事物败坏的兆迹刚刚出现时，圣智之士就能洞察一切，而且能独当一面地发挥应有的功用，他追寻它变化的踪迹并暗中思量琢磨，分析事物之间的联系，通盘筹划，以找到产生微隙的原因，从而加以预防。事物常常如此，由于毫毛般微小的原因，发展下去，也能毁掉泰山般大而坚固的物体。

【原文】

（三）

其施外，兆萌牙蘗之谋①，皆由抵巇。抵巇之隙②，为道术用③。天下纷错④，士无明主，公侯无道德，则小人谗贼⑤；贤人不用，圣人窜匿，贪利诈伪者作；君臣相惑，土崩瓦解而相伐射⑥；父子离散，乖乱反目，是谓萌芽巇罅。圣人见萌芽巇罅，则抵之以法⑦。世可以治则抵而塞之⑧，不可治则抵而得之⑨。或抵如此。或抵如彼。或抵反之，或抵覆之。五帝之政⑩，抵而塞之，三王之事⑪，抵而得之。诸侯相抵⑫，不可胜数。当此之时⑬，能抵为右⑭。

【注释】

①施：即扩展。牙：小芽。牙，芽古今字。②抵：此处意为打、击。③道术：此指游说处世权术。④错：乱。⑤谗贼：进谗言加害于人。⑥射：射箭，引申为战斗。⑦法：法则。⑧塞：堵塞缝隙。⑨得：自得天下。⑩五帝之政：指像黄帝、颛顼、帝喾、尧、舜那样的德政。相传五帝时行禅让之法。五帝，一说为伏羲、神农、黄帝、尧、舜，一说为少昊、颛顼、高辛、尧、舜。⑪三王之事：指像禹、汤、文王那样的政事，夏、商、周三代皆以征伐得天下。⑫诸侯相抵：指各国诸侯互相攻伐。抵，击也。⑬当此之时：指战国时期。⑭右：上。古礼尚右，以右为上。

【译文】

那些使缝隙萌生并扩而大之的种种谋略，也都是由抵巇的原理生发出来的。从缝隙入手解决问题，是策士游说处世权术的实用手法。天下纷乱，朝廷没有明君，公侯权臣丧失仁德，于是小人谗害圣贤，贤者得不到进用，圣人逃避浊世，贪婪奸邪之徒兴起作乱，君臣互相欺骗迷惑，天下土崩瓦解，四分五裂，百姓相互攻伐，民不聊生。父子离散不合，反目为仇，骨肉分离，夫妻反目。这也叫"萌芽""裂痕"，即国家大乱，社会政治混乱逐步发展。圣智之士见到这种情况，就会采取相应的手段应付这种局面。圣人若认为世道还可以挽救，就采取措施弥补世道漏洞，对反叛者加以抵制消灭；若感到世道已发展到不可挽救的程度，就循其缝隙，打烂旧世界，重建新世界。或用这种手法治世，或用那种手法治世；或把世道反过来，或让世道恢复本来面目。总之，若遇到像五帝那样的德政，就用抵巇之术帮其弥补漏洞；若遇到像三王那样的征伐之世，就用抵巇手法取代它。当今之世，诸侯互相攻击，战争事件不可胜数，当天下混乱时，能抵抗对手的人被视为尊者能人。这就要充分利用我们的抵巇之术。

【原文】

(四)

自天地之合离①、终始，必有巇隙②，不可不察也。察之以捭阖，能用此道③，圣人也。圣人者，天地之使也④。世无可抵⑤，则深隐而待时⑥；时有可抵，则为之谋。此道可以上合⑦，可以检下⑧。能因能循⑨，为天地守神⑩。

【注释】

①天地之合离：指混沌初开，天地生成之时。②终始：指事物发展变化的全过程。③此道：指抵巇之术。④天地之使：指圣人能发现、掌握自然规律和社会规律而言。⑤无可抵：没有可以抵击的缝隙，指清平盛世。⑥时：时机，指世道出现缝隙之时。⑦上合：谓抵而塞之，助时为治。⑧检下：即言自己得有天下。⑨因：亦循也，遵循。⑩天地守神：为天地守神位，指郊天祀地。唯帝王才有权郊天祭地，故此代指得帝王之位。

【译文】

自从天地生成以来，任何事的发展变化过程中必然会出现缝隙，这是我们不可不留心观察的。用捭阖之术去明察世道，又能运用这种抵巇之术去解决问题的，就是圣人了。所谓圣人，是能够发现并掌握自然规律和社会规律的人。假如生逢盛世，没有缝隙可以利用，就深深隐藏起来等待时机。一旦有缝隙可利用的时机到来，就用抵巇之术进行谋划。抵巇这种道术，可以抵塞缝隙，帮助圣君治理天下；也可以抵击缝隙，重建一个新世界。如果能够遵循这种道术去处世，就能博得帝王之位。

【为人处世】

细处玄机——陈平脱衣消灾

陈平，西汉王朝的开国功臣。少时喜读书，有大志。一年，正逢社祭，曾为社庙里的社宰，主持祭社神，为大家分肉。陈平把肉一块块分得十分均匀。为此，地方上的父老乡亲们纷纷赞扬他说：“陈平这孩子分祭肉，分得真好，太称职了！”他感慨地说：“假使我陈平能有机会治理天下，也能像分肉一样恰当、称职。”

后来，秦末战乱，始投魏王，继属楚王项羽，后离楚归汉，佐汉王刘邦，一匡天下，终成汉室名相。汉初三杰，韩信受谤，被擒于云梦泽，死于钟室；萧何遭谗，曾械于牢狱；张良惧祸，托言闲游。陈平却久居相位，且得善终，足见他官场权谋之老道，远在三杰之上。

楚汉相争时，项羽手下陈平偷偷地从军营里溜出来，准备去投奔刘邦。他顺着田间小路，急匆匆地向黄河岸边赶去。

陈平赶到河边，轻声叫来一艘渡船。只见船上有四五个人，都是粗蛮大汉，脸上露出凶相。当时陈早已觉察到，上这条船有些不妙，但又没别的去路。他担心误了时间，楚兵会很快追赶上来，只好上了船。

船只慢慢离开了岸，陈平总算松了口气，但他敏锐地观察到，船上这几个人窃窃私语，相互递着眼色，流露出不怀好意的举动。

“看来是个大官，偷跑出来的。”

“估计他怀里一定有不少珍宝和钱，嘿嘿。”

坐在舱内的陈平听到船尾两个人这样低声议论，并发出阴险的笑声时，不禁有些紧张。心想：“他们要谋财害命！我虽然身上没有什么财物和珍宝，我只是独夫一个，只有一把剑，肯定敌不过他们。如何安全地摆脱危险的困境呢?"

这时，船到了河中央时，速度明显地减缓了。

"他们要下手了，怎么办?"陈平在上船时已考虑了一计策。

他从船内站起来，走出船舱说:"舱内好闷热啊! 热得我都快要出汗了。"

陈平边说边佯作若无其事地摘下宝剑，脱掉大衣，倚放在船舷上，并伸手帮他们摇船。这一举动，出乎他们的预料。接着他又说:"天闷热，看来要来一场大雨了。"说着又脱下一件上衣，放在那件外衣之上。过了一会儿，再脱下一件。最后，他索性脱光了上衣，赤着身子，帮他们摇船。

船上那几个人，看见陈平没有什么财物可图，就此打消了谋害他的念头，很快把船划到对岸了。

陈平脱衣，消除了一场灾祸。他的机智和聪明也让人心生敬佩之情。《鬼谷子》说:"事之危也，圣人知之，独保其用;因化说事，通达计谋，以识细微。经起秋毫之末，挥之于太山之本。"有智慧的人，在事物败坏的兆迹刚刚出现时，就会敏锐地发现事物的征兆，并凭着自己的力量，追寻它变化的踪迹，暗中思量琢磨，通盘筹划，找到产生微隙的原因，并想出方法解决。

陈平从细微的事物中感知到隐秘的信息，船上人之貌相、之衣着、之言语，都让陈平感觉到自己一定是上了贼船，这已经展示了陈平之非凡的眼力与洞察力;随之，就是应对之策，既然明白这伙人就是谋财害命，于是他就借天闷热为由，用脱光上衣来隐秘地传达出自己身无分文的信息，打消了他们打劫的企图与邪念，自己顺利脱身。

陈平不愧为汉朝的一大谋士，即使在危急关头，能在间不容发的瞬间想出办法，不露声色地把危机消解于无形，做到防患于未然。自天地生成以来，任何事情的变化发展必然会出现缝隙，小隙不察，就有可能引来大祸。懂得"见微知著"，运用"抵巇之术"去解决问题，就能在祸难来临之前及时防治，减少危害。

明哲保身——郭子仪的做官之道

任何事物都有看不透和不可料的一面，所以唯有谨慎处世，避嫌疑，远祸端;未思进，先思退，方能自保。特别是功成名就之后，更应该夹起尾巴做人，才能够独善其身。

唐肃宗上元二年 (761 年)，郭子仪爵封汾阳王，王府建在长安的亲仁里。

令人不解的是，汾阳王府自落成后，每天都是府门大开，任凭人们自由进出，郭子仪不准府中人干涉，与别处官宅府第门禁森严的情况截然不同。有一天，郭子仪帐下的一名将官要调到外地任职，特意前来王府辞行。他知道郭子仪府中百无禁忌，就一直走进了内宅。恰巧，他看见郭子仪的夫人和他的爱女两人正在梳洗打扮，而王爷郭子仪正在一旁侍奉她们，她们一会儿要郭子仪递手巾，一会儿要他去端水，使唤郭子仪就好像使唤奴仆一样。这位将官当时真是惊讶万分，回去后，不免要把这情景讲给他的家人听。于是一传十，十传百，没几天，整个京城的人们都把这件事当作笑话来谈论。

郭子仪听了倒没有什么，他的几个儿子听了却觉得太丢王爷的面子，大唐堂堂将军竟如此不顾自己体面，以致遗人笑柄，郭家脸面何在！他们决定对父亲提出建议。

他们相约一齐来找父亲，要他下令，像别的王府一样，戒备森严，闲杂人等一律不准入内。郭子仪听了哈哈一笑，几个儿子哭着跪下来求他，一个儿子说："父亲您功业显赫，普天下的人都尊敬您，可是您自己却不尊重自己，不管什么人，您都让他们随意进入内宅。孩儿们认为，即使商朝的贤相伊尹、汉朝的大将军霍光也无法做到您这样。"

郭子仪长叹了一声，语重心长地说："我如今爵封汾阳王，作为人臣，已是一人之下万人之上了。往前走，再没有更大的富贵可求。你们现在还太年轻，只看到我们郭家的显赫声势，却不知这显赫背后已是危机四伏。月盈则亏，盛极而衰，按理我应急流勇退才是万全之策，可如今朝廷要用我，皇上怎么会让我解甲归田，退隐山林？再者，我们郭家上上下下有 1000 余口人，到哪儿去找能容纳这么多人的隐居地？在这进退两难的境况中，如果我再将府门紧闭，与外界隔阂，如果与我有仇怨的人诬告我们对朝廷不忠，则必然会引起皇上的猜忌；若再有妒贤嫉能之辈添油加醋，落井下石，则我们郭家一门九族就性命不保，死无葬身之地了。"

几个儿子听了郭子仪的话，恍然大悟，无不佩服父亲的先见之明。郭子仪就是靠着这种大智若愚的糊涂为官之道，而达到明哲保身，从而避免或减少了皇帝与权臣对他的猜忌，成功地在唐玄宗、肃宗、代宗、德宗四朝中长期任职，安享富贵。

身为四朝重臣的郭子仪可谓是功高盖世，可他却明白"聪明圣知，守之以愚；功被天下，守之以让；勇力抚世，守之以怯"的道理，并身体力行，方能全身而终，荫及子孙，泽被后代。不争一时之荣辱，不争一事之胜负，郭子仪明白产生灾祸的原因，知道该如何消灾免祸，用谦谨的作风，确保全家安乐。

人们若能像郭子仪那样时刻保持谦卑谨慎的状态，祸患自然不会产生。

过于坚硬的，容易折断，过于洁白的，则容易被污染。骄兵必败，骄将必失，同样，一个人在自己的事业达到顶峰时，更需要牢记忌盈之理，以警惕自己的失败。"月满则亏，水满则溢"。懂得"抵巇术"，懂得未雨绸缪，才能防患于未然。

凡想做一些大事情的人，无论在什么时候，都不要忘记改掉这四种缺点：其一，妄自尊大；其二，盛气凌人；其三，好大喜功；其四，趾高气扬。

这四点不过是人类的劣根性中的几种表现而已，它们都超出了谦卑，而走向人类之美德的反面。人们犯了其中任何一条，都会带来或大或小的损失。切记，当一个人走在傲慢与谦卑之间的那条窄窄的小道时，必须察其巇隙，低调做事，谦虚做人。

抓其弱点——王允巧设连环局

"歌月徘徊孤楼前，舞影零游群雄间"。自古以来都有"红颜薄命"的说法，也有"心比天高，命比纸薄"的感慨，更有"红颜祸水"的责难，太多太多的声音湮没了女性的价值。

然而，回顾历史，我们却可以从中发现，许多的丰功伟绩都有女性的帮助，许多的争权夺利都有女性的参与。正所谓"英雄难过美人关""美人计"，正是抵巇术的运用。在历史的长河中，女性的作用是不容忽视的，貂蝉就是一个很好的证明。

汉献帝期间，董卓掌握实权后，自称太师，在朝中大施淫威，滥杀无辜，甚至还纵容自己的部下强抢民女，残害百姓，除掉董卓成了天下人共同心愿。

杀董卓不是件容易的事，他手下有员猛将叫吕布，骁勇善战，无人能敌，之前曹操欲除董卓，皆因有吕布，而最后落败。董卓十分看重吕布，将他收作干儿子，并让他做自己的贴身保镖。

大司徒王允也想除掉董卓，但他知道，要除掉董卓，首先就要拉拢吕布。后来，他想到一计，就是利用府中的歌妓貂蝉。他知道董、吕二人皆是好色之徒，所以想用连环计，先将貂蝉许嫁吕布，然后再献给董卓，让貂蝉再从中离间他们两父子，让吕布杀掉董卓，以为民除害。貂蝉答应了王允。王允除董卓的"局"马上便开始了。

王允秘密送给吕布一顶嵌饰数颗珍珠的金冠，吕布见了十分欢喜，立即到王允家致谢。王允备好酒宴，盛情款待。席间，王允叫出貂蝉，并让她给吕布斟酒。吕布见此绝世美女，惊为天人，目不转睛地盯着貂蝉看。王允说："这个是小女貂蝉。承蒙将军错爱，把我当作至亲好友。若是将军不嫌弃，我想将小女许配与将军，不知将军意下如何？"吕布听了大喜过望，忙起身拜谢，说："果真如此，吕布当效犬马之劳。"王允说："既然这样，就选个好日子，把貂蝉送去将军府中。"见时间已经不早了，王允便接着说："本想留将军在此过夜，但又担心太师疑心。"吕布这才依依不舍地起身告辞，只等着王允早日将貂蝉送来。

过了几天，王允在朝堂上，趁吕布不在的时候，邀请董卓到府中饮酒，董卓马上就答应了。董卓到了之后，王允对其又一番吹嘘，酒到半酣，王允跟董卓说府中有自己调教的艺妓，可以出来献艺，以助酒兴。董卓自然欣喜万分。貂蝉出来后，董卓看得两眼发直。王允见此情形，便说："此女乃是府中的歌妓貂蝉，我想将此女献给太师，不知太师是否肯收留她？"董卓听了，心花怒放，忙说："这么大的恩惠叫我如何报答啊！"王允接口道："太师愿意收留她，便已经是她天大的造化了。"董卓又感谢了一番，便将貂蝉带回了府中。

这个消息很快传到吕布的耳朵，他气急败坏地来质问王允，王允说："将军原来不知道啊！昨天太师在朝堂上，对我说有事要到我家来，来了之后，太师说：'我听说你有一个女儿，名叫貂蝉，已经许配给我的义子吕布了。我特来见她一见。'我不敢违背太师的意思，便让貂蝉出来拜见公公。太师见貂蝉又说：'今天乃是吉日，我这就带着此女回去，让她与我儿成亲。'于是便将貂蝉带走了。"吕布信以为真，忙说："司徒恕罪，小人一时情急，错怪了大人，改天一定登门谢罪。"说完便怒气冲冲地离开了。

王允心里明白，接下来会发生什么样的事情。他已经成功地将自己的"棋子"——貂蝉，加入了这个局中，并且将它放在了最适当的位置——董卓与吕布中间。只要把握局势，让一切按照正常的布局发展，就胜利在望了。

第二天，吕布到相府去打听消息，董卓的侍妾告诉吕布说："昨天晚上太师与新人共寝，现在还没起来呢。"吕布听了勃然大怒，可又不敢造次。

一日，吕布与貂蝉二人又在凤仪亭见面，互诉衷肠后，吕布要走，貂蝉不想计划落空，便说："之前我就仰慕你，觉得你是个英雄，没想到，你也只是浪得虚名，就连一个老贼也怕得要死。既然如此，我活着也没什么指望了，不如一死了之。"说着便要投湖，吕布急忙上前拦住她，两人推推搡搡地争执不下。另一边，董卓在殿上，回头不见了吕布，心里觉得不妙，匆忙处理完朝中的事情就赶回府中，一路找来，在凤仪亭中刚好看到吕布与貂蝉争执的一幕，随手拿起吕布的方天画戟就刺了过来。吕布见状，夺过画戟，落荒而逃。

董卓回房质问貂蝉："你为什么要与吕布私通？"貂蝉泪流满面地说："我一个人闲来无事，便到后园去看花，吕布突然到来，对我动手动脚，我又无力反抗，只能投湖自尽，却又被他抱住。正在纠缠之际，太师您就回来了，才救了我一命。您怎么说我与他私通呢？"董卓见她如此，便也不再怪她，说："我不如把你许配给吕布，如何啊？"貂蝉听了，正色道："我宁死不辱！"边说边从墙上取下宝剑就要自杀，董卓连忙上前劝阻，再也不提此事了，决定带貂蝉回郿坞。

他们走的那天，文武百官全都来送行，王允见吕布望着远去的车子叹息，故意用一些言语进行挑唆，使吕布誓杀董卓这个老贼。

没过多久，汉献帝在宫中会见大臣，董卓从郿坞返回京城，他的车子一进宫门，就有人举枪向他的胸口刺去，但被董卓身上的铁甲挡住了，只是刺伤了手臂，跌下车来。他忍着痛，大叫："吕布，你在哪儿？"吕布站在车后说："奉皇上旨意，讨伐贼子董卓！"话音刚落便将一戟刺进了董卓的咽喉。一个人神共愤的乱臣贼子终于被除掉了。

王允所布的连环局，最关键的一点在于，他找准了对手的弱点，针对这个弱点，加入一个"子"，便将对手的局搅了个天翻地覆，原本情义颇深的父子也在瞬间反目成仇，一步步地将对手推上了绝境，最后，借别人的手解决对手收局。

在这众多的历史事件中，女性大多是作为一颗棋子出现的。这颗棋子正是用来"抵巇"的工具。使用"美人计"，正是抓住了对方好色的弱点。这便是"巇"，而女性则是一个必不可少的引子，有了这个引子，才能开局。以此为突破口，进而"抵"之，就能乱其心志，夺其斗志，致使对手的内部发生分裂。到了这一步，再见机行事，实施自己的计谋，就能达到自己的目的。

见微知著——公仪休见小利，思大害

现代社会交际应酬十分频繁，朋友、熟人之间请客送礼也如家常便饭。这中间除了友情之外，也免不了夹杂个人利害。所以在接受别人厚礼的时候，要三思而行，因为"拿人家手短，吃人家嘴软"，随意地接受别人的赠礼是种无知之举，会因贪利而使自己陷于被动的处境之中。

从前，鲁国的宰相公仪休非常喜欢鱼，赏鱼、食鱼、钓鱼、爱鱼成癖。一天，府外有一人要求见宰相。从打扮上看，像是一个渔人，手中拎着一个瓦罐，急步来到公仪休面前，伏身拜见。公仪休抬手命他免礼，看了看，不认识，便问他是谁。那人赶忙回答："小人子男，家处城外河边，以打鱼为业糊口度日。"

公仪休又问："噢，那你找我所为何事，莫非有人欺你抢了你的鱼了？"

子男赶紧说："不不不，大人，小人并不曾受人欺侮，只因小人昨夜出去打鱼，见河水上金光一闪，小人以为定是碰到了金鱼，便撒网下去，却捕到一条黑色的小鱼，这鱼说也奇怪，身体黑如墨染，连鱼鳞也是黑色，几乎难以辨出。而且黑得透亮，仿佛一块黑纱罩住了灯笼，黑得泛光。鱼眼也大得出奇，直出眶外。小人素闻大人喜爱赏鱼，便冒昧前来，将鱼献与大人，还望大人笑纳。"

公仪休听完，心中好奇，公仪休的夫人也觉纳闷。那子男将手中拎的瓦罐打开，果然见里面有一条小黑鱼，在罐中来回游动，碰得罐壁乒乓作响。公仪休看着这鱼，忍不住用手轻轻敲击罐底，那鱼便更加欢快地游跳起来。公仪休笑起来，口中连连说："有意思，有意思，的确很有趣。"

公仪休的夫人也觉别有情趣，那子男见状将瓦罐向前一递，道："大人既然喜欢，就请大人笑纳吧，小人告辞。"公仪休却急声说："慢着，这鱼你拿回去，本大人虽说喜欢，但这是辛苦得来之物，我岂能平白无故收下。你拿回去。"

子男一愣，赶紧跪下道："莫非是大人怪罪小人，嫌小人言过其实，这鱼不好吗？"

公仪休笑了，让子男起身，说："哈哈哈，你不必害怕，这鱼也确如你所说非常奇异，我并无怪罪之意，只是这鱼我不能收。"子男惶惑不解，拎着鱼，愣在那里，公仪休夫人在旁边插了一句话："既是大人喜欢，倒不如我们买下，大人以为如何？"

公仪休说好，当即命人取出钱来，付给子男，将鱼买下。子男不肯收钱，公仪休故意将脸一绷，子男只得谢恩离去。又有好多人给公仪休送鱼，却都被公仪休婉言拒绝了。

公仪休身边的人很是纳闷，忍不住问："大人素来喜爱鱼，连做梦都为鱼担心，为何别人送鱼大人却一概不收呢？"

公仪休一笑，道："正因为喜欢鱼，所以更不能接受别人的馈赠，我现在身居宰相之位，拿了人家的东西又要受人牵制，万一因此触犯刑律，必将难逃丢官之厄运，甚至会有性命之忧。我喜欢鱼现在还有钱去买，若因此失去官位，纵是爱鱼如命怕也不会有人送鱼，也更不会有钱去买。所以，虽然我拒绝了，却没有免官丢命之虞，又可以自由购买我喜欢的鱼。这不比那样更好吗？"众人不禁暗暗敬佩。

公仪休身为鲁国宰相，虽然很喜欢鱼，却能保持清醒，头脑冷静，不肯轻易接受别人的馈赠，这实在很难得。换一个角度，我们却发现：表面上看，获取馈赠能获得暂时的利益，但从长远来看，自己却会因这点儿小利受到束缚，身陷被动。一旦遭别有用心之人控制，就会"因小失大"，损失惨重。公仪休"见小利思大害"，正说明他懂得防患于未然，懂得鬼谷子所说的"抵巇"的道理。

《鬼谷子》认为：万事万物都起于秋毫之末，一发展起来就会像泰山的根基一样大；即便是圣人也难免会遭小人迫害，故需要以小见大，需要"抵巇"；裂痕出现前往往都是有征兆的，我们就应该用抵的方法去堵塞，用抵的方法去退却，用抵的方法使之停止，消失。

懂得抵巇术，就能够在一开始采取行动，把祸害消灭在萌芽之中，免除后顾之忧。

一鸣惊人——楚庄王的三年韬晦路

韬晦者在经过一段时间的掩饰潜伏，麻痹了敌人的警觉之后，一旦时机成熟，就应该行动起来，迅速撕去伪装，毫不迟疑地向着预定的目标挺进。要以这种"三年不鸣，一鸣惊人；三年不飞，一飞冲天"的劲头，打敌人一个措手不及，从而成就自己的"霸业"。

韬晦可存身，亦可积蓄力量，但永远深藏不露、无所作为终究不是成大事者所为。毕竟韬光养晦只是实现目标的手段，而不是目的。

而这"三年不飞，一飞冲天"的典故就与春秋时楚国的一位国君楚庄王有关。他也是行韬晦之道的个中翘楚。

在楚庄王最初即位的三年里，他从不过问朝政，日夜沉浸在田猎与酒色歌舞之中，甚至贴出布告："哪一个胆敢向我提意见，立即斩首，绝不宽恕。"其时，邻国不断前来侵犯，国内的许多大臣也贪赃枉法，玩忽职守，正是内忧外患之时。一些忠于国事的大臣很是忧虑。可是面对如此昏庸之君，无人敢去进谏。

当然这里并不包括那些正直忠诚的大臣们，当时楚大夫伍举看到朝政日益腐败，心中异常着急，冒死进宫求见庄王。此人个子不高，但语言机智而又风趣。他知道，如果直接向庄王提出看法，必然会碰钉子，便想了个巧妙的办法。

伍举来到宫中，只见庄王美人在怀，正在调笑饮酒，殿上乐队鼓乐齐鸣，好不热闹。庄王看见伍举来了，笑着说："你是来喝酒的，还是来听音乐的？"伍举说："都不是。我有一件事不明白，特地来请教大王。"

庄王问："什么事？"

伍举说："南山上飞来一只大鸟，已经三年不飞也不叫，不知是什么原因，也不知道这是只什么鸟。"

庄王说："这不是一只平凡之鸟。它三年不飞，一飞必定冲上云霄；它三年不叫，一叫就会惊人。你下去吧，你的意思我已经明白了。"

数月之后，庄王仍不改逸乐故态，不仅不改，且愈加荒淫无度。另一位大夫苏从认为这样继续下去，后果将不堪设想。他决心不用伍举委婉的劝谏方式，进宫直截了当地劝说庄王。

庄王说："你没有见到我颁布的命令吗？"

苏从说："见过。但我身为国家重臣，享受着国家的俸禄。如果贪生怕死而不敢指出君王的过失，那就不是忠臣。如果我的死能促使君王清醒过来，那我愿意一死。"

此语一出，楚庄王猛然起立，撤去歌舞乐队，立即临朝听政。他从此重用伍举及苏从两人，并经过调查核实，把在这三年中趁机营私舞弊的几百名官员尽数清除，把忠于职守的几百人予以提拔。庄王亲政以后，政治清明，百姓安居乐业。就在这一年，庄王兴兵灭庸（今湖北竹山）。不久又起兵攻宋，缴获战车五百辆之多。楚国迅速强大起来。

《鬼谷子》讲："世无可抵，则深隐而待时。"识时务者为俊杰，有大志成大器者，善于寻找机会，待机而动。这正是楚庄王"三年不鸣，一鸣惊人；三年不飞，一飞冲天"的道理。

作为一个宏图大略的政治家、谋略家，绝非那些每天喋喋不休地阐述自己的观点和见解的人。大多数人都深谋远虑，看准机会再行动，并且不鸣则已，一鸣惊人。

楚庄王蛰伏的这三年时间，他并没有因享乐而迷失本性，只是装作沉迷逸乐，以便观察下属们的真心，选用真正忠心而又有才德的人来辅佐朝政。待三年一过，条件成熟，静极而动，一飞冲天。他用"三年不飞不鸣"的韬晦之术，在沉潜中养精蓄锐，创下一代伟业，值得现代人思考与借鉴。

骄必招损——周亚夫出风头惹祸上身

有能力当然是件好事，但是什么事情也不能做得过了头，古话说"过犹不及"，做员工或者下属，抑或在其他场合，应该给别人台阶下，为人处世也要处处提防，枪打出头鸟，功高盖主最危险。

周亚夫是汉朝开国功臣周勃的儿子，周勃去世后，周亚夫继承了父亲的爵位。周亚夫不愧为将门之后，他治军严明，深得汉文帝信任。

一次，文帝到周亚夫所在的细柳军营慰劳将士，却在周亚夫的营前吃了闭门羹。守门将士说："军中只有将军的命令，不知有天子的诏书！"文帝只好派出使臣至军营中向周亚夫宣诏："天子圣驾亲来劳军。"周亚夫才传令打开营门。入得营内，守门将士又说："将军有令：军营之中，车马不得奔驰。"无奈，文帝的车驾只好缓缓而行。

到了周亚夫的军帐中，周亚夫也没向皇帝行大礼，只是躬身一揖，说："军营之中，甲胄在身，请允许以军礼叩见！"威严的军纪让汉文帝大为赞叹："这才是真正的将军啊！这样的军队，谁能侵犯得了啊！"由于周亚夫治军严明，使得匈奴对汉一直不敢轻举妄动。

说起来，文帝毕竟是个头脑清醒的君王。大敌当前，自己的面子与疆土相比，只是细枝末节的小事，没有必要斤斤计较。与自己的帝王颜面相比，他更看重周亚夫治军严明、保家卫国的良将品质。

因此，刚直不阿的周亚夫在文帝时恩宠不衰。但是一朝天子一朝臣，景帝即位后，周亚夫虽屡立军功，却因坚持己见得罪了景帝的弟弟梁王，进而得罪了窦太后，使景帝对其心怀不满。随后又因直言劝谏景帝废立太子，使景帝很没面子，又因以宰相身份劝阻景帝随意封侯，汉景帝一怒之下除了他的宰相职务。

周亚夫罢官回家，汉景帝仍对他心存芥蒂。一次，景帝又把他召进宫，说要赐食，可端上来的是一整块肉，既没有刀叉又没有筷子，根本没法吃。周亚夫很生气，知道景帝在戏弄他，但又不便发火，只好向侍从要筷子。景帝嘲笑他说："是我不让他们预备筷子的，你有什么不满吗？"对于汉景帝近乎无赖的行为，谁能奈何得了呢？周亚夫又羞又恨，只好跪下谢罪。景帝命他起来，周亚夫满怀愤愤之情转身离开了。景帝目送他离开朝堂，说道："看他气呼呼的样子，我怎么能驾驭得了呢！"

后来，周亚夫的儿子买了五百副仿制的盔甲做陪葬品用，却被人诬陷谋反。景帝趁机把周亚夫交给了大理寺，将其打入大牢。大理寺审讯他为什么要谋反，周亚夫说："我儿子买的都是葬礼用的仿制品，怎么会谋反呢?"大理寺的正堂答道："即使你在地上不谋反，到了地下你也想谋反!"周亚夫至此才明白：全都是自己过于坚持己见，才遭致杀身之祸。后来，他在狱中绝食而亡。

现实中，每个人都会有不安全感，尤其是那些身居高位的人。在别人面前展现自己，显示才华时会激起各种各样的人的嫉妒和怨恨。想获得成功和领导的赏识，抢占上司的风头，让你的上司没面子是十分危险的。

权力的天平永远都是倾斜的。在险象环生的世界里，千万要谨记低调做人的原则。为人处世一定要时时谨慎，更要学会低调。适度低调，是一种"自我抵巇"的明智之举。一意孤行，不懂低调，就会被有心计的人抓住把柄，受制于人。

【管理谋略】

韬光养晦——王翦"自污"以求安

"众人皆浊我独清"是一种非常危险的状态,没有人乐意让一个"异己"长久地立于身侧。以"自污"来做障眼法,能让对方安心,使自己安全。

战国末年秦王政准备吞并楚国,继续他统一中国的大业,他召集大臣和将领们商议此事。

秦王先是问大将李信,攻灭楚国需要多少军队。李信不假思索地说:"有大王的英明决策,挟秦军胜利之师的雄威,灭楚20万军队足矣。"

秦王政听了,暗暗称赞李信果然是个少年英雄,他又问老将王翦:"王将军,你的意见呢?

王翦说:"因为楚国很有实力,至少要派60万兵。"

秦王政听了,不屑一顾,命李信攻打楚国。

王翦料定李信必败。果然,李信带领20万秦军攻打楚国,被楚军连破两阵,李信率残部狼狈逃回秦国。秦王政盛怒之下,把李信革职查办。然后亲自去王翦的家乡,请王翦复出,带兵攻楚。

秦王政见到王翦,恭恭敬敬地向王翦赔罪,请王翦带兵出征,王翦自然答应。出兵之日,秦王政亲率文武百官到灞上为王翦摆酒送行。

饮了饯行酒后,王翦装出一副惶恐的样子说:"请大王恩赐些良田、美宅与园林给臣下。"

秦王政听了有些好笑,说:"王将军是寡人的肱股之臣,日下国家对将军依赖甚重,寡人富有四海,将军还担心贫穷吗?"

王翦却又分辩了几句:"大王废除三代的裂土分封制度,臣等身为大王的将

— 157 —

领，功劳再大，也不能封侯，所指望的只有大王的赏赐了。臣下已年老，不得不为子孙着想，所以希望大王能恩赐一些，作为子孙日后衣食的保障。"秦王政哈哈大笑，满口答应："好说，好说，这是件很容易的事，王将军就此出征吧。"

自大军出发至抵秦国东部边境为止，王翦先后派回五批使者，向秦王政要求：多多赏赐些良田给他的儿孙后辈。

王翦的部将们都认为他老昏头了，胸无大志，整天只想着替儿孙置办产业。面对众人的不理解，王翦说："你们说得不对，我这样做是为了解除我们的后顾之忧。大王生性多疑，为了灭楚，他不得不把秦国全部的精锐部队都交给我，但他并没有对我深信不疑。一旦他产生了疑念，轻者，剥夺我的兵权，罢免我的官职；重者，不仅灭楚大计成为泡影，恐怕我和诸位的性命也将难保。所以，我不断向他要求赏赐，让他觉得，我绝无政治野心。因为一个贪求财物，一心想为子孙积聚良田美宅的人，是不会想到要去谋反叛乱的。"秦王政果然因此而相信王翦没有异心，放心让他指挥 60 万大军，发动灭楚战争。仅用了一年多时间，王翦就攻下了楚国的最后一个都城寿春（今安徽寿县），俘虏了楚王，兼并了秦国最大的对手楚国。

王翦为打消秦王政的疑心，不惜自损其名，伸手向秦王要求赏赐，使部将以为他老昏了头，但使秦王更加深信他不会造反，从而全力支持他对楚作战，从而使王翦无后顾之忧，一举灭楚。

正如《抵巇第四》所说："天下纷错，士无明主，公侯无道德，则小人谗贼；贤人不用，圣人窜匿，贪利诈伪者作；君臣相惑，土崩瓦解而相伐射；父子离散，乖乱反目，是谓萌芽巇罅。圣人见萌芽巇罅，则抵之以法。"圣智之人面对天下的纷争，会用抵巇法去处理。小人的谗害，奸邪之人的迷惑，天下相互攻伐。人人都需要睁大眼睛，看清时事，对自己的行动做好策略和打算。

有实力者如果太过"高尚""自敛""清正"，会让领导或竞争者觉得不安。适度"自污"，告诉他们自己也只是个贪一时之财的小人物，对方自然会放松警惕。聪明的人总会为自己撑起一把保护伞，以应对突如其来的变化，伴君如伴虎，王翦深谙秦王的心理，打消秦王的疑心是最好的方法。"自污"也是自保。

正视缺点——秦穆公敢于担当得民心

有一类不受下属欢迎的领导者，他们什么事都喜欢打头阵、做指挥。从不轻易相信下属的能力，分配任务却不给实权，导致下属无法放开手脚。不仅严重束缚了下属的手脚，还会造成很大的负面效果。

殊不知，任何工作，绝不可能始终靠一个人去完成，即使是一些微不足道的协助，做领导的也不可抹杀部属的努力，应该表现由衷的感激。作为一个领导者，这是绝对要牢记的。

一个让下属放心追随的领导者既不会独占功劳，也不会诿过于下属，他们在下属的心里就像一棵可以乘凉的大树，是他们真正可以依靠的靠山。秦穆公主动揽孟明视之过，深责自己，3年后，君臣齐心协力雪洗耻辱，就是一个领导者主动为下属揽过的好例子。

公元前628年冬，秦国驻郑国的大夫杞子突然派人回国，秘密向秦穆公报告说："郑国人信任我，把都城北门的钥匙交给我保管，这是我国用兵的大好机会。如果您派一支军队来突袭郑国，我们里应外合，一定可以占领郑国，借此扩大疆土，建功立业。"秦穆公听了喜出望外，对领土的贪婪一时间充斥着他的头脑，争霸中原的野心使他再也按捺不住。于是秦穆公立即决定调动大军，袭击郑国。

然而作战经验丰富的老臣蹇叔毕竟老谋深算，他权衡利弊后，坚决反对出师郑国。秦郑两国路途遥远，调动大军长途跋涉，必然精疲力竭，元气大伤。而郑国则可按兵不动，精心准备。精力充沛、援应丰足之师待疲惫之师，自然就会占上风。再说，如此大的行动，浩浩荡荡的军队千里行进，郑国怎么会不知道呢？其他诸侯国也不会坐而视之。一旦兵败，不仅国内人民心中不满，其他诸侯国也会小看秦国。因此，蹇叔力劝秦穆公不要发兵。

但求功心切的秦穆公对蹇叔的话不以为然，坚持派孟明视、西乞术、白乙丙三将攻打郑国。蹇叔老泪纵横，对孟明视说："我只能看到大军出发，再也看不到你们回来了。"事实果然被蹇叔言中。

次年二月，秦军到滑国后，郑国人弦高贩牛途经滑国，料定秦军将袭郑，遂一边假托奉郑君之命，犒劳秦军，一边派人回国报信。孟明视等人认为郑国早有防范，遂放弃攻郑，灭滑后撤军。但对秦攻郑之举，晋襄公及其谋臣先轸认为是对晋国霸主地位的挑战。为维护晋之霸业，晋襄公决定待秦军疲惫会师之时，在崤山伏击，并遣使联络附近的姜戎配合晋军作战。四月初，晋襄公整顿人马，亲自出征，在崤山一带大败秦军，俘获孟明视、西乞术、白乙丙3人。幸好秦穆公之女文嬴巧施计策，劝晋襄公放回了孟明视3人，秦国才免于3员将帅之损。

秦军大败的消息传到秦国，秦穆公立即认识到自己贪心过重，急于求成，不但劳顿三军，更险些折损三将。此时，若秦穆公为顾忌脸面，死不认罪，而给三军治罪的话，面子自然可以保住，但从此必会民心不服，也没有哪个将士愿为自己卖命了，如此怎可坐稳江山？相反，如果勇于承担责任，揽过于己，不但可获明君之称，更可收买人心，增强士气，重整旗鼓。因此秦穆公身穿素服，来到郊外迎接3人，见面时放声大哭："我不听蹇叔的话，使3位受到如此侮辱，这都是我的罪过啊！"孟明视等人叩头请罪，秦穆公说："这是我决策失误，你们何罪之有？我又怎么能用一次过失掩盖你们平时的功绩呢？"之后他对群臣又说："都是我贪心过重，才使你们遭受此祸啊！"秦穆公承担下全部责任，感动了群臣，三帅更是力图回报，欲雪国耻，从此整顿军队，严明纪律，加紧训练，为再次出征做准备。

《抵巇第四》曰："事之危也，圣人知之，独保其身，因化说事，通达计谋，以识细微。"在事情出现败坏时，圣智之士发现他，并凭着自己的力量，追寻它变化的踪迹，并且对这一事情加以思量和琢磨，找到产生微隙的原因。然后正视自己的错误，承认错误，才能阻止错误进一步向前发展，才能使错误得到改正。

秦穆公爱护下属，勇于揽过，不找替罪羊开脱自己，这对调动部下积极性，团结上下极为重要。敢于承担责任会让下属觉得管理者敢于担当，自然会对管理者心生敬佩。不诿过于下属，是领导者赢得人心的法宝。只有懂得爱护下属、敢于揽过的人才会赢得忠诚和追随。

不善韬晦——解缙四面树敌

"墙上芦苇，头重脚轻根底浅；山间竹笋，嘴尖皮厚腹中空"。这副著名的对联是明代大学士——解缙所做。解缙，字大绅，洪武进士，官至翰林学士，人称"解学士"。传说他自幼颖敏绝伦，其母画地为字，一见不忘；父教之书，应口成诵；是当时闻名的"神童"。虽然解缙学识渊博、才华横溢，有治国安邦之才。但是他为人耿直，刚正不阿，不畏权贵。最终因才生祸、被迫害致死。

解缙是明初著名才子，明太祖朱元璋特别欣赏他的才能，对他恩宠有加。

解缙为人素来刚正不阿，敢言人所不敢言。他给朱元璋上了一封万言书，指出朱元璋"御下严苛"，滥诛大臣，以喜怒为赏罚诸多毛病，又首次提出分封亲王的权力过大，恐后世会危及朝廷。解缙所言无不深中朱元璋的弊病，然而这些都是朱元璋的大忌，前前后后群臣应对奏章中哪怕有暗示、隐喻这些弊病的意思，都会被严刑处死，甚至灭族，解缙尽言无隐，言辞也犀利无比，朱元璋却体谅他的忠心，也不怪罪，对左右侍臣连声夸赞解缙"高才"。

明初宰相李善长因受胡惟庸谋反一案牵连，被朱元璋借"星变"之名杀死，举朝无人敢言其冤。解缙却想为李善长鸣不平，便和工部侍郎王国缙一道草疏呈上。

朱元璋看罢奏章后大怒，本想重惩王国缙，后来知道奏章出自解缙之手，只好置之不理；却也怕解缙再闹下去，令他无法收拾，便让解缙的父亲把他领回家，再读书十年，然后再回朝做官。这算是以残暴著称的朱元璋最仁慈的时候了。

为人耿直，本是好事，但是身为人臣或下属，如果不分事情之轻重，不分场合一味地奉行耿直的人格，那么势必显得有些偏于固执、无所顾忌，这往往会让自己的一片忠心变成伤心。因为他忽略了自己的耿直可能在某种程度上触犯了对方的忌讳，从而在无形中成为对方的心头隐患。

解缙回家乡读书只有八年，朱元璋病逝，建文帝即位。不过建文帝欣赏重用的是方孝孺、齐泰、黄子澄这些人，并不起用解缙，解缙在建文帝时期只能默默度日。

明成祖朱棣起兵燕京，攻取南京，解缙率先到宫中朝拜朱棣，朱棣早闻解缙的才名，马上重用。让他和杨荣、杨士奇、胡广、黄淮、金幼政、胡俨等人组成内阁，充当自己的顾问，而以解缙为主，这就是明朝内阁制度的由来，解缙便是明朝内阁的第一任首辅。

解缙开始深得朱棣赏识，但是不久之后又犯了在朱元璋手下的老毛病，越发放言无忌，无事不敢为，却为自己种下了杀身的祸根。

一次，朱棣在一张纸上写了几位朝廷大臣的名字，让解缙品评其短长，解缙直言无所隐，把这些人的毛病揭示得淋漓尽致。这些大臣知道后，却恨解缙入骨，一有机会便在朱棣面前指摘解缙的过失。久而久之，朱棣也不能无动于衷。

解缙又在随后朱棣要更换太子的"易储"风波中死保太子，联络群臣，大造声势，维护太子的地位。朱棣虽迫于群臣的压力，最终没有更换太子，但因此迁怒于解缙。朱棣的二儿子朱高煦因没当上太子，更是恨不得吃解缙的肉，天天寻找机会置解缙于死地，先是诬陷解缙向外泄露宫廷中的秘密，朱棣也不管是否属实，便把解缙贬官为广西布政司参议。

永乐八年（1410 年），解缙从广西回京述职，朱棣正领兵出塞攻打蒙古，解缙没见到朱棣，便向当时监国留守京师的太子禀报事情，然后就回广西了。朱高煦知道后，便诬陷解缙趁皇上不在时，私自朝见太子，图谋不轨。朱棣因此大怒，将他投入监狱拷问，后命锦衣卫将解缙处死在狱中，年仅 47 岁。

可叹一代才子解缙放任文人之耿直、率真之性情，屡次上疏，针砭弊政，弹劾奸佞小人，上至皇帝下至官吏，他都得罪了不少人，由此导致他一生坎坷，时而得宠，时而失宠，时而升迁，时而贬谪，直至被人迫害致死。

《鬼谷子·抵巇第四》有言："自天地之合离、终始，必有戏隙，不可不察也。"历史上很多人才华横溢，却不懂政治之险恶。有人评价说，解缙的一生对于"皇帝心理学"都是一窍不通的，这才是最大最可怕的"腹中空"；对"官场关系学"也不曾入门，这更是遭人嫉恨动摇官基的薄弱环节——"根底浅"。这虽然有些调侃，但是也说明了解缙悲剧的根源。

"世无可抵，则深隐而待时；时有可抵，则为之谋。此道可以上合，可以检下。能因能循，为天地守神"。抵巇可以抵塞缝隙，也可以用抵巇之术进行谋划。作为一个在封建社会侍奉朝廷的文人，如果不知晓政治与权谋，只知进不知退，不善韬晦，很容易招致祸端。这是封建社会文人纠缠于政治的一种悲剧性宿命，只有极少精明之人才能幸免这种命运。

釜底抽薪——周亚夫平刘濞之叛

设局时要记住一招：釜底抽薪。敌人再强大，也会有弱点，我方只要突然击败敌人的薄弱之处，再击败敌人主力，这就是釜底抽薪之法。

汉朝初年，刘邦为了巩固自己的统治，大肆分封刘姓藩王，没想到后来这给汉朝带来了一次大变故，就是历史上的"七国之乱"。幸有良将为汉王室效忠，最后平叛，才使得汉朝的统治逐渐稳固下来。而周亚夫就是当初平叛的名将之一。

周亚夫乃汉初名将周勃之子。他练兵有术，后世兵家皆以此为榜样。汉文帝即位第六年，匈奴进犯北部边境，文帝急忙调边将镇守防御，派三路军队到长安附近抵御守卫，其中周亚夫守卫细柳。为鼓舞士气，文帝亲自到军营去犒劳慰问。周亚夫以军礼迎接文帝，显示了其所率之军的纪律性。文帝于是惊叹周亚夫军队的纪律严明，大赞有这等将军，匈奴哪敢再犯。等到文帝弥留之时，还特别嘱托太子刘启（景帝）："即有缓急，周亚夫真可任将兵。"

当然，一位将军是否成功，还要在战场上见分晓。周亚夫的将才主要还体现在他的谋略上，他也是一位善于设局的人。

汉景帝三年（公元前 154 年），吴王刘濞野心勃勃，他串通楚汉等七个诸侯国，联合发兵叛乱，首先攻打忠于汉朝的梁国。汉景帝派周亚夫率30万大军平叛。这时，梁国派人向朝廷求援，说刘濞大军攻打梁国，我们已损失数万人马，抵挡不住了，请朝廷急速发兵救援。汉景帝也命令周亚夫发兵去梁国解危。

周亚夫说："刘濞率领的吴楚大军，素来强悍，如今士气正高昂。我与他们正面交锋，恐怕难以立即取胜。"汉景帝问周亚夫准备用什么计谋击退敌军。周亚夫说："他们出兵征讨，粮草供应特别困难，我们如能断其粮道，敌军定会不战自退。"汉景帝听后，连连点头称是。

周亚夫首先派重兵控制荥阳，因为荥阳是扼守东西二路的要冲，必须抢先控制。然后他兵分两路袭击敌军后方：派一支部队袭击吴楚供应线，断其粮道；自己亲自率领大军袭击敌军后方重镇冒邑。周亚夫随后占据冒邑，下令加固营寨，准备坚守。

刘濞闻报大惊，想不到周亚夫根本不与自己正面交锋，却迅速抄了自己的后路，断了自己的粮草。他立即下令部队迅速往冒邑前进，攻下冒邑，打通粮道。刘濞数十万大军气势汹汹，扑向冒邑。周亚夫避其锋芒，坚守城池，拒不出战。敌军数次攻城，都被城上的乱箭射回。刘濞无计可施，数十万大军驻扎城外，粮草已经断绝。双方对峙了几天，周亚夫见敌军已饥饿数天，士气衰弱，毫无战斗力了，时机已到，于是调集部队，突然发起猛攻。精疲力竭、软弱无力的叛军不战自乱，难逃大败的命运。刘濞也落荒而逃，最终在东越被杀。

《抵巇第四》说："世可以治则抵而塞之，不可治则抵而得之。或抵如此，或抵如彼。或抵反之，或抵覆之。"世道可以挽救，就采取措施弥补漏洞，世道已经不可挽救，就寻其隙缝，打烂旧世界，重建新世界。或用这种方法治世，或用那种方法治世，或把世道反过来，或让世道恢复本来的面目。对强敌不可用正面作战取胜，而应该采取避其锋芒，削减敌人的气势，再乘机取胜的谋略。釜底抽薪的关键是抓住主要矛盾，很多时候，一些影响战争全局的关键点，就是敌人的弱点。指挥员要准确判断，抓住时机，攻敌之弱点。比如粮草辎重，如能乘机夺得，敌军就会不战自乱。

正如粮草就是刘濞的根本，也是他致命之处，任何事情或者势力都有其根本，一旦失了这个根本，这个势力便会如空中楼阁，不用摇都会坠下来。而周亚夫正是抓住了这一根本，才取得了最后的胜利。因此，设局时要记住一招：釜底抽薪。

防患未然——孟尝君狡兔三窟

　　孟尝君是战国时期齐国的贵族，战国著名的四公子之一，家中养了好几千食客，声名远扬，异常富有。孟尝君是他的封号。冯谖是一个穷得叮当响的光棍汉，除了一把随身宝剑之外，几乎一无所有。到了不能维持生计的时候，他请人托孟尝君，想在其门下寄食。孟尝君问他："你有什么爱好？"他回答说没什么爱好。又问他有什么能耐，回答说没什么能耐。孟尝君笑了笑，还是收留了他。

　　因为他无一技之长，左右都看不起他，被列入最低等的门客，给他粗劣的饮食。冯谖不服气，就靠在柱子上，弹着他的剑，歌唱道："长剑啊！咱们还是回去吧，吃饭没有鱼！"左右管事的人把这情况告诉孟尝君。孟尝君说："给他吃鱼，给他有鱼吃的客人的待遇。"过了不久，冯谖又弹着他的剑，歌唱道："长剑啊！咱们还是回去吧，出门没有车！"左右的人都讥笑他，把这一情况告诉孟尝君，孟尝君说："给他准备车马，给他有车的客人的待遇。"于是，冯谖乘上车子，举起宝剑，去见他的朋友，说："孟尝君尊我为上客。"过了不久，冯谖又弹着他的剑，歌唱道："长剑啊！咱们还是回去吧，没有东西养家！"左右人都很厌恶他，认为他是一个贪得无厌的人。孟尝君问："冯先生有亲属吗？"左右人回答说："家有老母。"孟尝君便派人供应他家的吃用，不使他缺少什么，于是冯谖不再唱歌了。孟尝君把他从下等客升到中等客，又从中等客升为上等客。冯谖受到器重，准备报效孟尝君。

　　有一次，冯谖自告奋勇到孟尝君的封地薛城为其收债。他临行时问孟尝君："收完债买些什么回来呢？"孟尝君很随便地说："你看我家缺少什么就买什么吧！"到了薛城，冯谖不但没有催逼百姓还债，还以孟尝君的名义把带来的债券全烧了。老百姓非常感激。冯谖空手回来，一大早求见孟尝君。孟尝君见他这么快就回来了很奇怪，问他买些什么回来。他回答说："你说让'买你家缺少的'，我考虑你家其他什么都不缺，唯一缺的是'义'，我就为你买了'义'。"孟尝君心里不高兴，但碍于面子，又不好说什么。一年后，齐湣王听信谗言，免去了孟尝君的相国职务，孟尝君只好回到自己的封地薛城。没想到，薛城百姓扶老携幼，到半道来欢迎他。孟尝君这才恍然大悟，对冯谖说："先生为我买的'义'，今天才真正看到了。"

　　冯谖这时候才说："狡兔有三窟，你才有这一窟，还不能高枕无忧。我得再为你准备两个窟。"当时的孟尝君在列国中有很高的威望，各国为了争雄天下，都渴望人才归附。冯谖就带车五十乘，五百金，去魏都大梁游说魏惠王，说齐国放逐大臣孟尝君到各诸侯国去，谁先得到他，谁就能国富兵强称霸天下。惠王立即把原来的宰相调去任大将军，遣使者带千金，车百乘，前往聘请孟尝君任宰相之职。冯谖又赶在惠王使者之前回来告诉孟尝君，惠王的礼物足够贵重的了，使臣也够显贵的了，齐湣王肯定要知道。惠王的使者来回跑了三趟，孟尝君依冯谖之谋坚决推辞。齐湣王果然听说了这件事，害怕孟尝君为他人所用对自己不利，又急忙以重金任用孟尝君。

冯谖又给他出主意说，得让齐湣王以先王传下来的祭器，在薛城建立宗庙，这样可以使孟尝君的政治地位更加巩固。宗庙修成，冯谖才对孟尝君说三个窟都建好了，你可以高枕而乐了。本来落魄不遇的孟尝君因冯谖之谋在政治上处于更稳固的地位。

这个典故虽是两千多年前的事，其揭示的道理在今天依然有重大意义，简单说来就是多备几条后路，不在一棵树上吊死。即使是很细微的缺漏，都要引起注意，加以重视。孟尝君任人唯贤，广得民心，很自然成了齐湣王的眼中钉。冯谖审时查漏，不仅看到了潜在危机，更在危险来临之前做好了充分准备。为孟尝君填补漏洞，把小"巇"消灭在萌芽中。同时广施恩惠，得到人民的拥戴，最终使齐湣王改变初衷，对孟尝君委以重任。而出谋划策的冯谖，也得到了孟尝君的信任和重用，一时声名显赫。

【商战博弈】

重视细节——苦心修炼，细节定成败

《金领》出版的时候，卫哲对自己的这本书第一句感言便是"写这本书不是少年得志后自信心极度膨胀的产物"。写这本书，仅仅是他对十几年职场生涯的一种总结。

虽然说卫哲仅仅混迹职场十几年，但是没有人敢否认他的职场经验是片面之谈。大凡了解卫哲的人都知道，他的成功是实实在在的辛苦经营得来，没有半分投机取巧，也没有一点儿幸运成分。没有那股认真的劲儿、察言观色的能力和利落精干的经营风格，就不会有今日人们所看到"卫哲风光"。

1993年，卫哲刚刚获得上海外国语学院国际商务管理学士学位。因为学的是外事管理，所以他曾有过做外交家的梦想。可人算不如天算，他所从事的却是与外交家大相径庭且地位相差悬殊的"小秘"工作。不过，由于在被誉为"中国证券之父"的管金生手下工作，老板的出色令卫哲并没有不平衡，反而是抓紧时间学习。

然而，当秘书并没有想象中的那样容易，它也是一门"技术活儿"，老板所有工作上的细节，都需要秘书来打点。用卫哲的话来说，就算是给老板端茶送水，也有一定的技巧。要估摸老板一杯水喝了多少时间，然后再倒下一杯；如果老板讲话多就得倒得勤一点儿；如果在会场外边，什么时候去倒水，又不能打断老板讲话的激情，什么时候光倒水不加茶叶，什么时候该带着茶叶进去，这都是技术。倘若老板还抽烟，什么时候打火机里的油没了该换个打火机，这也必须把握。

刚当上秘书时，老板怕卫哲不熟悉，让他先翻译年报，然后负责剪报工作。剪报看似容易，但那么多报纸，老板要看哪方面的，哪一条比较重要，都需要卫哲费心思摆弄。后来因为他剪报纸有一手，弄得管金生不看他的剪报就吃不下中午饭，有时管金生吃着午饭时就要"小卫剪报"。

做个小小的秘书，卫哲的细心和贴心表现令管金生感到了他的重要性。现代人都讲"细节决定成败"。卫哲将所有的细节都做到了位，令管金生深感如果再让他做复印、倒水、剪报等工作就是屈才，于是一年多以后，小人物终于成了大人物，年仅 24 岁的卫哲就被擢升为上海万国证券公司资产管理总部的副总经理。

人生有平静也会有风暴。此后的几年内，先是万国证券被并购，卫哲受不了公司易名而意气用事，决然辞职。不久他到了永道会计事务所，未曾想普华又与永道合并，组成普华永道。那时卫哲 26 岁，因为正在英国总部工作，所以看清了普华永道在中国不会有太大发展动作的现实，自己继续待下去，回国也不可能成为一把手，于是再次辞职。在这之后，卫哲又去了东方证券投资银行总部，担任董事总经理。

年纪轻轻的卫哲虽然步步高升，却并没有找到事业的归属，直到 2000 年，卫哲进入百安居（中国区）担任执行副总裁兼财务总监，才开始大展拳脚。从 2002 年到 2007 年，也就是卫哲任百安居（中国区）总裁期间，他率领管理团队快速地实现了百安居在中国的本土化，将公司在中国原有的 5 家分店、1300 名员工，发展到在 23 个城市拥有 55 家分店和超过 1 万名员工的大型建材零售超市，击败并最终戏剧性地收购了竞争对手欧倍德，在业内一炮打响，而百安居也一跃成为中国第三大外资零售企业。除此之外，他的经营和管理模式一度被人称道，被纳入百安居全球资源运作销售模式当中。

卫哲的出色太过显而易见，以至于让人们无法忽视他的实力。于是，一向眼界极高的阿里巴巴集团主席兼首席执行官马云在 2007 年底向卫哲伸出了橄榄枝。

"和卫哲的相识，改变了我对职业经理人的看法。尽管卫哲非常的年轻，但是我发现他敢于做出重大决定并承担责任。他能够在短短的三年时间里，使百安居公司在中国的业务获得如此巨大的拓展，充分显示了他独到的战略眼光和对企业的高度领导力。"

从前的卫哲，用细心和责任心赢得了管金生的信任，用高干的实力征服了他所工作的各企业，如今的卫哲，不禁依靠从前的优势，还用他独到的战略眼光和高效管理模式彻底征服了一向胃口苛刻的马云。

当时的全球著名财经杂志《福布斯》对卫哲接受马云的邀请加入阿里巴巴，出任阿里巴巴网络公司的总经理给予了高度评价。《福布斯》甚至这样比喻，卫哲加入阿里巴巴真是恰逢其时，他甚至有点儿像谷歌的埃瑞克，将把一个处于火热发展中的企业带入更加快速的成长中。《福布斯》还替卫哲说出了他的使命：要将阿里巴巴从目前交流商业信息的平台转变为一个全方位的电子商务运作平台；把中国这家最热的上市公司变成世界领先的企业。

《福布斯》的一番话，令卫哲承担了前所未有的压力，不过卫哲历来稳重的行事作风和强悍商业运作能力，让他游刃有余地驾驭了阿里巴巴网络公司总经理这个职位。事实证明，马云的眼光是正确的，而卫哲的能力更是毋庸置疑。

2009年，全球经济迎来了冬天，中国的企业纷纷遭受重创，中国的中小型制造零售业更是严重受挫。对于阿里巴巴这个专为中小企业提供发展平台、依靠其赢利而赚钱的电子商务平台来说，等于瘸了一条腿。但作为国内最大电子商务平台的"掌舵人"，卫哲对2010年的中国制造仍然满怀信心。在他看来，一次经济危机就会令整个行业进行洗牌，机遇的发展总会伴随着阵痛，幸存下来的生产商和制造商将会再掀"中国制造"的浪潮。

卫哲对中国制造业的大胆预测，其实也是建立在他素来细心观察的基础上。他甚至可以预测哪一种制造业在那一个月的时段海外销售最不理想。一个无论是实干还是推理这两种外功内功皆如此精到的人，阿里巴巴想在他的手上落后恐怕都难。

这些年来，卫哲的风光一直被世人所接纳，30岁出头就成为全球所瞩目的企业家，人们对他一生的稳步上青云羡慕至极。可是，卫哲的事业，完全是他辛辛苦苦经营而来。在做秘书的时候，他对工作中的任何细节从不放过；在做事业的时候，每天工作14到16个小时，是别人工作时间的两倍。如果把卫哲称为年轻一辈的武林顶尖高手，那么他的高绝不是像别人那样得到奇遇，又或者得到什么秘籍，卫哲就是凭借着比别人多吃一倍的苦，得到了今日的成就。他能够得到马云的青睐，恰恰也在于此。

《鬼谷子》说："因化说事，通达计谋，以识细微。"有积累才有收获，有细节决定了卫哲的成功。"圣人见萌芽巇罅，则抵之以法。世可以治则抵而塞之"，注重细节，是人生的一种修养。注重细节，就能对自己有充分的认识。重视细节，不仅在立身做人方面影响巨大，更是一个人成就事业必须具备的品质。

未雨绸缪——五粮液决胜商海

1984年底，王国春当厂长的时候，五粮液总资产3000万，负债竟高达2500万，而账面的流动资金仅仅8万元。那时的他就知道，面前的这个差事并不是个肥差。现在的人们可能无法真切地了解王国春当时的压力，一个资历颇深的国企，负债率竟达到令人难以想象的程度。最初的一个阶段，王国春确实有骑虎难下的感觉，他在夜以继日地寻求翻身良策。

20年后的今天，五粮液办公大楼门前有座雕塑，上面雕刻的，是大鱼吃小鱼的景象，王国春想借此提醒人们：危机一直都在，只有防微杜渐，才能少翻跟头。但危机有时就是不期而至。当年，就在王国春准备带领尚有亏损的企业大力发展的时候，1989年国家出台了名酒不能上宴席和限制贷款等政策，白酒行业面临着灭顶之灾。

遭遇突变的王国春并没有慌张，这个已经习惯预判危机的人，心中早已有应对之策：他决定转型，走多品牌战略，趁人们的消费习惯还未成型，就迅速占据市场。

那时，五粮液只有两个品牌，一个是高端市场的五粮液，一个是低端市场的尖庄。品牌少，竞争力就不足。这就像一个江湖中人，如果只会简单的一招半式，怎能抵挡其他高人的招数？

为了改变当时的窘相，王国春针对不同地区和不同消费者的口味，并结合当地的文化和特色，推出了五粮春、五粮醇、金六福、浏阳河等70多个新品牌，一举打开了沉闷已久的销售市场，带活了整个企业。但不久之后，其他酒厂看到五粮液的做法后纷纷效仿，原本不大的市场受到挤压。此时，王国春又适时推出"1＋9＋8"战略：力图将五粮液打造成具有世界影响力的品牌，在附带发展9个国家级品牌和8个地区级品牌，让精品带动集团发展。

此后，他又加大投入壮大生产规模，从首期的300吨到后来的1.6万吨，再到现在的远远领先其他竞争对手的40万吨，五粮液集团已经在王国春的带领下，成了名副其实的资产雄厚的大企业。到2003年，五粮液销售收入已经达到121亿，利税攀升至34亿元。在中国白酒业这个竞争惨烈的江湖里，五粮液已经独步天下。

但就是在这样的情况下，王国春还说，他的背后经常感到丝丝寒意。

这可能跟他的性格有关，落后甚至平缓的发展都让他感到危机。

在王国春的潜意识里，他总想争一些东西，而不是保一些东西。在五粮液厂区，有许多"永争第一"的标语，有些人不解？已经是行业老大了，为什么还要争呢？王国春对此有独到的见解："虽然只是一字之差，代表的却是不同的战略。'争'代表的是攻势，'保'代表的是守势。尽管我们是第一，但仍然应该保持积极的进攻姿态。"

这就是王国春，最开始执掌大局的时候就未雨绸缪，居安思危，做到了行业领军者，还时时以危机自勉。只不过，完成了最初的多品牌发展后，王国春的视野更加开阔，他的产业梦想已经涉及酒业之外的领域。这次，他想做的是造车。

王国春的这个想法刚一宣布，就遭到诸多质疑：人们想不通，一个在白酒行业占据霸主地位的国企为什么要涉足汽车业？有的甚至讥讽这是"酒后造车"。但是，王国春提出这个想法并不是心血来潮，他已经想了很久了。

在王国春接手五粮液的二十多年里，虽然自己的产品在市场上的占有率不断扩大，但整个市场是有限的。他曾经算过这样一笔账：今后十年白酒在全国的销售规模是每年大概 250 万到 300 万吨，五粮液现有的销售规模是每年 30 万吨，如果增加到 50 万，就占据了整个市场的 1/5，他们的这 50 万吨都是中高档白酒，中高档酒在中国的市场容量是 100 万左右，五粮液一家就占据了半壁江山，其他的被对手瓜分。所以，王国春分析，在白酒业，五粮液的发展空间已经无法再有太大扩充，而如果只靠这一条腿走路，很有可能无法走得更远，会摔跟头，他就一直想再培养几个能和酒业并肩的产业，以使五粮液不至于在酒业市场饱和的时候无路可走。所以，他才将目光投向了汽车。

虽然在王国春看来，自己进军汽车业理所当然，但还是令很多人感到意外。相关人士也分析出两个原因：一个是相关政府部门会出台一些汽车业最新的法规，进一步严格审查汽车生产厂家的资格，五粮液在此前进入汽车业，就会少去很多麻烦。第二是五粮液只是白酒界的老大，但在整个酒业，并不算最大的。所以，王国春要尽早给自己添一些新的经济增长点。

不管怎样，王国春已坚定地迈出壮大自己产业帝国的步子。现如今，五粮液已经在全国拥有 18 家子公司、涉及 14 个产业，非酒业收入已达几十亿。他的广撒网，多积粮的策略让五粮液集团受益匪浅，而王国春也越来越显出其王者之气。

很少有人能坐到王国春那样的位子：国家大型企业总经理，手下是十多个分公司，他原本应该高枕无忧，实际却如履薄冰。他说的最多的一个词就是危机。而预判危机，就是王国春带领五粮液集团不断前进的法宝。

鬼谷子在《抵巇第四》中说："巇者，罅也。罅者，涧也。涧者，成大隙也。巇始有朕，可抵而塞，可抵而却，可抵而息，可抵而匿，可抵而得，此谓抵巇之理也。"事端初起，隐冥难知。在缝隙刚出现征兆时，治理它、堵塞它，控制它的发展，甚至可以恢复它的原状。这是抵巇的一条基本原理。

商道的路上，扩充自己实力的方法千千万万，而预判危机，提前做出准备就是其中一种。预判是一个深谋远虑的商人对未来的"未卜先知"。只有先使自己强大，掌握更多的经营之道和生存方式，才不会被无可计数的商业大军淹没，不会被残酷的市场淘汰。王国春带领下的五粮液集团，正是凭借独到的眼光和长远的思虑，才有了辉煌的成绩，才能在激烈的竞争中稳若泰山。

居安思危——英特尔以危机意识取胜

未雨绸缪、防微杜渐是人生智慧。职场之中，常常强调"冬天"的人，日子未必艰难，一直浸润在"春天"里的人，"冬天"或许会提前到来。

微软公司创始人比尔·盖茨常说："微软离破产只有 18 个月。"居安思危是审时度势的理性思考，是在超前意识前提下的反思，是不敢懈怠、兢兢业业、勇于进取的积极心志。

松下幸之助说过，五十多年来，他每天都是在连续的不安中度过的，虽然时时都处在不安与动摇中，但他能抑制那不安与动摇的一面，克服它们，完成今天的工作，产生明天的新希望，找到生活的意义。一个具有忧患意识的职场中人会像松下一样，能够时刻将公司的兴亡发展同自己联系起来，在公司一片歌舞升平，其他员工都安于现状的时候，他们能够保持清醒的头脑，能在工作中做到"先他人之忧而忧"。

世界著名的信息产业巨子，英特尔公司的原总裁安迪·葛罗夫，在功成身退之时回顾自己创业的历史，曾深有感触地说："只有那些危机感强烈，恐惧感强烈的人，才能够生存下去。"

英特尔成立时葛罗夫在研发部门工作。1979 年，葛罗夫出任公司总裁，刚一上任他立即发动攻势，声称在一年内从摩托罗拉公司手中抢夺 2000 个客户，结果英特尔最后共计赢得 2500 个客户，超额完成任务。此项攻势源于其强烈的危机意识，他总担心英特尔的市场会被其他企业占领。1982 年，由于美国经济形势恶化，公司发展趋缓，他推出了"125%的解决方案"，要求雇员必须发挥更高的效率，以战胜咄咄逼人的日本企业。他时刻担心，日本已经超过了美国。

在销售会议上，身材矮小、其貌不扬的葛罗夫，用拖长的声调说："英特尔是美国电子业迎战日本电子业的最后希望所在。"

危机意识渗透到安迪·葛罗夫经营管理的每一个细节中。1985年的一天，葛罗夫与公司董事长兼总经理的摩尔讨论公司目前的困境。他问："假如我们下台了，另选一位新总裁，你认为他会采取什么行动？"摩尔犹豫了一下，答道："他会放弃存储器业务。"葛罗夫说："那我们为什么不自己动手？"1986年，葛罗夫为公司提出了新的口号——英特尔，微处理器公司。英特尔顺利地走出了这一困境。其实，这皆赖于他的危机意识。

1992年，英特尔成为世界上最大的半导体企业。此时英特尔已不仅仅是微处理器厂商，而是整个计算机产业的领导者。1994年，一个小小的芯片缺陷，将葛罗夫再次置于生死关头。12月12日，IBM宣布停止发售所有奔腾芯片的计算机。预期的成功变成泡影，一切变得不可捉摸，雇员心神不宁。12月19日，葛罗夫决定改变方针，更换所有芯片，并改进芯片设计。最终，公司耗费相当于奔腾5年广告费用的巨资完成了这一工作。英特尔活了下来，而且更加生气勃勃，是葛罗夫的性格和他的危机意识挽救了公司。

在他的带领下，英特尔把利润中的很大一部分花在研发上。葛罗夫那句"只有恐惧、危机感强烈的人，才能生存下去"的名言已成为英特尔企业文化的象征。

《鬼谷子》认为，凡事都会有巇，小巇有可能变化发展成大巇。孔小不补，孔大受苦。这就提醒我们要未雨绸缪，居安思危。正是由于葛罗夫时刻充满危机意识，才能在激烈的市场竞争中立于不败之地。

居安思危方可安身，贪图享乐则会亡身。如果每一个职场中人都能把葛罗夫的例子装在心中，将"永远让自己处于危机与恐惧中"的话记在心中，并时时提醒自己不断进步，毕将会在竞争激烈的环境中生存下来，开创出属于自己的艳阳天。

无中生有——皮尔·卡丹的创意之火

为了应付变化多端的社会而不断改变自己，时刻跟随时代的脚步前行，且具备创新的精神和能力，这种人总能走在时代的浪尖上，并且经常能发挥所长，做出辉煌的事业。

许多著名人士之所以能受到社会的普遍关注，正在于他们从不放任自己变得懒惰，而是善于以小见大，寻找事物发展的突破口，继而做出能够引领时尚、潮流的辉煌业绩。闻名全世界的法国时装设计大师皮尔·卡丹，堪称当今世界的风云人物。

皮尔·卡丹出生于贫困家庭，从小就培养出毫不气馁、顽强拼搏的坚强意志。为了逃避贫穷和战乱，他两岁时就随家人踏上了背井离乡的征途；14 岁时就放弃了学业，到当地的一家小裁缝店去当学徒工；16 岁时就独自离家闯荡，为了生计，当过店铺的伙计、红十字会的会计，甚至当过家庭男佣。但苦难的经历并没有磨灭他固有的天性，他在童年时代就显示出服装设计的天赋，7 岁时就完成了他的第一件时装作品。

理想的焰火在酝酿了多年以后，终于找到了突破口。"二战"后，皮尔·卡丹来到了梦寐以求的花都巴黎，成了一名出色的高级时装设计师。但是，他并没有因此满足，他要接受新的挑战，那就是迈出独立经营的第一步，在巴黎经营剧院。现实是残酷的，丝毫不懂经营的卡丹虽然有几位好友的支持和帮助，可还是没能避开失败的重创，等他开始对商业、理财稍有感悟的时候，已是"重债之身"了，那时皮尔·卡丹才 28 岁。遭遇失败的皮尔·卡丹并未一蹶不振、意志消沉，反而迸发出更加旺盛的斗志。不久，皮尔·卡丹便做起了成衣商。他加倍努力，凭着丰富的想象力，在成衣行业里设计出许多款式新颖、独特的时装，很快便又恢复了元气。1950 年，皮尔·卡丹倾其所有积蓄，开设了第一家戏剧服装公司，这是皮尔·卡丹大显身手的地方，也是皮尔·卡丹帝国崛起的起点。

创业之路布满荆棘，只有百折不挠、顽强拼搏的人才能到达成功的巅峰，皮尔·卡丹的非凡经历向人们展示了他就是这样一个无惧孤独、勇于冒险、敢于争先的成功者。一个人如果连挑战自我、挑战他人的勇气都没有，他就只能保持沉默而变得懦弱；一个人如果丝毫不打算动脑筋去尝试、创新，那平庸必然与他如影随形。

著名的玩具大亨罗伯特在大学三年级时便退学了。他年仅 23 岁就开始在佐治亚州克林夫兰家乡一带销售自己创作的各种款式的"软雕"玩具娃娃，同时在附近的多巨利伊国家公园礼品店上班。

然而曾经连房租都缴不起、穷困潦倒的罗伯特如今已成为有钱人。这一切都要归功于他在一次乡村市集工艺品展销会上突然冒出的一个灵感。在展览会上，罗伯特摆了一个摊位，将他的玩具娃娃排好，并不断地掉换拿在手中的小娃娃，他向路人介绍"她是个急性子的姑娘"或"她不喜欢吃红豆饼"。就这样，他把娃娃拟人化，不知不觉中就做成了一笔又一笔的生意。

不久之后，便有一些买主写信给罗伯特，诉说他们的"孩子"——那些娃娃被买回去后的问题。就在这一瞬间，一个惊人的构想突然涌进罗伯特的脑海中。罗伯特忽然想到：他要创造的根本不是玩具娃娃，而是有性格、有灵魂的"小孩"。

就这样，他开始给每个娃娃取名字，还写了出生证书，并坚持要求"未来的养父母们"都要进行收养宣誓，誓词是"我×××郑重宣誓，将做一个最通情达理的父母，供给孩子所需的一切，用心管理，以我绝大部分的感情来爱护和养育他，教育他成长，我将成为这位娃娃的唯一养父母"。

数以万计的顾客被罗伯特异想天开的构想深深吸引，他的"小孩"的总销售额一下子激增到 30 亿美元。正是那个惊人的构想成就了罗伯特的辉煌。

一个小小的创意往往能带来巨大的财富。"物有自然，事有合离"，再小的针也有针眼，再大的难关也有突破口。一个点子可以开启一扇新领域的大门，可以造就一个成功者，可以创建一家成功的企业。

这是"抵巇"的智慧，更是"用巇"的好处。皮尔·卡丹和罗伯特正是找到了成功的突破口，打破瓶颈，瞄准空隙，才创造了奇迹，成就了自己的梦想。

乘虚而入——借口的"蝴蝶效应"

鬼谷子提醒世人：要学会"抵巇"。"小巇"不补，就有可能成为"大巇"。尤其是在职场，更要学会正视自己的不足和错误，及时改正，而不能用借口来敷衍。

借口是比海洛因还能让人上瘾的东西，用久了会摧垮一个人的精神和意志。一个人，可以找到很多借口为自己的失败开脱，但这些借口也形成一个个台阶，让穷人顺着台阶自然而然地走进无法翻身的无底深渊，最终老老实实地做一辈子穷人。

富人在任何情况下都不为自己找借口，他知道再完美的借口对他一点儿作用也没有。他要找的是解决问题的办法和总结失败的经验教训。这些也是一个台阶，但这些台阶会把富人送到事业的顶峰。

陈曦，畅网科技首席技术官，三次创业，2005 年，获得东方卫视《创智赢家》冠军。

18 岁大学毕业后第一次创业，一年后，陈曦以公司被 400 万美金收购的结局完美退出。但是他的第二次创业却遭遇失败。那次陈曦给一家新疆的民营公司注资两千万，谋求自己的原有公司通过这家公司上市。但陈曦在进行两家公司的重组时却遇到了极大麻烦。新疆公司的原有管理层对面前这个年轻人极不信任，他们的结构组成极其复杂，所持股份相差无几，股东大会做决议时也极其混乱。而且此公司人员众多，每月的工资就有六七十万。没有人听陈曦的，最后这家公司被逼破产，陈曦负债几百万。

如果换成陈曦之外的任何一个人，放弃肯定是最好的解脱，找借口也成了理所当然的事。很少有人能承受如此大的压力，对于一个二十出头的年轻人来说尤其如此。世上的事总有因果，一个能成事的人也必有他成功的原因。陈曦接下来做的预示他注定会成为一个富有的人。

第二次创业失败后，陈曦虽然沮丧，却没有气馁，也没有找借口，而是及时总结经验。他觉得："失败不在产品策略和营运，是资本运作和战略不清晰，长期规划不清晰。"所以，虽然此后他进入大学学习，也是个休养生息重整旗鼓的过程。

2004年，陈曦又开始了自己的第三次创业，在上海创立畅网科技信息技术有限公司，经营手机游戏。这次创业之前，陈曦吸取了上次失败的教训，做好了十足的准备。从为什么瞄准手机市场到开发何种手机游戏，都进行了周密的研讨和筹划。事实证明，陈曦这次的判断是正确的，他没有重蹈上次的覆辙，公司经营得红红火火，现在身价已经数千万。

许多人之所以能够成功，除了自身能力决定之外，还在于他从不找借口。找借口的人永远只会得到一时的安宁，片刻的惬意与逃避却会带来更大的隐患，导致更严重的失败。聪明人会正视自己的错误和不足，及时"抵巇"，而不会找借口。就像陈曦一样，从失败中吸取教训重整旗鼓才是最重要的，寻找托词只会自堵出路。

要想"抵巇"，改正自己的缺点和不足，并非一件容易的事，必须对自己有充分客观的认识。而找借口，每个人都可以成为"天才"。比如："我没有资本。"在这个世界，我们都知道"金钱不是万能的，但没有钱却是万万不能的"。但绝大多数的亿万富翁从一开始时都并没有什么资本，也就是说，钱并不是他们迈向成功的唯一的基本要素。一个优秀的商业创意或商业观念，以及积极而开阔的视野，才是必须具备的东西。世界上的芸芸众生之中，每个人都会或多或少拥有一些可带来经济利益的才能、热情或者爱好，至少会拥有一种这样的条件。

但是我们又不可忽视一个问题，每个人都有局限，不可能十全十美。《抵巇第四》曰："因化说事，通达计谋，以识细微。"在寻求成功的途中，总会有一些不如意的事情，而这些不如意往往都是因为自身的局限或者错误造成的。找到产生微隙的原因，然后正视自己的错误，承认错误，才能阻止错误进一步向前发展，才能使错误得到改正。因此，我们要想获得成功，就得及时"抵巇"，改正自己的不足，防止更大的错误。

财富并不遥远，就在生活的角角落落。运用"抵巇术"开创事业，把错误降到最低，就会换来一次又一次正确的决定，通往成功的"罗马大道"就会越走越宽。

准备过冬——华为保险谋发展

创建华为之前的某一天，刚从部队转业的任正非走在深圳的街头，那时的深圳暖日洋洋，改革开放的春风正沐浴在这个城市的上空。任正非敏锐地觉察到，这应该是个有故事的时代。而他的故事，也将从这里开始。

一个偶然的机会，一个做程控交换机生意的朋友让他帮自己卖些产品，那时候的任正非还不能说清面前的这个程控交换机是什么东西，但做了一段时间后，他敏锐地发现了这个生意背后潜藏的巨大通信线路市场，华为就在不久之后诞生。

十年的发展，铸就了华为的辉煌，但大概是由于曾经身为军人的缘故，任正非时时刻刻都有一种强烈的危机感，公司发展得再好，他也觉得步履蹒跚。在他两篇管理名作《华为的冬天》和《北国之春》中，通篇都在强调危机意识。

在《华为的冬天》中，任正非这样阐述"失败一定会到来"的观点。他说十年来他天天思考的都是失败，对成功视而不见，也没有什么荣誉感、自豪感，只有危机感。也许是这样，华为才存活了十年。他希望大家要一起来想，怎样才能活下去。也许只有做到这点，才能存活得久一些。失败这一天是一定会到来的，大家要准备迎接，这是他从不动摇的看法，这是历史规律。

任正非思考着：公司所有员工是否考虑过，如果有一天，公司销售额下滑、利润下滑甚至面临破产，该如何应对。华为在思考着，它的太平时间太长了，在和平时期升的官太多了，这也许就是华为的灾难。泰坦尼克号也是在一片欢呼声中出的海。他相信，这一天一定会到来。

任正非当然希望华为公司的太平时间越长越好，但是，四季轮回不可能永远都是春天，冬天是一定会到来的。所以，在后来紧接着出炉的姊妹篇《北国之春》中，任正非以一种笃定的语气来阐明他的论点：

华为的危机以及萎缩、破产是一定会到来的。

　　现在是春天，但冬天已经不远了，华为在春天与夏天要念着冬天的问题。华为人可否抽一些时间，研讨一下如何迎接危机。IT业的冬天对别的公司来说不一定是冬天，而对华为可能是冬天。华为的冬天可能来得更冷、更冷一些。因为华为还太嫩，经过十年的顺利发展没有经历过挫折，不经过挫折，就不知道如何走向正确道路。磨难是一笔财富，而华为没有经过磨难，这是华为最大的弱点，使华为完全没有适应磨难的心理准备与技能准备。

　　在这些观点提出的同时，任正非加快了华为内部整理、业务流程、供应链等环节的改革。他的这些讲话既为这些变革运动提前做好思想准备工作，也为华为未来将向何方（职业化、国际化）提出了明确的方向。其实在更早的时候，即1995年，任正非就已经敏锐地意识到华为即将到来的危机。

　　1995年，华为自主研制的数字程控交换机经过两年的研发、实验和市场推广之后，终于在市场上实现商业运作。华为的08机与巨龙的04机一起，成为中国广大农村通信市场的主流设备。华为人为此欢欣鼓舞，对公司的发展前景满怀信心，而任正非则清醒地意识到：由于全世界厂家都寄希望于中国这块当前世界最大、发展最快的市场，因而拼死争夺，形成了中外产品撞车，市场严重过剩，形成巨大危机。大家拼命削价，投入恶性竞争，由于外国厂家有着巨大的经济实力，已占领了大部分中国市场，如果中国厂家仍然维持现在的分散经营，将会困难重重。

　　1996年，华为全年完成销售额26亿元，经过8年艰苦奋战，华为正式进入顺利发展阶段。而此时任正非却尖锐地提出：面对成功，华为人必须有一种清醒的认识，否则成功带来的不是企业的繁荣，而是令人措手不及的危机。他表示：

　　成功是一个讨厌的教员，它诱使聪明人认为自己不会失败，它不是一位引导人们走向未来的可靠的向导。它往往会使华为以为8年的艰苦奋战已经胜利，这是十分可怕的。华为与国外企业的差距还较大，只有在思想上继续艰苦奋斗、长期保持进取、不甘落后的态势，才可能不会灭亡。繁荣的里面，处处充满危机。

　　任正非认为，成功没有止境。例如：对于生产工艺、产品加工质量，华为人都应该有一种"每天继续改进"的欲望；而市场营销则要从公关、策划型向管理型转变；至于中高层管理人员要善于作势，基层管理人员则要把工作做实。任正非坚持认为，成功只能说明过去，只有在思想中保持艰苦奋斗的优良传统，才能不为过去的成就所束缚，才能在更高的层次获得更大的进步。

　　在一次表彰大会上，任正非向奋战在各条战线、做出成绩的华为人表示了真诚的祝贺，并号召全公司人员以他们为学习的榜样。在这样一个皆大欢喜的庆功会上，任正非仍然不忘提醒沉浸在喜悦中的华为人要警惕繁荣背后的危机。他表示：

繁荣的背后都充满着危机。这个危机不是繁荣本身的必然特性，而是处在繁荣包围中的人的意识。艰苦奋斗必然带来繁荣，繁荣以后不再艰苦奋斗，必然丢失繁荣。千古兴亡多少事，悠悠，不尽长江滚滚来。历史是一面镜子，它给了人们非常深刻的启示。忘却过去的艰苦奋斗，就意味着背弃了华为文化。

那么，任正非希望华为人理智对待目前的繁荣，时刻预防可能会到来的危机。他说，世界上他最佩服的勇士是蜘蛛，不管狂风暴雨，不畏任何艰难困苦，不管网破碎多少次，它仍孜孜不倦地用它纤细的丝织补。数千年来没有人去赞美蜘蛛，它们仍然勤奋，不屈不挠，生生不息。他最欣赏的是蜜蜂，由于它给人们蜂蜜，尽管它有时会蜇人，人们都对它赞不绝口。不管如何称赞，蜜蜂仍孜孜不倦地酿蜜，天天埋头苦干，并不因为赞美而少产一些。胜不骄，败不馁，从它们身上完全反射出来。在荣誉与失败面前，平静得像一潭湖水，这就是华为应具有的心胸与内涵。

鬼谷子在《抵巇第四》中认为："事之危也，圣人知之，独保其身。因化说事，通达计谋，以识细微。"事物败坏的兆迹刚刚出现时，圣智之士就能洞察一切，而且能独当一面地发挥应有的功用，他追寻它变化的踪迹并暗中思量琢磨，分析事物之间的联系，通盘筹划，以找到产生微隙的原因，从而加以预防。就像任正非所说，华为的发展道路不可能一直风调雨顺，狂风暴雨是一定会来的。他希望在那个时候每一个华为人都能像蜘蛛一样，不管遭遇多少挫折和打击，都不要放弃，要尽自己最大的努力"补网"，等待危机过去；他要求华为人必须做到，在面对繁荣和赞扬时，像勤奋的蜜蜂一样，埋头苦干，不为得失而耿耿于怀。这种"在荣誉与失败面前，平静得像一潭湖水，就是华为应具有的心胸与内涵"的精神后来被纳入华为的企业文化中。

只有时刻思考企业生存境况的人，才能明白企业的发展之道。任正非就是这样一位充满危机和忧患意识的企业家，他也为中国许多盲目扩张和冒进投资的企业领导上了一课，这并非是一种杞人忧天式的妄自菲薄，而是一种充满远见卓识的智慧。

【职场之道】

抵住诱惑——异性下属的温柔陷阱

《抵巇第四》曰："自天地之合离、终始，必有巇隙，不可不察也。察之以捭阖，能用此道，圣人也。"这句话指出了对于自己的弱点和空隙，要运用抵巇术去解决。

在竞争激烈的现代社会，找到一个合适的工作已经是幸运的了。然而，职场之中也会"险象丛生"，经过努力而坐上领导位置的人，千万不要沾沾自喜，自甘堕落。许多牵强附会的人会在你得意忘形的时候，用别出心裁的方法迷乱你的心智。这时候，要是不能够及时"抵巇"，难免不被人抓住要害。

领导最大的弱点无外乎那句"英雄难过美人关"。一旦领导的心理防线脆弱，那些想借力攀升的女下属就会给你最温柔的"关怀"。

风度翩翩的销售部王经理刚上任不久，就发现他的秘书对他似乎热情过度，每天早晨只要他踏进办公室就忙着帮他脱外衣，问寒问暖的，还要特意多看他几眼，其眼神不乏脉脉之情。面对秘书如此"温柔"，王经理感到终日不自在。如对其做法进行指责，又怕伤其脆弱的心灵，坏了上下级之间的和气，使工作不好开展。但每每见到秘书这样，又恼火万分。

面对如此热情的秘书，王经理能够明察秋毫，及时抵住诱惑，实乃不易。在日益多元化的现代社会，在单位或公司中，领导的地位变得越发显赫起来，领导的形象有时便代表了单位的形象。有资料显示，当今社会领导违法违纪的案件中，近60％以上的案件与女性的"温柔"有关。对那些别有用心的女性的"温柔糖衣"的防范，是希望事业有成的领导们的一门必修课。

人有七情六欲，但是一定要把握一个度。作为领导，如果不能自我审视，而把大部分时间用在寻求感观刺激上，势必影响事业。如果整天搂着小秘谈合同，自己一手打拼的事业就有可能"蒸蒸日下"了。你的心能安定吗？

要是不明白这一点，不及时自我反省，自己就会被别人牵着鼻子走，自己的雄心大志也会竹篮打水一场空。况且小秘们本来就是揪住老板的心理，用"温柔"来换"幸福"！所以，与女下属相处时，一定要保持距离，适当收敛一下"男人本色"，多一点儿防患意识，时刻提防着随时可能向你袭来的"温柔之水"。

要抵挡住"温柔的诱惑"，就应该学会以下几条"抵巇术"：

1. 玩笑置之

早晨，当你走进办公室，你的下属迎过来向你问好，并帮你整理办公桌，这是正常的。然而，如果她过分殷勤，这时，你可要把握自己。你可以对她说一句笑话："你干这么多，不是想发工资时以此向我多要工资吧？"或者说："我可没雇你做我的保姆，不该过问的事，就不要越俎代庖了，不然耽误工作，我可要扣你的工资啦！"如此一两句话，加上面带笑容，对方不但不会感到十分尴尬，而且会明白你的用意。

2. 明确昭示

如果你的女下属明显表现对你的倾心，甚至有时对你过分亲昵，你就该找理由把她调到别的科室，或明确干脆向她说明："这样做是不可以的。"最好不要在你的办公室里安排女下属，如果是迫不得已，那么你办公室的门最好总开着，玻璃上也不要蒙一张什么纸，说话尽量要大声，不要嘀嘀咕咕，以免别人怀疑。同时，你要注意自己的言行，不接受别人的温柔，也不要向别人施舍你的温柔。你的一言一行都要明确昭示：你拒绝女下属的一切温柔。

3. 冷处理

作为领导，你难免要带自己的秘书出差，有许多事情离开了秘书是办不了的。但请注意，出差途中千万要谨防"温柔袭击"。这是"温柔"发挥作用的最好时机，两个人出门在外，举目无亲，自然要互相帮助、互相关心。

如果行为正常，本不该非议，但如果温柔过量，那么你要拒绝。此时的你切莫感情用事，如果你明显感到你的异性下属对你有非分之想，一定不要出面斥责，因为你们是在出差办公事，如果得罪了她，那么公事也办不好了。遇到这种情况，最好冷处理。不管她多么热情，怎样献殷勤，你要装作若无其事的样子，不紧不慢，就像一个不懂事的顽童。这要看你的表演艺术，演得好，说不定逢凶化吉，演得不好，就适得其反了。

踏踏实实地工作，豁达淡泊地生活，人生的路子会越走越宽，人生会越来越愉悦。

防微杜渐——"预见"是最好的防范

很多人都听说过 1977 年发生在美国纽约的"大停电"事件，在这次大规模停电事故发生之前，纽约的联合爱迪生公司主席查尔斯·卢斯还在一次电视采访中信誓旦旦地宣称："联合爱迪生公司的系统处于其 15 年中的最佳状态，这个夏天完全没问题。"3 天之后，整个纽约城区陷入了 24 小时的黑暗之中，这就是轰动一时的 1977 年"大停电"事件。

很多人正是因为过于害怕危机而不愿意正视危机，这正应了狄摩西尼的话："没有什么比自我欺骗更容易的了。因为人们渴望什么，就相信什么是真的。"面对危机，人们总是习惯采取逃避或者排斥的心理，这种心理并不能帮助人们提高对危机的警惕，相反，只能更加纵容自己对于危机的麻痹心理。

斯蒂文·芬克，一位著名的管理咨询顾问曾在一篇文章中诙谐地指出，每一位经营者"都应当认识到死亡和纳税是不可避免的，并必须为之做计划一样，认识到危机也是不可避免的，也必须为之做准备。这样做并不是出于软弱或者胆怯，而是出于知道自己准备好之后的力量……更好地与命运周旋"。预见危机并不是一种胆怯或者过于谨慎的行为，而是一种避免和有效解决危机的必要手段。

美国一家船运公司每年都评选一次最优秀的船队，这个船队首先要满足一个条件：出海的过程中出现事故最少。有一个船队每年都会被评上，因为在海上航行的时候，这个船队几乎没有出现过什么事故，当然，一些自然事故是无法避免的。

当有人问及是什么让这个船队如此优秀时，那个优秀船队的海员会说："其实没什么，我们只是定期进行细心的船舶检修，尤其是航行前。因为我们知道，今天不做，明天就会后悔，仅此而已。"

熟悉航海的人都知道，由于船舶运行的故障和磨损、海水较强的腐蚀性、海洋生物强烈的附着力和快速的生长力，使得船体很容易出现问题，产生难以清除的锈斑、锈皮和贝类，严重影响船舶的行使效率和行驶安全，所以必须对船舶进行定期检修，这样才能不出问题或者少出问题。

经营企业就像是驾驶轮船，在市场上冒着巨大的风险前进。如果没有万全的准备，有谁愿意搭上这艘船？因此，如果没有采取预防措施，勇气只会把所有人和这艘船推向不知名的危机。

"今天不做,明天就会后悔",那些海员说得好。赶在危机之前就解决问题,这或许也是应对企业危机最好的办法。现在很多企业都设立了专门的危机预警机制,定时在企业进行危机实习,这对企业危机的防范很有帮助。

M公司是一家专门经营体育用品的公司,其创办者尼丁·诺利亚认为经常在员工中进行模拟训练,可以使他们对最坏情况的发生做好准备。M公司对于新员工,主要是训练他们如何处理店内发生的危机情况。每一个员工都必须了解确保问题得到有效管理以及把对商店和顾客的损害降到最低点的方法。

"我相信不论管理得怎么好,每一个企业都会面临某种危机,"尼丁·诺利亚说:"成功企业与不成功企业的区别就在于他们是如何管理问题的:问题要么转变成危机,要么虎头蛇尾以失败告终。"

尼丁·诺利亚接着说:"我所有的员工都需要知道帮助防范危机及如何管理危机的道理。我们谈了许多我们怎么才能做得更好和企业的弱点所在。我也相信进行模拟危机训练的效果。因为我们经常会在特定季节招聘新员工。因此,会一年举行两次模拟危机训练。"每隔6个月,在某一个星期六,M公司会要求上白班的员工在开店前提前90分钟到达进行训练。上夜班的员工则在关店后晚走90分钟。员工们知道会发生一次模拟的危机,但不知道具体情况。在以前的模拟中,有一次是一位大声叫喊、非常可恶的顾客拒绝离开商店。在另一次模拟中,有一位员工突然心脏病发作。还有一次是一位假冒的电视记者走进商店来调查为什么一位顾客没有得到赔偿。

在每一次危机模拟训练之后,通常将进行一场友好的评论,在这里,员工们讨论所采取的行动以及应该改进的地方。模拟结束后,所有参与活动的员工都会参加抽签,有机会赢得三个奖项中的一个,例如一件队服,一个昂贵的高尔夫球包,或是某件商品的赠与证书。

"每次当我们进行时,每个人都会笑起来并说:'噢,我真高兴这只是练习而不是真事。'"尼丁·诺利亚说:"我们经常想方设法把事情做得更好,以便在危机发生时能更有信心对付它。到目前为止,我们很幸运还没有经历过真正的危机,但如果真碰上时,我们会做好准备的。"M公司的危机模拟训练是现在很多企业都在采用的一种危机管理模式,它可以让员工时刻在工作中保持警惕,防患于未然。

鬼谷子的"抵巇术"告诉我们,当我们身处顺境的时候,一定要兼顾潜在的危机,防微杜渐,时时都要有紧迫感,要做好准备工作。这样,在危机来临的时候才不至于陷入被动局面,才能及时应对,转危为安。

小洞不补——为错误埋单

"金无足赤，人无完人"，每个人都有自身的弱点和缺点，这就是"巇"，是漏洞。这也决定了人难免会犯错，如果在错误面前不敢承担、面对，只顾逃避责任，不及时"抵巇"，甚至自作聪明，幻想瞒天过海，只会把缺点暴露得更明显。有些人在工作中出现错误时，就会找出一大堆借口来为自己辩解，并且说起来振振有词、头头是道。殊不知，掩饰错误往往要比承认错误付出更大的代价。

约翰和戴维是新到速递公司的两名职员。他们俩是工作搭档，工作一直都很认真，也很卖力。上司对这两名新员工很满意，然而一件事改变了两个人的命运。一次，约翰和戴维负责把一件大宗邮件送到码头。这个邮件很贵重，是一个古董，上司反复叮嘱他们要小心。

没想到，送货车开到半路却坏了。戴维说："怎么办，你出门之前怎么不把车检查一下，如果不按规定时间送到，我们是要被扣奖金的。"约翰说："我的力气大，我来背吧，距离码头也没有多远了。而且这条路上的车特别少，等车修好，船早就开走了。""那好，你背吧，你比我强壮。"戴维说。

约翰背起邮件，一路小跑，终于在规定的时间赶到了码头。这时，戴维说："我来背吧，你去叫货主。"他心里暗想："如果客户能把这件事告诉老板，说不定还会给我加薪呢！"他只顾想，当约翰把邮件递给他的时候，他却没接住，邮包掉在了地上，"哗啦"一声，古董碎了。"你怎么搞的，我没接你就放手。"戴维大喊。"你明明伸出手了，我递给你，是你没接住。"约翰辩解道。约翰和戴维都知道古董打碎了意味着什么。没了工作不说，可能还要背上沉重的债务。果然，老板对他俩进行了严厉批评。

"老板，不是我的错，是约翰不小心弄坏的。"戴维趁着约翰不注意，偷偷来到老板的办公室，对老板说。老板平静地说："谢谢你，戴维，我知道了。"

随后，老板把约翰叫到了办公室。"约翰，到底怎么回事？"约翰就把事情的原委告诉了老板，最后约翰说："这件事情是我们失职，我愿意承担责任。另外，戴维的家境不大好，如果可以的话，他的责任也由我来承担。我一定会弥补我们带来的损失。"最后，诚实的约翰得到了晋升，而狡辩的戴维被解雇了。

一个人做错事，最好的处理办法就是诚恳认错，而不是为自己辩护和开脱。

你认为找借口为自己辩护，就能把自己的错误掩盖，把责任推得干干净净，但事实并非如此。可能老板会原谅你一次，但他心中一定会感到不快，对你产生"怕负责任"的印象。你为自己辩护、开脱，不但不能改善现状，而且所产生的负面影响会让情况恶化。

现在，仍然有很多人认为，拒不认账的好处在于不用为后果负责，就算要负责，也把相关的人都包括在内，谁也脱不了干系。这样，能推就推，能躲就躲，既保住了面子，又避免了损失，这是从表面上看的。实际上，你犯了错，拒不认账的结果是弊大于利的。

首先，你铸成的大错是尽人皆知的，你的抵赖只能让人觉得你不负责任。如果你犯的错误人证物证俱存，责任又逃避不了，你再抵赖也只是枉费心机。如果是鸡毛蒜皮的小错，那你就更不用拒不认错，否则你在同事心目中的印象就会更坏，真是得不偿失。你敢作不敢当的印象形成后，领导便不敢再用你，同事也不敢与你合作。而且你一旦拒不认错，形成习惯，那还谈得上培养解决问题的能力吗？其实，最大的错误，就是不承认错误。

《鬼谷子》曰："自天地之合离、终始，必有巇隙，不可不察也。"面对过错，最好的办法就是敢于承认，及时补救。做到查漏补缺，亡羊补牢，成功的大门自然会为你敞开。

注重小节——打好"情感"这张牌

家庭幸福和睦、生活宽松富裕无疑是下属干好工作的保障。如果下属家里出了事情，或者生活很拮据，上司却视而不见，那么对下属再好的赞美也无异于假惺惺。利用对下属亲人的关心，可以使下属感到上司的平易近人和关心爱护，从而将企业当作自己的家。

日本的西浓运输公司，在企业内部设立了一个特殊的假日：日本公司员工的妻子过生日时，该员工可以享受有薪假一天，来陪伴他的太太共度爱妻诞辰。当然，员工本人生日，也有获有薪假一天的权利，让夫妻共度快乐时光。近来，公司又规定：员工每年的结婚纪念日可以享受有薪假一天。自从有了这几个规定之后，职工们为感谢公司的关怀，都非常卖力地干活儿，而重要的是让员工的妻子认识到了这是一个能够理解人的、有人情味的公司。妻子们常常鼓励，甚至下令她们的先生："效忠公司，不得有误！"这比老板的命令更为有效。公司因此获益匪浅。

利用下属的家属做好下属的思想工作，比起上司亲自做工作省心多了，上司批评可能会产生抵触情绪，而自己的家人批评就会心平气和地接受。同时，关心下属的家属就会减轻下属的顾虑，使得下属以厂为家，能够更好地为企业效力。

据说有一天，一个急得嘴角起泡的青年找到美国钢铁大王安德鲁·卡内基，说是妻子和儿子因为家乡房屋拆迁而失去了住处，要请假回家安排一下。因为当时业务很忙，人手较少，卡内基不想放他走，就说了一通"个人的事再大也是小事，集体的事再小也是大事"之类的道理来安慰他，让他安心工作，不料这位青年被气哭了。他气愤地说："在你们眼里是小事，可在我是天大的事。我妻儿都没住处了，你还让我安心工作？"卡内基被这番话震住了。他立刻向这位下属道了歉，不但准了他的假，还亲自到这位青年家中去探望了一番。

关心下属疾苦，就是要站在下属的角度，急下属之所急，解决下属的后顾之忧，这个道理是适用于任何组织的。一个优秀的上司，不仅要善于使用下属，更要善于通过替下属排忧解难来唤起他内在的工作主动性，要替他解决后顾之忧，让他的生活安稳下来，集中精力，全力以赴地投入到工作上。而为下属解决后顾之忧必须做到：

第一，要摸清下属的基本情况。

上司要时常与下属谈心，关心他们的生活状况，对生活较为困难的下属的个人和家庭情况要心中有数，要随时了解下属的情况，要把握下属后顾之忧的核心所在，以便于对症下药。

第二，上司对下属的关心必须出于一片真心。

上司必须从事业出发，实实在在，诚心诚意，设身处地地为下属着想，要体贴下属，关怀下属，真正地为他们排忧解难。

尤其是要把握好几个重要时机：当重要下属出差公干时，要帮助安排好其家属子女的生活，必要时要指派专人负责联系，不让下属牵挂；当下属生病时，上司要及时前往探望，要适当减轻其工作负荷，让下属及时得到治疗；当下属的家庭遭到不幸时，上司要代表组织予以救济，要及时伸出援助之手，缓解不幸造成的损失。

第三，上司对下属的帮助也要量力而行，不要开实现不了的空头支票。

上司在帮助下属克服困难时要本着实际的原则，在力所能及的范围内进行。帮助可以是精神上的抚慰，也可以是物质上的救助，但要在公司财力所能承受的范围内进行。

鬼谷子说得好："有近而不可见，有远而可知。"在我们的生活中，有很多事情不被重视，因为它们太小了，引不起人们的注意。然而，世间万物都是由小到大发展变化而来的，都有一个由量变到质变的过程。打好情感这张牌，减轻他的顾虑，他才会更好地为公司效力。关注下属的家属，虽是一件不起眼的小事，却会收到良好的效果。

飞箝第五

【经典再现】

【提要】

"飞箝术"意在运用褒扬之词钩出对方的意图，进而钳制、控制对方，已达到控制和掌握对方的目的。"飞"，即褒扬激励；"箝"，即钳制、控制。

《鬼谷子》的飞箝术是通过言辞以控制人的权术。它不仅是引人之术，还是服人之术，更是用人之术。运用飞箝术对付别人时，要审度权谋，权衡形势，对于那些帮助我们决策的人，揣摩他的心意，知道他的喜好，然后用动人的话语套住对方，从言谈之中察知他的真实意图，喜欢名利就用名利诱惑他，爱好美色则以美色诱惑他，贪恋权势就用高官厚禄诱惑他，最后使对方为我所用。

掌握了运用飞箝术的方法，就能准确权衡人的智能、才干和气质，便可以运筹帷幄，掌控全局。不但可以用于个人，还可以用于天下，以此钓知天下，游说诸侯，钳制诸侯，实现纵横策士们的政治目的，这样就可纵可横，可南可北，可东可西，可反可复。

【原文】

(一)

凡度权量能，所以征远来近①。立势而制事②，必先察同异，别是非之语③，见内外之辞④，知有无之数⑤，决安危之计，定亲疏之事⑥。然后乃权量之，其有隐括⑦，乃可征，乃可求，乃可用。引钩箝之辞⑧，飞而箝之⑨；钩箝之语⑩，其说辞也，乍同乍异⑪。其不可善者⑫，或先征之而后重累⑬；或先重以累而后毁之⑭。或以重累为毁，或以毁为重累。其用或称财货、琦玮、珠玉、璧帛、采色以事之⑮，或量能立势以钩之⑯，或伺候见涧而箝之⑰，其事用抵巇。

【注释】

①征远来近：征召远近之贤者使他们都来听用。②立势而制事：制造有利形势，干一番大事业。③是非之语：此指与自己观点的同异。④内外之辞：即真假之语。⑤有无之数：指有无权谋韬略。⑥亲疏之事：指人才使用，确定哪些人可亲近重用，哪些人须疏远黜斥。⑦隐括：即棠栝，亦作案括，本指矫直竹木的器具，引申为对我们有所匡正补益。⑧钩箝之辞：引诱对方心中的实情并加以钳制。⑨飞：飞誉。⑩语：即辞也。⑪乍同乍异：或大开大启，或大闭大抑。⑫不可善：用钩钳之辞不能控制的人。⑬重累：累，忧患，危难。重累，即以忧患胁迫。⑭毁：诋毁，造舆论。⑮采色：指美女姿色。事：此指收买。⑯立势：此指立去就之势。⑰涧：此指漏洞、把柄。

【译文】

凡是考察全变能力，对人审度权谋，衡量才能，是为了让远近贤士前来为我所用。随后应确定情感的意向，要想创造形势，干一番大事业，必须先察知自己的死党有多少，他们的观点与自己的观点是否完全一致，他们是否说真心话，是否有高超的权谋韬略，还要制订图谋大事的计谋，排比自己的队伍决定可重用的人物，安排好人事之后，再权衡形势而谋图大事。对于那些可以匡正裨补我们决策的人，才可以征求，才可以使用。应对他们使用钩持钳制词句，飞扬赞誉而钳制住他们，使他们为我们所用。和对方交谈时，可以用一些话语引诱对方讲出内心所想。钩持钳制之类的语言，作为游说词句来说，或大开大启，或大闭大抑，也是用捭阖之术来驾驭。对于那些用钩钳之辞不能控制的人，就用"重累术"制服他。或者先把他招来，重用试探，而后用忧患、危难之事胁迫他；或先胁迫他而后再造舆论诋毁他。或主要用胁迫术，或主要用诋毁术。总之，飞箝术的运用，或用财物、宝石、珠玉、璧玉财帛、美女容色来引诱收买；或者依据他的才能的大小，用名禄地位来吸引他；或使用抵巇之术，访察他语言、行动中的漏洞威胁他，让他乖乖跟我们走，是最终目的。

【原文】

（二）

将欲用之于天下①，必度权量能，见天时之盛衰，制地形之广狭，阻险之难易②，人民货财之多少③，诸侯之交孰亲孰疏，孰爱孰憎④。心意之虑怀⑤，审其意⑥，知其所好恶，乃就说其所重，以飞箝之辞，钩其所好，乃以箝求之⑦。用之于人⑧，则量智能，权材力，料气势⑨，为之枢机⑩。以迎之随之⑪，以箝和之⑫，以意宣之⑬，此飞箝之缀也⑭。用之于人，则空往而实来⑮，缀而不失⑯，以究其辞⑰，可箝而从⑱，可箝而横⑲；可引而东⑳，可引而西，可引而南，可引而北；可引而反㉑，可引而覆㉒。虽覆能复㉓，不失其度㉔。

【注释】

①用之于天下：意指施展政治抱负，对君主用飞箝之术，以控制他。②阻险 (jǔxiǎn)：山川险要之处。阻，同岨，带土的石山。③人民货财：此指军事实力和经济实力。先秦时按户数征兵，国内人口多，兵员就多。④诸侯……孰憎：指外交局势，它是战国时期政治形势中的重要方面。⑤心意之虑怀：指君主关心的问题。⑥审其意：审察君主心意。⑦以箝求之：以飞箝之术钳制君主让他执行策士们的决策。⑧人：此指君主以外的其他人。⑨气势：指人的气度。它是战国时选用策士的重要标准之一。⑩枢机：关键。即上所言财货、宝石等喜好。⑪迎：迎合。随：附和。⑫和：指双方调和。⑬宣：宣导，开导，启发。⑭缀：连结。⑮空往而实来：用赞扬、称颂手段去赞誉对方，使彼此之间能够相互沟通，对我们敞开心扉，然后利用对方弱点把对方牢牢控制住。⑯缀而不失：与对方连结而不分离，此指牢牢控制对方。⑰究：一查到底。⑱从：纵。从，纵古今字。纵，指合纵，即联合众多弱国以对付一强国。⑲横：指连横，即两个强国联合起来对付其他弱国。⑳引：导引。㉑反：一反旧策略，抛开旧盟友。㉒覆：恢复旧方针，与旧盟友言归于好。㉓复：恢复。㉔度：一定准则。

【译文】

假如要将飞箝之术运用到天下大势政治斗争中，去游说君主时，一定要先审度这位君主的权谋，衡量他的才能，观察天时是否宜于我们行动，审察地形宽窄、险阻难易是否对我们有利，看这个国家军事、经济实力如何，看这个国家盟友有多少以及国际上的联盟是否对这个国家有利，还要知道这位君主最关心的是什么，还有了解这位君主的好恶。摸准了君主的心意，了解了他喜欢什么、讨厌什么，然后前去游说他最关心的事情，并用飞钳之辞钩知他的喜好，再用飞箝之术钳制他让他照我们的决策办。若要对君主以外的人用飞箝术，就要先衡量对方的智力才干，权衡他的才气能力，度量对方的势力，审度一下他的气度仪表，抓住他的喜好弱点，去迎合他、附和他，用飞箝之术调和他与我们的差距，使双方相互适应、协调，再以积极的态度去激励他，用我们的意图去开导、启发他，这就是用飞箝之术去控制人。总之，对人使用飞箝之术时，要先用赞扬、称颂手段去赞誉对方，使彼此之间能够相互沟通，而不至于失去好机会，使他昏昏然引我们为知己，对我们敞开心扉，然后利用对方弱点把对方牢牢控制住。最后，究察他的言辞，摸准他的心意。做到这些，我们就可以钳制对方，使他合纵，使他连横，使他向东，使他向西，使他向南，使他向北，使他一反旧策，使他恢复旧策，恢复了旧策还能再让他执行新策。无论怎样做，也脱离不了我们既定的准则。虽然如此，还是要小心谨慎，不可丧失其节度。

【为人处世】

动之以情——刘秀的“攻心术”

"让人心服，而非征服"是历来统治者秘而不宣的治国之道。不到万不得已，统治者一般不会采取武力的办法，因为人心永远不是武力能征服得了的，让人心服才能保证长治久安。

东汉的开国皇帝刘秀精于谋略，智勇兼备。刘秀在争伐天下的过程中，十分注重御心之术，很多棘手的问题他都能轻松化解，最终战胜所有对手，拥有天下。

建武三年（27 年），刘秀亲率大军前往宜阳，截断了赤眉军的退路。赤眉军的小皇帝刘盆子惊惧万分，他对自己的哥哥刘恭说："我们虽有十万大军，却早已是惊弓之鸟，无力再战了。我苦思无计，万望兄长能够来救我。"刘恭颇有才智，他点头说："战之无益，眼下保命要紧。刘秀乃是你我刘氏的宗亲，请允许我恳求于他，放我等十万兵众一条生路。"

刘恭就此事和众将商议，有人便忧心地说："此议虽好，怕只怕刘秀不肯。如今敌强我弱，不比昔日，他为了消除隐患，又怎能真心饶我们不死呢？与其受辱也不能免死，不如拼死一战。"众将犹豫，刘盆子更是放声大哭，刘恭见状开口说："为了万千将士的性命，我还是主张恳求刘秀开恩。倘若事不如愿，我刘恭自然会和你们誓死抗敌。"

于是刘恭求见刘秀，说明归降之意后，刘恭又说："陛下能有今日的成就，可知是为什么吗？"刘秀一笑说："败军之将，有什么资格能评说朕？"刘恭嘴上不停，又道："赤眉军曾有百万之众，竟有今日之败，陛下也不想知道什么原因吗？"

刘秀凛然正色，平声说："早就听说你多有见地，朕且容你叙说一二。如果你言语不实，巧言惑人，朕定要严加治罪。"刘恭苦笑一声，后道："赤眉军残暴待民，百姓怨恨，终成不了大事。陛下仁爱谦和，善收民心，百姓拥戴，方有时下大功。陛下虽取天下，若能再施仁义，赦免我将士，一来可以增加陛下的美名；二来可以保陛下江山不失，变乱不生，不知陛下可曾做此设想？"

刘秀脸上不动声色，心中却为刘恭之语深深打动，他故意反驳说："你们无力再战，才会主动请降，倘若只是一时权宜之计，朕岂不上了你们的大当？朕实在很难相信。"刘恭却不辩解，只说："莽贼不仁，方有天下之乱。他屡次使用武力和军队残害百姓，其报也速。在下话已言尽，全在陛下裁断。"

刘秀和群臣议事之时，将刘恭所言复述一遍，他感叹说："天下还未大定，刘恭的话不可不听啊。我们剿灭赤眉军容易，可要恃此征服民心就大错特错了。百姓不服，天下就不会真正太平，这才是朕最担心的事。"刘秀于是又召见刘恭，答应了他们的投降请求。刘秀又下令赐给他们食物，让长期饥饿不堪的十万赤眉军将士吃饱了肚子。刘秀还安抚刘盆子说："你们虽有大罪，却有三善：你们攻城占地，富贵之时，自己的原来妻子却没有舍弃改换，此一善也。立天子能用刘氏的宗室，此二善也。你们诸将不杀你邀功取宠，卖主求荣，此三善也。"

刘秀的手下深恐赤眉军再起叛乱，私下对刘秀说："陛下仁爱待人，只需安抚住赤眉军将士即可。刘盆子身为敌人头领，难保不生二心，此人不可不除啊。"刘秀对手下人说："行仁之义，全在心诚无欺，如此方有效力。朕待他不薄，他若再反，那是他自取灭亡；朕若背信枉杀，乃朕之失，自不同也。"刘秀对刘盆子赏赐丰厚，还让他做了赵王的郎中。人们在称颂刘秀的贤德时，天下的混乱局面也平息下来，日渐安定。

《鬼谷子》说："心意之虑怀，审其意，知其所好恶，乃就说其所重，以飞箝之辞，钩其所好，乃以箝求之。"

在这里，刘秀不愧是有远见的统治者。他在天下未平之时就能安抚败兵并体察百姓的心意，极力展示自己的"仁慈"，为自己赢得了民心，为平定天下打下了基础。

用"仁慈"攻破敌人的心理防线，往往比杀戮更有杀伤力，对本性善良的百姓尤见功效。凶残的统治者使强用狠，他们轻视民众，迷信武力，那只是他们头脑简单、不解人情的反映，必然适得其反。用"飞箝"术捕获民心，最终才会得民心者的天下。

谦虚待人——朱元璋汇集"百川"

"善用人者为之下"。善于用人的，必然谦虚待人，居人之下。儒生不可辱，人才一般都有极强的自尊心，他们的自尊心得不到满足，是难以全心全意为你服务的。诸葛亮说："士为知己者死。"只要你真心尊重人才，必然换来他们忠诚的追随。

作为领导者，不一定要有很深的专业知识，但要懂得领导知识，特别是识人用人知识，并且越精通越好。明朝的开国皇帝朱元璋出身社会的最底层，受尽磨难，最终一飞冲天，成为九五之尊。在这漫漫的夺权路上，他是凭什么取得了一次又一次的胜利？其实功劳应该在那些追随他打天下的弟兄们，而为什么他们偏偏选择了跟随朱元璋，这大概就是朱元璋的厉害之处，即他不仅知道人才的重要性，而且善用人才。

朱元璋曾说："子思英贤，有如饥渴。"这句话绝非他的自我标榜，而是他招揽英才、重用英才的真实写照。

朱元璋知道，若要打天下，必须广求天下贤士。因此，他每攻占一地，总要访求当地名士，并把它们请入军中求计问策。

朱元璋攻占滁州后，儒士范常前来拜谒，朱元璋亲自热情款待，留置幕下，为己重用。朱元璋渡江攻去太平后，陶安率父老出城迎接。朱元璋次日即召见他，与之谈论天下大事。双方谈得无比投机，朱元璋竭力将其留置身边，对他特别的厚待。朱元璋占领应天后，马上宣布："贤人君子有愿意跟随我建功立业的，我都尊礼重用。"消息传开，夏煜、孙炎、杨宪十几个儒士前来拜见，朱元璋均加以录用。朱元璋打下徽州后，大将邓愈向朱元璋推荐徽州名儒朱升。朱元璋对朱升早有耳闻，现在听了邓愈的介绍，知道朱升果有才华，便效仿刘备三顾茅庐，登门拜访朱升，向他请教平定天下的大计。朱升被朱元璋的诚意打动，遂进言三策："高筑墙，广积粮，缓称王。"即操练兵马，积蓄实力；奖励农耕，广积粮食；避露锋芒，勿早树敌。朱元璋牢记于心，将此作为自己一个时期内奉行的基本方针。

其后，朱元璋亲征婺州。他知道婺州一向以多儒士而闻名，如果能将一些儒士为己所用，则不仅有助于稳固对当地的统治，也可以扩充自己的智囊团。所以，攻克婺州后，朱元璋迅即召见并聘请了十几位当地儒士，向其征询治国之道，请其讲解儒家经典和历史书籍，并把王冕、许瑗等纳入幕府，让他们参议军国大政。

1359 年，攻占处州后，有人向朱元璋推荐刘基、叶琛、章溢。朱元璋当即派人前往礼聘，叶琛和章溢表示愿意出来，但影响最大的刘基却不肯出山。朱元璋命人再三去请，陶安和宋濂也分别劝他出山，刘基在不得已中只好应允。其后，刘基与叶琛、章溢、宋濂四人一起到达应天，朱元璋命人在自己的住宅西边建了一所礼贤馆，让他们安心居住。此后，朱元璋经常向他们征询对天下局势的看法，增长了许多治国谋略。

朱元璋网罗到的人才越来越多，再加上他一向知人善用，所以实力越来越雄厚，最终凭借众人之智，各个击破其他割据政权，最后把元军赶到大漠以北，终于成为中国的主宰者，建立了大明帝国。

所谓："凡度权量能，所以征远来近。"对人审度权谋，衡量才能，让远近的贤士为我所用。老子也说："上善若水。"他认为水的最大长处是"善下之"，善下则百川汇集。具体到管理者身上，老子说："善用人者为之下。"善于用人的，必然谦虚待人，居人之下。儒生不可辱，人才一般都有极强的自尊心，他们的自尊心得不到满足，是难以全心全意为你服务的。诸葛亮说："士为知己者死。"只要你真心尊重人才，必然换来他们忠诚的追随。一旦天下士如百川汇集，天下自在掌握！

礼贤下士——荆轲士为知己者死

荆轲刺秦王，乃千古绝唱。陶渊明曾经感叹说："其人虽已没，千载有余情。"只可惜其"剑术疏"，事未成，荆轲被秦王所杀，"壮士一去兮不复返"。人常说，士为知己者死。但是生命对人只有一次，燕太子丹是如何对待荆轲，才让他心甘情愿去赴死的呢？

战国时期，秦王政一心想统一天下，不断向各国进攻。他拆散了燕国和赵国的联盟，使燕国丢了好几座城。燕国的太子丹原来留在秦国当人质，秦国对其很不友好，他又见秦王政决心兼并列国，又夺去了燕国的土地，就偷偷地逃回燕国。秦国派军队向燕国兴师问罪。太子丹恨透了秦国，一心要替燕国报仇，但是他势单力薄，难于同秦军对阵，只好倾其家产，广寻天下勇士，找寻能刺杀秦王政的人。

荆轲是当时有名的勇士，太子丹把他请到家里，荆轲坐定后，太子离席，给荆轲叩头，说："诸侯都屈服于秦国，没有谁敢和燕国联合。我私下考虑能得到天下最勇敢的人出使秦国，用重利引诱秦王，秦王贪图这些厚礼，我们就一定能如愿以偿了。如果能劫持秦王，让他归还侵占的全部诸侯土地……那就更好了；如果秦王不答应，那就杀死他。秦国的大将在国外征战，而国内又大乱起来，那么君臣必定会相互猜疑。趁这个机会诸侯就可以联合起来，势必击破秦国。这是我最高的愿望。但不知道把这个使命托付给谁，希望先生您给想个办法。"

　　沉默了一会儿，荆轲才说："这是国家大事，我才能低下，恐怕不能胜任。"太子又上前叩头，坚决请求荆轲不要推辞。荆轲这才答应下来。于是，太子尊荆轲为上卿，让他住在上等的馆舍，太子每天前去问候。供给他丰盛的宴席，备办奇珍异宝，不断地进献车马和美女，像招待贵客一样，对荆轲照顾得无微不至。后来，又对逃到燕国来的秦国叛将樊于期以礼相待，奉为上宾。二人对太子丹的这番知遇都是感激涕零，都发誓要为太子丹报仇雪恨。

　　不过，荆轲虽力敌万钧，勇猛异常，但秦廷戒备森严，五步一岗，十步一哨，且有精兵护卫，接近秦王难于上青天。于是，荆轲就说服樊于期用人头骗取秦王的信任，樊于期依计而行。荆轲带着樊于期的人头和督亢地方的地图，去见秦王，这两件东西都是秦王想要得到的东西。但可惜，在秦王的大殿之上，荆轲未能将秦王一剑毙命，反被秦王擒杀。但是荆轲至死还笑骂秦王道："事情之所以没有成功，无非是想活捉你，得到归还侵占土地的凭证去回报太子。"可见，到死荆轲都念念不忘要报答太子丹的知遇之恩。

　　其实，樊于期之所以能"献头"，荆轲之所以能舍命刺杀秦王，都完全是为了回报太子丹的礼遇之恩。荆轲"初出茅庐"，屡屡受挫，颇有些落魄不堪。在街市喝酒，高渐离击筑，他和着乐声唱歌，唱着唱着就哭起来了。可以说，这时候的荆轲是英雄无用武之地，穷困而潦倒。

　　就在此时，太子丹通过谋士田光的推荐结识了荆轲，待之于上宾，委之以重任。这方境遇与此前荆轲的处境相比，可谓天上人间。英雄终有用武之地，为了实现了自己的人生价值，荆轲明知道刺秦一事是凶多吉少，但还是决心赴汤蹈火、铤而走险。这种"不成事、则成仁"的精神在激励着荆轲，使他走向了"一去兮不复返"之路。所以陶渊明才在诗中赞叹说："其人虽已没，千载有余情。"也就是说，这种明知必死，但依然赴死的精神是让人悠然敬佩的。

　　《鬼谷子》讲："凡度权量能，所以征远来近。"凡是考察应变能力，对人审度权谋，衡量才能，是为了让远近贤士前来为我所用。随后应确定情感的意向，要想创造形势，干一番大事业，必须先察知自己的死党有多少，他们的观点与自己的观点是否完全一致，他们是否说真心话，是否有高超的权谋韬略，还要制订图谋大事的计谋，排比自己的队伍决定可重用的人物，安排好人事之后，再权衡形势而谋图大事。太子丹对荆轲有知遇之恩，荆轲对太子丹自是满怀报答之心，所谓士为知己者死，荆轲抛头颅洒热血，正是对燕丹礼贤下士的回应。

【管理谋略】

招贤纳士——燕昭王千金买骨

公元前314年，燕国发生了内乱，临近的齐国乘机出兵，侵占了燕国的部分领土。

后来燕昭王当了国君以后，他消除了内乱，决心招纳天下有才能的人，振兴燕国，夺回失去的土地。虽然燕昭王有这样的号召，但并没有多少人投奔他。有人提醒他，老臣郭隗挺有见识，不如去找他商量一下。

于是，燕昭王亲自登门拜访郭隗，对郭隗说："齐国趁我们国家内乱侵略我们，这个耻辱我是忘不了的。但是现在燕国国力弱小，还不能报这个仇。要是有个贤人来帮助我报仇雪耻，我宁愿伺候他。您能不能推荐这样的人才呢？"

郭隗摸了摸自己的胡子，沉思了一下说："要推荐现成的人才，我也说不上，请允许我先说个故事吧。"接着，他就说了个故事："从前有一位国君，愿意用千金买一匹千里马。可是3年过去了，千里马也没有买到。这位国君手下有一位不出名的人，自告奋勇请求去买千里马，国君同意了。这个人用了3个月的时间，打听到某处人家有一匹良马。可是，等他赶到这一家时，马已经死了。于是，他就用500金买了马的骨头，回去献给国君。国君看了用很贵的价钱买的马骨头，很不高兴。买马骨的人却说，他这样做，是为了让天下人都知道，大王您是真心实意地想出高价钱买马，并不是欺骗别人。果然，不到一年时间，就有人送来了3匹千里马。"

郭隗讲完上面的故事，又对燕昭王说："大王要是真心想得人才，也要像买千里马的国君那样，让天下人知道你是真心求贤。你可以先从我开始，人们看到像我这样的人都能得到重用，比我更有才能的人就会来投奔你。"燕昭王认为有理，就拜郭隗为师，还给他优厚的俸禄，并让他修筑了"黄金台"，作为招纳天下贤士人才的地方。

就这样，燕昭王爱贤敬贤的名声不胫而走，风传天下。各国才士争先恐后的奔赴燕国。其中不乏名士：如武将剧辛从赵国来，谋士邹衍从齐国来，屈庸从卫国来，乐毅从魏国来。真是人才济济，邹衍是阴阳五行大家，当时已名闻天下。燕昭王迎接邹衍时，他亲自用衣袖裹着扫把，退着身子边走边扫，在前面清洁道路。入座时昭王主动坐在弟子坐上，敬请邹衍以师长身份给自己授业。昭王的这一系列举动引起了很大的反响，投奔燕国的士人更为踊跃。昭王大开国门，不拘一格地广为接纳。不唯欢迎知名学者，而且把那些有志灭亡齐国的，熟悉齐国险阻要塞和君臣关系的善于用兵打仗的士人，尽数收留下来，并给予优厚的待遇，多方积蓄力量，以利兴燕破齐。

正是在邹衍、乐毅等贤臣名士等人的辅助下，燕昭王兢兢业业地奋斗了20多年，不仅国家日渐殷富，积累了相当实力，而且培养了奋发图强的民风。燕国上下同仇敌忾，一举打败了齐国，夺回了被占领的土地。

《鬼谷子》说："凡度权量能，所以征远来近。"人有时候就是很奇怪，起初燕昭王也曾经打出招募贤才的旗号，但是无人问津；及至千金买马骨、高筑黄金台，贤才竟然蜂拥而至。同是一个燕昭王，同是为了招募贤良，但前后两种境遇截然不同，这期间的微妙就在于人心，试想燕昭王为一郭隗就肯如此一掷千金、兴师动众，那么作为视自己为贤才的人们也就很容易地想到了，如果自己也来投靠燕昭王的话，也会享受到这番礼遇与恩惠。

"引钩箝之辞，飞而箝之；钩箝之语，其说辞也，乍同乍异。其不可善者，或先征之而后重累"，这是《飞箝第四》的一个重要法则，也是鬼谷子给我们的一个生存谋略。其实，"千金买骨"也好，"高筑黄金台"也好，这只是燕昭王为了招贤纳士所进行的一系列的炒作与造势，希望借助这些非常的举动向人们传达一种极具吸引力的信息：只要你是贤才谋士，我都会好好招待你，给你施展才华的机会。这正好迎合了人们内心渴望别人的尊重与认可以及建功立业的心理。所以才会出现"剧辛方赵至，邹衍复齐来"这样的人才济济、国富民强的情形。

金蝉脱壳——西太后"安全第一"

慈禧登上权力宝座的开始，就与洋人打上了交道。长期以来慈禧一直处于洋人的压抑之中。因此，当义和团运动从山东爆发以来，起初慈禧的态度是坚决剿灭，但当她听说义和团有"刀枪不入"的护体神功之后，心怀狡诈的慈禧立即想出一条毒辣之计——利用义和团去抵挡洋人，最好是让双方拼个两败俱伤，她则坐收渔翁之利。

于是，慈禧的主剿态度发生了微妙的变化，她在上谕中称："谕内阁：西人传教，历有年所，该教士无非劝人为善，而教民等亦无从恃教滋事，敢尔民教均克相安，各行其道。近来各省教堂林立，教民繁多，遂有不逞之徒，阑迹其间，教士亦难遍查其优劣。而该匪徒借入教为名，欺压平民，在嘉庆年间，亦曾例禁。近因其练艺保身，守护乡里，并未滋生事端，是以屡降谕旨，饬令各地方官，妥为弹压。无论其会不会，但论其匪不匪。如有借端滋事，即应严拿惩办。是教民、拳民，均为国家赤子，朝廷一视同仁，不分教、会。"

慈禧在上谕中称教民、拳民"均为国家赤子"，可见慈禧对义和团的态度已有了重大变化，表明她已下定决心利用义和团来打击洋人。

为了取得朝廷大臣的支持，慈禧先后多次召开御前会议，但意见难以统一。最后慈禧干脆亮出了自己的底牌："今日之事诸大臣均闻之矣。我为江山社稷，不得已而宣战，顾事未可知。有如战之后，江山社稷仍不保，诸公今日皆在此，当知我苦心，勿归咎予一人，谓皇太后送祖宗三百年天下。"

可是她又担心万一失败，洋人算战争账时将她定为祸首，于是又预先留了一手："有如战之后，江山社稷仍不保……勿归咎予一人。"说白了，就是不能让她去当"替罪羊"，如此用心，不可谓不毒辣。

由于义和团的"刀枪不入"神功根本不能抵挡洋人的枪炮，拳民伤亡惨重，加上奉慈禧之命攻打洋人的荣禄不尽力，使战争一败涂地。

后来，荣禄奉慈禧的暗中指示，立即转而限制清军，致使洋人反扑，不久进入北京，到处抢掠烧杀，无恶不作。慈禧见事情发展到这种地步，想跳河自尽，被人劝住，只好扮成一乡妇逃出京城，向西安亡命。

在西逃过程中，慈禧立即命李鸿章、荣禄、崇绮与洋人议和。八国联军提出应惩办罪魁祸首，也就是逃亡的慈禧，但在李鸿章等晓以利害的情况下，他们决定不惩办慈禧，但要求对其他人严加治罪。

既然洋人都表态不追究慈禧的首罪，慈禧也就要表达自己的知恩图报了。于是她不仅下令屠杀义和团，还颁旨宣布了一大批洋人点名要的"人"。在她宣布的第一批"替罪羊"中有主张抗战的载漪、载勋、刚毅、赵舒翘等，一一做了严重的处罚。

这样，"替罪羊"们受到了处治，慈禧派的议和大臣又曲意奉承，洋人的怒气总算有所平息。1901年8月，双方终于签订了《辛丑条约》，慈禧还大言不惭地说："量中华之物力，结与国之欢心！"卖国嘴脸尽展无遗！

为了取悦洋人，慈禧又做出了一番表现：当她在回銮途中从河北正定乘车回北京，经过使馆人员站立的阳台时，这位一向不苟言笑的老太婆从轿中欠起身来，"非常和蔼"地面带着笑容向洋人回礼，刚到京就在宫中接见各国驻华使节，整个仪式从头到尾"都是在格外多礼、格外庄严和给予外国代表以前所未有的更大敬意的情况下"进行的。

尤其令人气愤的是，在这次接见过程中，慈禧还"非常亲切地"接见了外交使节的夫人，向这些曾被她命令的义和团围攻、受到万分惊吓的夫人们表示问候。此时，慈禧早已没有了对洋人宣战的那股狂傲，有的只是如何尽力满足洋人的需求，但求保住自己的权力地位。而她这一目的的实现，却是以牺牲民族利益为代价的。因此，慈禧尽管精于算计，但她终究没有逃脱后人的指责和唾骂。

飞箝之术认为："审其意，知其所好恶，乃就说其所重，以飞箝之辞，钩其所好，乃以箝求之。"抓住对方的喜好和弱点，去迎合他，附和他，用飞箝之术调和彼此的关系。西太后的这一"金蝉脱壳"手段，用得虽然卑鄙，并且还背上了卖国求荣的罪名，遭到了全国人民以及后来人的唾骂，可是在危机来临之际，她能在第一时间找到替罪羊，可见她深谙帝王的官场谋略。

找好自己的替罪羊就得设下圈套，然后再嫁祸于人。这种手段为人所不齿，但在关键时刻善用此法，还是能让你转危为安。有时候，为了赢得人们的尊敬和支持，你必须首先为自己塑造一个无懈可击的美好形象，你必须是礼貌和效率的模范；你的手上从来没沾染过错误和不正当的交易。要保持这种没有污点的外在形象，你也得寻找一些替罪羊和傀儡来洗清你的罪责。

做大事应该拿出大丈夫的硬心肠来，无论做什么事心肠一定要狠，手段要辣，最主要的是在事情无可挽救之时找到自己的替罪羊，这样才能成全你自己，全身而退。

晓之以理——范文程巧言进谏

"晓之以理"，是言教诲人的一种方式。游说他人，或者纳谏，单靠正直公正、直言不讳，常常不尽成效。如施之"晓之以理"的教育，方能解其惑，通其心，正其道，善其行。

范文程的曾祖父曾任明朝的兵部尚书，1618年，努尔哈赤攻下抚顺时，范文程去拜见努尔哈赤，表达了投效之意。努尔哈赤故意考问范文程说："你为大明名臣之后，本该为大明效忠，为何却叛明投我呢？"

范文程回答道："明君无道，百姓苦难，我不是腐儒，自不肯愚忠一世了。"

努尔哈赤和他谈话之后，见他见识过人，机智多才，十分爱惜，他对各贝勒说："夺取天下，范文程这样的才俊当有大用。他不以我等为叛逆，说明他独具慧眼；我等征服中原，也不能视明人都是逆贼了，这样才能争取民心。这个道理，是范文程教我的，你们都要善待他。"

皇太极即位后，对范文程更为器重，让他随侍左右。1631年，清军招降了守城的明官兵，其中已投降的蒙古兵又起叛心，想要杀害他们的将领，事情未果。皇太极震怒之下，想要把那些蒙古兵一律诛杀，范文程在旁边提醒说："陛下以武力让他们暂时屈服，他们不真心归降也是意料之中的事。他们再次叛乱，早将死亡置之度外，陛下杀他们泄了私忿，而对收取人心却害处太多，此事不可以做啊。"

皇太极气犹未消，说："征战沙场，杀人不可避免，若只施仁义，人不畏惩，岂不叛者逾多，士不奋战？"

范文程争辩说："明人不知我大清仁慈，反抗是当然的。陛下若能广施恩德，少杀多惠，人心渐渐就会归附于我。宽恕他们只能让敌军阵营分化，传陛下之美名，以此征伐天下，有百万大军之功效，陛下不可小视。"

皇太极听了直点头，赦免了那些蒙古兵的死罪。消息传出，坚守西山的明军斗志瓦解，范文程单枪匹马去劝他们投降，结果他们全都放下了武器。

范文程为皇太极谋划大事，常向他进谏征服民心之策。他劝皇太极养德修身，教化百姓，推行德政，皇太极时刻都无法离开他。每有要事，他总是对大臣说："范章京知道此事吗？"

遇到范文程有病在家之时，皇太极便不急于处理一些朝政大事，直等他病好了再做决定。有的大臣嫉妒范文程，对皇太极说："范章京终为明臣之后，身为汉人，他未必和我大清一心呢。他以收取人心为名，处处向着汉人，难道就没有他的私心？陛下对他宠信太过，也该有所保留才是。"

皇太极训斥他们说："先皇和朕诚心对他，不是逼迫使他效命，他的忠心绝无可疑。你们虽为满人，但又有多少皇亲国戚反对过朕呢？朕用心对人，然不识朕心者大有人在，朕能一再不予追究，施恩不止，这都是范章京所教的结果。否则，你们这些嫉贤妒能之辈，还能站在这里和朕说话吗？"

顺治即位之后，睿亲王多尔衮率领大军讨伐明朝。范文程担心多尔衮残忍好杀，于是连忙上书说："中原百姓以我大清为叛逆，势必拼死反抗。大王如果以暴制暴，以杀为能，中原就难以平定。从前，我们放弃遵化城，屠杀永平的百姓，已让中原百姓对我们深有疑虑了。如果今后不加约束，统一天下的大业就难以完成。大王应该严明纪律，秋毫无犯，让明朝官吏担任原职，恢复百姓的家业，录用有才能的人，抚恤那些处境艰难的人。用大公传达我朝的仁念，用行动解除世人的疑惑，这样安定了百姓，叛乱的人才有心归顺，我们遇到的抵抗才会减少。"

明朝都城被清军攻克后，多尔衮采纳了范文程的建议，为崇祯帝办丧事，安抚战乱中的百姓，起用废弃的官吏，搜求隐藏和逃逸的名士，重新制定法令。这些措施和举动在收取民心上起了相当大的作用，为清朝最后平定天下奠定了基础。

所以，《鬼谷子》说，"引钩箝之辞，飞而箝之"于人交谈时，使人敞开心扉，自由言论，我们通过对方的言论，全方位地深入了解对方，然后再晓之以理，让对方赞同我们的意见，征服人心是治乱的根本之道，强权和高压无法消除叛乱的根源。让人从心里畏服是最难的，也是短视者与强硬派不愿施行的，这是他们智慧不足的表现，也是他们德望低下、自信心不强的体现。范文程正是利用这一事实，说服了多尔衮。

"晓之以理"要旨在"说理""明道"，做到理透解惑、道彰傅人，从而达到启锁开心、教诲育人的目的。为此，游说者要在政治和人德上不断自我冶炼，既要有良好的政治素质和道德修养，又要有较高的理论水平，才能在施教中高屋建瓴，使受教者信之，服之，明之，悦之，"晓之以理"自然会水到渠成。

以暴制吏——唐玄宗的撒手锏

唐玄宗靠政变上台，他先后诛灭韦党和太平公主，所以当上皇帝后也很不安心。宰相姚崇一日和玄宗闲谈，说起内患之事，姚崇叹息说："我朝屡有内部变乱，实由人心散乱、不惧皇威所致。陛下若不整治人心，使人不敢心起妄念，朝廷就很难长治久安啊。"玄宗点头说："内乱重生，致使大唐危机重重，朕定要设法根绝。依你之见，朕该有何动作？"姚崇进言说："防患于未然，必须早做预见，惩人于未动之时。即使小题大做，也要造成震慑他人的效果，使人不起异念，自敛谨慎。这就需要陛下割舍情感，痛下重手了。"玄宗示意已知，微微一笑。

不久，玄宗在骊山阅兵式上，以军容不整为由，判功臣兵部尚书郭元振死罪。惊骇万分的大臣中有人进谏说："郭元振是当世名将，有勇有谋，他不仅屡立战功，更在诛灭太平公主的过程中功不可没。如此功臣如今犯小过错，陛下不念旧情就治他死罪，惩罚太重了，也有损陛下贤德之名。"

玄宗厉声痛斥进谏之人说："功臣犯法，难道就可以不问吗？有功必赏，有罪必惩，此乃治国之道，朕大公无私，本无错处，你们竟替罪臣求情责朕，莫非你们要造反不成？"玄宗这般严厉斥责，吓得群臣再也不敢说话。最后，玄宗虽然赦免了郭元振的死罪，还是把他流放新州。宰相刘幽求也是大功臣，他一贯和武党抗争。除灭韦党和太平公主的过程中，他也参与谋划，功劳不小。玄宗因为一件小事就将他罢相，还告诉他说："百官之首当为百官作则，故朕对你要求甚严，也是正常之举。"

刘幽求十分不满，背后常发牢骚说："皇上现在不念恩义，判若两人，他不该如此待我啊。我为他出生入死，谁知却落得这样的下场！"玄宗听到刘幽求的牢骚，马上又下旨把他贬到睦州当刺史，他还对群臣激愤地说："天下多乱，朕当严治臣子，此朕的职责所在。刘幽求以功劳和朕对抗，口出不逊，这便是大罪。朕若徇私枉法，反让人有了造反的口实，朕怎会做这样的蠢事呢？"不久，刘幽求怨愤而死。群臣见玄宗对功臣都如此心狠无情，一时都惶恐不安，不敢犯一点儿小错。

一次，同为朝廷功臣的钟绍京在面见玄宗时，无故竟被玄宗训斥说："你为朝廷户部尚书，议事之时却不发一言，是不是有些失职？难道你不顾朝廷安危，准备明哲保身吗？"钟绍京脸色惨变，直呼有罪。事后，姚崇有些不忍，他对玄宗说："陛下重治功臣之罪，已让人心震骇了，陛下的目的已然达到。钟绍京无端被责，臣以为过于唐突，其实不必这样。"玄宗调笑说："朕依照你的办法，才有这样的举动，你不该出言反对吧？"

姚崇又准备说什么，玄宗却摆手阻止了他，苦笑说："朕也不想如此啊。不过朕也想过，这些功臣都几经政变，实在是政变的行家里手，如果不把他们慑服，谁保他们日后不变心呢？朕折辱他们，也是让群臣心悸，只思自保。朕纵是背上无情之名，也心甘了。"玄宗把钟绍京降为太子詹事，后来又将他贬为绵州刺史，不久又将他贬为果州尉。后来，功臣王琚、魏知古、崔日用一一被贬，朝中再也无人敢以功臣自居。群臣整日战战兢兢，玄宗这才罢手。

在人人自危的环境下，人们总是本能地加倍小心。掌握了别人的内心想法和潜在意图，谁不会心惊肉跳，谁还敢轻举妄动了？

唐玄宗为了长治久安玩的这一手未免有点儿过火，但其中蕴含的道理却值得我们深思。唐玄宗整治朝纲的重点手段不是杀人，而是制造一种违意必究的气氛，进而从思想上控制臣子。这就是从精神上"箍制"众臣子，当他们的精神一倒，其意志和雄心便会随之土崩瓦解。再刚强和难制的人，也抵御不了精神的打击；抓住了这一攻击点，也就掌握了人最薄弱的环节，天下也就"太平"了。

避其锋芒——孙膑抓庞涓罩门

"治兵如治水，锐者避其锋，如导疏；弱者塞其虚，如筑堰"。"避其锋芒，抓其要害"不仅是一种作战方法，更是作战技巧。

众所周知，孙膑和庞涓都是战国时期的军事家，他们两个人的争斗从孙膑下山的那一刻便开始了，孙膑为此被剔去了膝盖骨，还差点儿死于庞涓之手。迫于自保，他极力装疯卖傻，才得以从庞涓的手中逃脱，最后来到了齐国。师出同门的两个人从此势不两立，在战场上奋力拼杀，弄得烽烟四起，却也创造了中国历史上许多战争奇话。"围魏救赵"便是其中的一场经典力战。这场战争中，孙膑避其锋芒，从庞涓的"后方"入手，出其不意，攻其不备，不仅一洗雪恨，更达到了救助同盟国的目的。

齐威王三年（公元前354年），魏惠王想一泄失去中山的仇恨，便派大将庞涓前去攻打赵国。中山本是东周时期魏国北邻的一个小国，后来被魏国收服，赵国乘魏国丧国之机，强占了中山。此时的魏国已经今非昔比了，对此一直耿耿于怀的魏惠王，终于找到了合适的时机可以一雪前耻。

魏将庞涓认为中山不过弹丸之地，距离赵国又很近，不如直接攻打赵国的都城邯郸，既解旧恨又能削弱赵国，可谓一举两得。魏惠王听了十分满意，便决定以此为首，开始他的霸业。于是，魏惠王调拨五百战车，由庞涓率领，直奔赵国。

庞涓治军有方，军队势如破竹，战无不胜，很快便包围了赵国的都城邯郸，赵国形势危急。第二年，赵国逼于无奈只得向齐国求救，并许诺解围后以中山相赠。齐威王打算任用孙膑为主将救援赵国，这无疑是孙膑报仇雪恨的大好时机。他却辞谢说："受过酷刑的人，不能任主将。"看似言不由衷，实际上孙膑是另有打算。于是齐威王就任命田忌做主将，孙膑做军师，领兵前往救援。

田忌与孙膑率兵进入魏赵交界之地，田忌本来打算领军直接去赵国与魏军作战，孙膑制止说："想解开缠绕在一起的乱丝，不能紧握双手生拉硬扯；解救纠缠在一起斗殴的人，不能卷进去胡乱搏击。要扼住争斗者的要害，争斗者因形势限制，就不得不自行解开。如今魏赵两国相互攻打，魏国的精锐部队必定在国外精疲力竭，老弱残兵在国内疲惫不堪。你不如率领军队火速向魏国的国都大梁挺进，占据它的交通要道，冲击他军备空虚的地方，魏国国都被围困，魏王肯定会下令让庞涓放弃攻打赵国而回兵自救。我们再在庞涓回师的必经之路，中途伏击他，必定可以大获全胜。这样，我们不但可以一举解救赵国之围，而又可坐收魏国自行挫败的成果。"

田忌听取了孙膑的意见，出兵围困魏国的都城大梁。魏国都城情势危急，魏王果然下令庞涓回军自救。庞涓本来以为对赵国的战争马上就要大功告成了，收到魏王的命令后，非常着急，丢掉粮草辎重，星夜从赵国撤军回国。孙膑预先在魏军回国的必经之地桂陵（今河南长垣西北）设下埋伏，当庞涓率领长途跋涉、疲惫不堪的魏军经过时，齐军突然出击，大败魏军。最后，庞涓勉强收拾残部，退回大梁。齐国军队大胜，赵国的危机也相应地解除了。这场战役便是历史上著名的"桂陵之战"。

战争中，孙膑以一个旁观者的眼光去看待全局，他看到了解决问题最有效的方法，他找到了庞涓的"罩门"，并且抓住机会从这个"罩门"入手，一切问题都迎刃而解。这种"曲线救国"的策略，无论是古代战争，还是现代生活中，都可以给我们带来很多收获。

孙膑赢得这场经典的战役，正是因为他抓住了庞涓的弱点，或称"罩门"，也就是鬼谷子所说的"飞箝术"。飞箝术就是一种制人术，重在利用对方的弱点，实施自己的计划，铲除敌人，扫清自己前进的道路。无论是实力雄厚者，还是实力弱小者，巧妙地运用飞箝术，抓住其弱点，消除敌方生存之根本，对方自然不攻而破，便能事半功倍，收到意想不到的效果。在我们的人生中，也是如此，也需要有相应的技巧和策略，运用它们，我们便可以以最小的付出，获得最大的回报。

将计就计——航空公司危机变商机

危机，不仅是"危险"，还有"机会"！"灭顶之灾"可以奇迹般地变成"无限商机"，当然，这需要变通思维进行创意！

对于大多数航空公司来说，2002年的9月11日是痛苦的。但是就在当天，美国精神航空公司不仅上座率是全美最高的，而且美名远扬。这一切，缘于该公司的绝妙创意……

"9·11"对约翰的影响是深远的。作为一家小型航空公司的市场部经理，"9·11"不仅使约翰的薪酬锐减，更使得本来聪明能干的他束手无策。任凭如何努力，航空市场的大萧条，使得约翰所在的美国精神航空公司面临的不再是以往如何尽快增长的问题，而是巨大的生存压力。

眼看2002年的9月11日就要到了。由于担心恐怖分子在周年当天再次发动类似行动，全美普遍预测，"9·11"当天的上座率将非常低，削减航班已成定局。甚至有人半开玩笑地对约翰说："贵公司这样的中小型航空公司，9月11日当天全公司休假可能会好一些。"

约翰清楚地知道这一切，甚至知道董事会已经准备提出削减航班的计划。可是，难道就没有一点儿办法吗？不行，得努力想想！

有了，有办法了。行动！

2002年8月6日，美国精神航空公司宣布："9·11"周年祭乘机免费！

8月7日，精神航空公司机票预订中心的电话就开始响个不停，公司网站也因为访问者过多而发生网络大塞车；公司30架中小型飞机所能提供的1.34万

— 207 —

个座位，几个小时内就被预订一空。公司领导层对此表示满意，董事会成员和所有公司高级官员决定在 9 月 11 日这一天，亲自到机场为乘坐免费航班的乘客送行。

分析人士认为，这一活动带来的社会效应和广告效应，远远超过了公司的机票损失。公司的核算部门估计，免票活动将带来 50 万美元的损失。这笔款项对于这个拥有 12 年历史，主要市场仅包括佛罗里达、底特律和纽约的小航空公司来说，不是一个小数目。但精神航空公司今后得到的回报将远大于 50 万美元，起码大多数乘客在预订免费航班的同时，订购了几天后的回程票。

除此之外，美国大小媒体都在报道精神航空公司"独树一帜"提供免费机票的事情，一时间"精神航空"成了媒体上出现频率最高的公司。这样的宣传效果，绝非 50 万美元可以达到的。可以说，精神航空公司已经从一个名不见经传的小公司，一日之间成为全美著名的"爱国航空公司"。

《今日美国》旅游版的专栏记者说："精神航空的做法，绝了！"的确，几个星期前，精神航空和所有其他航空公司面临的问题一样——9 月 11 日前后的订票数量奇低，上座率不足 20％。这一招，使精神航空公司成为全美 9 月 11 日上座率最高的航空公司。

相比之下，美国多家大型航空公司——美洲、联合、三角等以及经营美国航线几十年的英航、法航等公司，都计划减少 9 月 11 日的航班数量。

需要指出的是，危机并不能简单地理解为创意的催化剂，更不能通过制造危机来获取创意。因为通常情况下，"危机"就是"危机"，没有危机才是我们应该追求的。然而。一旦出现危机，郁闷和发牢骚统统没有用，我们应该做的，就是直面困境，想方设法寻找突破机会，寻求创意。甚至可以巧妙转变，利用危机，让它带来积极效果，这无疑是变通所能带来的奇迹了。

以道还道——IBM 大战日立公司

商场之间的竞争往往夹杂着或多或少的钩心斗角。所谓兵不厌诈，有时为了达到自己的目的，便会生出歪点子来。人心叵测，在商战里遨游，就应该灵活多变，小心防范。面对对手的歪门邪道，将计就计，以其人之道还治其人之身，不失为一种自我保全的好方式，还能利用别人的计策达到自己的目的，这是一种大智慧，是一种战略，更是一种技巧。

20 世纪 60 年代至 70 年代，美国 IBM 公司一直是国际商用电子计算机界的龙头老大，控制着商用电子计算机的国际市场。面对这种情形，日本通产省曾大声疾呼，要求日本在半导体电子计算机领域赶上和超过美国。但是，部分日本电子计算机厂家认为，与美国一些公司竞争并非易事，且很难有把握获胜。

经过一番苦思后，日本的一些企业家动了歪脑筋，他们觉得，如果能够事先通过某种手段弄到美国国际商用机器公司的新机种资料，就可以大大缩短赶上和超过美国的时间，减少竞争的风险。于是，日本的一些商业间谍开始了紧张的活动。

1980年11月，日立公司通过商业间谍，从美国国际商用机器公司一个名叫莱孟德·卡戴特的职员那里，弄到了该公司新一代308X计算机绝密设计资料。这是一套具有重要价值的资料，一共27册。然而，这一次日立公司只弄到了10册。为了搞到另外的17册，日立公司继续采取行动：由日立公司高级工程师林贤治出面，向与日立公司有业务往来的马克斯维尔·佩利发去一份电报，敦请佩利设法搞到其余的17册资料。

佩利当时是IBM公司先进电子计算机系统实验室主任，已经在IBM工作了23年。他深知新机种资料的价值，同时也很明白自己与公司的关系。因此，当他接到日立公司的电报后，立即将此事告诉了IBM公司。公司负责安全保卫工作的查理·卡拉汉普决定"以其人之道，还治其人之身"，以间谍来反间谍。他让佩利充当双重间谍的角色，主动接近日立公司的林贤治，摸清情况，掌握日立公司的证据。同时，在联邦调查局的参与下，还采取了诱捕的方法：由IBM公司宣布，有两名接触绝密硬件、软件、手册等方面东西的高级职员即将退休，诱使日立公司向这两名职员弄资料。

不出所料，日立公司上了钩。1982年6月，联邦调查局逮捕了日立公司前去拿情报资料的职员。日立公司窃取IBM公司情报的证据被抓到，遭到了起诉。1983年3月，旧金山法院判处日立公司林贤治1万美元罚款，缓刑5年；参与此案的大西勇夫被罚款4000美元，缓刑2年。窃取的全部资料被追回。

日立公司以间谍计窃取机要，而IBM公司却用反间计，以其人之道，还治其人之身。结果使日立公司阴谋败露，惨败而归。

将计就计，以其人之道，还治其人之身，这是IBM公司获胜的关键。IBM公司在充分了解日立公司的企图和阴谋之后，在对手的计上用计，不露痕迹地徉顺其意，成功地引日立公司入瓮，最后让他们自食其果，中了自己精心设计的圈套。日立公司不仅未能如愿，反而"偷鸡不成蚀把米"，成全了IBM公司。

《鬼谷子》说："审其意，知其所好恶，乃就说其所重，以飞箝之辞，钩其所好，乃以箝求之。"意思是说，先了解对方的意图，弄清对方喜欢和讨厌的东西，再针对其中的重点实施策略，投其所好，引蛇出洞，进而钳制对手。在这里，IBM 公司可以说抓住了鬼谷子的精髓，主要来说就是抓住了"箝"。IBM 公司合理、巧妙、不露痕迹，不仅保全了自己，更给了对手狠狠的教训。

正面竞争——尼尔玛在对手的弱穴上下功夫

老实人要立足商场，就不可避免地要与人竞争，如何在竞争中占据优势，方法策略十分关键。能用从侧面打击对手的方法，在对手的"弱穴"之上下功夫，往往最终能让自己取得胜利。尼尔玛公司就是一个很好的例子。

20 世纪 60 年代，尼尔玛公司的老板帕特尔开始了他的创业生涯。创业之初，帕特尔利用自己的专长，在自己的厨房里利用简陋的设备，生产出一种成本极其低廉的洗衣粉，并且把这种洗衣粉命名为尼尔玛。为了打开销路，帕特尔开始四处奔波，试图为他的洗衣粉在竞争激烈的市场上分得一杯羹。

但是根据印度传统的经营理论，城市富裕家庭主妇的钱袋是大多数产品销售的唯一来源。而在当时这一巨大的财源几乎被印度制造业的跨国公司——印达斯坦·勒维尔公司独占着。勒维尔公司在全世界都设有分公司，实力极其雄厚，它的业务范围也相当广泛，而且它所生产的冲浪牌洗衣粉，在印度洗涤市场一直占据着统治地位。作为刚刚起步的尼尔玛公司，可以说根本没有力量与勒维尔公司正面交锋。帕特尔看清了这一点，他决定寻找另一条出路。帕特尔针对勒维尔公司只注重城市富裕家庭主妇的钱袋，而忽略了广大中下层人民的需要这一弱点，开始做文章。他绕开与勒维尔正面交战的战场，把注意力放在了无力购买高价洗衣粉的广大中下层人民身上，他相信这是一个潜力巨大而又无人涉足的广阔市场，并制订了灵活的销售策略。

1. 坚持薄利多销。

2. 在产品上做文章。他不断推出新产品。20 世纪 80 年代中期，帕特尔公司根据市场的需求，先后推出块状洗衣皂和香皂。当这两种产品投入市场的时候，购买者趋之若鹜。为此，公司迅速增大了产量，显示出其广阔的发展前景。

随着时间的推移，产品牢牢地把握了市场地位，块状洗衣皂成为尼尔玛公司的主要经济来源之一，仅此项销售额就达到了公司营业总额的 1/4。另一方面，香皂生产也迅速扩大，并在这一领域对勒维尔公司造成了严重的威胁。

为了争取更多的客户，拓展业务，做大做强，尼尔玛公司打起了广告的策略。对于做广告，他们不像有的商家那样，先用大量广告刺激起消费者的购买欲望，紧接着就把产品送到，而是先将自己的产品运送到各个销售点，然后才登广告进行宣传。尼尔玛公司这样做也有它的优势，因为产品广告与充足的货源能够紧密地结合起来，这样可以进一步提高公司在消费者心目中的地位，给消费者一种信赖感。

在公司正确的战略指导下，到了 1988 年，公司生产的尼尔玛牌洗衣粉，销售量达到 50 万吨。而这时，它的主要竞争对手——勒维尔公司已经被抛在了后面，他们生产的冲浪牌洗衣粉，只售出了 20 万吨。

自此以后，尼尔玛公司以产品的良好信誉、优良质量和低廉价格深入人心，终使尼尔玛公司在洗衣粉市场后来居上，独领风骚。

《鬼谷子》说："以迎之随之，以箝和之，以意宣之，此飞箝之缀也。"使用飞箝之术，利用别人的弱点将对方牢牢控制住。在"弱穴"上下功夫，在对方不轻易察觉的地方进攻，成功会很容易获得。

帕特尔的胜利为老实人提供了处世的经验：当不得不与对方交手的时候，如果在正面无法取得胜利，就要灵活多变，迂回到对手的后方和侧面采取积极的行动。由于对手的侧方和后方是对手不太容易观察到的地方，所以在这些方面发动攻势，容易获得成功。

欲取先谋——适时使出撒手锏

行巧使诈，用假信息蒙蔽对手，从而影响其决策，最终将敌人打败。这正是鬼谷子所说的"飞而箝之"的办法。《飞箝第五》曰："引钩箝之辞，飞而箝之；钩箝之语，其说辞也，乍同乍异。"即先用话诱使对方说出实情，然后通过褒扬得其心，以此来钳制对方。而钩箝之语是一种游说辞令，如何使用则要根据谈话情况而定，或同或异，没有什么死规矩。

既然说了没有死规矩，用行巧使诈的办法来达到自己的目的，也就是情理之中了。

南北朝混战的时代，中国北方有东魏和西魏相互对峙。东魏大将段琛据兵于两国交界的宜阳（今河南宜阳西），派下属牛道恒招募西魏边民，以扩大自己，削弱西魏。牛道恒招募有方，使得大批西魏边民迁移到东魏来。西魏大将韦孝宽非常忧虑。后来，韦孝宽想出了一招"钩鼻计"。

他先派人打入牛道恒的内部，获得了牛道恒手迹。又命令手下擅长书法的人模仿牛道恒笔迹，伪造出了一封牛道恒的信。信中写牛道恒对西魏如何向往，对韦孝宽如何崇拜，并表达了伺机投诚的心愿。信写好之后，故意抖落上一些灯灰在信上，以使其以假乱真。然后利用间谍，把信转到了段琛的手中。段琛因此对牛道恒产生了怀疑，对他不再信任。这样一来，牛道恒对招募工作也就得过且过，失去了信心。

韦孝宽利用牛道恒的"亲笔信"算了他一计，使牛道恒失去了段琛的信任。这种反向"飞箝"的技巧真是高明。

战场上如此，商场上亦然。在这些没有硝烟的战争中，为了得到自己的利益，在特殊情况下"使诈"已然是常用的妙计。懂得"诈"之术，懂得巧放烟幕弹的道理，商人要像狡兔那样有三个窟，才能在处处"险恶"的社会环境中生存下来，才能在残酷的竞争中胜出。王强以诈压价便是个很好的例子。

王强最先经营的是高尔夫球场。众所周知，如果球场位置好，地形条件好，顾客就多，容易获利。但这样的土地往往收购费也高。因此，要想经营好高尔夫球场，用较低的价格收购土地是首要的。

有一次，王强看中了一块地，与此同时也有许多人看上了这块地。这块地足够开设一个高尔夫球场，市价约为 2 亿美元。王强决定要以更低的价格将这块地买到手。首先他大放口风，扬言对此地颇为青睐。很快这块地的老板的经纪人便找上门来，一见王强仿佛是一个不懂行的纨绔子弟，便存心狠狠地敲他一笔，出口开价便是 5 亿美元。王强将计就计，声言这价格太便宜，并装着有很强的购买欲望。

这下使得经纪人欣喜若狂，立即和老板签订了代理契约，老板便把其他有意买地的人一概回绝了。此后，经纪人多次找王强签约买地，但王强要么不见踪影，要么借口拖延。等到经纪人沉不住气，只好请求王强购买时，王强知道摊牌的火候到了，便历数那块地的缺点，证明自己是内行人，并说那块地不是价值 5 亿美元的好货。于是，双方经过一番讨价还价，经纪人挡不住王强的凌厉攻势，只好步步退却，最后只好亮出底价 2 亿美元。

然而，此时王强并不善罢甘休："如果市价是 2 亿美元，我就出 2 亿美元买下的话，我何必费这么多功夫呢？而且别人还会嘲笑我。"老板为此大伤脑筋，因为他已经到处扬言："王强已把我的地买了。"现在如果王强不买了，重新找顾客谈何容易；再找回原来已回绝的顾客，一方面会被他们讥笑，再者还会被大杀其价，结局可能更糟糕。

最后，老板无可奈何地向王强说："既然如此，你开个价吧。"王强出价 1.5 亿美元，老板只得忍痛成交。

王强先是是在谈判中"放低球"，表现出强烈的购买欲及充分的诚意，对手难免有胜利在望的飘飘然的感觉，从而产生对他的好感，放松自己的警惕。当双方进入正式谈判后，王强却摆出一副满不在乎的样子，"低球"放过了，目的是使对方产生麻痹，放松警惕，不做进一步的充分准备。然后再突然把价码、要求抬上新的"平台"，迫使对方在毫无准备的情况下就范或者使谈判破裂，使对方失去再找合作伙伴的宝贵时间。

"放低球"套牢对方，当对方上套的时候，再摆出一副漠不关心的样子，这时，"卖方市场"就会转换成"买方市场"。这种先"掉阖"，再"飞箝"的策略，压得对方喘不过气来。然而，兵形如水，瞬息万变，在商战中只要不触犯法律，即使是开空头支票，只要能骗君入瓮，死死套牢对方，就是获得成功的好诈术。

找准要害——对症下药益处多

"飞箝术"讲求的是抓住对方的要害，"飞而箝之"。而这个"飞"，则是指运用褒扬之词去夸奖、表扬对方。在商战中，经营者如果能准确把握市场动向和消费者的心理，投其所好，就能赢得消费者的信任，交易就能顺利达成。

"投其所好"，就能迎合对方的某种爱好和某种心理，从而博得对方的好感，使对方放松警惕，从而达到战胜、牵制对方的目的。这种方法在销售中尤为管用。

美国有一家酿酒公司曾一度不景气，后来被另一家公司收购。之后，新公司领导进行了充分的市场调查后，做出了很大的战略调整，最终把消费群定位在蓝领男工人身上。而蓝领工人普遍文化水平都不高，针对这一特征，酿酒公司选择了工人最熟悉的电视作为广告宣传媒介。并且把广告播出时间集中在工人最喜欢看的体育节目时间。在广告中，该公司对蓝领工人大加赞赏，还把他们描绘成健康、勤奋、大度的形象，广告里出现几个蓝领工人一边喝该公司制造的啤酒一边聊天的场景。广告一推出就吸引了大批蓝领工人的好感，他们纷纷购买该公司生产的啤酒。该公司酿造的啤酒很快打开了市场，销量一路飙升，还扭亏为盈，成了同类产品中的领先者。

该公司正是利用了蓝领工人不被重视这一特点，从心理上进行攻击，让他们有了获得认可的良好感觉，从而对这家公司产生了信赖感，让他们的啤酒起死回生。

这是针对消费者而施行的"飞箝术"，出发点就是顾客的心理感受和喜好。

顾客见到推销员时一般都有紧张和戒备心理的，如果直奔主题将很难成功。而顾客一般都渴望受到重视，喜欢和别人谈自己的得意之处。作为销售人员，一定要找好出发点，从顾客的喜好入手，只有了解了这一点，才能很好地钳制顾客。只有从顾客的喜好出发，调动顾客的积极性，才是制胜之道。

几年前在匹兹堡举行过一个全国性的推销员大会，会议期间雪佛莱汽车公司的公关经理威廉先生讲了一个故事。威廉说，一次他想买幢房子，找了一位房地产商。这个地产商可谓聪明绝顶。他先和威廉闲聊，不久他就摸清了威廉想付的佣金，还知道了威廉想买一幢带树林的房子。然后，他开车带着威廉来到一所房子的后院。这幢房子很漂亮，紧挨着一片树林。他对威廉说："看看院子里这些树吧，一共有 18 棵呢！"威廉夸了几句那些树，开始问房子的价格，地产商回答道："价格是个未知数。"威廉一再问价格，可那个商人总是含糊其辞。威廉先生一问到价格，那个商人就开始数那些树"一棵、两棵、三棵"。最后威廉和那个房地产商成交了，价格自然不菲，因为有那 18 棵树。讲完这个故事，威廉说："这就是推销！他听我说，找到了我到底想要什么，然后很漂亮地向我做了推销。"

推销是一门技巧，而"飞箝术"则是一门学问。投其所好并不是什么难事，只要细心观察，了解了对方需要的东西，再对症下药，就能一步步消除了对方的疑虑，消除对方的防线，从而就能钳制对方，让对方为你所用。

讲究情意——好领导的"王牌"

讲究情义是人性的一大弱点，"生当陨首，死当结草""女为悦己者容，士为知己者死"，无一不是"感情效应"的结果。为官者大都深知其中的奥妙，不失时机地付出廉价的感情投资，对于拉拢和控制部下往往能收到异乎寻常的效果。

刘备在起事时，他少年时结交的豪杰兄弟，都来归附他。中山的大商人张世平、苏双等早已准备好了钱财，供刘备招募士兵用。平原相刘平派刺客来暗杀刘备，而这刺客竟然向刘备告了密。曹操兴兵讨伐，刘备败走江陵时，荆州军民跟随他的多达十余万人。这时候的刘备只不过是一位身无立锥之地的人而已，而所到之处竟能使这么多的人为之倾倒，为之顶礼膜拜！这完全是由于刘备"屈尊降贵"深得民心。当刘备三顾茅庐，向诸葛亮咨询大计之时，更是谦恭诚恳。这才有"隆中对"的美谈留世。关羽、张飞自结义起，终身跟随刘备出生入死；即使是东奔西逃，寄人篱下，无寸土之业可立时，仍能患难与共，绝无二志。临终之时，对诸葛亮嘱托道："将来我的儿子可以辅助时，就辅助他，不可辅佐时，你可以取而代之。"真是感人至深，换了别人，怕是做不到的。东汉末年之际，各集团都在招揽贤才，而诸葛亮这样的第一流人才，为何魏吴两国得不到他，而他却心甘情愿为蜀国鞠躬尽瘁，死而后已呢？就在于刘备能够三顾茅庐，倾心相待。

公元742年，唐玄宗连下三道诏书，征召大名鼎鼎的诗人李白入京。李白这一年43岁，他毕生都向往着建功立业，以为这一回可以大展宏图了，于是意气风发地来到了长安。唐玄宗在大明宫召见了他。

封建时代，皇帝召见大臣，气派是十分威严的，端坐御座之上，居高临下，而臣下则要一路小跑至他的膝下，行三跪九叩大礼，俯首称臣。而唐玄宗这一次召见李白，这一切森严的礼仪全都免除，他亲自坐着步辇（一种由人抬的代步工具）前来迎接。当李白到来时，他从步辇上下来，大步迎了上去；迎入大殿之后，又以镶嵌着各种名贵宝石的食案盛了各种珍馐佳肴，来招待李白。大约是怕所上的一道汤太热，会烫着李白，唐玄宗竟然亲自以汤匙调羹，赐给李白，并对他说："卿是一个普通读书人，可你的大名居然传到我的耳中，若不是你有着超凡的诗才，怎么能做到这一点？"接着又赐他一匹天马驹，宫中的宴会，鸾驾的巡游，都让李白陪侍左右。

一个普通的诗人，无官无职，能够得到皇帝的召见、赐宴，已是非常的礼遇了，而降辇步迎，御手调羹，更是旷古未闻的隆恩。虽然李白这一次来长安，在仕途上并没有多大发展，最后还被客客气气赶出了长安，但唐玄宗的这一次接见，却在李白心中留下了永不磨灭的印象，使他终身引以为自豪，至死都念念不忘。

在现代企业管理中，强调人性化，最大限度地调动员工的积极性，这正与中国古代的这一潜规则相合。

【职场之道】

适时奖励——塑料大王的物质刺激

不可否认，表扬和赞美是有效的管理激励方法。但就人的本性而言，更多的员工喜欢对他们的表扬和赞美是有形的、实实在在的，奖励就是这种有形和实在的赞美和表扬。这种方法也可以让下属更积极地做事。

曾经蒸蒸日上的"塑料大王"梅布尔，经营的一家塑料生产公司在 1998 年业绩大幅滑落。由于员工们意识到经济不景气，这一年干得比以前更卖力。马上到年底了，照往例，年终奖金最少加发两个月，多的时候，甚至再加倍。然而今年惨了，财务算来算去，顶多够发一个月的奖金。总经理看到这种情况后焦急万分，他知道员工今年的工作激情比任何一年都要高。如果按以前的标准发放年终奖的话，势必会给企业留下重大的创伤；如果不那样做的话，又怕因此员工的士气大败，这样给企业造成的损失将更大。怎么办？如何给员工一份满意的薪酬？

总经理请来远在马来西亚的董事长梅布尔一起商讨如何解决这个问题。董事长梅布尔听完总经理的介绍后，形象地说道："每年发的红包就好像给孩子糖吃，每次都抓一大把，现在突然改成两颗，小孩一定会吵。"聪明的总经理突然灵机一动，想起小时候到店里买糖，他总喜欢找同一个店员，因为别的店员都先抓一大把拿去称，再一颗一颗往回扣。那个店员则每次都抓不足重量，然后一颗一颗往上加，这样使得小孩很满意。于是，董事长和总经理为设计出员工满意的薪酬策略，达成了共识。

几天后，公司下达了一个决策：由于营业不佳，年底要裁员。顿时公司内人心惶惶，每个人都在猜会不会是自己。最基层的员工想："一定由下面杀起。"

高层主管则想："我的薪水最高，只怕会从我开刀！"但是，没过几天，总经理就宣布："公司虽然艰苦，但我们不能没有你们，无论有多少困难，公司都愿意和你们一起渡过难关，只是年终奖金就不可能发了。"听说不裁员，人人都放下心头的一块大石头，早压过了没有年终奖金的失落。

新年将至，员工看着别的公司的员工纷纷拿到了年终奖金，多少有点儿遗憾。突然，董事长召集高层领导紧急会议。看领导们匆匆开会的样子，员工们面面相觑，心里都有点儿七上八下：难道又要裁员了吗？

没过几分钟，各级领导们纷纷冲进自己的办公室，兴奋地高喊着："有了！有了！还是有年终奖金，整整一个月，马上发下来，让大家过个好年！"整个公司沸腾了，员工为了满意的年终奖而高呼，很多员工都主动要求过节期间加班。一次"满意"的薪酬激励，终于换来了第二年的发展。

在企业遇到困境的时候，梅布尔以毒攻毒，先制造出裁员的紧张气氛，令员工惶恐不安。再抓住员工急于争议的话题给予"意外的惊喜"，在员工高兴之余，进而"开仓放粮"，笼络人心。不仅解决了恼人的问题，还赢得了来年大发展的机会。这正是梅布尔对"飞箝术"的灵活应用，先给你一巴掌，再用一颗糖来安慰你，既"收拾"了你，还能逗你开怀。

可见，"飞""箝"结合，抓住要害，对于奖励下属，解决危机是非常有用的。当然，这种用危机感制造紧张气氛的策略最好是用在公司运营不佳的时候，如果公司赚得盆满钵满，再用这种方法来激励下属，就只能适得其反。

抓住命门——把话说到点子上

"飞箝术"不仅是谋略的一种手段，更是解决问题的一种方法和策略。运用"飞箝术"，就要摸准对方的真情实意，用利害来钳制对方。中国有句古话叫"打蛇打七寸。"说的就是要抓住关键问题，找到影响问题的关键因素。特别是身处职场，一定要懂得利用对方最在意的东西来钳制对方，抓住对方的切身利益，会使他的心灵受到颤动，就能促使他深入思考，从而改变自己的初衷。

一位常客张先生来到某酒店前台，在办理入住手续时，张先生向服务员提出房价打折的要求。接待员小郑见是常客，便给他九折优惠。客人还是不满意，要求酒店再打些折扣。这时正是旅游旺季，酒店的客房出租率甚高，小郑不愿意在黄金季节轻易给客人让更多的利，客人便提出要见总经理。

其实，酒店授权给总台接待员的卖房折扣不止九折，小郑原可以把房价再下降一点儿，客人可以随便还价。但是小郑不希望给客人留下这样的印象：接待员原可以打更多的折扣，但他不愿意多给，只是客人一再坚持后他才无可奈何地退让，这会使客人认为酒店员工处理问题不当。但是小郑又很明白，客人只是要得到适当的优惠，只要牢牢把握住客人的心理，再给客人一点儿好处，就能让客人心满意足。脑中闪过这些想法后，小郑就假装到后台找经理请示，他让客人先在沙发上休息片刻。

数分钟后，小郑回到总台，对客人说："我向经理汇报了您的要求。他听说您是我店常客，尽管我们这几天出租率很高，还是同意给您 5 美元的优惠，并要我致意，感谢您多次光临我店。"小郑稍做停顿后又说："这是我们经理给常客的特殊价格，不知您觉得如何。"客人计算了一下，这样他实际得到的优惠折扣便是八五折，这对位于繁华地段，又处于旅游旺季的星级酒店来说，已经是很给面子了。客人连连点头，很快便递上证件办理入住手续了。

小郑为顾客打折的时候，巧妙地转了个弯。虽说自己接待的是一名常客，但是面对常客提出要打折的要求，小郑却没有马上答应，而是到后台去想了一会儿。他其实是故意做给常客看的。第一，小郑表明自己已经做了最大的努力，让客人尽可能得到优惠。第二，让客人知道，给 5 美元的优惠是经理给的最大限度，打消了客人想再次优惠的欲望。

小郑能够用客人满意自己更满意的价格成交客人，正是因为他把握住了客人"打折"的心理。他知道客人其实就是想要一点儿优惠，他就用力抓住这一点，先给客人来一点儿退让，再咬住不放。最后假装找经理商量，给客人"最大的优惠"，最终让客人心满意足，交钱投降。

《飞箝第五》曰："心意之虑怀，审其意，知其所好恶，乃就说其所重，以飞箝之辞，钩其所好，乃以箝求之。"正是由于小郑对这位熟客的心理把握得非常准，用"飞"的办法让熟客得到实惠，再抓住熟客一心想入住的心理，"箝"住常客，使得熟客无路可退。

一般来说，那些不懂得"飞箝术"的人爱为难别人，即使是帮助人，也会把场面弄得遮掩难堪。他们甚至会乘人之危，鸡蛋里挑骨头，抓住把柄不放。这种行为常常会得罪人，还可能受制于人。身处职场中，面对别人的要求，一定要懂得抓住对方的软肋，再考虑自己的利益，既要表明自己的态度，又能很好地"箝"制对方，心甘情愿听你安排。

能够根据别人的喜好和欲求来钳制对方，不仅能赢得对方的信任，更能把握主动权。所以，要想把"飞箝术"运用得得心应手，就应该投其所好，牵着对方的鼻子走。

欲抑先扬——"夹心饼"的批评艺术

欲抑先扬，批评前先夸一夸，可以让对方比较舒服地接受批评。如果能在批评前先表扬一番，批评后再表扬一番，那将会让对方更加舒服地接受批评。

英国小说家毛姆有一句话很有名："人们嘴上要你批评他，其实心里只要赞美。"

批评下属是一件不太轻松也不容易的事，有时会令那些缺乏管理知识和经验的上司感到无所适从。但是，如果上司不懂得如何批评下属，就有可能降低部门的工作效率，甚至影响整个团队的工作情绪。

批评是引导，是一种警醒性的引导。因此，上司在对下属进行批评时，一定要讲究方式方法，讲究批评的艺术。

这里有一个简单的妙方：有褒有贬，在批评他的错误和指出其不足的同时，不忘给予他成功方面的某些肯定。

乔治·本在这个方面的运用上是位专家。他所发明的"夹心饼"法，真是让人拍案称绝。这种方法就是，把你所要批评的东西作为一种馅，放在两件值得表扬的事的中间，比如："公司不能没有你，我希望你能明白自己的位置，我们大家对于你的工作寄予厚望！"

显而易见，上面所举的"夹心饼"例子，就是把要批评的作为馅夹到两件值得表扬的事之间，这样不至于让受批评者感到尴尬和难受，从而在内心深处加以接受，同时又不伤害职员的自尊。受批评者既明白了自己的错误之所在，又认识到自身存在的重要性，在改正错误后，就会更加努力地工作。

美国著名的女企业家玫琳凯在对待员工工作中出现的问题时，采取的做法就是"先表扬，后批评，再表扬"的"夹心饼"批评艺术。这就是说，无论批评什么事情，必须找点儿值得表扬的事留在批评前和批评后说，绝不可只批评不表扬，即加在两大赞美中的小批评的"夹心饼"式批评，这是玫琳凯严格遵循的一个原则。她说："批评应对事不对人。在批评前，先设法表扬一番；在批评后，再设法表扬一番，力争在一种友好的气氛中结束谈话。如果你能用这种方式处理问题，那你就不会把对方臭骂一顿，要让当事人确切地知道，你对他的行为是怎样的气愤。主张这样做的人认为，经理应当把怒火发泄出来，让对方吃不了兜着走，绝不可手软，发泄过了以后，或许以一句鼓励对方的话结束谈话。尽管一些研究管理办法的顾问鼓吹这种办法如何如何有效，但是我不敢苟同。你要是把人臭骂一顿，那他也必定吓得浑身哆嗦，绝不会听到你显然是骂够了之后才补充的那句带点儿鼓励的话。这是毁灭性的批评，而不是建设性的批评。"

需要批评下属时，不要当众责备下属当然是最好的。可是，有些上司比较容易冲动，特别是看到下属犯了比较严重的错误，严重影响全体的时候，就可能按捺不住火气，当众责骂起下属来。这时，就好像是"丢了羊"一样。为了防止继续"丢羊"，就必须立即采取"补牢"的措施，使你因一时冲动而产生的副作用减到最小。

某位经理脾气比较暴躁，并且对工作总是一丝不苟，如果看到部门经理工作不负责任，或者令他不满意，就会情不自禁地要当时当地直截了当地指出来。

尽管经理这样做是为了工作，部门经理心里也明白，知道经理并不是责骂他一个人，但心里毕竟不是滋味。

事后，经理冷静下来，知道自己太冲动了，而且后来听下属解释说，这个部门平时工作也是十分出色的，只是因为特殊情况有些小错，但工作成果还是不错的。于是，经理马上进行"补牢"工作。他在下班之前，派人把部门经理找来说："今天委屈你了，首先怪我太冲动，没有充分了解情况，对你的责怪不当，请原谅。不过，你们部门的工作仍需要提高，相信你能做到这一点。"

几句话使部门经理得到了安慰，同时又有一种被信任感，再大的委屈也都飞到九霄云外去了。

俗语说"打人一巴掌，再给一个甜枣"，虽然不能轻易地"打一巴掌"，但既然"打"了，给与不给"甜枣"的效果便大不相同。丢了羊，再补牢这也不失为一个好办法，当你一时冲动当众责备了你的下属时，不妨一试，相信会有效果的。

《飞箝第五》篇讲："其有隐括，乃可征，乃可求，乃可用。引钩箝之辞，飞而箝之"。应对他们使用钩持钳制词句，飞扬赞誉而钳制住他们，使他们为我们所用。人是感情的动物。开门见山地批评他人很容易伤害他人的自尊心，引起各种不满情绪，难免会造成反作用或阳奉阴违的情形。"先表扬，后批评，再表扬"的"夹心饼"式批评，不仅不会使人难堪，反而能促使被批评的人心情愉悦地改进不足。

先褒后贬——批评也是一门艺术

在批评别人时，先找出对方的长处称赞一番，然后再提出批评，最后再使用一些鼓励性的词语，可以让对方比较舒服地接受你的批评。

未批先夸，实际上就是一种欲抑先扬的方式，即在批评别人时，先找出对方的长处称赞一番，然后再提出批评，最后使用一些鼓励性的词语。这种方法使人认为你的批评是公正客观的，自己既有过失，也有成绩，这样就减少了因批评所带来的抵触情绪，能收到良好的批评效果。

某领导发现秘书写的总结有不妥之处。他是这样批评秘书的："小张，这份总结写得不错，思路清楚，重点突出，有几处写得很有见地，看来你下了功夫。只是有几个地方提法不妥，有些言过其实，有的地方尚缺定量分析，麻烦你再修改一下。你的文笔不错，过去几次写总结也是越修改越好，相信你这次也一定能改出一个好总结来。"

这样说，秘书会感到领导对自己很公正、很器重，充满期望和信任，因而就会很卖力地把总结改好。

让对方先听到你对他的某些长处的赞赏之后，再对他进行批评，这样对方心里往往会好受得多。

柯立芝任美国总统期间，一天对女秘书说："你今天穿的衣服很漂亮，你真是一位年轻迷人的小姐。"女秘书受宠若惊，因为这可能是沉默寡言的柯立芝对她的最大夸奖了。但柯立芝话锋一转，又说："另外，我还想告诉你，以后抄写时标点符号要注意一下。"

像柯立芝这样在批评之前先表扬对方，以表扬来营造批评的氛围，能让对方在愉悦的赞扬中同样愉悦地接受批评。

但是，在使用这一招式的时候我们往往会错误地加上两个字。有许多人在真诚地赞美之后，喜欢拐弯抹角地加上"但是"两个字，然后开始一连串的批评。举例来说，有人想改变孩子漫不经心的学习态度，很可能会这样说："小虎，你这次成绩进步了，我们很高兴，但是，如果能多加强一下代数，那就更好了。"

在这个例子里，原本受到鼓舞的小虎，在听到"但是"两个字后，很可能会怀疑原来的赞美之词。对他来说，赞美通常是引向批评的前奏，如此不但赞美的真实性大打折扣，对他的学习态度的改善也不会有什么帮助。

如果我们改变一两个字，情况就会大为改观。我们可以这么说："小虎，你这次成绩进步了，我们很高兴。而且，如果你在数学方面继续努力下去的话，下次一定会跟其他科目一样好。"

这样，小虎一定会欣然接受这番赞美了，因为后面没有直接明显的批评。由于我们也间接提醒了应该改进的注意事项，他便懂得该如何改进以达到我们的期望。

此外，不得不提的是，有的人认为先讲赞扬的话再批评，带有操纵人的意味，用意过于明显，所以不喜欢用。这种想法也有一定道理，因为当你找到某人就表扬他，他根本听不进你的表扬，他只是想知道，另一棒会在什么时候打下来——表扬之后有什么坏消息降临。所以在更多的时候，许多人把表扬放在批评之后，当用表扬结束批评时，人们考虑的是自己的行为，而不是你的态度。

概括来讲，妙用未批先夸的手法就是先夸奖对方，然后再委婉地进行批评。有时也不妨来个先批评后赞扬，话语中要尽量避免出现"但是"二字。

忤合第六

【经典再现】

【提要】

"忤合术"是以反求合的方法。"忤",是忤逆、反忤、相悖的意思,"合"是趋合、顺应、相向之意。"忤合术"的实质是"以忤求合",认为要达到某一目的,实现自己的意愿,必须曲折求之,以此求彼。

《鬼谷子》认为:"世无常贵,事无常师。"事物总在变化中,世间万物趋合与背反是普遍存在的,它们时而互逆、时而互补、时而互换,或者合于此而忤于彼,或者合于彼而忤于此,变化多端。由此可知,"忤合"是事物发展变化中的应变常规。

鬼谷子主张"因事为制",善于"向背",精于"忤合"。任何事物都有正反逆顺的发展形势,实施忤合之术,必须充分认识万物皆在变化中。无论谋臣说客,首先要对自己有清醒的认识,还应对具体事物多方研究,做到"知己知彼",从而采取具体的应变方法。圣人应该"无所不作""无所不听"。才能进退自如,游刃有余。

【原文】

(一)

凡趋合倍反①,计有适合②。化转环属③,各有形势④。反覆相求,因事为制⑤。是以圣人居天地之间,立身御世⑥,施教扬声明名也⑦,必因事物之会⑧,观天时之宜,因之,所多所少⑨,以此先知之,与之转化⑩。世无常贵⑪,事无常师。圣人无常与⑫,无不与;无所听,无不听。成于事而合于计谋⑬,与之为主⑭。合于彼而离于此,计谋不两忠⑮,必有反忤⑯。反于是,忤于彼;忤于此,反于彼,其术也。

【注释】

①趋合：快步凑上去迎合。趋，小跑。倍反：转过身返回来。倍，通背。反，返回。反，返古今字。②适合：适应现实而合于实情。③化转环属：事物发展变化像圆环一样连接循环。属，连。④形势：具体背景和现实状况。⑤制：制事立计。⑥御世：处世，处理政治事务。⑦施教：实施教化，教化百姓。明名：显名。⑧会：时机，机会。此指世间事物凑到一起的时机。⑨所多所少：此指对自己的相应决策进行损益。⑩转化：谓转变以从化也。⑪世无常贵：世上没有能保持永久富贵的人。此句包含了深刻的辩证观点。⑫常与：衡定参与。⑬成于事：对事情有成效、能成功的计谋。合于计谋：指与自己谋划暗合。⑭与之为主：做它的主人。此指吸收别人决策中的合理因素。⑮不两忠：不能两方面都效忠。⑯反忤：合与背。反，同返。

【译文】

大凡凑上前去迎合人，或者转过身来离开他，都必须有适合当时现实情况的妙计。事物的发展变化，既像圆环一样循环连接，又在每一发展阶段上有自己的具体情况和变换方式。作为纵横策士来说，应该反复探求事物的连续性和独立性，抓住不同事物的特点，依据不同的事实情况制订不同的决策，寻求最佳的方案。所以，圣智之人在天地之间立身处世，治理世事，教化百姓，扩大影响，传扬名声，必定依据事物聚散的不同时机，抓准最适宜的天时，并依据它们的损益变化来修改自己的决策，依据它们发展的变化来调整自己的策略方针。世上没有永远显贵的事物，没有永恒的师长和榜样，做事也并非必定要效法某某，世上一切事物都在发展变化着。圣人也不是每件具体事情都参与，但又可以说没有一件事不参与，因为他为人们制订了解决问题的基本模式；圣人看上去对什么事情都不打听，但又什么事情都明了，因为他掌握了世间事物的基本规律。我们明白了世间事物的变化原理和圣人的做法，因而对于那些可成大事而且与我们决策相合的君主，就可以代他主持国家大计。凡是计谋，不可能同时忠于两个对立的君主，合乎这一方的意愿，就要违背另一方的意愿；违背另一方的意愿，才能合乎这一方的意愿。这就是反忤之术。

【原文】

（二）

用之于天下，必量天下而与之①；用之于国，必量国而与之；用之于家，必量家而与之；用之于身②，必量身材能气势而与之。大小进退③，其用一也④。必先谋虑计定⑤，而后行之以飞箝之术。古之善背向者⑥，乃协四海⑦，包诸侯⑧，忤合之地而化转之⑨，然后求合⑩。故伊尹五就汤⑪，五就桀⑫，而不能有所明，然后合于汤；吕尚三就文王⑬，三入殷⑭，而不能有所明，然后合于文王。此知天命之箝⑮，故归之不疑也。

【注释】

①与：施予，实施。②身：个人。③大小：指上述天下、国、家、个人。④一：基本规律一样。⑤谋虑：谋划，思虑。⑥背向：即忤合。背，背离，即忤。向，趋向，即合。⑦协：合同。⑧包：包举。⑨忤合之：对他们使用忤合术。⑩以之：用忤合术等。⑪伊尹：商初名相，名挚。汤：商朝开国君主。⑫桀：夏末暴君，名履癸。⑬吕尚：姜齐始祖。钓于渭水，遇文王，相语，文王大悦，拜为军师。是周代开国勋臣。文王：姓姬名昌，周武王父，为武王灭商奠定了基础。⑭入殷：指入于殷纣王。⑮天命之箝：天命所归。古人认为朝代兴衰是天意，天意归谁，谁便兴盛。

【译文】

如果把反忤之术应用于天下，必定衡量天下情况制订实施措施；如果把反忤之术应用到一个诸侯国，必定依据诸侯国的情况来制订实施措施；如果把反忤之术应用到大夫封地，必定衡量封地内的实际情况来制订实施措施；如果把反忤之术应用到一个人身上，必定衡量这个人的才智、能力、气度来制订实施措施。无论范围大小，不论有进攻之计还是退却之策，反忤术的应用都有一定的基本规律。必定先做好周密考虑，先制订好实施措施，再用飞箝术来作为补充手段。古代善于实施忤合之术的人，能够驾驭着四海之内的各家势力，控制包容各家诸侯，对他们实施忤合之术，并且依据实际情况的变化来改换实施措施，然后用此术来求得合于明主。所以，伊尹曾经五次归附商汤、五次归附夏桀以探天命所归，最终才决心臣服商汤王；吕尚曾三次依附周文王、三次依附殷纣王探天命所归，最终臣服于周文王而拜为军师。他们最终都能认识到天命所归的明主，所以毫不犹豫地归附他们。

【原文】

（三）

非至圣达奥①，不能御世；非劳心苦思，不能原事②；不悉心见情③，不能成名；材质不惠④，不能用兵；忠实无真⑤，不能知人。故忤合之道，己必自度材能知睿，量长短远近孰不如⑥。乃可以进，乃可以退，乃可以纵，乃可以横。

【注释】

①达奥：穷达隐曲事理。奥，隐奥。②原：追溯，考镜渊源。③悉心：用上全部精力。④惠：读为慧，古字通。慧，聪颖。⑤无：通务。务，务必。⑥孰：谁。

【译文】

作为一个纵横家，如果不具备圣人那样高尚的品德，以及超人的智慧，不能通晓事物深层的奥妙，就不能立身处世、治理天下。如果不能费尽心神地去思索，就不能究察事物本原。不能用尽心力去考察事物真情，就不能成就名业。如果个人才能气质不佳，颖悟聪慧不够，就不能筹划军事谋略。如果一味忠诚真心对人，就不能真正了解别人。所以，实施忤合之术，自己一定要估计一下自己的才能智慧，衡量一下自己的长处和短处，看哪些方面别人不如自己，然后度量他人的优劣长短，分析在远近范围内有哪些有志之士，自己还有哪些地方不如别人。只有做到知己知彼，才能达到随心所欲，既可以进攻，也可以退守，既可以合纵，又可以连横，这样，才可以从事纵横捭阖的政治角逐。

【为人处世】

善选盟友——和一切可能的人结盟

身处尔虞我诈之官场，政治斗争在所难免。面对强大的竞争对手，不失时机地采取"忤合术""合意而结盟"，不仅能够壮大自己的力量，更能够化险为夷，步步高升。

晋朝的贾充，善于阿谀奉承，深得武帝信用，官至侍中、尚书令、车骑将军。甚为朝野正直之士所鄙薄，尤为侍中裴楷、任恺、河南尹庾纯等人所厌恶。于是，贾充和与他是一路货色的太尉荀颉，侍中、中书监荀勖，越骑校尉冯统等人相互勾结，结党营私。

晋武帝时鲜卑人在泰雍一带的反晋势力日益强大，前去镇压的晋将连遭惨败。任恺等乘机向武帝推荐贾充出镇，以便把他赶出京城，武帝果然同意。贾充虽然满肚子不高兴，可也只得执行圣旨，准备动身。百官特地在城西的夕阳亭为他饯行。席间，贾充私下向荀勖请教脱身之计，荀勖胸有成竹地说："你身为宰相，竟受制于任恺这个匹夫，岂不让人笑话！然而此行要想推辞，确也很难，只有让你女儿和太子结成秦晋，你才能留在京城。"贾充又问："谁能替我办这件事呢？"荀勖说："我替你去说。"随后，荀勖找到冯统说："贾充一走，我们就失去了靠山。太子尚未订婚，为什么不去劝皇上纳贾充之女为太子妃呢！"冯统赞成，决定采取一致行动。

直接找晋武帝是行不通的，贾充的妻子郭槐暗中贿赂了杨皇后和她身边的人，让杨皇后去做武帝的工作。武帝原打算太子娶卫之女，可是禁不住杨皇后不断吹枕边风；加上荀勖、冯统等人帮腔，都极力吹嘘贾充之女是绝代佳人，有德有才，武帝也就同意了，纳贾充之女为太子妃。这样一来，贾充就官复原职，不用出镇了。

贾充之女贾南风如愿成为太子妃。此女长得身材短小，皮色青黑，眉后有一疵，奇丑无比。可是机敏好察，凶狠狡诈，好妒忌，有手腕，把太子治得服服帖帖，对她又害怕又喜欢，很少去接近东宫别的女人。太子登基以后，贾南风顺理成章成了皇后。然而，外戚杨骏大权独揽，对她严加防范，根本不让她染指朝政，使这个急盼一逞其野心的女人恨得咬牙切齿，一直伺机除此心头大患。

然而，想把杨骏赶下台的大有人在。由于各种原因，从宗室诸王到宫廷内外的大小官吏，对杨骏早就心怀不满，只要有人带头联络，随时都想置杨骏于死地。殿中中郎孟观、李肇，因为杨骏一向对他们粗暴无礼，便在暗中散布流言，说杨骏将要篡夺帝位。正中贾后下怀，她立即派亲信宦官去和他们秘密联络，策划诛杨骏，废杨太后。接着，派李肇去动员汝南王司马亮发兵，汝南王胆小怕事，不愿出头，李肇又去找楚王司马玮，楚王年轻勇锐，欣然答应。

永平元年（291年）二月，楚王司马玮与汝南王司马亮入朝。经过半个多月秘密准备，于三月初八日发难。孟观、李肇让惠帝连夜写诏，以谋反为名废杨骏。又派东安公司马繇率殿中禁军四百人讨骏，楚王玮率兵屯司马门，淮南相刘颂领兵屯殿中，杨骏外甥段广见事情危急，跪在惠帝面前申诉道："杨骏受先帝之恩，尽心辅政。而且孤身无子，哪有造反之理？请陛下详察。"惠帝却毫无表情。

杨太后在宫中见情势危急，亲手在帛上写了"救太傅（指杨骏）者有赏"几个字，让手下人用箭射到宫墙外边。不料帛书被贾后党羽得到，贾后立即宣布太后与太傅共同谋反。不久，殿中禁军冲出宫城，放火焚烧杨府，弓箭手爬上楼阁用箭封锁杨府，府中兵卒一个也出不来。随即冲进杨府，杨骏逃入马厩，被禁军用戟杀死，被杀的人多达数千。一年后，贾后又将杨太后活活饿死，至此杨氏一族灭尽。

贾充能从不利局面中挣脱，靠的就是迎合武帝。贾南风能当上太后，夺得大权，得力于下面官员的忤逆背乱。运用"忤合术"，顺其心或是背其意，往往都是以共同利益基础上的，是利益调和的产物。而"忤合术"所产生的效果和作用，则是另外一回事儿了。

择主而事——章邯择明主成大事

莲花有生长的本能，污泥也有继续作为污泥的惰性。如果莲花不能在原来的环境中继续生存，如果塘水太龌龊，致使莲花受到戕害，那么，就要考虑保全高贵的东西，将那莲花及时移栽。有道是良禽择木而栖，贤臣择主而侍。判断形势对于每个人来说，都很重要。

章邯是秦朝的大将，对朝廷忠心耿耿，屡建大功。

陈胜、吴广起义后，章邯受命讨伐。由于军力不足，章邯便把刑徒和官奴也组织起来，在他的调教下，这支拼凑起来的队伍也颇有战斗力。

章邯性情直率，不喜谄媚，他对当时掌控了朝政的权臣赵高也不逢迎，惹得赵高十分恼怒。赵高为了报复章邯，竟对章邯的大功视而不见，更无封赏之意。

项羽崛起后，章邯和他交手多有败绩，他为此向朝廷频频告急，不想赵高为置其于死地，不仅不派兵援助，还把他的告急文书一律扣压，从不向秦二世禀报。

章邯连连失败的消息，终于让秦二世知道了。秦二世身边的太监对秦二世说："章将军勇冠三军，若他有失，秦国就危险了，陛下将怎样对待他呢？"

秦二世怒不可遏："章邯深负皇恩，罪该万死，他还想活命吗？"

太监摇头说："章将军如今已是败军之将，必心多惶恐，斗志有失。陛下既依靠他杀敌保国，就不能任性责罚他了，否则他惧祸投敌，陛下岂不更加危险？陛下若能忍下气来，略作抚恤，章邯不见陛下怪罪，他定能定下心神，再为秦国建功。"

秦二世于是再找赵高议论此事，赵高故作惊讶地说："章邯此人自高自大，向来不把朝廷放在眼里，这样的人不加责罚，哪能显出陛下的天威呢？"

秦二世又要下诏指责章邯，有的大臣上奏说："时下乃国家多事之秋，章邯实在是不可多得之良将，这个时候不求全责备，对谁都有好处。一旦诏书降下，万一章邯投敌，陛下岂不是得不偿失？"

赵高在旁阴声道："皇上赏功罚罪，理所应该，章邯若心怀异志，正好可将他除去。他若为忠，又怎会因皇上责罚而叛敌呢？"

秦二世于是下诏，对章邯大加指责，言辞甚厉。章邯接诏，又气又怕，一时六神无主。长史司马欣前去咸阳替他探听消息。他从别人口中知晓这其中的缘故，于是赶紧返回对章邯说："赵高对将军有心排斥，看来无论你有功无功，都不免遭他陷害了。"

章邯大吃一惊，情绪更加低落。

值此时刻，赵将陈余派人送书前来，劝他反叛秦国，信中说："白起、蒙恬都是秦国的大功臣，可他们的下场却是被赐死。将军为秦卖命奋战，到头来却为赵高陷害、昏君猜忌，其命运也就可想而知了。天意亡秦，如将军认清形势，反戈一击，不但免除灾祸，还有除暴济世之大名，何乐而不为呢？"

章邯见信落泪，久不做声，司马欣长叹一声，出语说："皇上不识奸佞，反责忠臣，这不是将军欲反，而是不得不反啊。"

于是，章邯向项羽投降，随项羽攻城略地，最后攻下咸阳，灭秦。后来，章邯被项羽封为雍王。识时务者为俊杰，章邯的反叛加速了秦朝的灭亡和一个新朝代的建立。择主依时而变，不但顺应天意，而且对己有利，这种两全其美的事，对于有"心机"的人来说是不难选择的。

"良禽择木而栖，贤臣择木而事"。如果遇到了昏庸的君主，纵使有经天纬地之才，也只能只是空怀盖世之志，有时会因盖世才情而丧命。做人要辨别是非曲直，做忠臣可以，但不要做愚忠之臣。遇到小人暗算而又无路可走时，最佳的办法便是弃暗投明，另择明主。俗话说水往低处流，人往高处走。弃暗投明，适当的时候炒掉你的主人，才能开启新的人生。禽择良木而栖，本身并没有错。

谋而后动——杜文看清"猎物"再出动

不管是行军打仗、政治权术，还是商业战争，"知己知彼"是必然的战术，只有知道自己和对方的具体情况，才能对双方情况做出正确的分析和判断，测知对方下一步的动向。如此，在下一次的交战当中，才能针对敌人的行动而做出周全的应对，以最少的损失赢得最大的胜利。

所谓："知己知彼，百战不殆。"狼在竞争中尊重每个对手，而不会轻视敌对方。在每次攻击之前，狼都会去了解猎物，观察并记住猎物许多细微的个性特征和习惯，所以狼的攻击很少失误。

美国艺术收藏市场的领头人杜文是一位杰出的艺术经纪人，但是实业家梅隆从来不和杜文打交道。杜文下定决心，一定要找机会让梅隆成为自己的客户。许多人都认为这是不可能的，因为梅隆是一个性格内向、沉默寡言的人，更重要的是他对随和、爱说爱笑的杜文并没有什么好感。杜文告诉那些人说："你们就等着看吧，梅隆不仅会买我的东西，而且只会向我买，我要让他成为我一个人的客户。"

于是，杜文积极追踪梅隆的信息，花大力气了解他的习性、品位和爱好，甚至收买梅隆的手下，从他们那里获知信息。准备采取行动时，杜文对梅隆的了解程度连梅隆的妻子都无法相比。1921年，梅隆访问伦敦的时候，在电梯门口遇见了杜文，而梅隆要乘电梯去国家画廊的消息是几秒钟前由梅隆的随从提供给杜文的。

"你好吗，梅隆先生?"杜文打个招呼后介绍自己，"我正要上国家画廊欣赏一些画，你呢?"

"我也是。"梅隆说。

此时的杜文对梅隆的品位已经了如指掌，在去国家画廊的路上，他渊博的知识让这位大亨惊奇不已。更令梅隆觉得不可思议的是，两人的爱好居然也惊人的相似。回到纽约后，梅隆迫不及待地拜访了杜文那神秘的画廊，里面收藏的作品正是他梦寐以求的东西。从此之后，梅隆只和杜文打交道，他成了杜文一个人的客户。

杜文的成功充分证明了博弈智慧中"知己知彼，百战不殆"的重要性。就像《鬼谷子》说："故忤合之道，己必自度材能知睿，量长短远近孰不如。乃可以进，乃可以退，乃可以纵，乃可以横。"只有做到知己知彼，才能达到随心所欲，既可以进攻，也可以退守，既可以合纵，又可以连横，这样，才可以从事纵横捭阖的政治角逐。

在非洲大草原上，分散的狼会突然向一群驯鹿冲去，引起驯鹿群的恐慌，导致驯鹿纷纷逃窜。这时，狼群中的一只"剑手"就会箭一般冲到鹿群中，抓破一头驯鹿的腿。但狼不会将它置于死地，而会将它重新放回鹿群当中。随后，狼群定期更换角色，由不同的狼来扮演"剑手"，使这头可怜的驯鹿旧伤未愈又添新伤。最后，当这头驯鹿体质变得极为虚弱，对狼群再也无法构成严重威胁时，狼群开始全体出击并最终捕获受伤的驯鹿。

实际上，狼在戏斗驯鹿时已经饥肠辘辘了，但它考虑到像驯鹿这类体型较大的动物，如果踢得准，一蹄子就能把比它小得多的狼踢翻在地，非死即伤，因此它们采用这种车轮战术，消耗驯鹿的体力，由此便成功地获得了食物。正是对猎物的了解，保证了胜利属于狼群。依靠这种方法作战，狼群几乎每战必胜，失误的几率极小。狼的这种作战方式，非常值得人类学习。

《鬼谷子》说：只有做到知己知彼，才能达到随心所欲。自古以来，不管是行军打仗、政治权术，还是商业战争，"知己知彼"是必然的战术，只有知道自己和对方的具体情况，才能对敌我情况做出正确的分析和判断，测知对方下一步动向。如此，在下一次的交战当中，才能针对敌人的行动而做出周全的应对，也就能"百战不殆"，以最少的损失赢得最大的胜利。在如今这激烈的社会竞争当中，"知己知彼，百战不殆"的策略更加不能丢掉，只有做到正确了解对方和自己，有效地利用自身和环境的优势，我们才能在竞争中永不沉没，最终踏上成功之船！

【管理谋略】

功成身退——张良远离是非地

汉代开国谋臣张良，并非体魄雄伟、英气非凡的人物，而是貌若妇人的文弱书生。他身居乱世，胸怀国破家亡的悲愤，投身于倥偬的兵戎生涯，为汉王朝的建立立下了不可磨灭的功劳。因此，历来史家无不倾墨书写他过人的才智，交口称赞他高超的权谋。北宋政治家王安石就用诗称颂张良一生亡秦立汉的卓越功勋。

俗话说，鸟尽弓藏，兔死狗烹。功高盖世之张良也曾面临着同样的悲剧命运，但是他却以超然世外的人生态度避免了这种悲剧的发生。其中的做人与处世之道，值得人用心揣摩。

西汉的张良是汉高帝刘邦的谋士，他智慧过人，屡出奇计，为西汉的建立立下了不朽的功劳。公元前201年，刘邦大封功臣。刘邦说："运筹帷幄，决胜千里之外，这是子房的功劳。"请他自选齐地三万户，作为封邑。张良推辞不受，最后被封为留侯。

张良的谦逊，很多人颇为不解。刘邦的另一位谋士陈平就曾问张良："先生功高盖世，荣宠受之无愧，又何必拒绝呢？我们追随皇上，出生入死，今有幸得偿所愿，先生不该轻言舍弃。"

陈平见张良一笑不答，又说："先生足智多谋，非常人所能揣度，莫非先生别有筹划？"张良敛笑正容道："我家几世辅佐韩国，秦灭韩时，我幸存其身，得报大仇，我愿足矣。我凭三寸不烂之舌，做了帝王的辅佐，贵为列侯，我还有什么悔憾呢？我只求追随仙人遨游四方了。"

张良从此闭门不出，在家潜心修炼神仙之术。跟随张良多年的心腹一次忍不住问张良："富贵荣华，这是人人都不愿放弃的，大人何以功成之时，一概不求呢？大人也曾是义气中人，这样销声匿迹，岂不太可惜了吗？请大人三思。"

张良叹息一声说："正因如此，我才有如此抉择啊。"

张良的心腹闻言一怔，茫然不语，张良低声说："我年轻时，散尽家财，行刺秦王，追随沛公，唯恐义不倾尽，智有所穷，方有今日的虚名。时下大局已定，天下太平，谋略当是无用之物了，我还能彰显其能吗？谋有其时，智有其废，进退应时，方为智者啊。"

张良和外人从不袒露心声，好友探望他，他从不议论时事。一次，群臣因刘邦要废掉太子刘盈之事找他相商，他枯坐良久，最后只轻声说："皇上有此意愿，定有其道理，做臣子的怎能妄加评议呢？我对太子素来敬重，只恨我人微言轻，不能帮太子进言了。"

群臣苦劝，张良只是婉拒。群臣悻悻而去，张良的心腹对张良说："大人一口回绝，群臣皆有怨色，再说废立太子乃天下大事，大人怎忍置身事外，不闻不问呢？"

张良道："皇上性情，我是深知的啊。此事千头万绪，关系甚大，纵使我有心插手，只怕也会惹来一身的麻烦。群臣怪我事小，皇上怪我事大，我又能怎么样呢？"

吕后派吕泽去强求张良，软硬兼施之下，张良无奈给他出了主意，让吕后请出商山四皓辅佐太子。刘邦一直崇敬这四个人，待见他们出山相助太子，大惊失色，自知太子羽翼已成，不得不放弃了废太子的念头。

吕后派人向张良致谢，张良却回绝说："这都是皇后的高见，与我何干呢？请转奏皇后，此事千万不要再提起了。"

吕后听了使者回报，感叹良久，她对自己的妹妹说："张良不居功是小，弃智绝俗才是大啊。我先前只知道他智谋超群，今日才知他是深不可测，非我等可以窥伺得了的。"

刘邦死后，吕后专权。张良对世事的变故一概不问，求见他的大臣他也一律不见。吕后见他潜心研学道家养生之术，便不以他为患，反而对他愈生钦敬，她派人对张良说："人的一生，十分短暂，应该及时享乐。听闻你为炼仙术，竟致绝食，何须如此？切不要自寻烦恼了。"

在吕后的一再催促下，张良这才勉强用饭。吕后对其他的大臣或杀或贬，却独对张良关爱有加。

《忤合第六》说："世无常贵，事无常师。圣人无常与，无不与；无所听，无不听。成于事而合于计谋，与之为主。"依据不同的事实状况做出不同的决定。这是聪明人的做法。其实，张良之所以选择功成身退、超然世外，是有根源的。他是一个知足常乐之人。开国之初他之所以辞封是因为他觉得自己在韩灭家败后沦为布衣，布衣得封万户、位列侯，他自己已经很是满足了。又看到汉朝政权日益巩固，国家大事有人筹划，自己"为韩报仇强秦"的政治目的和"封万户、位列侯"的个人目标亦已达到，一生的夙愿基本满足。知足常乐，不居功自傲，是张良能够安然隐退的心理基础。

又目睹彭越、韩信等有功之臣的悲惨结局，联想范蠡、文种兴越后的或逃或死，深悟"狡兔死，走狗烹；飞鸟尽，良弓藏；敌国破，谋臣亡"的历史游戏规则，惧怕既得利益的复失，更害怕韩信等人的命运落到自己身上，于是自请告退，摒弃人间万事，专心修道养精，崇信黄老之学，静居行气，欲轻身成仙。这样就彻底远离世事与是非，也就远离了猜忌与祸端。

总之，张良的弃智绝俗，是一种明哲保身的智慧，是一种为人处世的艺术，更是一种做人的境界，值得现实中那些执着于追名逐利的人们好好地思索与回味，欲望无尽头，我何时才能够享受清闲快乐的人生呢？

良臣择主——郭嘉弃暗投明展宏图

"君不贤，则臣投别国"，这与封建的"愚忠"思想很不相符。其实，在今天看来，这无可厚非。怀揣大智慧者，想要成就一番大业，必须寻找最适合自己的平台，这也是一种弃暗投明。

郭嘉，字奉孝，颍川阴翟（今河南禹县）人。在东汉群雄逐鹿中原的时候，身怀奇才的郭嘉想为当世所用，以建立自己的功业。因此在 27 岁时，他投靠了袁绍，住了十几日后，对袁绍谋士辛评、郭图说："聪明人想成就大事，必须选择自己的主人啊，袁公模仿周公的礼贤下士，而不懂用人的玄机，头绪多要领少，喜欢谋划而不作决断，想与他成就大事业难啊。我将另外选择自己的主人了，你们和我一起去吗？"二人说："袁氏对天下有恩德，人多归之，况且现在袁公势力最强，为什么离去啊？"郭嘉知二人还没发现袁绍的短处，于是不再多说，毅然离开袁绍。

当时，颍川的一位名士戏志才是曹操身边的谋士，曹操对他非常器重。无奈戏志才早逝，曹操便写信给谋士荀彧，希望他能举荐胸怀韬略的人才。荀彧见信后，向曹操推荐了郭嘉。曹操于是召见郭嘉，与其共论天下大事，听过郭嘉的一番言论之后，曹操高兴地说："帮我成就大事的人必定是你啊！"

郭嘉也觉得自己遇到了值得追随的主子，宾主尽欢。曹操遂任郭嘉为司空祭酒。

后来，吕布率兵攻打刘备，刘备无奈归降曹操，寻求保护。有人对曹操说："备有英雄之志，今不早图，后必为患。"曹操问郭嘉该当如何，郭嘉说："大家所言不虚，然而您起兵为百姓除暴，是靠诚信来招纳天下俊杰的，今刘备有英雄名气，因没办法才归降您，害死他，就是害贤能的人，会带来不敬贤的名声啊。如此下去，贤能之士会怀疑您，他们就会投奔他人，如此一来，还有谁会帮您平定天下呢？在现在这种情况下，要多加考虑啊。"曹操笑着说："你真明白我的心意！"

后来，在著名的官渡之战中，郭嘉随曹操大败袁绍。建安七年（202年）五月，袁绍因兵败呕血而亡，少子袁尚继大将军，长子袁谭率少数兵力防守黎阳。九月，曹军渡黄河攻黎阳，袁谭请弟弟增兵，袁尚恐袁谭兵多后夺其权，遂自率军来援，与曹军相持于黎阳。曹操本拟重新组织攻城，郭嘉则认为袁绍的两个儿子内部争斗，又有郭图、逢纪做他们的谋臣，必起内乱。急攻他们就使他们凝聚起来了，应该缓攻他们，离间他们，待起内乱后再进攻也不迟。曹操听取了郭嘉的意见。后来，果如郭嘉所说，建安九年（204年），袁尚、袁谭起内讧，袁谭为袁尚所败，派辛毗向曹操乞降。曹操遂以支援袁谭为名，攻打邺城，袁尚势力最后为曹操所消灭。

在郭嘉辅佐曹操的政治生涯中，郭嘉帮助曹操逐袁术、败张绣、灭吕布、破袁绍、击刘备，又北征乌桓。曹操能在北方稳固自己的地位，其在关键时刻的重要谋略都与郭嘉有关。因此，曹操后来封郭嘉为洧阳亭侯。

只可惜天妒英才，在北征途中，郭嘉染病，回师不久逝世，年仅38岁。后曹操在赤壁之战中大败，慨叹道："郭奉孝在，不会使我到这地步啊。"确实，后人曾说，如果郭嘉活得时间长一些，也许三国鼎立的局面就不一定会出现，当然这只是一说，只作为说明郭嘉之才的佐证。

郭嘉深谙鬼谷子的"忤合"之术，择主而伺，不失为智者。在人才竞争激烈的时代，不仅仅是君主选择人才，同时人才也选择君主。郭嘉看出袁绍好谋无决，难成大事，毅然弃袁投曹而获成功，可谓慧眼识明主。确实，在选择自己的人生平台以成就事业时，要具备智慧的眼光以及灵活变通的处世态度。

识人辨才——汉武帝用人如用权

人才就是权力，即便没有武力、没有财力，但是只要身边人才汇集，什么都能逐渐得到，包括权力。

汉武帝初即位时还很年轻，当时的朝政大权控制在窦太后手中，汉武帝想办法笼络人才。他曾经颁布命令，让各地举荐人才，于是，公孙弘、庄助以及许多有名的儒生都进入京城，其中就有董仲舒。

董仲舒是当时的奇才，少时读《春秋》，颇有心得，汉景帝时已为博士，为学子们讲书，出口成章，滔滔不绝，远近学子都奉他为老师。他的一篇详论天人感应道理的文章被汉武帝看到，击节称赏，叹为奇文。后来汉武帝询问儒生们治国良策，董仲舒施展平生所学，压倒群儒，独得汉武帝宠幸。

就这样，汉武帝不断发现和破格使用人才，先后起用了一批人才。其中，被司马迁誉为"为人多大略，智足以当世取舍"的韩安国，汉武帝委任他为北地都尉，后又任为大司农，窦太后死后，升为副丞相。汉朝有著名的汉赋，提到汉赋就不能不提司马相如，但司马相如也不是只能写汉赋。汉武帝用其所长，在建元年（前140～前135年）间从四川把他请到京城做郎官，从事审核和润色政府重要文告的工作。建元六年又让他以天子使节的名义出使西南夷，抚慰那里的少数民族。唐蒙、庄助很有谋略，且外交能力过人，汉武帝就让他们出使夜郎和东瓯，他们两人不负王命，终于在建元时期降服了夜郎和东瓯。

建元六年（前135年），窦太后病死，汉武帝摆脱了束缚，终于可以完全按照自己的想法来治理国家。于是他立刻罢免了窦太后安插在朝廷里的所有党羽亲信，重新任命曾经协助他革新的舅父田蚡为丞相，把韩安国提拔为御史大夫。后来汉武帝又连续几次要求各地推举孝廉、贤良、方正、茂材。他下诏书表示要将这些有"非常之功"的"非常之人"破格任为"将相"或出使他国。

当时有个吴人名叫朱买臣，好读书，没有多余的家财，40多岁还是一个落魄儒生，连妻子都养不起，只得入山砍柴换钱度日。后来妻子不堪忍受贫穷，弃他而去。朱买臣仍操旧业，边读书，边卖柴。直到他将近50岁时，始有机会入京。到长安后，朱买臣就上书自荐，又经同乡庄助引见，武帝予以召见，面询学术。朱买臣的才学很合武帝的心意，遂拜他为中大夫，与庄助同侍禁中。朱买臣就这样由一介平民一跃成为官员。

后来，朱买臣又献策说："东越王余善，向居泉山，负隅自固，一夫守险，千人俱不能上。今闻他南迁大津，去泉山约五百里，无险可恃，今若发兵浮海，直指泉山，陈舟列兵，席卷南趋，破东越不难。"武帝听后很高兴，便令他为会稽太守，还对他说："富贵不归故乡，如衣锦夜行，今你可衣锦荣归了。"朱买臣果然击破东越，武帝就升他为主爵都尉，列为九卿之首。

《汉书》中说："汉之得人，于兹为盛。"确实，刘彻为帝时，任用了韩安国、主父偃、朱实臣、卫青、霍去病、霍光、李广、程不识、金日碑、卜式、桑弘羊、公孙弘、董仲舒、郑当时、张骞、苏武、司马迁、司马相如等，这些人都成为一代辅相、名臣、将领。

《忤合第六》讲："用之于天下，必量天下而与之；用之于国，必量国而与之；用之于家，必量家而与之；用之于身，必量身材能气势而与之。"如果把反忤之术应用于天下，必定衡量天下情况制订实施措施；如果把反忤之术应用到一个诸侯国，必定依据诸侯国的情况来制订实施措施；如果把反忤之术应用到大夫封地，必定衡量封地内的实际情况来制订实施措施；如果把反忤之术应用到一个人身上，必定衡量这个人的才智、能力、气度来制订实施措施。

明了天下政治形势，察知天命所归，善于收罗人才，并且能知人善任，才能够做到"协四海，包诸侯"，为天下帝王师。识人用人是成就事业的关键。作为一个领导者，汉武帝有发现人才，识别人才的眼光和能力。只有这样，才会有更多的人忠实地效力于朝廷，更多的人维护他，为他卖命。由此，汉武帝也成了中国古代几百个皇帝中最出类拔萃的皇帝。这些与他善于统御人才有莫大关系，正是善用人者，可争天下而天下莫能与之争的道理。

以诚待人——孙策攻心太史慈

领导者若想得到人才，一定要采取主动，示之以诚，用诚心去感化下属。"攻城为下，攻心为上"，以赤诚之心待人，才能得到下属忠心的回报。

所谓："唯天下至诚为能化。"只要有至诚之德，万物都可以被感化，何况是人。"至诚如神"，只要以至诚行天下，就会如有神助，以之育物，则万物兴盛；以之取人，则人人尽其精诚，倾其智力来辅佐。所谓"精诚所至，金石为开"，只要有至诚之心，即便是顽石也会点头。

孙策是称雄一世的豪杰，他用人时，讲究"赤诚待人"，从而换来很多人的耿耿忠心，太史慈就是一例。

汉献帝建安三年（198年），孙策发兵袭击太史慈，太史慈兵败，被孙策俘虏。孙策知道太史慈是贤能之人，因此并未计较三年前双方在神亭一仗自己被他打败的耻辱，而是亲自为太史慈解去绳缚，执手慰问，并坦诚地表达自己求贤的心情："今日幸得君，愿与足下共图大事。久闻卿有烈义，为解孔融之危，冒死求救于刘备，深为敬佩。卿诚为天下志士也。但投靠未得其人，我愿做足下知己，请不要担心在我处不如意。"

孙策以诚相待太史慈，倾吐肺腑之言，然后任命他为帐下都督，在收兵班师时，又让太史慈充当先导。这样一番感情攻势之后，太史慈终于被孙策的诚心打动，答应在孙策帐下效力。

当时，刺史刘繇病死豫章，所部处于群龙无首的状态。这对孙策来说是一个绝好时机，若能争取到这些人马，那自己的实力将会迅速增强。那么究竟该让谁去完成这项任务呢？由于刘繇生前与太史慈是好友。因此，孙策决定派太史慈前去。太史慈见孙策如此信任自己，决心不辜负其所托，前去豫章招安，并说："慈有不赦之罪，将军量同桓、文（指齐桓公、晋文公），当尽死心报德。今并息兵，兵不宜多，将数十人足矣。"同时约定两月之内一定回来，之后整理行装，打点人马而去。

孙策在任用人才上可谓相当有远见卓识，常人都料定太史慈此去肯定不会回来，结果只能是自己又多了一个敌人。而孙策力排众议，他首先明白太史慈的为人，认定他是"义虽气勇有胆烈，然非纵横之人"，是内心"秉道义，重言诺"之人；其次，他知道以自己的情感攻势作用于这样的人，必能以诚换诚，得到太史慈的忠心。

果然不出孙策所料，太史慈按期返回，不辱使命，安抚了刘繇的部下，充实了孙策的实力。孙策也因此更加重用太史慈，视其为自己的左膀右臂，与之共谋大业。

鬼谷子强调以诚待人，以德服人。用崇高的道德来感化人，替人排忧解难，就会扩大自己的影响力。提高自己的声望。这样会有更多的人依附到周围。中国人最讲究以诚待人，讲究知恩图报。"受人滴水之恩，当思涌泉相报"，领导者若能以真诚待我，我又怎能对他耍手腕呢？因此，领导者若想得到人才，一定要采取主动，示之以诚，用诚心去感化下属。"攻城为下，攻心为上"，得人莫大于得心，以赤诚之心待人，才能得到下属忠心的回报。

只要与下属肝胆相照、推心置腹，把自己的心交给下属，与下属荣辱与共、生死相依，急其之难、救其之危，设身处地为他们着想，就一定能感动部下的肺腑，拨动部下的心弦，使他们愿意真心地为你的事业效力，心甘情愿地向你敞开心扉。

【商战博弈】

人海拾珠——合作就是找对人

现代社会，合作是成功的重要基石。找对人，什么都会变得简单，因为这样合作就不会有障碍。企业规范首先是人的规范，融捷能保持着良好的发展势头，也得益于这一点。

在当今的商业界，将吕向阳和王传福完全脱离开来并不是件容易的事，除了这两人是表兄弟外，更为重要的是，吕向阳是王传福的比亚迪公司第二大股东。正因如此，人们更习惯于将这两个人相提并论，或者是以一个整体来看待。

但吕向阳似乎并不喜欢这样的"拉郎配"。这个出身于农民家庭的企业家自从 1993 年组建融捷公司，直至现在成为横跨多个领域的融捷控股集团，吕向阳始终以鲜明的处世个性和投资理念影响着周围人的看法以及市场的一举一动。当然，不可否认，1995 年吕向阳出资 250 万元和他从中国有色金属研究总院 301 室副主任任上下海的表弟王传福一起创立了比亚迪公司，是他商业投资当中浓墨重彩一笔。正是因为这次投资，吕向阳以经营传统产业为主的融捷公司逐渐过渡到以专业投资为主，以充电电池等高科技产业和房地产业为辅的新高度。

当人们津津乐道于"打仗亲兄弟"时，吕向阳给出了不同的答案：

"虽然是表兄弟，我也投资了比亚迪，但我看中的还是传福的秉性脾气，我相信由他统领比亚迪，肯定没有问题，如果换作别人，资金上我肯定会支持一下，但不会盘得这么大。"

事实上也是如此，比亚迪从做锂电池起家，发展到汽车行业的新贵，王传福的个人魅力与影响不可谓不深刻，而这也正是吕向阳投资产业极为看重的一点：选项目就是找对人。深受徽商传统影响的吕向阳认为，人的因素在企业的发展中起着决定性的作用。小企业会因为有杰出的人物而发展壮大，而大企业也因为领导者的堕落而销声匿迹。在他16岁进入中国人民银行安徽分行工作开始，他始终以这种"看人观"来结交朋友，这也为他日后的成功积淀了丰厚的人脉基础。

2002年，中国的金融证券市场正酝酿着新一轮的发展高潮，使证券投资蕴藏着十分诱人的获利机会。这一时期，中国投资者，包括海外的金融大鳄纷纷抢滩金融市场，希望能在这一波的行情中获得高额回报。吕向阳也捕捉到了这一机会。与别的投资人选大公司，大项目的方式不同，吕向阳这一次依旧循着找项目就是找对人的理念，与新疆的一家证券公司频繁接触，最终敲定了合作事宜，融捷集团也由此全面进入了证券投资领域。

人们当然会很好奇：北京、上海有那么多经验丰富，闻名遐迩的国际化的证券公司，为什么吕向阳非要到那么远的地方去找合作伙伴？

"不要怕合作伙伴小，实力差，只要做起来了，就会带来意想不到的收获。找一个可以信任的人比找一家大公司更实际，人选对了，即使项目出了问题，也可以及时解决。然后坚持下去，就一定会成功"。

对于合作伙伴的要求实际上也体现出对于自身的定位，在吕向阳初涉房地产业时，他就对外宣布了自己的"三不政策"：不拖货款，不做烂楼，不吃独食。"我需要找值得信赖的人，而我也必须成为一个值得别人信赖的人，只有这样，别人才可以放下顾虑，全心全意和你合作"。

融捷集团与深圳国际机场联合开发的深圳美万嘉国际装饰材料城无疑是吕向阳这一商业投资信条的完美体现。这座装饰材料城是深圳西部物流中心的重要组成部分，当时与吕向阳一起争夺合作机会的还有广东、福建众多的行家里手，但是深圳国际机场经过前期考察发现，这些企业的资金大多是短期融资而得，存在着较大的风险，而吕向阳却专门为此次合作准备了充裕的资金。这表明吕向阳是真心希望与深圳国际机场合作，来拓展自己的投资领域。

"深圳国际机场看到了我们的实力，这实力主要来自人的意识，我们也正是靠着这样的意识，创造了自己的品牌。国内很多企业把做人和做企业截然分开了，这样的企业是做不长久的"。

这句话在2003年，让越来越多的人在这个新时代的徽商身上发现了一种难能可贵的商业气质。按照吕向阳自己的话说，这倒也算不上什么气质，人和企业是一个整体，很多人做企业，在明白了1+1＝2之后就放手了，他们不会去思考1+1为什么等于2。

以前的吕向阳事必躬亲，现在的吕向阳变得轻松了许多，这并不是他故意偷懒，也绝非外界传说的"英年早退"。吕向阳的轻松更多的来自整个企业对于自己理念的认同，事实上，在融捷集团最初的发展中，吕向阳放弃了能迅速盈利的项目，重要的原因是合作伙伴无法达到他的要求，这也让底下的员工有不少怨言，毕竟，从某种角度来说，这的确让企业的发展速度降低了许多。

"但是这么多年发展下来，融捷上下的认识基本上统一了，这让我轻松了不少，其实，在做与不做之间，很难抉择，那是一个很耗人的过程。能源、金融和房产都有这样的问题，但不管怎样，基本方向和原则是不会变的，要是变了，我就断送了融捷的前程。"

忤合之术"用之于身，必量身材气势而与之"。衡量这个人的才智、能力、气度制订实施方案。人是最宝贵的资源。选对人，是完美合作的基础。要有发现人才、识别人才的潜力和能力，才能让更多的人推着自己走向成功。

机智应变——青啤留着对手防打盹儿

"忤合术"包含了"趋合"与"背反"两层意思，具体运用到商业中，就得视具体情况而定了。商场中时刻充满了变数，常常会出现危及自身利益的情况，这时候，巧妙地运用"忤合术"，不失为一种自我保全的好方法。

从金志国担任青岛啤酒西安有限公司总经理的那天开始，他并不知道，在接下来的5年里，他要面对的将是怎样的一场鏖战。当时，陕西市场正被其他两家酒厂占据。金志国面对的局面：700多人的员工，1.5亿的外债。上任后的3年，他跑遍了陕西的每个县，"甚至几乎走过县以下的每个乡镇"。但最初，青啤的汉斯啤酒还是没有多大起色。

市场上没有分量，市场外就不受重视。金志国在上任之初参加一家企业的客户答谢会时，就受到了"不公"待遇。当时陕西啤酒业的一家领军企业老板被安排在1号贵宾席，他却被安排在非常靠后的桌子上，这让金志国心里很不是滋味。答谢会一结束，就召集公司全体员工开大会，商讨对付那家乡镇企业的办法。而此时，那家企业老板竟也在公司内部会上发出话来："要用半年时间把老金打回老家去！"

几年后，如果那个企业的老板知道金志国的实力和秉性，可能就不会那么狂妄。他的挑衅，勾起了金志国的斗志，他把他当一个对手，那个人的日子就不会好过了。

　　为了尽快打开汉斯啤酒的销路，金志国开始用最笨也是最有效的方法调研市场：三天两头到夜市烧烤摊前和那里的人"打探"情况，用他的话说，烤肉吃的都"吃伤了"。经过不懈的努力，他终于知道了汉斯啤酒不受欢迎的原因：口味太苦。为了改变这种局面，"合乎"大众的口味，青啤生产出了不苦不酸的新产品，运往市场之前，都要先在冰窖里冰镇一下。没想到，新汉斯真的大获成功。

　　"我清清楚楚地记得，接手时的青啤西安公司年产 2 万吨酒，亏了 2400 万，而在我接手一年后，产量翻了一番还多，还赚了 214 万。214 万，这个数字我是永远也忘不了的。仅仅一年，我们就打了个翻身仗。"

　　如果人们回身看金志国在西安的那 5 年，完全可以把它看作一场以"弱"胜"强"的战役。虽然青岛啤酒是国企，而且名声在外，但在当时的西安却没有任何优势可言，有的只是亏损和毫无销路的窘境。金志国当时的赴任，实质上背负了沉重的压力：只能赢不能输。处在低处，才更能锻炼一个人的能力。金志国在困境中独当一面的能力就是在那一时期磨炼出来的，这也为他以后迎战更强大的对手奠定了基础。

　　2008 年 7 月，全球第一大啤酒集团英博宣布收购 AB 公司（Anhersev—Busch 安海斯—布希公司），这让刚刚就任青岛啤酒董事长的金志国如坐针毡。AB 公司是青啤的第二大股东，拥有其 27% 的股份，这次收购如此迅捷，让金志国始料未及：一个全球性的啤酒生产商竟在一夜之间被对手吞并，他非常"震撼"。金志国隐约地感到，一场大战即将打响，而青啤的局势极其不利。

　　他知道，英博收购 AB 的原因之一，是看中了青啤的控股权。2001 年的时候，他就和英博"掰"过手腕。当时，英博提出可以和青岛啤酒合作，但必须控股。青啤怎么能答应让外资把控自己的命运呢？当即予以回绝。但此时已今非昔比，英博收购了自己曾经的第二大股东 AB，只要再增持很少的份额，就会超过青岛国资委成为第一股东，这种局面是所有人都不想看到的。

　　英博一边的表现也极其彪悍。在完成此次收购不久。英博全球总裁就专程来青岛与金志国见面，这个外国人的作风确实让金志国不敢掉以轻心：他没带一个秘书，只身一人坐商务舱往返美国和青岛。他的干练和强势给金志国留下深刻印象。这个对手太强大，金志国的心里出了一身冷汗。

　　他最担心的就是它不遵守青啤就 AB 签署的"AB 不得增持青啤股份"的协议。因为这个原因，金志国的不眠之夜就开始了，戒了 3 个月的烟也重新抽了起来，有时半夜三点起来也还是抽烟。金志国一方面要"趋合"英博；另一方面又要保全自我。他知道，到布局的时候了。

金志国巧妙地运用了"忤合术"和"飞箝术",打出了4张牌。

"情感牌是'大王',我要找各级领导,形成联盟。丢了青啤,是我的责任,但青岛市领导、省领导乃至中央领导对民族品牌情感上都过不去。第二张法律牌是重点。英博得履行我们与AB之间的协议,如果不履行就打官司,起码打三五年。第三张牌是行政牌。《反垄断法》刚出台,如果政府认为英博的行为是垄断,不予批准,也是一种控制。第四张牌是管理牌。假如英博最后控制了青啤,我们的管理团队就撂挑子,给它压力。"

四张牌已经出齐,就等着英博出招。最终盘活大局是金志国的第四张牌。2008年11月,商务部给英博收购AB做了四条限制条款,其中之一就是不得增持AB现有27%的青啤股份。金志国的心总算落了地,但局势还没稳定,麻烦又来了。

受"金融危机"的影响,英博背后的投行遇到资金困难,英博本身的资金问题也得不到解决,AB的市值在危机中大大缩水,无奈之下,英博决定卖掉手里27%的青啤股份,最可能的买家是朝日啤酒。如果此次交易达成,朝日啤酒只要再买入4%的青啤股票就可成为其第一股东,形势仍然险峻。好在最后是虚惊一场,此次交易被香港证监会制止。

但是英博持有27%的股份,英博资金困难,青岛啤酒一定会受影响。在这关键时刻,金志国打出了最后一张牌。他告诉自己在中欧商学院的同学福建"首富"陈发树,英博转让青啤股份的事,陈树发就和英博接上了头,交易就这样达成。"忤"了英博,"合"了自己。

在连续组织了几家大公司妄图控股青啤的行为后,金志国说了这样一句话:"我就是守门员,需要做的就是,不让外资的球射进青啤的球门。"毫无疑问,他做到了。

无论是面对西安啤酒市场原本就有的对手,还是后来的国际资本大鳄,金志国领导的青岛啤酒几乎都是处在被动的处境之中。面对强大的对手,金志国"忤合"有道,他通过自己的运筹帷幄和关键时刻的冷静沉着,终于保住了青啤的一方水土,青啤也在这一过程中不断强大。

身先力行——张亚勤的"行动规则"

《忤合第六》曰:"非至圣达奥,不能御世;非劳心苦思,不能原事;不悉心见情,不能成名。"这段话的大意为:"作为纵横策士,不能像圣人那样穷尽世理、穷尽隐曲事物之理，就不能立身处世、治理天下。不能费尽心神地去思索，就不能究察事物本原。不能用尽心力去考察事物真情，就不能成就名业。"由此可以看出，要成就一番事业，自己首先就应该身体力行，"身先"才能"率人"。

张亚勤正是靠着行动，才一步步坐上微软（中国）研发集团总裁的位置。

12岁那年的夏天，张亚勤因为肝炎突然病倒在床，那时，离高考还有两个月。心疼儿子的母亲让他放弃这次考试，安心在家养病，张亚勤却说："让我去试试吧，不考，等于考了0分。"面色还有些发黄的张亚勤就这样考入了中国科技大学少年班。

从那时起，一种潜在的思维就在默默地影响着他：行动，或者因为自己的行动而影响周围的人和事。而强调行动的张亚勤却不是喜欢和外界发生冲突的人，他温厚乐观、笑容可掬，这点，也是吸引微软总裁比尔·盖茨的原因之一。所以，2003年10月，盖茨和自己的首席执行官赶赴北京与中国国家领导人会面外，另一件重要事情就是邀请张亚勤到雷蒙德，负责移动和嵌入式设备的全球开发。而此前的三年，张亚勤每年都会飞到美国的雷蒙德展示自己在移动方面的技术，只是微软相关部门的进展不能令人满意，盖茨就注意到了这个每年都会来到自己身边的人：为什么不让他试试呢？

有的人不用做什么，他本身就代表了某种吸引力和改变的可能。"和大多数选择回国的研究员一样，我不是被亚勤说服来北京的，而是主动来的"。说这话的是微软亚洲研究院某位高管，在他眼中，张亚勤的成绩已经不需他过多地鼓动别人，他就是最好的广告。但是达到这样的程度，张亚勤也经历了一番历练。

刚到雷蒙德的时候，张亚勤在微软的工龄只有5年，而他现在手底下的四位高管的工龄加起来超过70年，固守的思维、刁钻的难题。更让他头疼的是移动与嵌入式部门庞大的人员数量以及与这个部门有众多关联的其他部门。

"当时在全球我们大概有1000人在工作，而Window Mobile（移动）几乎和所有产品部门都必须有紧密的联系"。但他决定，即使有再难的问题摆在他面前他也要试试。

入住雷蒙德后几个月，张亚勤给身在美国的4万名微软员工每人发了一封电子邮件，内容是，邀请他们使用"微软手机"。微软手机是第一款在微软内部测试使用的手机。它功能齐全，已经具备了当时商务手机所应具备的所有功能。其中，多媒体、3G等功能是张亚勤加入这个部门后坚持补全的，这也是他来到雷蒙德后做的第一件事。

张亚勤的这个邀请在微软内部引起了很大反响，员工回馈众多，"我第一天收到的邮件就有 700 多封"。这或许令当时的张亚勤有些始料未及。而更令他想不到的是，对"微软手机"最关心的还是自己的老板比尔·盖茨，"他几乎每天都给我发一份邮件，问我手机项目的最新进展，有几次，他甚至和我讨论具体的技术细节"。

2005 年，在美国的一次 Window Mobile 的新品发布会结束后，张亚勤遇到了松下在美公司的首席执行官，他看到对方的手机上有 Window Mobile 软件，就径直走过去询问是否好用。当时，那人并不知道张亚勤的身份，就先说了一番好话，当他知道张亚勤就是这款产品的创办者后，他的表情就严肃起来："那我得好好给你提点儿意见了。"

一个全新的产品思路就被启发出来，而张亚勤的这个新想法促使移动和嵌入式产品部门抛弃原有的落户的商业模式，进行了新的探索。他们当时组建了微软著名的团队，这也是微软历史上第一次专门成立一个团队与手机商、运营商等进行合作。

"这个部门当时只有 20 人，现在发展到 200 人，它的存在很大程度上改变了 Window Mobile 的产品研发、合作和经营模式"。现在，微软的移动业务已经与 47 个设备制造商和 115 个移动运营商有合作关系，但是，巨大成绩的背后，张亚勤看到的却是另一些东西。

"我看到的是两个层次的融合，多年来改变整个人类交互方式的两个最重要方面，一个是数字化，把你的信息表示方式的改变；另一个是网络化，即信息链接的方式。"

张亚勤没有说成绩，他坚信行动改变一切。当一切发展顺利后，有人问他到底是怎么做到这些的，他笑着说："就靠这一双手。"

在张亚勤的故事中，他略去了惊心动魄的商战，转而用自己的行动阐述了一个理念：不管是"御事""原事"、都应该行动，行动力能够改变现状，能为自己带来价值上的提升。

敏捷多变——苏敬轼当变则变

他本是地道的山西商人，却成为世界饮食巨头肯德基、必胜客的大中国区总裁。

与麦当劳比，肯德基在世界领域的竞争中丝毫不占优势，为什么在中国，它的店面数是麦当劳的两倍？

在上海徐家汇商业中心，如果一个身高一米九、背着双肩包的人从你身边匆匆走过，他很可能就是掌管在华肯德基和必胜客的百胜大中国区总裁苏敬轼。

20 年前，当他刚刚回国的时候，肯德基只有 4 家店。20 年后，肯德基在中国的店面的数量是当时的 600 多倍，达到 2600 家。很多人觉得这是个不大不小的奇迹。就全球而言，麦当劳是公认的"老大"，它有 3000 多家餐厅，而肯德基是 1300 多家。在中国，事实却恰恰相反，肯德基的店面数量是麦当劳的两倍，这一切，都少不了苏敬轼的功劳，正是他的一个战略，让肯德基异军突起。

"从我们到中国那天起，我就觉得不能囫囵吞枣地把国外经验照搬过来。立足中国，融入生活是肯德基的总策略"。

1987 年，在肯德基位于中国的第一家店面里，供顾客选择的只有炸鸡腿、土豆泥等八种产品。如今，在肯德基店里，他们已经结合消费者的口味推出的 52 种菜品，其中包括广受青睐的老北京鸡肉卷、早餐粥、蛋挞等食品。

有些人认为，肯德基的成功是赶上了一个好时候，中国广阔的市场为其提供了广阔的利润空间。对此，苏敬轼并不否认。但他强调更多的，还是肯德基内部推行的本土化战略。

与麦当劳不同，进入中国的 20 年间，肯德基没有完全照搬美式快餐的经营方式，而是在美国快餐里加入了更多中国特色，一个既洋又中的品牌由此诞生。正因为这样，它才更受中国顾客的喜爱，店面的数量是麦当劳的两倍也就不足为奇了。

其次，肯德基的本土战略不仅仅限于食品，管理团队的本土化是所有突破中最为重要的。

从肯德基最初在中国创业，高层就煞费苦心地从其他地区调来数位对美国快餐深有研究的亚裔人士主掌大局。直到出生于东方的苏敬轼空降中国，他的东方文化背景及西方教育背景，才将肯德基的美式快餐与中国传统饮食文化完好地结合在一起，牢牢地把握了中国消费者的口味。

除了饮食口味，像自己的前任一样，苏敬轼非常重视公司人员的本土化，他更喜欢用中国内地员工。他们比"老外"更熟悉中国市场，这些人提出的一整套市场战略和实施方法更行之有效以及契合消费者口味。甚至，在开设新店之前，总部会放心地将一系列计划交由地方处理，等到地方策划出一套切实可行的方案后，交由总部审核即可。肯德基高层深知只有让熟知中国的人去做，自己在中国的蛋糕才会越做越大。

现在，肯德基的本土化还在不断深入。2005 年，苏敬轼拍板肯德基与名满全国的小肥羊的合作计划。更早之前，他甚至创办了一个完全本土化的新品牌：

东方既白。

仅从字面上判断，东方既白就有着传统的东方文化底蕴，它取材于苏轼的《前赤壁赋》："客喜而笑，洗盏更酌，肴核既尽，杯盘狼藉。相与枕藉于舟中，不知东方之既白。"而苏敬轼的名字比苏轼多一个"敬"字，在他嘴里，这就变成了"我的祖先对苏轼非常尊敬"，无形中又拉近了自己与中国市场的距离。

这个创建仅仅 3 年余的本土品牌，也很快让人们看到了它的活力和市场潜力。现在，东方既白已经从上海扎根到了北京的望京。谁又知道，它是不是苏敬轼为肯德基在中国的下一次爆发，点燃的又一枚信号弹呢？

《忤合第六》讲："凡趋合倍反，计有适合。化转环属，各有形势。"事物的发展变化，既像圆环一样循环连接，又在每一发展阶段上有自己的具体情况和变换方式。在苏敬轼身上我们看到了这样一种智慧：当你进入一个新的市场时，就要以这个市场的眼光与标准去衡量和规范自己，没有哪种商业模式是一成不变的，也没有哪种市场标准是一成不变的。只有灵活的搜罗周围不断变化的信息，紧跟市场，才能为自己的这个商业脉络把好脉，走在市场最前沿。

【职场之道】

借故拖延——拒绝也有方法

所谓"忤合术"，讲的就是关于分合与向背的问题，是一种辩证处世的技术。在职场中，难免会出现"不合"，这就需要我们"反忤""背离"，学会拒绝。拒绝便是一种常见的"反忤"，一般人都不太好意思拒绝别人，但在很多情况下，我们为了避免多余的困扰，对一些不合理或不合自己心意的事有必要拒绝。但是，拒绝别人又容易伤害对方自尊心，这样就会造成不必要的麻烦。因此，实行"忤合术"，拒绝别人的请求时，应该三思而言。

当对方提出请求后，不必当场拒绝，你可以说："让我再考虑一下，明天答复你。"这样，既使你赢得了考虑如何答复的时间，也会使对方认为你是很认真对待这个请求的。可见，拒绝也是一门学问。

某单位一名职工找到上级要求调换工种。领导考虑了一下当前的情势，心里明白调不了。但他没有马上回答说"不可能"。而是说："这个问题涉及好几个人，我个人决定不了。我把你的要求带上去，让厂部讨论一下，过几天答复你，好吗？"职工听到领导这样的回答，心里也还有希望。而领导，既让对方明白了调工种不是件简单的事，存在着两种可能，还使对方思想有所准备。这样，职工在工作岗位上就不会有埋怨心理，反而会增加对领导的信赖。

这种委婉地拒绝比当场回绝效果要好得多。

一家汽车公司的销售主管在跟一个大买主谈生意时，这位买主突然要求看该汽车公司的成本分析数字，但这些数据是公司的绝密资料，是不能给外人看的。可如果不给这位大买主看，势必会影响两家和气，甚至会失掉这位大买主。这位销售主管并没有说"不，这不可能"之类的话，但他的话中婉转地说出了"不"。"这个……好吧，下次有机会我给你带来吧。"知趣的买主听过后便不会再来纠缠他了。

某位作家接到老朋友打来的电话，邀请他到某大学演讲，作家如此答复："我非常高兴你能想到我，我将查看一下我的日程安排，我会回电话给你的。"这样，即使作家表示不能到场的话，他也就有了充裕时间去化解某些可能的内疚感，并使对方轻松、自在地接受。

陈涛夫妻俩下岗后，自谋职业，利用政府的优惠贷款开了一家日用品商店，两人起早摸黑把这个商店办得红红火火，收入颇丰，生活自然有了起色。陈涛的舅舅是个游手好闲的赌棍，经常把钱输在了麻将台子上，这段时间，手气不好又输了，他不服气，还想扳回本钱，又苦于没钱了，就把眼睛瞄准了外甥的店铺，打定了主意。一日，这位舅舅来到了店里对陈涛说："我最近想买辆摩托车，手头尚缺五千块钱，想在你这借点儿周转，过段时间就还。"陈涛了解舅舅的嗜好，借给他钱，无疑是肉包子打狗。何况店里用钱也紧，就敷衍着说："好！再过一段时间，等我有钱把银行到期的贷款支付了，就给你，银行的钱可是拖不起的。"这位舅舅听外甥这么说，没有办法，识趣地走了。

陈涛不说不借，也不说马上就借，而是说过一段时间，等支付银行贷款后再借。这话含多层意思：一是目前没有，现在不能借；二是我也不富有；三是过一段时间不是确指，到时借不借再说。舅舅听后已经很明白了，但他并不心生怨恨，因为陈涛并没有说不借给他，只是过一段时间再说而已，给了他希望。

可见，"忤合术"在职场和生活中随时都有用武之地。但是在"忤"的时候，应该学会点儿"花言巧语""忤之有理""拒之有理"。这样，处理事情时，就能巧妙地避免不必要的正面冲突，又能达到拒绝的效果，且不伤和气。

合群共事——不做职场独行侠

"忤合术"里面提到，要想"成于事"，就必须"或离于此，合于彼；或合于此，离于彼"。是合是离，都需要自己的审视判断。身处职场的年轻人，如果想在事业上取得成功，首先在公司内一定要跟同事相"合"，建立起良好的人脉。不"合"反"离"，你就会被排斥在同事圈外，成为独行侠。这样，大家就会疏远你，一切好的升迁机会都不会轮到你，因为你没有支持者。

费文是个时尚的年轻人，喜欢重金属音乐，又有点儿小资情调。毕业后，他进入一家日化公司从事销售工作，凭着机智和良好的口才，他的销售成绩相当不错。可是费文却觉得有点儿孤独，他觉得同事不是老古板就是没内涵，因此，他在公司里几乎没有什么朋友，下班了就约上自己的死党去泡吧。公司有集体活动费文也很少参加。同事拉他去唱歌，他说他对口水歌不感兴趣，公司举办舞会，他说那是群魔乱舞，自己可不想被体重超标的女同事踩来踩去……总之，公司的活动他是能躲就躲，去了也只是意兴阑珊地待一会儿赶快走。同事们都生气地说："看来是我们格调太低，不配和人家来往。"领导对他也颇有微词。

一年后，同他一起进公司的人，除了他和几个业绩太差的，普遍都获得了提升，他愤愤不平地去找领导，质问为什么对他另眼相看。领导淡淡地看了他一看："这要问你自己吧！你真的把自己当成公司中的一员了吗？在公司里你有关系不错的同事吗？人缘这么差，即使我提升了你，谁又肯听你的呢？"费文根本无法回答领导的问题，灰溜溜地走了。

公司就是一个大圈子，费文不懂得搞好公司内部的人际关系，缺乏团队精神，结果成了公司的特殊分子，只能做最基础的工作，无法获得提升的机会。这也是生活中很多人都存在的问题。他们不屑于加入公司内部的交往圈子，结果他们在公司内的人缘越来越差，自己逐步被孤立，提升也就无从谈起了。

陈述的舅舅是某公司的总经理，舅舅觉得陈述是个人才，好好磨炼一下，将来可以在事业上给自己帮助，于是陈述就参加了公司的招聘，并以优异的成绩进入了公司。为了让陈述接受锻炼，舅舅特意嘱咐他隐瞒两人的亲属关系，好好工作。上班之后，陈述觉得舅舅的公司存在很多问题，在他眼里，相当一部分员工，包括他的顶头上司都是不称职的，再加上认为自己身份特殊，因此他当起了"独行侠"，很少与同事来往。上班近三个月，在公司里，他竟然没有一个比较说得来的同事。不仅如此，他那骄傲狂妄的态度还着实惹恼了不少人。陈述的舅舅对陈述的工作成绩还算满意，但还想知道陈述在其他方面的表现如何。一次路过员工休息室时，无意中听到了员工对陈述的评价："唉，你们说陈述那小子像什么？像不像开屏的孔雀？""什么？孔雀？太抬举他了吧！我看倒像茅坑里的石头——又臭又硬！""看他一副狂妄的样子！他有什么了不起的啊！幸亏他只是个小职员，他要是经理，尾巴还不翘上天去啊！""他要是经理啊，我看一半员工都要辞职……"总经理大吃一惊，他没想到陈述的人缘竟然这么差，他又找来了陈述的部门主管，故作不经意之态地提起陈述。结果部门主管说："他的能力是有的，但在处理人际关系方面有很大问题。老实说，我是领导，不希望手下有这种员工，他已经给我们部门的团结带来了危害。我正想跟人事部门打招呼呢！"第二天，陈述离开了公司，临走前舅舅送给他一句话：进入了一个圈子，你就得适应这个圈子。

一个无圈可依、人缘极差的人是无法在公司里的交际圈中生存的。不"合群"，喜欢特立独行的人，仅凭自己的能力，是办不好事情的。试想人人都排斥你、讨厌你，你怎么能把工作做好呢？为了成为有杰出表现的人才，我们就必须在公司内培养好人缘，懂得"合群共事"，与同事建立起了感情，才能得到大家的信任，才能融入一个圈子中去。

意见相反——不可直谏

"趋合"与"背反"是鬼谷子"忤合术"的核心。要运用好"忤合术"，就得相时而动，伺机而言。

人贵有自己的独立见解。当今社会，毫无主见的人是没有立足之地的。但是，自己的主见往往"合于彼而离于此"，以至于"计谋不两忠"。作为下属，如果不赞同上司的意见和见解，要勇于说"不"，这便是"忤"。一般而言，只要你认为自己的意见是完全正确的，你的不同意见是为了公司考虑，是为了上司好，就要努力说出来，这便是"合"。"忤合术"的运用在于自己，但是其效果就得由时间来检验了。

如果事实证明你的提议是完全正确的，上司就会对你欣赏不已。有的下属在工作中因为怕得罪上司，对上司的一言一行唯唯诺诺；当上司的意见或者见解不正确的时候，他即便知道，也不提出来。这样的下属或许会赢得上司一时的喜欢，但绝对不会是长久的。

想要赢得上司的青睐，就得"趋合"上司，提出自己的主见。因为上司任用下属的目的是为了让他们做事，不但要他们为自己工作，还要工作好。要想好好工作，不能只凭借工作热情，还要知道怎么样才能把工作做好，要有自己的主见。

一个人如果无论做什么事情都要依赖别人、没有自己的主见，是不行的。当自己有了什么见解或者想法的时候，不要将它们埋在脑海里，要敢于主动地说出来。即使你的意见或者见解和你的上司相反也不要害怕。如果你因为害怕上司，不将自己的想法表达出来，时间长了，上司就会以为你是不会思考、没有主见的人。通常情况下，那些没有主见或者不将自己的主见表露出来的下属是得不到上司青睐的。

与上司持相反观点的人，往往容易陷入"是坚持真理，还是照顾上司面子"的怪圈。"合不拢"，又"不敢忤"，这样往往禁锢了自己的思想。上司不是万能的神，不可能解决所有的问题，他们需要下属的帮助，需要下属经常向他提出好的意见。

对于那些强力相谏的人，上司头疼的不是他提的意见，而是意见的提出方式。例如："主任，您刚才说的观点完全错了，我觉得事情应该这样处理……"或者"主任，您的办法我不敢苟同，我以为……"这些方式首先否定了上级意见的全部，后面的观点让上司觉得脸上挂不住，故一开始领导心中就产生了对下属意见的抑制思想。

所以，运用"忤合术"的时候就必须结合"揣术""飞箝术"。如果能琢磨透上司的心思，抓住上司意见中的某一处被你所认同的地方，加以大力肯定，然后再提出"反忤"的意见，不仅表达了见解，还容易被接纳。因为你一开始肯定上司的某一处价值，就已打开了进入上司大脑意见库的大门。

例如："主任说得对，在某某方面，我们的确应当给予充分的重视，这是解决问题的前提之一，我认为，除此之外，我们还应当……"后面提了观点，然后重点在于论证过程，说理、举例，指出不这样的后果，让上司意识到你的观点从实践上更加可行。最后结束发言之时，千万别忘了强调你提出相反意见的出发点。

"因此我想，如果能这么做，排除这个问题是不费吹灰之力的，公司也能以更高的速度发展"。听了这话，上司会意识到你的一切意见的最终目的，都是为了公司的前途，你的意见被采纳的可能就不言而喻了。

向上司表示反对意见时，不仅要有充分的理由，而且要说得使他完全信服。同时，说话技巧的运用也不能不讲究。首先，你可对上司的建议表示一番恭维的赞扬，如你可说："太好了！""我恐怕它太好了！"然后对这个建议的优点大概做个分析，阐明你能认同的原因。

紧接着点出这个建议的局限性，让上司意识到这个建议存在的不足，从而让其动摇对这个建议的坚持。这时，你就可趁机推出你的建议，并详细分析这个建议的优点，从而让上司认识到你的建议要优于他的建议。采用这种方法既满足了上司的自尊心，同时也不会使他产生不悦。待他做一番详细的斟酌后，他就极有可能推翻自己的建议，采纳你的了。

在向上司提建议，特别是要表达相反的意见时，一定要仔细研究对方的特点，不能粗心大意，不考虑对象，不分析形势，只知冒冒失失去据理力争。聪明的人实施"忤合术"时都会根据具体情况而言，在某些场合，则采取迂回战略，进行迂回说理。

据说秦始皇一度异想天开，打算把打猎游乐的园林东延至函谷关，西扩至雍、陈仓一带。这样一来，几千万亩农田将成为牧场。优旃听到这个消息，想反对秦始皇这一决定。于是，他找了一个秦始皇兴致较高的时候探听虚实："听说皇上要扩大园林。"

"是有这么回事！"秦始皇得意地说。

"那真是太好了！不过我还有个小小的建议，希望您在园中最好再尽量多育养各种飞禽走兽，特别是要多养些麋鹿，一旦有敌人从东方来进攻，咱们让这些麋鹿去顶他们就行了。"

秦始皇听了，哈哈大笑。再一想，明白了优旃的话，觉得自己的做法确实不妥，于是把扩大园林的事搁下了。

要反对秦始皇的决定，优旃当然不可以直言进谏，那样容易触怒皇帝，招来杀身之祸。因此，他采用迂回曲折的方式进行说理，让秦始皇在一笑之间明白真理，并改变了原来的主意。

忤合有道——自降身价偷学艺

很多刚毕业的学生，他们总包着非什么什么单位不去的心态，结果好单位不能进，差点儿的单位也错过了机会。这些学生的关键问题是不自知，不懂"以忤求合"，不能用长远的眼光看问题。

其实，面对不同的情况，恰到好处地实施"忤合术"，是一种聪明的选择。运用"忤合术"，暂时低下"高贵"的头，"忤"一时的不如意，"合"的就是长远之利。一些聪明的毕业生，他们同样想进入好公司，但是他们却选择了不一样的策略。他们通过自降身价来学习一些东西，获得一些经验，为自己争取成功的跳板。

有一家非常有名的中外合资公司，前往求职的人如过江之鲫，但其用人条件极为苛刻，有幸被录用的比例很小。那年，从某名牌高校毕业的小李，非常渴望进入该公司。于是，他给公司总经理寄去一封短笺。很快他就被录用了，原来打动该公司老总的不是他的学历，而是他那特别的求职条件——请求随便给他安排一份工作，无论多苦多累，他只拿做同样工作的其他员工 $\frac{4}{5}$ 的薪水，但保证工作做得比别人出色。

进入公司后，他果然干得很出色，公司主动提出给他满薪，他却始终坚持最初的承诺，比做同样工作的员工少拿 $\frac{1}{5}$ 的薪水。后来，因受所隶属的集团经营决策失误影响，公司要裁减部分员工，很多员工失业了，他非但没有下岗，反而被提升为部门的经理。这时，他仍主动提出少拿 $\frac{1}{5}$ 的薪水，但他工作依然兢兢业业，是公司业绩最突出的部门经理。

后来，公司准备给他升职，并明确表示不让他再少拿一分薪水，还允诺给他相当诱人的奖金。面对如此优厚的待遇，他没有受宠若惊，反而出人意料地提出了辞呈，转而加盟了各方面条件均很一般的另一家公司。

很快，他就凭着自己非凡的经营才干，赢得了新加盟的公司上下的一致信赖，被推选为公司总经理，当之无愧地拿到一份远远高于那家合资公司许多的报酬。当有人追问他当年为何坚持少拿 $\frac{1}{5}$ 的薪水时，他微笑道："其实我并没有少拿一分的薪水，我只不过是先付了一点儿学费而已，我今天的成功，很大程度上取决于在那家公司里学到的经验……"

小李还没有什么工作经验时，他不可能一下获得自己想要的薪水和职位。他聪明地运用了"忤合术"，先是自降身价，只要求拿 $\frac{4}{5}$ 的工资，看似吃了亏，其实这是一种以退为进的策略，"忤"的是一时之利，"合"的则是长远的益。

运用"忤合术"，表面上是吃了一时之亏，实质上却受益无穷。许多成功人士更是深谙"忤合术"，常常以身实践，自降身价，偷人绝技。

五代南唐有位画家叫钟隐，他从小喜欢画画，经名师指点，自己又刻苦练习，年纪不大就成了名。从此，家中的宾客络绎不绝，有求画的，有求教的，有切磋探讨画艺的，当然也有巴结奉承的，好不热闹。要是换了肤浅的人，遇到这种情况，一定会自鸣得意，沾沾自喜，可是钟隐对这一切却无动于衷，每天仍然在书房里潜心作画，除了万不得已，一切应酬的事全让家人代劳。无意之中，连自己的新婚妻子也给冷落了。

钟隐深知自己山水画已经很有功力，但花鸟还很欠缺。自学一年，不如拜师一天。要想画好，必须有名师指点，也免得走歪路，事倍功半。他四处打听哪有擅画花鸟的名师高手，自己好前去拜师学艺。可是打听了很久，也一无所获，钟隐心中十分烦恼。这一天，他与故人侯良一起吃酒，酒到酣处，二人的话也就多了。钟隐诉说了自己的苦恼，并问侯良是否能给他引荐一个擅画花鸟的名师。侯良说："这你可找对人了。我的内兄郭乾晖就很擅长画花鸟画。我妻子说，有一次他画的牡丹，竟把蜜蜂给招来了。不过这个人性格古怪孤僻，别说收学生，就连自己画的画儿也轻易不给人看。更怪的是，他画画还总躲着人，恐怕人家把他的技法偷学去。"

　　钟隐倒觉得郭乾晖这个人很有意思。他如此保守，恐怕必有诀窍。可是怎么才能接近他呢？这倒得费费脑筋了。钟隐是个倔脾气，什么事只要他想做，就一定要千方百计地做成。他四下打听，听说郭乾晖要买个家奴。他想，这倒是个好机会，我不妨扮成家奴。一来可以进郭府；二来可以看到郭乾晖画画。于是，钟隐打扮成仆人的样子，就到郭府应聘去了。郭乾晖见钟隐长得非常机灵，就留下了他。

　　在郭府，钟隐每天端茶递水，打扇侍候，什么杂活儿都干。他毕竟是富家子弟，一切生活起居从来都是由别人照顾，哪里干过这些粗活儿？一天下来，累得腰酸腿疼。唯一使他感到安慰的是他看到了一些郭乾晖画的画，那可真是名副其实的上乘之作。钟隐想尽办法，坚持不离郭乾晖左右，希望能亲眼看见他作画。每次作画，郭乾晖不是让他去干这，就是让他去干那，想方设法把他打发走。就这样，钟隐虽然卖身为奴，还是没有看到郭乾晖作画。一连两个月过去了，钟隐还是一无所获。几次他都产生了走的念头，但心中又总是有一线希望使他留下来。

　　再说钟隐的家里，钟隐卖身为奴学画的事情谁也没有告诉，连他的妻子也只知道他是出远门，去会朋友。钟隐毕竟是个名人，每日高朋满座。可这些日子，朋友来找他，家人都说他出门了。问去哪儿了，又都说不知道。一次两次，搪塞过去了，时间一长，人们就起了疑心。最后连家人也疑心重重，特别是钟夫人，非要把他找回来不可。一天，郭乾晖外出游逛，听人家说名画家钟隐失踪两个月了，连家人也不知他去了哪儿。再听人家描述钟隐的岁数和相貌，郭乾晖觉得这个人好像在哪儿见过。仔细一想，想起来了，跟家里的那个年轻的人相像，他也正好来家里两个月。

　　"怪不得他总想看我作画呢，"郭乾晖恍然大悟："不过他倒真是个好青年，能带这样的学生，是老师的幸运。我也就后继有人了。"郭乾晖急急忙忙地跑回家，把钟隐叫到书房里，说道："你的事情我全知道了。为了学画，你不惜屈身为奴，实在使老夫惭愧。我多年来不教学生，自有我的道理，今天遇到你这样虚心好学的青年，我也不能不破例，将来你会前途无量的。"钟隐终于以执着的求学精神感动了郭乾晖，名正言顺地成了他的学生，郭乾晖把自己多年的体会和技艺毫无保留地传授给了钟隐。

　　不管是小李还是钟隐，他们自降身价，表面上"忤"于己方利益，实际上从长远来看，他们的最终目的都是"以忤求合"，是为了达到自己的目的。所以，运用"忤合术"，一定要对自己有清醒的认识，要明白自己的需求，才能在"忤"中求"合"，"合"自己的心意。

以合求合——一山容二虎

《忤合第六》曰："合于彼而离于此，计谋不两忠，必有反忤。反于是，忤于彼；忤于此，反于彼。"意思是说，一个人的计谋如果合乎这一方的利益，就必定背叛那一方的利益，不可能同时忠于双方，必然忠于或违背某一方。合乎这一方的意愿，就要违背另一方；违背这一方的，才能合乎另一方。

从鬼谷子的"忤合术"可以看出，他所指的双方是站在完全相对的立场的。而现实生活中，对立的双方往往不是两条平行线，也会有利害相同的交汇时刻。这时候运用"忤合术"，就能向着同一的目的进行，就能两全其美，实现双赢。正所谓，单赢不是赢，只有双赢双利才是真正的赢。战争的至高境界是和平，竞争的至高境界是合作。"以忤求合"是一种策略。"以合求合"更是一种智慧。一个职业人在进入职场伊始，就应当力求这样的结果。

杨溢在竞争记者部主任一职时败给了竞争对手杨乐，心里很不是滋味。她担心自己以后没有好日子过，就想调离记者部去做专职编辑，可是又不甘心放下风口浪尖般的记者生涯，正在犹豫不决时，忽然得到一项重要任务：负责一个重大选题的采访，并被任命为首席记者。

这就是记者部主任杨乐对待同事兼竞争对手的策略："如果我不任命她为首席记者，不委以重任，部门里就会形成以她和我为中心的两个帮派。有了这样一个对峙的小团体，工作还怎么展开？我的目标就是让我这个部门做得更出色，取得更大的成绩，而不是打击我的对手。只有让我这个部门的人同心协力，我才能做得更好，才能有更大的发展。所以我尽量对杨溢委以重任，给她一些重大且富有挑战性的采访任务，让她有受到器重的感觉。何况她还是整个部门里最有实力的记者，工作能力很强，又有威望，处理得好，会成为我最得力的助手。"

果然，杨溢很快就对杨乐心服口服，忠心辅助杨乐，办公室里的向心力也大大增强。杨乐因此进入了事业上如鱼得水的新时期。

杨乐正是合理地把握了办公室同事之间的关系，没有"以忤求合"，而是"以合求合"，既赢得了同事的信任，又实现了双赢。其实办公室同事间本来就是既合作又竞争的关系，运用"忤合术"的时候，就应该换个角度，以健康的心态看待竞争关系，当同事能力愈来愈强，等于是在无形中促使你提升实力。更何况，在全球化时代，本来就不应该把眼光局限于一个屋檐下的同事，而应该将全球的精英视为真正的竞争者。如此一来，自然就不需要把同事当"冤家"看待了。

积极的态度是将能量放在挑战更高的目标上。真正的敌人永远等在你视线以外的地方伏击，何不把内部竞争的力气省下来向外发展？器量狭小、排挤同事的人，一定也会遭到其他人的排挤。把同事当作阻挡前途的障碍，一定难以在办公室立足。对于在办公室里跟自己有竞争关系的人，不妨试着去赞美他，或者请他帮一个小忙，往往可以神奇般地化解彼此之间的敌意。在职场上，减少一个敌人的价值，远远胜过增加一个朋友。

揣篇第七

【经典再现】

【提要】

　　"揣术"讲的是"量权"和"揣情",是游说的开始,本篇特指揣测人主之情,主要讲揣测人主之情的方法和意义。量权,强调要善于权量天下权势。即对一国的经济实力、兵员情况、地理位置、人才有无、国际联盟、民心背向等进调查研究。揣情,强调要揣摩诸侯的实情。即选择有利时机,通过观察、询问、试探等手段,掌握君主的打算、意向等。

　　《鬼谷子》认为:要掌握天下大事,必须善于"量天下之权而揣诸侯之情",也就是要权量权势以计划国家大事,揣摩实情以游说列国君王。从而做出准确的判断,制订自己的计谋策略,最终达到自己的目的。

　　运用"揣术",一定要善于观察,掌握对方的具体情况。"揣情"准确与否,直接关系游说的成败。"故计国事者,则当审权量;说人主,则当审揣情"。可见,量权、揣情是谋略的根本,游说的法则。

【原文】

(一)

　　古之善用天下者①,必量天下之权而揣诸侯之情②。量权不审③,不知强弱轻重之称④;揣情不审,不知隐匿变化之动静⑤。

【注释】

　　①善用:善于使用。此指善于处理天下政治事件。②量:衡量。权:此指政治情势变化。③审:缜密谨慎。④称:相当,相符。引申为与实际情况相符的信息。⑤动静:此指动态信息。

【译文】

　　古时候,那些善于处理天下纠纷进而操纵天下局势的人,必定能准确地把握天下政治形势的变化，必定善于揣测诸侯国君主的心性意向。如果不能缜密细致地把握天下政治形势的变化，权衡利害，就不知道哪个诸侯国真正强大、哪个诸侯国确实弱小；就不能真正了解哪个诸侯国在国际外交中举足轻重，哪个诸侯国处在无所谓的位置。如果不能准确地把握诸侯国君的心性意向，就不能真正掌握那些隐秘微暗的信息和瞬息万变的世情。

【原文】

（二）

何谓量权？曰：度于大小①，谋于众寡②，称货财有无之数③，料人民多少④，饶乏有余不足几何⑤；辨地形之险易，孰利孰害；谋虑孰长孰短；揆君臣之亲疏⑥，孰贤孰不肖；与宾客之智慧⑦，孰少孰多；观天时之祸福，孰吉孰凶；诸侯之交⑧，孰用孰不用⑨；百姓之心，去就变化，孰安孰危，孰好孰憎，反侧孰辩⑩。能知此者，是谓量权。

【注释】

①大小：指国土。②众寡：指国民。③称：此指衡量。④料：估算。人民多少：古时征兵按户出兵，人民多即兵员多，反之则少。⑤饶乏……几何：指民众财力情况。⑥揆（kuí）：推测揣度。⑦宾客：此指门客。战国时期的政治家，争相养门客以备用。⑧交：交际，引为联盟。⑨用：可用，危难相济。⑩反侧：反过来覆过去。此指民心背向。辩：通便。便，此指对哪方有利。

【译文】

怎样才叫权衡得失呢？就是说，要衡量国土的大小，要考虑国民的多少；要衡量国家经济实力强弱；要估算国民户数有多少，他们的财力、贫富情况怎样；要考察一国的山川地貌的险要与平易，利于自己固守还是利于敌方进攻；考察某个国家是否有真正的善谋之士；要推断某个国家中君臣关系怎样，君主是否英明，臣子是否贤能；要推断某个国家中客卿、门客中有多少智识之士；要观测天象运行的变化对哪方有利，对哪方有害；要考察诸侯间的结盟关系，是否真能危难相济；要考察民心向背，是否能笼络住民心，什么是百姓喜好的，什么是百姓厌恶的；民心的变化对谁有利，反叛是否会发生。在准确把握上述事态的发展变化之后，才能把握天下政治形势的变化。

【原文】

（三）

揣情者，必以其甚喜之时①，往而极其欲也②，其有欲也，不能隐其情；必以其甚惧之时，往而极其恶也③，其有恶也，不能隐其情，情欲必出其变④。感动而不知其变者⑤，乃且错其人⑥，勿与语而更问其所亲⑦，知其所安⑧。夫情变于内者，形见于外⑨。故常必以其见者，而知其隐者。此所以谓测深揣情⑩。

【注释】

①其：此指人主。②极：尽，尽力使其欲望全部倾吐出。③恶：厌恶、害怕之事。④变：此指变态。⑤感动：感情变动，即上述"甚喜"、"甚惧"。⑥错：放开。⑦其所亲：他亲近的人。⑧安：此指心意所在。⑨见：现。见，现古今字。⑩测深：探测内心深处。

【译文】

所谓揣度情理，必定要选择人主极端高兴、喜悦的时候，这时前去游说，要想办法施加影响使他的情感达到极点，极力引导他尽情吐露自己的欲望。在他吐露欲望的时候，情绪极高，我们就能探测到他的真情。或者选择在人主十分怀疑、戒惧的时候，前去游说，极力引导他倾吐出厌恶、害怕之事。在他倾吐这些真心话的时候，我们就能探测到他的真实情怀。真心情意必定是在他的情感发生极端变化的时候不自觉地表现出来。若碰到那种在情感发生极端变化时也不表露真情的人，就暂且丢开正事不与他深谈，而另外去询问他所亲近的人，了解他的意图所在，可以知道他安身立命不露神色的依据。一般说来，内心感情发生剧烈变化，一般是会通过人的外在形貌表现出来的。所以，通常情况下，我们都是依据对方外在举止行貌的变化去揣测他内在隐藏的真情实意，这就叫做探测人的内心深处而揣度人的情意。

【原文】

（四）

故计国事者，则当审权量①；说人主，则当审揣情；谋虑情欲②必出于此。乃可贵，乃可贱；乃可重，乃可轻；乃可利，乃可害；乃可成，乃可败。其数一也③。故虽有先王之道④，圣智之谋，非揣情，隐匿无可索之⑤。此谋之大本也，而说之法也⑥。常有事于人⑦，人莫能先⑧，先事而生⑨，此最难为。故曰揣情最难守司⑩，言必时有谋虑⑪。故观蜎飞蠕动⑫，无不有利害，可以生事⑬。变生事者，几之势也⑭。此揣情饰言⑮成文章，而后论之也⑯。

【注释】

①计：合计，筹划。②谋虑：计谋打算。③数：方法，对策。④先王之道：古代贤王的治理经验。⑤索：寻求。⑥本：根本。⑦有事：指策划、实施行动。⑧先：指先于自己的策划和行动而察觉。⑨生：指预测揣情，获得信息。⑩守司：把握。⑪时：窥伺，暗中审察。⑫蜎（yuān）飞蠕动：蚊子飞行，虫子爬动。蜎，孑孓，此指蚊子。蠕，绦虫、蛔虫等动物。⑬生事：发生事端。此指有目的的行动。⑭几之势：事端刚起时的形势。几，几微，引申为事物初起。⑮饰言：修饰言辞。⑯文章：文采。此指言辞富于条理，有煽动性。

【译文】

所以说，那些筹措国家大事、进行政治斗争的人应当审察形势，掌握信息，而那些游说人主的人则应当注重全面、详尽地揣度人主的心意欲望，了解人主的心性品行。可以说，决策措施的筹划也好，人主真情的探测也好，都是出于这种揣情术，以此为出发点。掌握了这种技术，就可以富贵，可以取高位，可以获利益，可以得成功；不能掌握这种技术，就可能贫贱，可能不被重用，可能受祸害，可能失败。其关键所在，就看能否掌握这种揣情术。因此说，即使有古代贤王的治世经验，有圣智之士的周密策划，如果没有揣情之术，便不能真正懂得这些经验的奥秘，就不能有效地实施这些策划。由此可见，揣情术真是策划事物的基本条件，是游说的法宝啊！常常是这样，就要在某个人身上发生重大变故了，但这个人并不能预先测知。在事情发生前便能测知将要发生的事件进程，这是最难做到的。所以说，揣情术的精髓是最难把握的，我们必须学会从对方的言辞中窥探他的决策和策略。你看那蚊子的飞动和虫子的蠕动，无一不是为利害所驱使，无一不是趋利避害的有目的的行为。能在变化中掌主动权的人，都善于掌握事物初起时的形势而拨动之。这就要求我们掌握揣情术，善于修饰言辞，使说辞有条理、有煽动性，而后再采取有目的的行动，达到我们的政治目的。

【为人处世】

不看表面——知人知面要知心

俗话说，"人心隔肚皮"，知人知面未必就能知心，而知心才是最重要的。一个人被陌生人捅了一刀那叫皮肉伤，而要是被最亲密的朋友捅了一刀，就犹如万箭穿心，那才叫伤心。

人是形形色色的，有刚直的人，有卑鄙的人，有勇悍的人，有懦弱的人，有豪侠的人，有小心眼的人，有木讷的人，有果断的人，有清逸的人，有庸俗的人，有持重的人，有诚实的人，有狡诈的人……面对形形色色的人，你只有用"心"审视他，详察他，明辨他，而后慎用他，才能在人际交往中始终立于不败之地。

假如，和我们交往的是位品德高尚、见义勇为、助人为乐的人，那么，即使其外表并不英俊潇洒，我们也会与之和谐相处。但假如我们所见到的是一个虚伪而自私的人，尽管此人仪表堂堂，举止文雅，我们只会觉得他道貌岸然、虚伪狡猾。

唐玄宗时，由李适之和李林甫两位宰相共同辅政，李适之为左相，李林甫为右相。李林甫一直在寻求机会扳倒李适之，以便独揽大权。

当时，唐玄宗沉湎酒色，穷奢极欲，弄得国库日渐空虚。满朝文武都很着急，日夜思谋开源节流之计。最后，皇上也感觉到了财政危机，下诏让两位宰相想办法。形势所迫，二人都很着急。但李林甫最关心的却是如何斗倒政敌，看着李适之像热锅上的蚂蚁，李林甫生出一条毒计来。

散朝之后，李林甫趁机跟李适之闲扯，说着说着，他装作无意中说出华山藏金的消息。他看到李适之眼睛一亮，知道目的已经达到了，便岔开话题说别的。

李适之性情疏率，一心想着国事，没有看出李林甫的诡计。忙不迭回家，洗手磨墨写起奏章来，陈述了一番开采华山金矿，以应国库急用的主张。

唐玄宗一见奏章大喜，忙召李林甫来商议定夺。李林甫看了奏章，装出欲言又止的样子。

玄宗见他吞吞吐吐，就催道："有话快讲！"

李林甫压低了声音装作神秘地说："华山有金，众所周知。只是这华山是皇家龙脉所在，一旦开矿破了风水，国祚难测，后果可想而知""噢，"玄宗听罢一激灵，"是这样。"继而点头沉思。

那时，风水之说正盛行，认为风水龙脉可泽及子孙，保佑国运。今听得李适之出了这样的馊主意，玄宗刚才的高兴顿时烟消云散。李林甫见有机可乘，忙说："听人讲，李适之常在背后议论皇上的生活末节，颇有微词，说不定，这个开矿破风水的主意是他有意……""别说了！"玄宗心烦意乱，拂袖到后宫去了。李林甫见目的达到，心中暗喜，点着头走了。

自此，玄宗见了李适之就觉得不顺眼，总是找机会给他难堪，最后干脆找了个过错，把他革职了。朝廷实权，便落在了李林甫手中。

李林甫是典型的"口蜜腹剑"之人，对这种人一定要多长心眼，提防着点。李适之显然知道他与李林甫之间的利害冲突，但他就是性情疏率，才会轻信了李林甫的话，结果被革职了还不知道是为什么。

由此可见，人的本质平时一般都隐藏着，看不见又摸不着。只有眼观六路，多一个心眼，善于揣度人心。才能既看到别人的正面，又看到别人的反面，才能真正了解别人的心，吃透别人的本意。

希腊有句古话，"很多显得像朋友的人其实不是朋友，而很多是朋友的倒并不显得像朋友"，一句话道出了人心叵测的关键。很多人在危难的时候才发现，背叛自己、出卖自己的往往是十分信赖的朋友，而曾被怀疑的人却成了自己的救星，真是可笑又可悲。世上有很多人心口不一、表里不同，要看出来真的很难，学会揣摩人心，用"心眼"去看，才能看得清清楚楚，免受祸害。

见机行事——冯道锐眼寻"伯乐"

不管你承认不承认，我们每个人在一生中都会有足够的机遇，关键是我们有没有准备，能不能把握。准备，就是知识和能力的储备，把握，就是敏锐的眼光和拥有迎接机遇的有效方法。这里所谓"有效方法"，其中最重要的就是迎合"伯乐"的眼光。这在求职时尤其需要注意。

　　冯道原在幽州做小吏，后因得罪上司投靠了晋王李存勖。李存勖后来即位建立后唐，冯道继续在新朝做官，官至宰相。后唐明宗去世以后，他的儿子李从厚即位。李从厚即位不到四个月，同宗李从珂即兴兵来伐，要夺取帝位，李从厚得到消息后，连臣下也来不及告诉，就慌忙跑到姑夫石敬瑭的军中。第二天早上，冯道及诸大臣来到朝堂，找不到皇帝，才知道李从珂兵变，并率兵往京城赶来。冯道这时一反常态，极出人意料。他本是明宗一手提拔，从寒微之族被任命为宰相的，按理说，此时正是他报答明宗大恩的时候。但冯道所想的是李从珂拥有大军，且性格刚愎，而李从厚不过是个孩子，即位以来尚未掌握实权，为人又过于宽和优柔，权衡了利弊之后，他决定率领百官迎接李从珂。就这样，冯道由前朝的元老重臣摇身一变，又成了新皇帝的元勋。只是李从珂对他实在不放心，不敢委以重任，把他放到外地任官，后来又觉得过意不去，把他调回京中，给了他一个没有多大实权的司空之职。

　　不久，石敬瑭同李从珂发生冲突，在契丹人的支持下，石敬瑭打败了李从珂，做了中国历史上臭名昭著的"儿皇帝"。他以恢复明宗为号召，把原来明宗的官吏大多复了职，冯道也复职了。石敬瑭对他既往不咎，冯道也乐得当宰相。

　　石敬瑭当皇帝的第一件大事，就是实现对耶律德光许下的诺言，交出燕云十六州，自己称"儿皇帝"，尊耶律德光为"父皇帝"。否则，王朝就有倾覆的危险。思来想去，还是派冯道去了。

　　冯道极其圆满地完成了这次外交任务。他在契丹被阻留了两个多月，经过多次考验，耶律德光觉得这个冯老头确实忠实可靠，就决定放他回去。谁知冯道还不愿回去，他多次上表表示对耶律德光的忠诚，想留在契丹。经过多次反复，耶律德光一定要他回去，冯道这才显出一副依依不舍的样子，准备启程。这趟出差回来，冯道可真的风光了，甚至连石敬瑭都得巴结他。石敬瑭让冯道手掌兵权，"事无巨细，悉以纳之"。不久又加封为"鲁国公"。

　　石敬瑭的后晋政权只维持了十年多一点儿就完蛋了。后晋开运三年（946年），耶律德光率三十万军队南下，冯道大概觉得契丹人可以稳坐中原江山了吧，就主动来投靠耶律德光。但耶律德光开始并未重用他。

　　不久，耶律德光见中原百姓生灵涂炭，便问冯道说："怎样才能救天下百姓呢？"冯道见机会来了，就装出一副真诚的样子说："这时候就是如来转世，也救不了此地的灾难，只有陛下才能救得！"耶律德光听了很高兴，慢慢喜欢上了冯道，让冯道当了辽王朝的"太傅"。后来有人检举冯道曾参与过抵抗契丹的活动，耶律德光反为冯道辩护道："这人我信得过，他不爱多事，不会有逆谋行为，不要妄加攀引。"

在中原百姓的反抗之下，契丹人被迫撤回。冯道随契丹撤到恒州，趁契丹败退之际，逃了回来。这时石敬瑭的大将刘知远趁机夺取了政权，建立了后汉。刘知远一方面想安定人心，笼络势力；一方面冯道也因保护别人而得赞誉，刘知远就拜冯道为太师。

然而，五代时期的政权更迭，真如走马灯一般，令人眼花缭乱。刘知远的后汉政权刚刚建立四年他便死去，郭威就扯旗造反，带兵攻入京城。这时候的冯道，又故伎重施，率百官迎接郭威。他做了后唐明宗的七年宰相，尚且不念旧恩，何况后汉太师只做了不到四年，更是不足挂齿。冯道率百官迎郭威进汴京，当上了郭威所建的后周政权的宰相，并主动请缨，去收服刘知远的宗族刘崇、刘赟等手握重兵的将领。刘赟相信了冯道，认为这位三十年的故旧世交，总不会欺骗他，没想到一到宗州，刘赟就被郭威的军队解除了武装。冯道又为后汉的稳固立了大功。

没过几年，郭威病死，郭威的义子柴荣继位为周世宗。割据一方的后汉宗族刘崇勾结契丹，企图一举推翻后周政权。冯道根据半个世纪的经验，认为此次后周是保不住了，肯定又得改朝换代，自己虽已近苟延残喘之年，还是想要保住官位爵禄。

柴荣当时只有 34 岁，年纪不大，却很有胆识气魄。刘崇、契丹联军袭来时，一般大臣都认为皇帝新丧，人心易摇，不可轻动，但柴荣却一定要亲征，别人见柴荣意志坚定，便愿随出征，不再多说，只有冯道在一边冷嘲热讽。惹得柴荣大怒，他私下里对人说："冯道太看不起我了！"

其实，冯道倒不是看不起柴荣，而是冯道深谙处世之道，想为自己在下一个什么朝代做官留下一条后路，弄一点儿投靠新主子的资本。不久后冯道就死了，他没等到再次改朝换代的时候。

人们常用"墙头一棵草，风吹两边倒"来形容一个人反复无常，一会儿投靠这个，一会儿投靠那个。但如冯道一般，风还没有吹过来，自己就赶忙倒向一边，而且还每每得益。这就不仅仅是见风使舵那般简单了，更蕴含了一种瞻前顾后的眼光和智慧。毕竟"常有事于人，人莫能先。先事而至，此为最难"。

正所谓"世事洞明皆学问，人情练达即文章"。

用人不疑——孙权坚用诸葛瑾

领导者授权后，就要予以信任，不能授而生疑，大事小事都干预，事无巨细勤过问。只要下属有能力完成某项任务，授权后，就应允许他具有一定的自主权，下属职权范围内的事让他自己说了算。只要不违背大原则，大可不必过问，不要随意进行牵制和干预。

自古以来，历代帝王之所以成就大业，有诸多因素，而用人不疑则是一个非常重要的因素。孙权信任诸葛瑾就是一个明证。

《三国演义》为我们奉献了一位"运筹帷幄之中，决胜千里之外"的神仙般的人物——诸葛亮，殊不知他还有一位哥哥诸葛瑾，却在孙权帐下听命。诸葛瑾（公元174～241年），字子瑜，琅玡阳都人。东汉末年，天下大乱，诸葛亮于隆中躬耕陇亩，后经刘备"三顾茅庐"出山为其所用；其兄诸葛瑾，避乱江东，经孙权妹婿弘咨荐于孙权，受到礼遇。初为长史，后为南郡太守，再后为大将军，领豫州牧。

诸葛瑾受到重用，引起了一些人的嫉妒，背后中伤他明保孙吴，暗通刘备，实际上是被他弟弟诸葛亮所用的。一时间，谣言四起，满城风雨。孙吴名将陆逊善明是非，他听说后非常震惊，当即上表保奏，声明诸葛瑾心胸坦荡，忠心事吴，根本没有不忠之事，恳请孙权不要听信谗言，应该消除对他的疑虑。

孙权说道："子瑜与我共事多年，恩如骨肉，彼此了解得很透彻。对于他的为人，我十分清楚，他向来是不合道义的事不做，不合道义的话不说。刘备从前派诸葛亮来东吴的时候，我曾对子瑜说过：'你与孔明是亲兄弟，而且弟弟应随兄长，在道理上也是顺理成章的，你为什么不把他留下来呢？如果你要孔明留下来，他不敢违其兄意，我也会写信劝说刘备，刘备也不会不答应。'当时子瑜回答我说：'我的弟弟诸葛亮已投靠刘备，应该效忠刘备；我在你手下做事，应该效忠于你。这种归属决定了君臣之分，从道义上说，都不能三心二意。我兄弟不会留在东吴，如同我不会到蜀汉去是一个道理。'这些话，足以显示出他的高贵品格，哪能出现流传的那种事呢？子瑜是不会负我的，我也决不会负子瑜。前不久，我曾看到那些文辞虚妄的奏章，当场便封起来派人交给子瑜，并写了一封亲笔信给子瑜，很快就得到了他的回信。他在信中论述了天下君臣大节自有一定名分的道理，使我很受感动。可以说，我和子瑜已经是情投意合，而又是相知多年的朋友，绝不是外面那些流言飞语所能挑拨得了的。我知道你和他是好朋友，你对我也是一片真情实意。这样，我就把你的奏表封好，像过去一样，也交给子瑜去看，也好让他知道你的良苦用心。"

孙权这一番话，体现了他"用人不疑"的良好品质。后来诸葛瑾一生追随孙权，孙权称帝后，封诸葛瑾为大将军、左都护，领豫州牧。

领导好比树根，下属好比树干，树根就应该把吸收到的养分毫无保留地输给树干。"疑人不用，用人不疑"是我国古代用人的一项重要原则，历代明主对此都非常重视。

测深揣情——把话说得恰到好处

所谓"揣情"，就是揣度、琢磨人的心理。要做到"测深揣情"，一定要先学会倾听。学会倾听，不仅是对他人的尊重，还可以更好地注意到他人的言谈神色，判断出他人的心理活动，说话的时候就可以有的放矢。做到了这一点，就能揣摩并尽可能地迎合君王之心愿以便得到赏识和重用。

汉高祖刘邦建国的第五年，消灭了项羽，平定了天下，应该论功行赏。在这个时候群臣彼此争功，吵了一年都无法确定。刘邦认为萧何功劳最大，就封萧何为侯，封地也最多。但是群臣心中不服，议论纷纷。在封赏勉强确定之后，对席位的高低先后又起了争议，大家都说平阳侯曹参身受创伤七十余处，而且攻城略地，功劳最大，应当排他第一。刘邦因为在封赏的时候已经委屈了一些功臣，多封了许多给萧何，所以在席位上难以再坚持，但心中还是想将萧何排在首位。

这时候关内侯鄂君已经揣摩出刘邦的意图，就挺身上前说道："群臣的决议都错了！曹参虽然有攻城略地的功劳，但这只是一时之功。皇上与楚霸王对抗五年，常常丢掉部队四处逃跑。而萧何却源源不断地从关中派兵员填补战线上的漏洞。楚、汉在荥阳对抗了好几年，军中缺粮，都靠萧何转运粮食补给关中，粮饷才不至于匮乏。再说皇上有好几次逃到山东，都是靠萧何保全关中，才能接济皇上，这才是万世之功。如今即使少了一百个曹参，对汉朝有什么影响？我们汉朝也不必靠他来保全！为什么你们认为一时之功高过万世之功呢？我主张萧何第一，曹参其次。"刘邦听了，当然说好。于是下令萧何排在第一，可以带剑入殿，上朝时也不必急行。

后来刘邦说过："吾听说推荐贤人，应当给予最高的奖赏。萧何虽然功劳最高，但因听了鄂君的话，才得以更加明确。"刘邦没什么文化，在分封诸侯的时候，将一些从前跟着他出生入死、身经百战的功臣比喻为"功狗"，而将发号施令、出谋划策的萧何比喻为"功人"，所以萧何的封赏最多。

明眼人一看就知道刘邦宠幸萧何，所以安排入朝的席位上，刘邦虽然表面上不再坚持萧何应排在第一，但鄂君早已揣摩出他的心意。于是顺水推舟，专拣好听的话讲，刘邦自然高兴。鄂君也因此多了一些封地，被改封为"安平侯"。

鄂君揣摩上意，并能找准时机投其所好，这是一种说话的策略。在双方力量悬殊的情况下，不妨运用一下这种策略，以屈求伸。这与两面三刀是不同的，两面三刀是小人的卑劣行径，而投其所好是智者的智慧。再者，两面三刀是阴险诡秘，为人所不齿，而投其所好是为了保全自己而采取的策略。

《红楼梦》第三十四回写道，宝玉挨打以后，丫环袭人向王夫人提出了一条建议："如今二爷也大了，里头姑娘们也大了，以后叫二爷搬出园外来住，就好了。"袭人没有想到，这条建议竟然重重地拨动了王夫人的心弦。王夫人不仅对此建议大加赞赏，而且当场暗示，要"提升"袭人。这是为什么呢？王夫人一番感叹透露出个中底细："我的儿！你竟有这个心胸，想得这样周全，我何曾又不想到这里？只是这几次有事就混忘了。你今日这话提醒了我，难为你这样细心。真是好孩子！"

原来袭人的话正与王夫人的积虑暗合，说到了王夫人平日潜在的意念上，引发出王夫人内心强烈的共鸣。王夫人于是做出了非同寻常的反应，说："你如今既说了这样的话，我索性就把他交给你了……自然不辜负你。"

在应酬交际场合，我们也要机灵些，善于观察，做到"测深揣情"，说出的话就会更动听，更容易被他人接受。

揣测人情——嘴巴的"苦恼"

善于揣度人心的人往往能扶摇直上，而口无遮拦的人，常常就没那么幸运了。没有谁会挖空心思去得罪别人，很多时候我们得罪别人不是出自内心的，而是自己在语言表达上出现了偏差，正所谓"失之毫厘，谬以千里"，语言表达的一点儿偏差便会导致意义的离题万里。若想减少这种不必要的麻烦，最重要是要善于察言观色，揣测人心，切忌不要让自己的嘴巴比脑子转得还快。

嘴巴比脑子转得还快的人大概可以分为两种：一种是急智之才，脱口而出，出口成章，往往瞬间让人拍案叫绝；另一种是说话不经过大脑但天资有限的人，往往是出口伤人，有时会达到无法收场的地步。

前一种人是天才，这种人百里挑一，后一种人却是随处可见，一抓一大把。说话不经过大脑，极有可能得罪别人却不自知，等到明白过来后急着弥补时，往往是越急越坏事，到头来好话说了一大堆，人却得罪完了。

有一则笑话：说一剃头师傅家被盗劫。第二天，剃头师傅到主顾家剃头，愁容满面。主顾问他为何发愁，师傅答道："昨夜强盗将我一年的积蓄劫去，仔细想来，只当替强盗剃了一年的头。"主顾怒而逐之，另换一剃头师傅。这位师傅问："先前有一师傅服侍您，为何换人？"主顾就把前面发生的事细说了一遍，这位师傅听了，点头道："像这样不会说话的人，真是砸自己的饭碗。"

言者无心，可听者有意，几句不经大脑的话语，便产生了这种让人哭笑不得的误会，结果解雇了，这便是说话不经过大脑所付出的代价。

口不择言，嘴巴比脑袋转得还要快的人，就会闹出许多笑话，甚至得罪了别人却不自知。而善于揣度人心，见机行事的人则会趋利避害，左右逢源。

南齐高帝萧道成提出要与当时的著名书法家王僧虔比试书法，君臣二人都认真地写了一幅楷书。然后齐高帝就问王僧虔："你说说，谁第一，谁第二？"王僧虔不愿贬低自己，又不敢得罪皇帝，于是答道："为臣之书法，人臣中第一；陛下之书法，皇帝中第一。"齐高帝听后，只好一笑了之。

王僧虔这种分而论之的回答是相当巧妙的，表面上是顾及了皇帝的尊严，君臣不能互相比较，实际上是回避了不愿贬抑自己，又不敢得罪皇帝的难题。真可谓是一举两得、一箭双雕。

古时候，吴国有个滑稽才子，名叫孙山。他与乡里某人的儿子一同参加科举考试。考完后，孙山先回到家，那个同乡的父亲就向孙山打听自己的儿子是否考上了。孙山笑着回答说："解名尽处是孙山，贤郎更在孙山外。"这便是"名落孙山"的典故的来历。

孙山的回答既委婉又含蓄，这种表达方式非但没有戳到别人的痛处，反而让别人对他的诙谐调侃佩服不已。即使那位父亲的儿子落榜了，也不会因为孙山的言语而受到刺激。这便是语言表达的魅力所在。

说场面话不看对象，常常让别人无法理解自己的本意，从而在无形之中与别人拉开了相当的距离。反之，揣摩人心，了解了对方的情况，并依据其情况，寻找与之相适应的话题和谈话内容，双方就会觉得谈话比较投机，彼此在距离上也显得比较亲切。

中国有句谚语："到什么山唱什么歌，见什么人说什么话。"这便是对"揣情术"的最佳注解。所以，学会揣摩人心，权衡利弊，凡事都做到三思而后言，才是安身处世的最佳选择。

答非所问——揣着明白装糊涂

《揣篇第七》曰："故计国事者，则当审权量；说人主，则当审揣情。"在说服人主的时候要懂得揣情量权，在国家面临严峻形势的时候更应该权衡利弊，找准突破口。

第一次世界大战后，土耳其打败了希腊，此举激起了英国的不满，英国遂联合法、意、美、俄等国代表在瑞士的洛桑与土耳其谈判，企图迫使土耳其签订不平等条约。

英国派出的外交大臣是克遵，其声如洪钟，是名震一时的外交家。与英国外交大臣相比，土耳其派出的代表伊斯美则相形见绌了。伊斯美不仅身材矮小，耳朵还有些聋，在国内、国际均属无名小辈。

会谈开始后，克遵显然不把伊斯美放在眼里，态度骄横、嚣张，其他列强代表也是盛气凌人。然而，伊斯美却从容不迫、镇定自若，精心选择外交辞令，有章有法，毫无惧色。特别是他的耳聋具有"特殊功能"，对土耳其有利的言辞他都听见了，不利的话好像全没听到。当伊斯美对列强们提出的苛刻条件概不理会，只顾提出维护土耳其的条件时，克遵雷霆大发，挥拳怒吼，咆哮如雷。恫吓、威胁不断向伊斯美劈头盖脸压来，各列强代表也气势汹汹、咄咄逼人，那种紧张的气氛令人窒息。

伊斯美虽然有些耳聋，此时对于克遵盛怒之下发出的"超强度"刺激信号，当然是句句听得清楚，但他仍坐在那里装出一副若无其事的样子。等到克遵声色俱厉地叫嚷完了，各国代表都面对伊斯美看他有何表示时，只见他不慌不忙地张开右手靠在耳边，并将身子向克遵移动了一下，态度温和地问："您刚才说什么？我一句也没听见。"克遵气得浑身发抖，一句话也说不出来。

克遵的暴怒是由对立意向引起的激怒，是由当时的情绪、气氛引起的心理压抑的一种急迫宣泄。这种激怒的宣泄，犹如突然爆发的火山，势不可当，时间短暂却强烈。不过，这种激怒是很难再现的。伊斯美用他的"特殊功能"——耳聋，控制了整个谈判局势，在将近 3 个月的谈判中，据理力争，游刃有余，终于以土耳其的胜利而告终。

古人曰："鹰立如睡，虎行似病。"也就是说老鹰站在那里的样子好像睡着了一样，老虎走路时的姿态好像它生病了一样，正是它们看似平常甚至孱弱的姿态，让它们的猎物被老鹰和老虎这种看似"糊涂"的行为所欺骗，放低了防备心，所以它们往往能趁其不备出击，顺利达到自己的捕获目的。

伊斯美真不愧是"揣情度势"的高手，在敌我双方优劣悬殊的局势下，他没有屈居妥协，而是装聋作哑，假装不明其意，做了个聪明的糊涂人。人们常说："大愚若智"，人们也常常说"难得糊涂"。在与人交往的过程中，常常会遇到有人问你很尖锐的问题，这个时候你不管怎么回答都不合时宜，此时就要学会答非所问，揣着明白装糊涂，只有这样才能避免一不小心，就可能让自己陷入尴尬的境地。这时你若锋芒太露，容易招致他人的嫉恨，更容易树敌，如果您懂得适时装傻，揣着明白装糊涂，大愚若智的回答，就会降低别人对你的防备心，反而容易和他人沟通。

"水至清则无鱼，人至察则无徒"，凡事太认真，就会对什么都看不惯，连一个朋友都容不下，更难以应付复杂的社交场合。在对外应酬时，不仅要揣情度意，还应懂得"有所为，有所不为"的原则，学会"睁一只眼闭一只眼"，学会揣着明白装糊涂，才能游刃有余地应对应酬，实现自己的交际目的。

借力而行——刘盈请贤士

秦朝末年，隐居在陕西商洛山中的四位老人，年龄均在 80 岁以上，且须发皆白，故称"商山四皓"。他们分别是东园公、夏黄公、绮里季、用里先生。此四人修道洁己，非义不动。秦始皇时，见秦暴政，故隐退于商洛山中。但是，这四位归隐之高士，最终走出了深山，到底是源于何事才招来诗人之责？这其中又有着怎样复杂的历史背景呢？

汉高祖刘邦和正配吕后只生了一个儿子，名字叫作刘盈。可是刘邦不喜欢这个儿子，一直想废掉刘盈的太子之位，改立自己和宠姬戚夫人所生的儿子。

吕后知道刘邦的心意，于是私下询问留侯张良，希望他能设法保住太子之位。张良推辞说："这是皇帝家的私事，臣子是无权过问的。"

但是吕后执意要张良想一个好法子。张良推辞不过，便说："当今天下有四位年高德劭的贤者，人称'商山四皓'，皇上很敬仰他们，一直想请他们到朝中为官。但四人因为皇上的个性轻慢无礼，动不动就侮骂人，所以隐居在深山之中，不愿出仕。如果太子能准备贵重的礼物，以谦卑恭逊的态度去聘得他们为府中上宾，并让他们时常随太子上朝，以使皇上知道太子有贤人辅佐，这样对太子巩固地位一定有帮助。"

吕后听后，立即派人带着太子的书信，卑辞厚礼地去迎请四位贤人。商山四皓见太子宽仁爱士，与乃父大不相同，便接受了太子的礼聘。

一次，刘邦设宴，太子刘盈相陪，商山四皓也跟在太子身边。刘邦见这四个人银发白须，仪表伟岸，便问这四人的来历。四人一一自报姓名后，刘邦大吃一惊，说："我访求诸位好几年了，诸位一直躲着我，为何如今却愿意与太子往来呢？"

四人齐说："陛下轻士善骂，臣等义不受辱，所以才会躲避。然太子为人仁爱恭敬，尊重士人，天下人都愿意为他效力，我们四个老骨头自然也不例外了。"

刘邦一怔，接着说："如此就有劳各位多多调教太子了。"

从此以后，刘盈的太子之位就再也没有动摇，后来顺利地继承父亲刘邦的皇位，成为汉朝的第二个皇帝，即汉惠帝。

在巩固太子之位这件事上，张良是头等功臣。他深知刘邦的心思，所以才让吕后去请商山四皓，借助这四人之贤名，为太子增光添彩，实在是一招妙棋。不过，只要你翻看历史，就会发现张良的诡计比比皆是。

"借力"使成功的一种方略。人自身的能力是有限的，而可以凭借的外部力量是有限的，要想成功必须借助外部力量。善借力者，也很容易成事，要想成就事业，就要善于预先谋划，然后借助他人之力实现自己的目标。这正像鬼谷子说的："常有事于人，人莫能先。先事而生，此最难为。"

古往今来的成功者，许多人也不是一生下来就大名鼎鼎、一呼百应，他们大多是先隐蔽在某些大人物的后面，借大人物的面子来笼络各路豪杰，借大人物的声望来壮大自己的声势，一旦时机成熟，或者另起炉灶，或者踩着别人的肩膀往高处爬，或者反客为主，把别人吃掉。在做到这一步之前，先把自己的狐狸尾巴藏起来，拉一面大旗做虎皮，逐渐壮大自己的声威。这就是一种诡计，一种人性的陷阱，但是的确有不少人掉进了别人精心设计的"狐假虎威"的陷阱，无意中帮助不少狡猾的"狐狸"现实了自己的野心和梦想。

【管理谋略】

慢事急做——汉高祖白登山之围

公元前 202 年，刘邦战胜了项羽，统一了全国，随即称帝。与此同时，活跃在北方蒙古高原一带的匈奴，在经受了秦王朝的打击后，利用中原的战乱，实力得以恢复，成为这个新兴王朝的最大威胁。

刘邦为了抵御北方匈奴的侵袭，特意将韩王信由河南禹州市一带转封到今天太原一带，都城就在晋阳（今太原南）。但是出乎刘邦和韩王信的预料，当时的匈奴以汉朝举国之力也未必能战而胜之，何况一个诸侯国。韩王信与匈奴交战，败多胜少，到这年秋天，王都马邑也被围困，只得多次派使者与匈奴求和。对异姓诸侯王本就猜疑的刘邦得知后，认为韩王信有"二心"，随即"使人责让信"。韩王信非常惊恐，他担心刘邦会治罪于他，索性就投降了匈奴。

韩王信的"跳槽"是基于自保的深层动机，他知道刘邦多疑之秉性，担心长此以往可能要被解聘，甚至可能掉脑袋。与其战战兢兢地冒着生命危险给刘邦卖命，还不如反戈一击，攻打自己潜在的对手，如果一旦胜利，自己就可以除掉心腹大患，高枕无忧了。况且，当时的情形下，新的雇主匈奴那边的军事实力明显地强于汉朝这边，所以韩王信的打算也是一种很现实、很精明的考虑。

在这种情形下，公元前 200 年，刘邦御驾亲征前去平叛韩王信的叛乱。大军从长安出发，不久大败韩王信主力，斩杀了其大将王喜，韩王信远逃到匈奴，与匈奴兵联合，准备会战。冒顿单于派一万多骑兵逼近晋阳与汉兵交战，被汉军击败，逃至离石，又被击败。匈奴且败且走，收拢败军在楼烦（今宁武），而汉兵又鼓余威败之。

当时，刘邦正驻扎在晋阳，汉军连连得胜，他不免对匈奴起了轻视之心，又听说冒顿单于正驻扎在代谷（今桑干河谷），就要亲自带人去追击，想就算不能"毕其功于一役"，彻底消弭边患，至少也可以像秦将蒙恬击败匈奴一样，使胡人"不敢南下牧马"。

为了万无一失，刘邦派了十数人前去打探，使者回来报告说，一路上见到的匈奴人，都是老弱病残，连马牛等畜生，也羸弱得像好多天没吃过草或者刚刚经历了一场瘟疫，据此看来，这仗打得。虽然这样，刘邦还是不敢轻进，又派了娄敬去打探。娄敬回来说看到的情况与前面一样，但其中恐怕有诈，因为两国交战，都要把最强的一面展示给敌人看，以使敌人有畏惧之心，现在我们所见到的匈奴的情况，好像不堪一击，这很有可能是敌人意欲诱敌深入，然后埋伏奇兵、以逸待劳，打我们个措手不及，这仗打不得。

然而，汉军大部人马已经开拔，越过了句注山，箭在弦上不得不发。况且骄傲的刘邦已经听不进去这番话，骂娄敬不过是个以口舌之利得官的"齐虏"，在大军即将战斗时说这样灭自家威风，长别人志气的话，分明是要扰乱军心。他立即将娄敬捆了押到广武等打败了匈奴回来再收拾他。

刘邦一路追击，匈奴不住撤退。为了加快追击速度，刘邦亲自率领的两三万骑兵突进，而约三十万的大部队步兵，渐渐被甩在身后。一路上倒也顺利，但等过了平城（今大同），抢占了高地白登山后，却发现匈奴的精骑四十万已经将白登山团团包围，让他大惊失色，想赶紧退却，却为时已晚。时值冬季，天降大雪，久在中原作战的刘邦部队根本没有在这种气候条件下作战的经验，加之军需补给供应不上，非战斗减员也十分严重，军卒"堕指者十之二三"。无奈之下，刘邦只得在白登山上，据险而守，等待援兵。

《鬼谷子》有言："量权不审，不知强弱轻重之称；揣情不审，不知隐匿变化之动静。"慎重细致的掌握天下政治形势的变化，真正的了解外交形势的举足轻重，时局的把控才能更加精准。刘邦一生精明过人，"白登山之围"却暴露出其性格的缺陷和人性的弱点，他骄傲自大，不纳贤言。最初的接连胜利，使刘邦滋生了轻敌之心，这种心理使他很难听取别人的规劝，这就为他后来的中计奠定了心理基础；在刘邦骄傲自大的心态下，又亲眼看到了匈奴的老弱病残之兵，所以宁可相信自己的眼睛，也不想听娄敬之忠言，结果真的是兵不厌诈，被围困于白登山。

不论是过去还是现在，把握好形势的变化，全局也会掌握得更好。然而，人们总是宁可相信自己，而不轻易相信别人。兵不厌诈的关键就在于要让你轻信自己亲眼所见的东西，这样才可以引你上当受骗。所以越是在成败的关键时刻，越要谨慎，要牢记"眼见未必为实"这句话，提防他人借助"眼见为实"的惯常心理进行布局。那些隐秘微暗的信息和瞬息万变的世情，需要我们用心去捕捉，用心去把控。

量权揣势——龚遂"悠闲"平盗

龚遂，字少卿，以明经为昌邑王郎中令。昌邑王刘贺多有不正，而龚遂为人忠厚，刚正不阿，屡屡劝谏，刘贺不但不听，反而"掩耳起走"，并对人说："郎中令最善于羞辱人了。"后来在宣帝时，任渤海太守，境内大治。官遂至水衡都尉。

他素来以勇于谏诤，为政清廉而闻名，后世把他与黄霸作为封建"循吏"（奉公守法的官吏）的代表，合称为"龚黄"。在封建社会中，这样一位刚正不阿、勤政爱民而又政绩显赫的官吏，能够仕途顺利、安享天年，这其中一定有不少做官为人之诀窍。

西汉宣帝刘询当政时，渤海（今河北沧州一带）及邻近各郡发生饥荒，盗贼蜂起，郡太守们不能够制止。宣帝要选拔一个能够治理的人，丞相和御史都推荐龚遂，宣帝就任命他为渤海郡太守。

当时龚遂已经七十岁了。皇上召见时，见他身材矮小，其貌不扬，不像所听说的那么有本事的样子，心里颇看不起他，便问道："你能用什么法子平息盗寇呀？"

龚遂回答道："辽远海滨之地，没有沐浴皇上的教化，那里的百姓处于饥寒交迫之中而官吏们又不关心他们，因而那里的百姓就像是陛下的一群顽童，偷拿陛下的兵器在小水池边舞枪弄棒一样打斗了起来。现在陛下是想让臣把他们镇压下去，还是去安抚他们呢？"

宣帝一听他讲这番道理，便神色严肃起来，说："我选用贤良的臣子任太守，自然是想要安抚百姓的。"

龚遂说："臣下听说，治理作乱的百姓就像整理一团乱绳一样，不能操之过急。臣希望丞相、御史不要以现有的法令一味束缚我，允许臣到任后诸事均根据实际情况由臣灵活处理。"宣帝答应了他的请求，并派驿传将龚遂送往渤海郡去。

郡中官员听说新太守要来上任，便派军队迎接、护卫。龚遂把他们都打发回去了，并向渤海所属各县发布文告：将郡中追捕盗贼的官吏全部撤免，凡是手中拿的是锄、镰等农具的人都是良民，官吏不得拿问，手中拿着兵器的才是盗贼。龚遂单独乘驿车来到郡府。闹事的盗贼们知道龚遂的教化训令后，立即瓦解散伙，丢掉武器，拿起镰刀、锄头种田了。

经过几年的治理，渤海一带社会安定，百姓安居乐业，温饱有余，龚遂名声大振。

于是，汉宣帝召他还朝，他有一个属吏王先生，请求随他一同去长安，说："我对你会有好处的！"其他属吏却不同意，说："这个人，一天到晚喝得醉醺醺的，又好说大话，还是别带他去为好！"龚遂说："他想去就让他去吧！"

到了长安后，这位王先生终日还是沉溺在醉乡之中，也不见龚遂。可有一天，当他听说皇帝要召见龚遂时，便对看门人说："去将我的主人叫到我的住处来，我有话要对他说！"一副醉汉狂徒的嘴脸，龚遂也不计较，还真来了。王先生问："天子如果问大人如何治理渤海，大人当如何回答？"

龚遂说："我就说任用贤才，使人各尽其能，严格执法，赏罚分明。"

王先生连连摆头道："不好！不好！这么说岂不是自夸其功吗？请大人这么回答：'这不是小臣的功劳，而是天子的神灵威武所感化！'"

龚遂接受了他的建议，按他的话回答了汉宣帝，宣帝果然十分高兴，便将龚遂留在身边，任以显要而又轻闲的官职。

《揣篇第七》曰："揣情者，必以其甚喜之时，往而极其欲也，其有欲也，不能隐其情；必以其甚惧之时，往而极其恶也，其有恶者，不能隐其情。"在别人高兴、喜悦的时候，极力引导他尽情吐露自己的欲望，在他人十分恐惧的时候，要引导他倾吐厌恶、害怕的事情，这样我们就能探测出他的真实情怀。

喜好虚荣，好大喜功这是人类天性的弱点。即使是你自己立下的功劳，也不能轻易地表白，功劳越大越是如此。这是因为人皆有虚荣和嫉妒之心，如果你的上司恰巧是一位心胸狭窄之人，就会认为你是在"居功自傲""邀功请赏"，就会心生不满；如果达到"功高盖主"的份儿上就会更加危险了，试想在封建社会，只有皇帝一人才能有至高无上的权力和荣耀，如果有人因为功劳之大遮住了皇帝的光芒，那么他的命运可想而知。

龚遂的属下王先生深谙此道，告诫他要把功劳让给上司，这是明智的捧场和奉承，但也是稳妥的自保之道。

善用人心——陈胜吴广的"鸿鹄之志"

老百姓都向往的事，代表着人心的指向，善于利用和顺应民心所向的人可以成就霸王之业。

秦二世元年（前209年）七月，由阳城去渔阳戍边的900名农民，在大泽乡时因暴雨被困，无法前行。按照秦朝法律，无论何故，如果过了朝廷的期限，这些人都要被斩首。一时，900人虽心急如焚，却又无可奈何，人人都感到了厄运的临近。

雇农出身的阳城人陈胜不甘这样等死，他私下对同行的吴广说："大丈夫生而为人，如此丧命岂不可惜？与其白白送死，倒不如聚众一搏，或许有一线生机，你以为怎样？"吴广深表赞成，说："朝廷无道，老百姓全无生路，早该反了。只是你我无权无势，如果不能召集大家一同起事，毫无胜算啊。"

陈胜长叹一声，忧心说："你我有心，奈何别人心怀侥幸，是一定不会听我们号令的。这个问题不解决，我俩只能等死，该想个妙法才行啊。"二人顿感气馁，相对无言。

突然，吴广哀叹一声，苦笑说："你我都是草民一个，天生的贱命，如果咱们是落魄的王孙贵族，说话的分量自是不同了。可笑人们都相信他们，相信天命，这有什么办法呢？"一句话提醒了陈胜，他眼中一亮，思忖片刻，这才出语道："人穷命薄，难以服众，可我们可以巧借天意啊。如果我们要些手段，让他们相信天命在我，自无人敢不服从了。到时我们再陈述利害，这事一定能行。"

二人兴奋起来，又商议打着兴楚的旗号，借以聚众。一切筹划好后，两人便分头行事。第二天，做饭的部卒在买回来的一条鱼腹中，竟取出了一张帛书。更奇怪的是，帛书上清楚地写着"陈胜王"三个字。

此消息不胫而走，戍卒们人人惊骇，议论纷纷。陈胜见计策已见奇效，于是和吴广会心一笑，陈胜偷偷对吴广说："人们既信天命，我们就该再动动脑筋了。我见众人仍有狐疑，似乎没有完全相信，不如我们再进行一个计策。"

夜里，戍卒围着篝火取暖，忽听远处传来狐狸的叫声，叫声中竟夹杂着人言，喊着："大楚兴，陈胜王！"

900名戍卒都是原先楚国的人，楚人又都特别迷信鬼神，接连两件怪事发生，他们转而认定陈胜不是平凡的人了。他们对陈胜一下多了敬畏，确信他是上天派来的神人。

陈胜见巧计成功，于是趁势杀了两个押送戍卒的将尉，他把大家召集在一处，振臂高声言道："我陈胜不想枉死，更不忍心眼看着大家受苦受难。俗话说'楚虽三户，亡秦必楚。'这是天命，我陈胜就要带领大家做此大事。天命不可违，只要顺从天意，不但强秦可灭，大家更可称王称侯，这是千载难遇的良机，大家可愿听我号令？"

众戍卒已经把陈胜视为天人，今又见他带头造反，更加相信他是应命而生的贵人了。想想自己的凶险处境，别无他路，于是又增加了对陈胜拯救自己的感激之情。众戍卒不再犹豫，于是群情汹涌，齐声响应。

陈胜首举义旗，附近的百姓也闻讯加入，队伍一下发展了数万人。陈胜称王，攻城略地，秦王朝从此走向灭亡。

"揣情"既是揣测人情。"计国事者，则当审权量；说人主，则当审揣情；谋虑情欲必出于此。乃可贵，乃可贱。乃可重，乃可轻；乃可利，乃可害；乃可成，乃可败"。要想筹措国家大事，进行政治斗争的人应当审查形势，掌握信息。掌握一国国情和国际形势。了解他人的心性品性。这些都是揣情术。揣情可以富贵，可以取高位，可以获得利益，可以贫贱，可以受到祸害，也可能失败。不能真正懂得这些经验的奥秘，就不能有效实施这些策划。

李世民曾说：水能载舟也能覆舟。老百姓像水，君王像舟船。如果老百姓一致认定的事，不是靠行政手段和武力镇压所能阻止、改变得了的。而善于利用这一点的人，就可以成就霸王之业。

借情取利——奕讠糖衣炮弹的攻击

道光皇帝老迈之后，欲立皇太子，奕讠年龄最长，但各方面都不如弟弟奕诉，于是一直拿不定主意。

这天风和日丽，道光要带领六个皇子去南苑打猎，意在考验皇子们的文才武略和应变能力，以便确立皇储。

奕讠和奕诉都摩拳擦掌欲一较高下。

四皇子奕讠的老师杜受田足智多谋，他在四皇子身上下的功夫很大，希望他能登上皇位，自己也跟着沾光。可他也掂量过，奕讠与其他皇子比较起来，除了排行第四占了个有利的条件之外，其他方面都平常，甚至略逊一等，如若稍一让步，这皇位定然被六皇子夺去，为此急得他直打转。

安德海看出了门道，上前问道："你老人家满脸愁容，定有为难之事，莫不是为明日南苑采猎之事？"

杜受田心想，这孩子能看出我的心事，看来是个有心计的人，随口道："说下去！"安德海道："我曾听人讲过，曹操的儿子曹丕和曹植也有相似之处，不过奴才记不太清了。"

杜受田顿时眼前一亮，知道该怎么做了。

杜受田吩咐奕詝：你到时候就如此这般、这般如此，这么、这么办！

次日，道光带领六个皇子来到南苑，传旨开始围猎。诸位皇子各显身手，六皇子奕诉几乎箭无虚发，满载而归，而四皇子奕詝却是两手空空，一无所获。道光帝不由得龙颜大怒，大声呵斥。奕詝不慌不忙地奏道："儿臣以为，目前春回大地，万物萌生，禽兽正是繁衍之期，儿臣不忍杀生害命，恐违上天好生之德，是以空手而回，望父皇恕罪。"

道光听罢，心想这倒是我没有想到的，倘若让他继位，必能以仁慈治天下，不禁转怒为喜，当下夸奖了四皇子的仁慈之心。

又过了几年，道光帝忧虑成疾，自知不久于人世，急唤诸皇子到御榻前答辩。消息传开，四皇子和他的老师杜受田都知道这是最关键的一次较量了，能否登基就在此一举。

安德海又献上一计说："万岁爷病重，到御榻前之后什么也不用说，只说愿父皇早日康复就行，剩下的就是流泪，却不要哭出声来。"

两人一听大喜。次日，六位皇子被召至龙床前。果然，道光提出一些安邦治国的题目让诸皇子回答，六皇子答得头头是道，道光甚为满意，却发现四皇子一言不发。道光一问，他头一扭，泪如雨下说："父皇病重，龙体欠安，儿臣日夜祈祷，唯愿父皇早日康复。此乃国家之幸、万民之福。此时儿臣方寸已乱，无法思及这些。倘父皇不测，儿臣情愿伴驾而行，以永侍身旁。"说完泪水涟涟，越擦越多。

道光听了心中深受感动，心想此真孝子仁君，于是决定立四子奕詝为太子，这就是 20 岁登基的咸丰皇帝。

历史总是惊人的相似，在历史上，曹丕、曹植之间关于太子之争也说明了"情"的威力。

人皆有同情弱者之心，以弱赚取同情在有些时候也能达到征服人心的目的。而显示出自己弱于对方的一面，这就能有效地避免对方的戒备和争斗，兵法有云：不战而屈之兵，乃善之善者也。主动示弱是不气傲的另一种表现，它更进一步地发挥了心高不气傲的作用和长处。虽然都是矫饰，都是为了争宠，但是有的做得巧妙，有的做得矫情。文饰不如情饰，"情"的力量无所不在，只是人们常常容易因此而忽略了它的重要性，只要善于利用，就可以轻松地达到你所想要达到的目的。

《鬼谷子》说："变生事者，几之势也。此揣情饰言，成文章，而后论之也。"这就要求我们掌握揣情术，善于修饰言辞，使说辞有条理，有煽动性，而后再采取有目的的行动，从而达到政治目的。沟通对于人际关系的协调具有至关重要的作用。在沟通的时候，要注重感情的作用，用感情打动别人的心，有时可取得非常好的效果。

揣摩帝意——和珅的"蜕变"

"天下大事，必作于细"，细节越来越被人们所看重，所以会有"细节决定成败""细节成就完美"之类的话。不要再因为自己平凡而失去人生的追求，也不要再沉迷于做一番轰轰烈烈的大事的幻想中，留心身边的细节，你很快便会超越别人。

在和珅还是宫中一名默默无闻的小侍卫时，一天，乾隆坐在车舆中欣赏颐和园春光，忽然，一名侍卫急匆匆地走到驾前，奏道："云南急呈奏本，缅甸要犯逃脱。"乾隆接过奏章，细细读过后，眉头一皱，龙颜大怒，说道："虎兕出于柙，龟玉毁于椟中，是谁之过欤？"

乾隆帝说的这句话出自《论语》，兕指雌犀牛。大意是说，老虎和犀牛从笼子里出来伤人，龟玉在匣子里被毁坏，是谁的过错呢？乾隆平时喜欢附庸风雅，经常引经据典，在这个时候也不例外。

皇帝发怒，非同小可，一时间，随行人员瞠目相向，不知所措。这时，有一个青年校尉在旁边从容不迫地说："典守者不得辞其责！"他声音洪亮，口齿清楚，语言干脆，明确地给出了乾隆想要的答案。

乾隆皇帝不禁一怔，循声望去，只见说话人仪态俊雅，气质非凡。乾隆帝很是喜欢，就问道："你一个仪卫差役，却也知道《论语》，你念过书吗？"青年毕恭毕敬地回答，说自己虽然学历不高，但毕竟读书人出身，这在侍卫中也实属凤毛麟角了。乾隆更有心要考考他，就说："你且说说《季氏将伐颛臾》一章的意思。"

只见青年不慌不忙地说道："重视教化，修习文德，才能让天下的人臣服，不然的话，就会出现分崩离析、祸起萧墙的状况，这些都是圣人的见解。但是，如今世事变迁，远方多有顽固不化之人，单单对他们实行教化，而不威吓他们，反而容易生二心。所以，治国安民，应该首先通过重视教化、修习文德以使百姓信服，使远方的人都到我们的国家来，然后将他们好好地安置，同时，也要以威力震慑他们，以防微杜渐。不然，就是真正的'虎兕出于柙，龟玉毁于椟中'了。"

乾隆听了他的回答，十分满意，马上宣布他总管仪仗，同时也记住了这个青年。这个人就是和珅。和珅在一个偶然的机会中发现了一个别人没有发现的细节，他充分地利用这个细节，展现自己平日所学，引起了乾隆的注意，从此开始发迹。

又一日，乾隆在圆明园的水榭上读书，和珅随侍在侧。不知不觉中，天色渐渐暗了下来，乾隆手中的《孟子》注解因为是用小字排在原文之下的，所以很快就看不清了。于是，乾隆就对和珅说："和珅，去拿灯来，朕看不清了。"

和珅躬身问道："不知皇上看的是哪一句？"

乾隆又说："人之道也，饮食暖衣，逸居而无教，则近于禽兽。圣人有忧之使契为司徒，教以人伦。"

和珅不假思索，朗声背道："吉水土平，然后得以教稼穑；衣食足，然后得以施教化。后稷。树，亦种也。艺，殖也。契，音薛，亦舜臣名也。司徒，官名也。人之有道，言其皆有秉彝之性也，然无教，则亦放逸怠惰而失之。故圣人设官而教以人伦，亦因其固有者而道之耳。《书》曰：'天叙有典，敕我王典到哉！'世之谓也。"和珅一口气便将朱熹的注疏背了下来。

乾隆听他背完，赞赏地说："爱卿竟有如此造诣。"

于是，乾隆背文，和珅背注，君臣两人你一言、我一语地背了许久。

乾隆对和珅更为欣赏了，尤其是在众多的满族大臣中，像和珅这样如此精通汉文化的，实在是少之又少。于是，乾隆立即升和珅为御前侍卫。

自此以后，和珅便常伴乾隆左右，他对乾隆的性情喜好、生活习惯，甚至一言一语、一举一动，都处处注意，留心观察，时间一久，把乾隆的脾气、心理、爱憎等，了解得十分清楚。乾隆要什么，他件件都办得让乾隆十分满意。乾隆爱听好话，他就专挑顺耳的说。有时不等乾隆开口，他早已把该要的东西准备好了。和珅始终从细小处着眼，在各方面都使乾隆非常满意，乾隆也就把他当作自己的心腹，和珅自然也就平步青云了。此后，他不断升迁，兼任多职，封一等忠襄公，任首席大学士、领班军机大臣，兼管吏部、户部、刑部、理藩院、户部三库，还兼任翰林院掌院学士、《四库全书》总裁官、领侍卫内大臣、步军统领等要职。

和珅之所以能获得如此的成功，都是因为他善于把握细节，擅长揣摩帝意。

从别人的举手投足之间解读其心意，可以让自己相机行事；从别人的眼神和话语中判断出隐含的动机，可以使自己绕过人生路上的陷阱。鬼谷子在《揣篇第七》中说："夫情变于内者，形见于外。故常必以其见者，而知其隐者。此所以谓测深揣情。"通常情况下，内心感情发生剧烈的变化，一般会通过人的外在形貌表现出来，我们都是依据对方的形貌的变化揣测他内心的真情实意，为人处世灵活一点儿，才能更准确地"对症下药"

假扮受害——温体仁反戈一击

把自己打扮成一个受害者，在对方不加防备的时候反戈一击，这样的攻击最有效，也是最狠的招数。

明思宗崇祯皇帝即位后，便大刀阔斧铲除熹宗时的宠臣，他挖掉了以奸宦魏忠贤为首的阉党集团，连坐者不下百余人，为肃清魏忠贤的余毒，崇祯帝一时间罢免了大批官员，造成朝官严重缺人。在补充朝官的过程中，一些人乘机钻营，结果，崇祯朝廷仍旧重蹈覆辙，朝中大权仍被少数奸臣把握。

明朝内阁体制限定六名成员，称作首辅、次辅、群辅。为了补充内阁成员，崇祯依照祖宗法规，先由九卿共同提名，选出六名以上候选人，再由崇祯帝亲自抽签决定，前一道程序叫作会推，后一道程序叫作枚卜。阁臣名单刚刚确定，诏命尚未颁布，朝臣中已是议论纷纷了，通过各种渠道，各种关系，朝臣们几乎人人尽知内阁成员选举结果。

礼部侍郎温体仁，由于资历、名望不够，不在会推名单之上，他又气又妒。温体仁为人圆滑、老谋深算，尤其善于窥测政治风向。所以，神宗、光宗、熹宗三朝为官，宦海浮沉三十年，一直左右逢源，官运亨通。魏忠贤当权时他不吃亏，魏忠贤垮台后他没倒霉，真可谓混世有术，八面玲珑。魏忠贤被除，温体仁认为时机已到，跃跃欲试，想加紧实现其窃取权柄野心的步伐，不料，此次入阁无望。温体仁岂肯善罢甘休，他盘算了一下，就去找礼部尚书周延儒。周延儒也是个野心勃勃的阴谋家，在皇上面前也算是个红人，但此次会推也未被提名。温、周二人私下里共商阴谋。

他们先做好幕后工作，在朝臣中拉拢亲信，散布流言，不惜重金收买宦官作为内奸。他们选中名列会推名单之首的钱谦益作为突破口，吹毛求疵，大搞他的材料。由温体仁首先发难，向崇祯呈交了所谓的"神奸结党"疏。疏中恶语攻击钱谦益，翻出陈年旧账，借题发挥，专拣崇祯帝深恶痛绝的罪名扣在钱谦益头上。

在熹宗天启二年（1622年），钱谦益受命主试浙江，考试后录取嘉禾才子钱千秋为省试第一名。后来发现钱千秋的作文试卷中引用了一句俚俗诗：一朝平步上青天，不想这句诗触动了当权者的忌讳，便妄加罪名，取消了钱千秋的会试资格，并遣戍边地。钱谦益也因此受到牵连，先是被罚了俸禄，后被削职为民，遣回原籍。这已是六七年前的旧事了，况且钱谦益早已被召回朝廷，官复原职，取得了熹宗的原谅。

温体仁在奏章中不仅旧案重提，而且诬以结交朋党、营私舞弊、贪污受贿、包藏祸心等不实之罪。这几种罪名都是崇祯帝平生最憎恨的，看毕奏章，崇祯勃然大怒。

第二天朝会时候，崇祯帝高高在上，脸色阴沉沉的，他看了一眼钱谦益，见他面带春风，眉挑得意，心中一阵厌恶，随即命侍臣传令，让钱谦益与温体仁当庭对质。

这真如晴空霹雳，相形之下，钱谦益毫无思想准备，十分被动，更显得理屈词穷。

对温体仁的突然发难，朝臣们感到气愤不平，纷纷出班为钱谦益打抱不平，指责温体仁居心不良，于是展开了一场激烈的争辩。温体仁见自己反成了众矢之的，便向崇祯搬弄是非说："臣此次会推不与，本应避嫌不语，但选举阁臣事关社稷安危，钱谦益结党受贿，举朝无一人敢言，臣不忍见圣上遭受蒙蔽、孤立无援，才不得不说。"温体仁危言耸听，却字字落在崇祯的痛处，他最恨大臣结党营私、腐败受贿；他又最怕大臣们蒙蔽欺骗他，所以，崇祯认定温体仁忠心耿耿，对钱谦益更恨一层。

于是钱谦益被罢了官，遣送回籍听候发落。

钱谦益事件过去后，朝中大臣余愤未平，有几人交相上疏参劾温体仁。御史毛九华揭发温体仁：居家时倚势压人，强买商人木材，此事败露后，又贿赂阉党崔呈秀为其解脱罪责，得以免究；杭州魏忠贤祠堂落成，温体仁大献媚诗，为奸贼魏忠贤歌功颂德。御史任赞化也上疏告发温体仁娶娼为妾伤风败俗，收受贿赂腐化无德，夺人家产伤天害理。

温体仁见势不妙，便主动向皇上提出辞职，并申诉自己因为秉公办事而得罪了百官，博得了皇上的同情。他又趁热打铁，诬告揭发他的毛九华、任赞化都是钱谦益的死党，使钱谦益事件再起风波，温体仁大长个人威风，为他挤入内阁进一步铺平了道路。

果然，两年以后，温体仁如愿进入内阁。

生活中，就是有一些像温体仁这样的人，经常为了讨好别人获取自己的利益而不惜与大多数人为敌。但由于这种人善于揣摩别人的意图，善于察言观色，曲意逢迎，站在一边假装受害者，反而博得别人的好感，达到了自己升迁的目的。

虽然这些人做事有失道义，但他们这种假扮受害、倒戈一击的手段，却给我们行走于复杂的社会带来很大启示。做人要灵活，善用"揣"术，学会一套变脸的本领，在强势面前隐藏红脸，适当地装出一副楚楚可怜的白脸，往往更容易打动他人，让他人为自己出手，从而轻松实现自己的目的。

巧妙恭维——鄂千秋拍马封侯

俗话说：千穿万穿，马屁不穿。这是因为自古人人都有一个致命的弱点：喜欢被恭维，尤其是手中有权力的人更喜欢被人奉承。有需要就有市场，悟透了这一点，或许对于每一个人的人生之路都会有些帮助。

很多人讨厌那些喜欢阿谀逢迎的人，但这样的人总能占尽便宜，这究竟是为什么呢？其实那是因为掌握权力的人需要这样的人。

刘邦平定天下之后，开始论功行赏。刘邦为此事大伤脑筋，他打算先封萧何，却遭到了将领们的激烈反对："臣等身经百战，出生入死，冲锋陷阵。而萧何不过一介文臣，寸功未立，为何功在臣等之上？"

刘邦听了十分气恼："你们懂得打猎吧？会使用猎犬吧？打猎时候追捕兔子的是猎狗，而发现兔子、指令猎狗方向去捕获兔子的是猎人。你们拔城夺地的将军就像猎狗，只能捕捉猎物，建树的是猎狗一样的功劳；而萧何建树的是猎人一样的功劳，功勋最盛，你等如何与他相比？再说跟随我反秦参战的萧何族人有几十人，而你们不过一二人。萧何的功劳你们不能忘记！"

群臣望着刘邦严峻的目光，谁也不敢再说什么，但是他们心里并不服气。

接着所有的功臣都封了侯，赐给了食邑。

在排列侯爵位次的时候，又发生了争论。刘邦打算将萧何排在第一，但想叫大臣首先提出来，然后由他决断。可是群臣偏偏不荐萧何，而推举曹参。他们说："曹参勇猛善战，身先士卒，屡建战功，身上受伤七十多处，理应列在第一位……"

刘邦心中不悦，沉吟不言。关内侯鄂千秋极善察言观色，他明白刘邦的心思，于是力排众议，高声进言道："各位所言差矣！曹参战功卓著，有目共睹，然而此不过征战夺地之功，乃一时之功。圣上与楚相争五年之久，常失军亡众，逃身遁者数矣，萧何经常从关中输送士卒，补充军饷。如果没有萧何的支援，汉军会几次遭遇失败。汉军困守荥阳，陛下逃亡山东，皆由萧何解除困厄……臣以为萧何对陛下乃有万世之功也。而曹参不过一日之功，今虽缺少曹参与臣等数百，于汉家无甚损失，但萧何万不可缺少，奈何欲以一日之功而加万世之功哉？萧何应该第一，而曹参次之……"

"此论正合朕意！"

刘邦眉开眼笑，立即决定萧何位次排为第一，并赐给他带剑上殿的特权，可以不拘礼节地出入朝廷……

退朝后，刘邦单独留下鄂千秋谈话：

"吾闻进贤者受上赏。今日你力驳众议，荐萧何为第一，甚合我意……萧何虽然功高，没有你的举荐恐怕也不能得到承认……我封你为安平侯！"

鄂千秋从此受到刘邦的格外赏识。

《鬼谷子》说："揣情者，必以其甚喜之时，往而极其欲也，其有欲也，不能隐其情。"揣摩君主的心事，也要在适宜的时候，选择一个适当的时机表达，这样才能得到人主的欢心。鬼谷子讲说服君主时要注意揣摩其心事，其实不单单进谏君主时要揣摩其心意，做任何事情都要揣摩对方的心意，方能更好地把握局势。所以，只有审时度势，揣摩好对方的心意，才能做到对症下药，最后才会"攻无不克"，这样才能得心应手的处理问题。

鄂千秋因一句逢迎之语而被封侯，确实是一笔天大的赚钱生意。在这里，你可以批评鄂千秋此人的品德低下，却不得不承认，千穿万穿，马屁不穿。

【商战博弈】

揣情借势——宝德的"登天之道"

在商场上，依靠别人不是一件丢人的事，我们就应该懂得"大树底下好乘凉"，借助他人的力量，为自己创造更多的价值。人生路上充满了艰辛坎坷，光靠一个人的努力有时难以面对，显得势单力薄。因此，善于找到一棵可以遮风避雨的"大树"，退可以守，有了坚实的靠山取得成功也就易如反掌。

要想找到自己的"大树"，就得有察言观色，揣度人心的本领。《揣篇第七》曰："揣情者，必以其甚喜之时，往而极其欲也，其有欲也，不能隐其情。"意思是说："揣情的人应该在对方高兴、喜悦的时候前去见他，极力引导、刺激对方的欲望，对方就会吐露出自己的真情实感。"这样，我们知道了对方的喜好，就能够投其所好，与对方建立良好的关系，进而提出自己的问题，寻求对方的帮助。老江正是运用"揣情术"为自己找到了一棵"大树"。

老江创业多年，命运似乎总是在跟他开玩笑，辛苦奔波却收获甚微。一次，他所在的城市要进行基础设施建设改造，他感到这是个机会，可是同一个城市里符合要求的公司多达十几家，怎样才能获得这个机会呢？他绞尽脑汁，针对专门管理此工程的负责人，想出了一个好点子。

该负责人有个习惯，每逢周末都要到郊区的鱼塘钓鱼。于是老江探明地点，也带上渔具，跑到该鱼塘。他先在旁边看着负责人垂钓，每当负责人钓上鱼的时候，老江都表现得很羡慕。负责人自然就觉得很得意，看见老江带着渔具却没钓鱼，便好奇地询问。老江装作不会钓鱼，借机请教。负责人一下觉得遇到知音，便告诉老江一些钓鱼的窍门。两人越聊越投机，不知不觉就谈到了各自的职业，老江一副很委屈的样子，说着自己的行业竞争的激烈，向负责人大吐苦水。等到负责人表露身份的时候，老江也就顺理成章地提出了要求。

最终，老江的公司拿到了工程招标，从此以后老江的事业上了一个新台阶，人生也进入了一个新的平台！由此可见，在一些关键的问题上，揣摩人心是多么重要。

依靠揣情度意为自己寻求一些大人物作"大树"，依靠其权势或影响力，从而使自己尽快被提拔，施展自己的才能，不失为一种很好的选择。

揣情度意，对现代社会而言，这是十分重要且必要的。通常情况下，年轻人追求个性，习惯什么问题都靠自己，这是好事。可是，很多事情并不是只靠自己的能力就能完成的，能够借助他人的力量才能将事情做好的时候，我们就应该懂得揣摩别人的喜好，借助他人的力量，为自己创造更多的价值。

实力不够，躲在别人的"房檐"下，才能更好地储存实力，获得发展，在这一点上宝德就做得很好。宝德早在1993年便开始做起了服务器的分销服务业务，在华南地区拥有很多技术服务人员和网络。6年的辛勤耕耘，尽管也有成功的喜悦，但始终未能获得质的飞跃，直到李瑞杰看到了和英特尔合作的大好前程。

由于用户类型不同，用户的需求也不完全相同。有些用户对于价格非常敏感，有些用户迷恋最新技术，而有些用户需要稳定成熟的解决方案。这就要求厂商能够针对不同的用户提供不同的服务，这并不是一件容易的事情。宝德正是看到了英特尔在短时间不能满足众多客户的需求，便同英特尔协商合作之事。英特尔正好需要宝德的支持，两家便联起手来。宝德在业界发展方向上与英特尔保持高度一致，英特尔推出真正的 IA（Inter Architec—ture 英特尔处理器）架构服务器，宝德就在市场上向"伪服务器"宣战；英特尔推出功能服务器，宝德就提供了各种商品化功能服务器产品；英特尔发布至强处理器，宝德就力争缩短步入主流服务器行列的时间。

李瑞杰坦言，宝德之所以有今天，离不开英特尔的支持。李瑞杰的聪明之处就在于，他在自己处于困境的时候，看懂了英特尔的心意，进而与英特尔合作，依靠英特尔这个巨人站了起来。

因此，一个没有足够实力的人，要想找一个强大的靠山，就应该自己揣摩对方的心思，寻求最佳的入口。与他达成了统一，便能借对方之力，获得更好的发展。

揣摩心思——妙言入耳暖人心

一个经商高手，不会用骗术来实现自己的销售目的，而会从顾客的心理入手，抓住顾客的心，让顾客自己做决定。能做到"探其隐情而知其意"，并能一门心思为顾客着想的人，从来就不愁生意。

有一家服装店，有个女老板叫莎拉，她是学心理学专业的。

有一次，莎拉接待了一位年轻的男顾客。那位先生说："我想买一件最有刺激性的礼服，我要穿上它去肯尼迪中心，让每个见了我的人连眼珠子都要掉出来。"

莎拉说："我这儿有件很有刺激性的礼服，不过是为那些缺乏自信心的人准备的。"

"缺乏自信心的人？"

"是啊，您不知道有些人常常想穿这样的服装来掩盖他们的自信心不足吗？"

这个年轻人生气了："我可不是缺乏自信的人！"

"那您为什么要穿上它去肯尼迪中心，让所有人都羡慕得连眼珠子都要掉出来呢？难道您不能不靠衣服而靠自身去吸引人吗？您很有风度，也很有魅力，可您却要掩盖起来。我当然可以卖给您这件最时髦的礼服，使您出出风头，可您就不想想，当人们停住脚步看您时，是因为衣服，还是因为您自身的吸引力？"

听到这里，那个年轻人想了想说："是啊，我干吗要花钱买大家几句恭维话呢？真的，这些年我一直缺乏自信心，可我竟然还没意识到这点，我应该对您表示感谢！"

尽管莎拉小姐这样"不愿赚钱"，但她的服装店还是顾客盈门，来的大多是曾经被"拒之门外"的客人。这些"回头客"和慕名而来的顾客，使服装店的生意越来越红火。

莎拉的经商之道就在于她能很好地了解顾客的心理，并为顾客做参谋，以顾客为主，从而让顾客对自己产生一种信赖感。自己就占有了主动权，顾客便会跟着自己的步子走，因此也做成了一桩又一桩生意。

人是很容易被"打动"的，只要你善于揣摩他人的心理，并能设身处地地为他人着想，他们便会把你当成"知己"，对你信赖有加。这是高明的"揣情术"，是将心比心的结果。但是，想要把话说到人心窝里，首先就得揣摩别人的心思，这就需要一定的技巧。比如，你可以通过他们在无意中表现出来的态度了解其心理，从而进行有针对性的谈话。这需要细心观察和长期总结。

例如，对方抱着胳膊，表示在思考问题；抱着头，表明一筹莫展；低头走路、步履沉重，说明他灰心气馁；昂首挺胸、高声交谈，是自信的流露；抖动双腿常常是内心不安、苦思对策的举动；若是轻微颤动，就可能是心情悠闲的表现等。了解了对方在当下的这些心理，你就能很容易抓住其要害，让其乖乖听话。

当然，要揣度对方的心思，还应主动侦察，采用一定的侦察对策。调动起对方的情绪，才能够迅速准确地把握对方的思想脉络和动态，从而顺其思路进行引导，使会谈更成功。

要想从别人的言谈中揣摩其心理，还应考虑以下几个方面：

1. 年龄差异。对年轻人应采用煽动的语言；对中年人应讲明利害，供他们斟酌；对老年人应以商量的口吻，尽量表示尊重。

2. 地域差异。生活在不同地域的人，所采用的劝说方式也应有所差别。如对我国北方人，可采用粗犷的态度；对南方人，则应细腻一些。

3. 职业差异。要运用与对方所掌握的专业知识关联较紧密的语言与之交谈，对方对你的信任感就会大大增强。

4. 性格差异。若对方性格豪爽，便可单刀直入；若对方性格迟缓，则要"慢工出细活儿"；若对方生性多疑，切忌处处表白，应不动声色，使其疑惑自消等。

5. 文化程度差异。一般来说，对文化程度低的人所采用的方法应简单明确，多使用一些具体数字和例子；对于文化程度高的人，则可采用抽象说理方法。

6. 兴趣爱好差异。与人交谈时，若谈起有关对方爱好这方面的事情，对方便会兴致盎然，同时无形中也会对你产生好感，为你找人办事打下良好的基础。

总之，"揣情术"蕴含了许多的智慧，必须要审时量权，随机应变。揣摩人心就向谈恋爱一样，要经过由陌生到相识，由相识到相知，一步一步才能达到彼此情投意合。因此，揣摩心思，就得察言观色，有了全面正确的把握，才能对症下药，扣其心扉。

借人之势——胡雪岩借势叱咤商场

聪明人都懂得借势的道理，就是借助他人的力量、金钱、智慧、名望，甚至社会关系，用以扩充自己的大脑，延伸自己的手脚，增强自身的能力，借他人之光照亮自己的前程。

如果自身的力量太单薄，势力太弱小，在人生这一战场上无疑会处于劣势地位。因此要学会借势。如何借势？或许我们从红顶商人胡雪岩的成功历程中可以获得启示。

胡雪岩的许多经营活动，都十分注重借势经营，与时相逐，其中很多是围绕取势用势而展开的，他也从不放弃任何一个取势用势的机会，从而不断地拓展自己的地盘，显示自己的势力。

在胡雪岩的借势过程中，他借得最多的便是官势，这也是他发家的资本。

胡雪岩幼时家境贫寒。为了养家糊口，作为长子的他经亲戚推荐，进钱庄当学徒，从扫地、倒尿壶等杂役干起，三年师满后，就因勤劳、踏实成了钱庄的正式伙计。正是在这一时期，胡雪岩遇到了王有龄，他听说王有龄是捐班盐大使，便觉得机会来了。他利用收款的机会，为王有龄筹措了 500 两银子，资助他进京拜官。

王有龄因为胡雪岩这一帮助，得了机会补了空缺。王有龄知恩图报，胡雪岩得以借机有了自己的钱庄。随后，因为有了王有龄这个官声很好、升迁很快的后台，胡雪岩发现自己面前突然呈现了一个新世界。粮食的购办及转运、地方团练经费与军火费用、地方厘捐、丝业，各个方面的钱都往胡雪岩所办的钱庄流了过来。

要寻找保护的办法很多，首先是继续帮助有希望、有前途的人。在这一点上，对于王有龄来说绝对适用。家中如何用度、个人是寒是暖、上司如何打点，都在胡雪岩的帮助行列。随后是何桂清，因为有了王有龄的例子，胡雪岩对何桂清更是不惜血本。为了他的升迁，一次可以放出 15000 两银子；为了讨他欢心，也为了日后自己的事业，忍痛把自己的爱妾转赠于他。

胡雪岩明白，办团练、漕米改海运、征厘捐、购军火、借师助剿，所有这些应对办法，虽然是绕了一道弯，是在代他人操劳，但是到了最后，无非是帮助这些人得到朝廷赏识，巩固自己的地位。有了这些人的稳固，自己的商业势力也就有增无减了。

何桂清在苏浙之日，为朝廷出力甚勤，所以在这一带的影响日盛。为了这个缘故，胡雪岩的点子也有了市场，他的商业也有了依托。他个人在经营中逐渐打破了先前钱庄的经营观念，开始在官府为后盾的前提下向外扩张。

何、王集团土崩瓦解之日，胡雪岩已经开始在为自己寻找新的商业保护人。这一次的寻找是有意识的，不过也不得不迁就时局，左宗棠这样一位世纪人物就出现了。

左宗棠在位之时，胡雪岩为他筹粮筹饷、购置枪支弹药，购买西式大炮，购运机器，兴办船厂，筹借洋款。这些事耗去了他大部分精力，但是胡雪岩乐此不疲。第一，是因为这些事本身就是商事，可以从中赢利。第二，是因为左宗棠必须有这些东西，才能安心兴办洋务，成就功名大业。左宗棠是个英才，事业日隆，声名日响，他在朝廷的地位日益巩固，胡雪岩就愈加踏实。他原来之所以仰赖官府，就是为了减少风险，增加安全。现在有了左宗棠这样一位大官做后盾，有了朝廷赏戴的红顶、赏穿的黄褂，天下人莫不视胡雪岩为天下一等一的商人，莫不视胡雪岩的阜康招牌为一等一的金字招牌。胡雪岩也敢放心地一次吸存上百万的巨款，也可以非常硬气地与洋人抗衡。

红顶商人胡雪岩能够在商场叱咤风云，固然与其自身能力分不开，但更重要的一点在于他懂得借势之道。

所谓"故善战者，求之于势"。聪明人都懂得借势的道理，就是借助他人的力量、金钱、智慧、名望，甚至社会关系，用以扩充自己的大脑，延伸自己的手脚，增强自身的能力，借他人之光照亮自己的前程。如果你想尽快取得成功就必须有一个良好的载体，也就是说你想尽快地达到成功，就必须"借乘"一辆开向成功的快速列车。

准确定位——安踏的"广告效应"

有时候，人会因为一句广告词去关注一个产品。在中国鞋业，安踏就是这样一个例子。

2006 年，当丁志忠决定采用"让世界的不公平在你面前低头"这句广告语时，他大概想起了 22 年前，16 岁的自己独闯北京的那段经历。那时候，当他千里迢迢经过两天两夜的时间来到北京的时候，没有人在乎这个青涩的少年到底想做些什么。北京那么大，一个毛头小伙子能做些什么？但丁志忠明白他是来做什么的。他给自己的定位就是：我就是来北京闯荡的，是来打基础的。

但是，当他怀揣着父亲给他凑齐的 1 万块钱和在家乡挑的 600 双鞋上路的时候，他不知道自己的前方，将会有怎样的困难等待自己。据丁志忠回忆，他到北京的第二天，就背着一捆捆的鞋去了王府井百货大楼。他想在这个北京当时最高端的零售场所，为自己的鞋寻个去处。但是，谈何容易。

他刚想推销自己的产品，百货大楼供应科的负责人就用有些不屑的口气问他："你今年多大？"丁志忠先是傻笑着咽了一口唾沫，硬着头皮说："二十了。"那人一眼就看出了丁志忠在撒谎，长着张娃娃脸怎么能二十了？结果坐都没让他坐，就把他赶走了。

大商场进不起，丁志忠就干脆雇了辆三轮车，把鞋卖给小贩。因为质量确实过硬，几天之后，600 双鞋就卖出了 500 双。最后 100 双，丁志忠说什么也不卖了。他没有忘记他离开家乡来到北京的目的是什么：进大商场，推销家乡的产品，而不是守株待兔地等着别人去买。

但是现实的窘境却让他暂时陷入迷茫。有时，在北京川流不息的马路上走累了，丁志忠便就近找一个台阶坐下。看着眼前的车水马龙，脑海中一遍遍闪现当初执意离家来京的情景。

丁志忠知道，他本不用离开家乡。当时，家乡晋江鞋厂林立，看到有钱可赚，丁志忠的父亲就和别人合伙开了一个鞋厂。但商业模式陈旧，和大多数鞋厂一样，都是等着别人去买，相当被动。一心想买一辆摩托车的丁志忠不甘心如此，他觉得走出去效果会更好，所以，他就勇敢地坐上了北上的列车。

而北上的第一站——王府井百货大楼就碰壁，他没有灰心。在卖完那 500 双鞋后，他又开始了"攻克"百货大楼的征程。负责人不同意，丁志忠就天天去，天天推销自己的产品，终于，在他的软磨硬泡下，那人被打动，同意让他上货。百货大楼是第一家，丁志忠又用同样的方法获得了北京多家百货商场的青睐。而他也仅用 4 年的时间，赚到了自己的第一桶金。

在这个过程中，丁志忠是个十足的小人物，他也说那时的自己是个草根。因为对自己有清晰的认识，他在推销产品时也会制定相应的策略。他最大的目标也是将家乡的鞋子介绍出去，尝试一种新的销售模式。所以，他成功了，他的成功是因为定位准确。把握不准自己，看不清市场，未来就会模糊。

环境不同，地位不同，往往决定了人的想法和面对的问题不同。多年之后，当丁志忠的安踏逐步走上正轨的时候，他所面临的问题已不再是怎么把家乡的鞋卖出去，怎么赚钱买一辆摩托车，他当时面临的问题是，怎样将自己的品牌打造成名牌，能够深入每个人的内心。

一个企业的成功有时靠的是领军者在关键时刻的决断，而丁志忠当时做出的一个决定，至今都被视为安踏发展史上的重要转折点。

1999 年，丁志忠力排众议找到当时的中国乒乓球队世界冠军孔令辉，请他为安踏代言人，除此，推广费更是高达 400 万之巨。当时的安踏，上半年的利润仅仅 600 万。丁志忠的这一举动招致了股东的集体反对。在他们的思维里，企业利润的唯一来源就是加大马力生产鞋子，订单越多收入越多。但面对这个拿着乒乓球拍的白面书生，他们怎么也想不通，自己的老板到底是看上了他什么。

几年之后，当丁志忠再次说起这件事时，他说："'安踏'只是在一个正确的时间做了正确的事情。"

丁志忠口里的"正确的时间"指的是企业逐步摆脱"只知低头生产，不知搞活品牌"的那个阶段。那个时候，丁志忠越来越感觉到品牌的重要性，如果仅靠加大生产量，争取更多的订单，就与自己父亲当年的鞋厂经营模式并无二致，而这种经营，在丁志忠看来是没有前途的。

所以，他看准时机，在自己企业发展迅猛、急速需要建立品牌的时候，走出了在当时几乎令所有人惊讶不已的一步：找明星代言。

在签约孔令辉的前两个月里，市场反应平淡无奇，资金却在大笔大笔的投入。这一阶段的丁志忠，可以用焦躁和不安来形容。直到第三个月，销售部反馈信息：顾客爆满。丁志忠才慢慢放心下来。他不再害怕，看电视上孔令辉为安踏做的广告时，心也不再狂跳不止。当年，安踏的销售额突破 3 亿。当初那些反对丁志忠的人，也都闭上了嘴巴，为他默默鼓掌。

安踏的发展，实际上就是丁志忠的成长历程。他对企业发展的每个阶段的问题、目标和远景都有清晰的认识，所以制订的决策才准确、务实，效果奇佳。他最爱说的一句话是"我只是在正确时间做了正确的事"。话虽短，道理却不简单，做起来就更难。

经营一个企业或一份事业，如果对它所处阶段的概况认识不清，就无法制订相应的决策，解决问题，提升自己，而这种做法的后果，很可能就错失了对市场第一时间的把握，减缓企业的发展。商业利益的争夺，首先要求每个参与者对自己的事业有一个清晰的认知，如果路都看不清，怎么能走得更远更长久呢？

以情取利——温商大打亲情牌

"揣情术"是关于如何揣摩他人心思，推测对方心理的方法。重点就在于人心情感方面的揣测，即所谓"攻心为上"。运用"揣情术"，应该通过对方的言语、表情、行为一系列动作进行揣摩，不断挖掘对方的内心情感，以求得真情实感。

温州人是世人公认的的人情攻略高手，堪称口中吐"火"。温州人做生意，先是热热乎乎拉关系，关系有了，人心动了，事情就好办了，这可是温州人的一大生意经。但是，要想请出享誉海内外的一代国学大师南怀瑾，温州人还真得动一番心思，下一番功夫。让人叫绝的是，温州人还真就打赢了这场人情战。就这样，建设铁路的一大笔资金顺利筹措，终于圆了温州人近百年来的铁路梦。

事情的原委还得从南怀瑾先生的籍贯说起。

南怀瑾先生 1917 年生于浙江温州乐清。自幼饱读诗书，尤其精于儒释道等传统文化，一生致力于弘扬华夏人文精神，堪称一代国学大师。自从 1949 年离开大陆到台湾之后，一住就是 40 年，直到 1988 年春，迁居香港。但是因为各种复杂的原因始终迟迟不得回归故乡，家中尚有老母和结发妻子多年不曾联系，思念之心时时流露在其诗文之中。

为了探探老先生的意思，当时温州市的领导们先是在 1988 年借到香港公干的时机，顺便拜访了南怀瑾先生，其实那也是温州领导们很重要的一个使命。在闲聊家乡变化的话题中，温州的领导很快就切入到主题，提出了关于建造金温铁路一事，当然也提到了面临的资金短缺的问题。没想到，老先生对家乡建设事业相当关切，尤其是修建铁路正是一件报效家乡、造福子孙后代的好事，老先生有些动心了，而且老先生在言谈之中无意间流露出对老母和发妻多年来的思念之情。说者无意，听者有心，这正好给了温州人一个施展人情策略的机会。

于是，从香港返回之后，温州市的领导们就开始积极地为老先生的心愿忙碌、奔走。当时温州市副市长刘锡荣亲自办理这件事，在 1988 年的除夕，亲自跑到市邮电局坐镇，一定要开通南宅老家到香港的直拨电话。终于在岁末时分，让南怀瑾先生第一次听到了分别 40 多年的发妻的声音，先生感动地说："我随口说了一句话，可家乡的人民却专程为我架通了一条热线，了却了我 40 年来的夙愿。"

　　这件事情已经让南怀瑾先生难以忘怀，但是刘副市长得知先生不仅对发妻情深意长，而且是一个有名的孝子，于是为了彻底征服先生的心，刘副市长亮出了温州人的"绝活"，即"发绣"，专程打电话找到著名的发绣大师魏敬先，由他亲自为南怀瑾的母亲绣像。可惜的是当时南老夫人已经过世，刘锡荣等人经过一番努力，终于从南怀瑾的发妻那里找到了老夫人的灰白头发，原来这是她为婆婆梳头时有心留下的，因此才有《南太夫人》遗像。

　　据魏先生说，当时刘锡荣市长事先不曾告诉南怀瑾先生要绣制其母之像，而是在见面之后，找准时机、出其不意地献出了这份"厚礼"。先生开启红绸一看，精美的镜框之中镶嵌的竟是母亲的肖像，更没有想到那居然是由老母的头发绣制而成，一时之间激动得双膝跪地，泪流满面，当即表示一定要为家乡人民做些好事。这之后，在南怀瑾先生的几经努力，多方筹措下温州铁路得以顺利筹资，而且在他的亲自牵头组织下，金温铁路在 1992 年获批示开工建设，历时 6 年，终于在 1998 年的 6 月 11 日，实现全线运营，从此，中国有了第一条股份制铁路，也结束了温州多年来没有铁路的历史。

　　回首金温铁路的建设历程，首先想到的是南怀瑾先生，要请出这样的重量级人物，真不是一件简单的事。而刘锡荣副市长的"揣情术"就更加让人另眼相看了。他请大师出山的那种人情战术，一方面表明了温州人的重情重义；另一方面也显出了温州人在处事上特有的智慧和谋略。

【职场之道】

巧舌利剑——恭维是一门艺术

恭就是卑恭折节、胁肩谄笑之类，分直接、间接两种，直接是对上司而言的。

在常人看来，恭维别人是不好启齿的，尤其是肉麻的恭维，一般人更是说不出口。但我们同时必须承认的是，在这个社会上，善于恭维人的人更讨人喜欢，比较吃香，办事情也比较顺利。设身处地地想想，当别人恭维自己时，我们虽然嘴里连说"哪里哪里，我没有那么好""其实也就是那么回事"，可是仍然满脸堆笑，心里美滋滋的。即使事后冷静地回想，明知对方说的是恭维话，却还是没有办法抹去心中的欢喜。

明白了这样的道理，我们就可以认识到：爱听恭维话是人的天性，虚荣是人性的一大弱点。当听到别人恭维吹捧自己时，虚荣心得到莫大的满足，对对方的态度也会更加喜欢起来，自然就很容易服从他的条件，听从他的建议。

以买衣服为例，当你在服装店试穿上一件衣服，还在那里犹豫着不知道买不买时，营业员就发话了："啊，真漂亮，穿起来非常合身，又朴素又大方，简直像是为你定做的一样！"这时你满心喜欢，不再犹豫，爽快地买下了这件衣服。

任何一位上级都在不同程度上掌握着下属的升降沉浮。作为一个下属，有时要调动工作，寻求高就，争取分房或者涨工资、评职称等，都需要上级来权衡解决和帮助办理，其间之难主要在于这些利益带有明显的竞争性，"僧多粥少"是这种竞争的显著特点，所以，上级对这些利益的分配和处理也常常处在小心翼翼的矛盾中。

　　但事实上，所谓"公平竞争"只不过是人们向往的理想状态，指望要争取的利益通过所谓的"公平"降临到自己的头上，多半是一厢情愿的奢望。所以，你若想得到什么，就必须要勇敢而积极出面去努力争取。这里的所谓"争取"很多时候就是不惜肉麻地恭维领导。

　　有一位女领导，快50岁了，但是保养得不错，看起来比实际年龄要小一些。于是这天一个下属在跟她聊天的时候说道："我刚见您的时候，您看起来也就二三十岁的样子。我还想着既然当了这么高职位的领导，怎么也得有35岁了吧。后来才……"女领导非常高兴，过段时间就把这位下属升了职。

　　可以说，这位下属的恭维是非常肉麻的，但是他抓住了女人爱美、喜欢被人说自己年轻的心理，终于为自己谋得了利益。

　　当然，恭维人不惜肉麻是一回事，掌握火候又是一回事。如果不根据基本事实，天马行空地恭维别人，会让人感到你是在愚弄自己，搞得偷鸡不着蚀把米。

　　有一位先生一天晚上和几个朋友到酒吧消遣，当大家兴致正浓时，一位服务员在上酒时对他说："先生，您看起来还很年轻啊，大概二十七八岁吧。"搞得他当时就呆住了，周围朋友更是捧腹大笑直叫离谱。这位先生心想：把我50岁的年纪打折说成是二十七八，实在是太不给面子了，况且我谢顶的脑袋怎么也不可能是年轻的特征呀。于是他压着怒火问服务员为什么这么说，服务员说："虽然我不知道您的实际年龄，但如果有人向我问起您的年纪，我一定告诉他您是二十七八岁，因为您从外表看来确实像那么大的人。"结果在座的大家一起反驳服务员，最后把服务员都快搞哭了才不欢而散。

　　这个例子并不是要说明恭维话本身有问题，只是说要把马屁拍到马的屁股上，不然很可能被撂一蹶子。

　　运用"送高帽子"的恭维办法不是没有风险的，送的时机对不对？"帽子"大小合不合适？都可能导致无法预料的后果。

　　晚唐时，沙陀部落酋长李克用，出生时即瞎了一只眼睛，他生性残酷，人称"独眼龙"。一天，他叫一位名叫孙源的画家替他画一幅肖像。画家想了想，画成一幅右臂执弓，左手捻箭，歪着头，闭着一只眼，好像正在检查箭杆弯直的样子。这张画一则表现了李克用威武的神情；二则掩盖了他一只瞎眼的缺陷。李克用非常满意。由此可见，肉麻恭维人者必须懂得乖巧，必须学会脑筋转弯之术，必须有应变之才。只有这种人才能把这一计策发挥得淋漓尽致。

　　《鬼谷子》说："揣情者，必以其甚喜之时，往而极其欲也，其有欲也，不能隐其情。"明白了对方的欲望，就能探析对方隐藏的喜好，这样就容易抓住对方的心。所以，恭维上司时，一定要掌握火候，懂得分寸。好刀用在刀刃上，恭维恭到心坎上。

衡权量势——菲莱邱知退稳进

我们经常提到看人说话，见机行事，其实说的就是要察言观色，揣情度势。"夫情变于内者，见形于外"。通过细致入微地观察，总是能够猜测到对方的一些真情实意，在权衡了双方立场和态度之后，是进是退，我们就能做出恰当的判断。进可攻，退可守，退一步也能海阔天空。

当罗斯福继麦金莱而就任美国总统之后，他的老友菲莱邱到华盛顿拜谒他。而后菲莱邱自述他到总统的府邸谒见罗斯福的情形："我那位老友站着向我微笑，把手搭在我肩上，说：'你需要什么?'当他问我此话时，哈哈大笑起来。但是，我觉得他这一笑是为了掩饰一些厌恶。或许我不是唯一急于加入政治生涯的人，因此，我也笑着表示，我并不需要什么。而他显然就此宽心多了，说道：'怎么可能! 你是这班人中唯一的人才，其他人不是做官升职，就是入了监狱。'当时我认为，我到此拜谒已令他十分高兴了。虽然我知道我时刻都可获得一个好差事，但是，我认为假如我能无求于他就告辞了，那么，我与罗斯福的交情将会更进一层。所以，我就此告退了，带着一本西班牙文的自修字典，回到家中开始准备外交的职务。大约于一年之后，我从报纸上看到一则要派遣一位美国的第一公使前往哈瓦那的公告。这是一个非常有利的机会，我一向对古巴颇为熟悉，而且我一直在研读西班牙文，我认为我早已非常熟悉那个地方了，其余的事情就更容易，我只需再到华盛顿，把我的衷心希望及以往的研究告诉罗斯福即可。果然我的目的达到了。"

这就是菲莱邱之所以能出任古巴公使，继而得以展开他历久且光辉的外交事业之故。也是他用以毛遂自荐的另一种方式。当初，他感到罗斯福的心中隐约藏有一份莫名的反感，于是，立即伺机引退，以等待另一个时机。这就是他于日后自我推荐得以成功的妙策。而他只带着一本西班牙文的字典回去自修，准备外交上的事务，也就是他顺利地担任古巴公使的基础。

由于时机不宜，领导表现出抗拒、反感之意，这类的障碍是时有之事。所以，求领导办事的时候一定得审时度势，揣情测意，尽量摸清领导的心意。这样，自己再适时调整，随机应变，跟着领导的思路走。领导接受，我们就直抒心意，领导抗拒，我们就适可而止，另寻时机。办起事来就会相得益彰，博得领导好感。

菲莱邱说："我不愿意做别人也想做的事情，但是，我常参照别人的方法去完成我想做的事情。"这句看似口是心非的话，正说明了菲莱邱的高明之处。他并不是不想做别人想做的事，而是用了跟别人不同的方法来做事。他走的是迂回路线，参照别人，也就是为了从侧面揣度领导的心思，这种旁敲侧击的方法才是他成功的诀窍。

善于揣摩领导心意的人就会发现：领导人物的最终目的，是在于引发他人自愿地臣服于他们，以达到合作愉快的境界。当然，双方所引起的偶尔反感，均可能造成不悦的摩擦。但是，领导都会了解这点，假若作为下属的你执意地抗议，即使一时胜利了，而所得的成就仍是极为微薄。

想要取得领导的认同和支持，最好的方法，就要懂得跟着领导的思路走，站在领导的立场，为领导着想。保全了领导了面子，自己所坚持或是争取的事情，只要不损害领导的权益，当然就容易取得领导的认同。

在这个世界上，任何一件事情都是相辅才能相成的，所以就要思考，要揣测。学会推己及人，学学菲莱邱的以退待机，找到最佳时机获得领导的支持，一切事情就有可能在良性循环的轨道上顺利进行。

揣情度意——职场的"心理学"

许多资深职场人士的经验让我们知道了一条定律那就是谦恭地敬重领导，不如顺从领导的意志和命令。对高明的赞美者而言，服从是金，语言是银。这是由领导与下属的特殊关系决定的。

不服从领导就是不尊重领导。中国人比较讲究实际，一个人说得天花乱坠，干起来什么都不行的人很受人歧视。领导是工作上的权威，很重视自身威信，下属的赞扬无疑是对领导的威信的维护和尊重，但言行不一，不服从领导实际上就是无视领导的权威，损害领导的尊严。

善于称赞领导的人却未必有多么甜蜜的语言，而是以自己的行动来贯彻领导的意志、领导的权威和威信得到认可、维护和巩固，无疑，聪明的领导也最喜欢这样的赞美。这样的下属也最受领导的青睐。

当然，服从领导并不是要求盲目服从，不是言听计从，凡是领导说的都要听从，凡是领导决定的都要遵从，盲目服从可能是对领导一时的恭维，但从长远和结果看，如果服从的是错误的决策或命令，可能会害人害己。

李斯就是个死心塌地跟秦始皇走的人，对秦始皇逆来顺受、言听计从。秦始皇是个独断传行的君主，大兴土木，工程很多，为行建功立业之实，他决定东填大海、西建阿房宫、南修五岭、北筑长城，群臣听说后喧哗不止，劝谏者颇众，秦始皇很不高兴。此时，李斯却称赞了秦始皇的计划道："陛下深谋远虑，此数举措置得宜，导万民于千百世之鸿利。目下诸多困境，可致后世无穷之基业，奈何着眼于近途，而遗千古之功。"秦始皇听完很高兴，自觉没有看错了人，是个人才。李斯见秦始皇龙颜大悦，更是明目张胆地大肆吹嘘："今陛下动众兴工，圣王之举也，奈何言之涌涌，尽阻基业之创就，臣不知何由至此？"秦始皇高兴地说："丞相所言极是，朕意已定，众卿无需多言。"自此把李斯视为知己。李斯在大兴土木方面盲目信从秦始皇，并为之歌功颂德，仅仅为一人着想，却害苦了天下百姓，助长了秦朝的苛政，不仅激怒了民众，而且加速了秦王朝的崩溃。

由此看来，服从也是需要技巧的，这也是一种人生策略。许多在职场中打拼多年的人都有这样一种深刻体会：服从一次容易，事事依从老板却很难。那些职场中的老江湖几乎都曾有过刁难老板，违背老板命令的经历，虽然在平时他们大多数都能很好地与老板相处。但是面对实际情况，忍耐也许更有效。你可以巧妙地向老板表示自己的不满，但绝不可抗拒。这样做，老板心里明白，你理智地执行了他的决定，使他得以维护了自己的尊严。对你，他也会刮目相看的。

同样，你暂时的忍耐，也铸就了来日更灿烂的辉煌。如果顶撞老板，你与他的关系就会陷入紧张状态，当你再需要缓和、改善这种僵局时，所付出的代价可能比你当初忍辱负重的服从还要大出几倍或几十倍，孰轻孰重自然明了。所以，服从第一应该大力提倡，善于服从，巧于服从更不应忽视。

老板会更多地关注才华出众的"专家"型下属，因为他们服从与否，直接决定老板的决策的执行水平和质量。所以，如果你真有能力，正确的方法不是无视老板，而应认真去执行老板交办的任务，在执行中妥善地弥补老板的失误，在服从中显示出你不凡的才智，这样，你就获得了优于他人的优势。才干加巧干，会使你成为老板心理天平上一枚沉甸甸的砝码。

但是，很多老板并不客观通过单纯的发号施令来推动下属开展工作，这时我们就应该主动争取老板的领导。一位资深老板曾说过：请求老板的领导比顺从老板的领导更高一层次，是一种变被动为主动的技巧，它不仅仅体现了下属的工作积极性、主动性，还增加了让老板认识自己的机会。想要在激烈的竞争中脱颖而出，就应该审时度势，揣情度意，跟紧老板的步伐。

不懂揣测——布隆贝格的悲剧

若你想让上司喜欢你，秘诀就是了解上司的兴趣，针对上司所喜好的话题聊天。在主动交流中，不争占上风，事事替别人着想，能从上司的角度思考问题，兼顾双方的利益。特别是在谈话时，不以针缝相对的形式令对方难堪，而能够充分理解对方。在谈话的过程中，一定要注意聆听上司的话语，要记住上司不喜欢只顾陈述自己观点的员工。在相互交流之中，更重要的是了解对方的观点，不急于发表个人意见。以足够的耐心，去聆听对方的观点和想法，是最令上司满意的，因为这样的员工，才是领导人选。

古人云："己所不欲，勿施于人。"你想让上司喜欢你，你想让自己的观点被上司采纳，你渴望听见上司的赞美，得到别人的重视……那么你先来遵守这一法则：你想让上司怎么对待你，你就怎样对待上司。

上司都有他的优点，有值得你学习的长处，承认他的重要性，并且表达由衷的赞美，能够化解很多冲突和紧张。你如果想让上司喜欢你，秘诀就是：尊重上司，满足他的成就感。君子藏器于身，待时而动。你的聪明才智需要得到上司的赏识，但在他面前故意显示自己，则不免有做作之嫌。上司会因此认为你是一个自大狂，恃才傲物，盛气凌人，从而在心理上觉得难以相处，彼此间缺乏一种默契。

据说，希特勒在1933年成为"德国领袖与总理"之后，变得独裁、专横，与布隆贝格元帅产生了深刻的矛盾。当时任战争部长兼武装力量总司令的布隆贝格是一位敢于向希特勒提出不同意见的人。1936年3月，正当希特勒命令国防军进驻莱茵非军事区的时候，布隆贝格提出了自己的意见，他认为法国可能会因此向德国开战，建议希特勒立即停止在莱茵地区的行动，并将开入的部队撤回原驻地。1937年，当希特勒宣布了自己要侵占奥地利与捷克斯洛伐克的计划后，布隆贝格又提出了反对意见，认为这样做会引起英法的干涉。希特勒对布隆贝格的反对意见极为震怒，虽然他强压怒火，平息争论，但已下定决心，要除掉这个讨厌的部长。

希特勒的亲信戈林当时是布隆贝格的下属。他表面上极力讨好这位武装力量总司令，暗中却与希特勒积极配合，准备让他自己走入陷阱。布隆贝格当时已经55岁，但一直过着单身生活，从未结婚。戈林得知他与一位出身低下的女士关系比较密切，来往较多，就极力促成他们的婚姻。布隆贝格也清楚地知道，当时第三帝国对高级军官的择偶有严格的规定，出身低下的人不宜做军官的配偶。但戈林巧舌如簧，规劝布隆贝格元帅在婚姻问题上不应受任何规定的限制。在戈林反复劝说下，布隆贝格决定结婚。

1938 年 1 月 12 日，布隆贝格举行了婚礼，希特勒和戈林都是证婚人，但结婚几天之后，戈林就开始在军官中散布说，布隆贝格太太的出身太低贱，做一名军官和战争部长的配偶很不合适。消息传开，一时间弄得满城风雨。这时希特勒开始向布隆贝格施加压力，他说既然选择了这种配偶，便不足以为部下的表率，希望他能妥善处理这件事。布隆贝格别无选择，只有辞职一条路可走。希特勒仅仅略施小计，再加上戈林谄媚行事，便除掉了一名敢于与自己意见相左的高级军官。

希特勒、戈林这两个证婚人，背后捅刀当面乐，足见他们的虚伪性。布隆贝格遭受陷害也是因为自己太有主见，太过"聪明"。自己一次次的好意，不仅没得到希特勒的好感，反而令他产生了危机感，最终被反咬一口。

布隆贝格的事例可以说是个例外，身处高官位的他不是不知道揣测希特勒的心意，更不会不明白自己的忠言逆耳。只是为了兴国安邦，苦口婆心实乃迫不得已。

"三十年河东，三十年河西"，人世变幻无穷，竞争中的虚伪不仅存在于同事之间，同样也存在于上下级关系之间。"蜎非蠕动，无不有厉害"，这就更提醒我们，在斗争激烈的职场中，必须要懂得揣摩上意。"兵不厌诈"，早已成为制胜的"公理"，残酷竞争中的虚伪也就变得"在所难免"了。所以，要谨记，再公平的竞争也要留个心眼，以免被别人陷害与利用。

洞察人心——弦外之音有人听

《揣篇第七》说："古之善用天下者，必量天下之权而揣诸侯之情。量权不审，不知强弱轻重之称；揣情不审，不知隐匿变化之动静。"就是说古代善于处理天下纠纷的人，必然能够准确把握天下形势的变化，揣测诸侯国君的心志。如果不能缜密细致地把握天下形势，就无法了解各诸侯国之间强弱虚实；如果揣摩诸侯的实情不够全面，就不能掌握事物暗中变化的征兆。可见，"揣情术"是多么的重要，尤其是在言谈中，揣情尤不可少。

说话交流有一种情况非常令人尴尬，那就是说者有心，听者却无意。任你费尽心机、磨破口舌，对方总是不明白你真正的意思，结果是听的着急，说的更着急，尴尬至极。当然，我们这里所说的"意"，指的是"言外之意"。

毫无疑问，我们需要揣情量权，探听"言外之意"。毕竟在很多时候，说话不能太直接、太明了。比如，批评人，你不能伤了人的自尊；给领导提建议，你不能让人觉得你比领导还能；面对别人的提问，你有难言之隐，你不能说，但也得让人有个台阶下；事情紧急，但涉及商业机密，只有你的亲信才能明白的"暗语"是最好的选择。

有一次，齐威王决定派能言善辩的淳于髡去赵国搬兵。他让淳于髡驾上马车 10 辆，装上黄金 100 两。淳于髡听了放声大笑，连系帽子的带子都笑断了。齐威王就问："先生是嫌这些东西少吗？"淳于髡说："我怎么敢嫌少呢？"齐威王又问："那你刚才笑什么呀？"淳于髡说："大王息怒，今天我从东面来时，看见有个农民在田里求田神赐给他一个丰收年，他拿着一只猪蹄和一坛子酒，祈祷说：'田神啊田神，请你保佑我五谷成熟，米粮满仓吧！'他的祭品那么少，而想得到的却是那么多。我刚才想到了他，所以禁不住想笑。"齐威王领悟了他的隐语，马上给他黄金 1000 两，车马 100 辆，白璧 10 对。淳于髡于是出使赵国，搬来了 10 万精兵。

纪伯伦曾经说过："如果你想了解一个人，不是去听他说出的话，而要去听他没有说出的话。"一般说来，一个人不会轻易把自己真实的意见、想法直接地表达出来，但他的感情或意见，总会在他的语言表达里体现得清清楚楚。

如果你想真正地了解一个人，就不要去刨根问底，试图让对方表白自己，而是要做一个聪明的听者，从他的弦外之音中揣摩出他真正的心思。

那么，如何在工作和生活中做到听懂弦外之音呢？相信下面两种方法会对你有很大帮助：

1. 由说话方式猜透对方所想

说话方式便是一个透露对方内心所想的"窗口"。一个人的说话方式不同，所反映出的真实想法也不同，注意对方的说话方式，你便能猜透对方的真实心理，听出对方在想什么，如果对于某人心怀不满，或者持有敌意时，许多人的说话速度都变得迟缓，而且稍有木讷的感觉。如果有愧于心或者说谎时，说话的速度自然就会快起来。当两个人意见相左时，一个人提高说话的音调，即表示他想压倒对方。对于那种怀有企图的人，他说话时就一定会有意地抑扬顿挫，制造一种与众不同的感觉。这样的人有一种吸引别人注意力的欲望，自我显示欲在言谈之中隐隐约约的就透露出来了。

说话暧昧的人大多数喜欢迎合他人，他们说同一句话既可这样解释，又可那样解释，含糊其辞。这种人处世圆滑，从不肯吃亏，懂得如何保护自己和利用别人。

经常对他人品头论足，说长道短，这样的人嫉妒心重，心胸狭窄，人缘不好，心中孤独。如果他对诸如别人不跟他打招呼之类的小问题耿耿于怀，说明他在自尊心上受挫，渴望得到别人的尊重。有些人常以领导的过失和无能为话题，则表明他自己有出人头地、取而代之的愿望。

有人在说话时极力避开某个话题，这说明他在这方面有苦衷，或者在这方面有强烈的欲望。交谈时，对方先是与你谈一些家常话，这表示他想试探你的态度，了解你的实力，探明你的本意，然后好转入正题。

总之，说话方式在一定程度上也能透露对方的内心真意。在与人交谈时，注意观察对方的说话方式，是了解对方说话本意的一个有效的方法，会给你了解对方带来意外惊喜的收获，也能使你先一步掌控对方。

2. 从话题探索他的心理

要透过表面的东西去了解一个人的性格特征和情趣，可以从他们的话题入手，注意他们谈论的自身感兴趣的事情，这样就会发现他们所表现出来的某些性格特征。也就是说，人们的一些平日不为人所知的情绪会从某个话题中呈现出来。

通过一个话题探索到对方的深层心理，其方式有两种：一是根据话题内容来推测对方的心理秘密；二是根据谈话的展开方式洞察对方的深层心理，以了解对方的个性特征。如果要想了解对方的性格和内心动态，最容易的办法，就是观察话题和说话者本身的相关情况。

所以说，从言谈话语中揣情度意，是了解人的重要途径。